思源致远

上海交通大学史

第二卷　创建近代工科大学

（1905—1921）

主　　编　王宗光

本卷编著　欧七斤

上海交通大学出版社

内容提要

本书以恢宏的卷帙记录了上海交通大学百余年厚重历史。以历史研究的客观与责任感，以全方位视角和近距离直击结合，以学术的精神和细致的笔触，在深入、广泛挖掘档案史料和现有出版资料的基础上，全景展示了上海交通大学自1896年建校至2006年共110年的历程。这是上海交通大学这所百年名校首次对本校建校历史背景、发展过程、经费运转、系科建设与演变、教学与课程情况、各时期教职员与学生分析，以及校园传统、风格、特色的形成等，作深入、周详的梳理与总结，是一部立意严谨的校史研究著作。

《上海交通大学史》按学校发展不同历史阶段，分八卷编著，此为第二卷“创建近代工科大学”。

图书在版编目(CIP)数据

上海交通大学史. 第2卷，创建近代工科大学/王宗光主编. —上海：上海交通大学出版社，2016
ISBN 978-7-313-14428-7

Ⅰ.①上… Ⅱ.①王… Ⅲ.①上海交通大学—校史—1907—1921
Ⅳ.①G649.285.1

中国版本图书馆CIP数据核字(2016)第012568号

上海交通大学史

第二卷　创建近代工科大学(1905—1921)

主　　编：王宗光
出版发行：上海交通大学出版社
地　　址：上海市番禺路951号
邮政编码：200030
电　　话：021-64071208
出 版 人：韩建民
印　　制：苏州市越洋印刷有限公司
经　　销：全国新华书店
开　　本：787mm×1092mm　1/16
印　　张：21.5
字　　数：397千字
版　　次：2016年3月第1版
印　　次：2016年3月第1次印刷
书　　号：ISBN 978-7-313-14428-7/G
定　　价(共八册)：800.00元

《上海交通大学史》编纂委员会

（2011 年 1 月）

《上海交通大学史》编写组

（2011 年 1 月）

主编： 王宗光

成员：（按姓氏笔画）

毛杏云　叶敦平　孙　萍　朱积川　朱隆泉　陈　泓

陈鑫木　范祖德　欧七斤　秦慰祖　龚诞申　盛　懿

蔡西玲　缪克成　漆姚敏　潘　鋐

序　一

先哲有云："欲知大道，必先知史。"历史之于国家，是兴替之镜，正身之基，致远之源，起着"鉴往知来，资政育人"的重要作用。特别是在中华民族伟大复兴的"中国梦"磅礴行进的今天，越来越注重从本民族的历史和文化传统中汲取智慧，积聚能量，夯筑根基，越来越注重传承和创新优秀传统文化的"中国声音"。习近平总书记曾反复强调：历史是最好的教科书，也是最好的老师，更是"最好的清醒剂"。"不忘历史才能开辟未来，善于继承才能善于创新。只有坚持从历史走向未来，从延续民族文化血脉中开拓前进，我们才能做好今天的事业"。

一个民族、一个国家尚且要"知道自己是谁，从哪里来，要到哪里去"，一所大学又何尝不需要挖掘自身的历史，传承厚重的文脉？作为国史与地方史的一种延伸，校史是大学文化建设的重要组成部分，也是大学文化层次的鲜明体现，更是大学精神凝练的源泉所在。离开校史，大学文化建设与精神追求就会成为无源之水，无本之木。

泱泱南洋，巍巍学府。上海交通大学诞生于19世纪末期，伴随中国近代化过程，它经历了晚清、民国和新中国三个历史时期。它的历史既是我国近代高等教育曲折发展的缩影，又是近代社会推陈出新在一所高校的生动反映。120年来，栉风沐雨、弦歌不辍，百年交大的历史就如同一座富矿，每一个采矿人都可以有自己的"发掘"：人才培养的辉煌成就；各个时代师生风采和精神风貌；不同时期校长们的办学理念和治校方略；名师大家在学科建设、教学科研中的睿智灼见；绵延百年的校风特点和精神灵魂；学校发展与国家民族命运的关系，等等，都值得思考和探究。与此相关的建校背景，学科布局、专业设置、师资建设、教学传统、优良学风、筹款方式、隶属关系、对外交流、校园变化等，也都值得细细琢磨，好好品味。这是交大百年历史文化的主要构成,亦是交大人非凡创造力的丰硕成果。

进入21世纪以后,上海交大面临的内外环境已发生很大变化。5 000多亩地的多校区办学空间、近5万人的师生规模、大批海外教师的引进、与原上海第二医科大学的强强合并,使交大多元文化背景的特点更加凸显。在此背景下,一所百年名校如何传承自己优良的文化精髓?如何让全体交大人拥有共同的文化烙印和追求,并在此基础上有所创新?如何让历史的深厚和世界的宽广交相辉映,在交大的校园里形成符合时代发展的新的精神文化?……这些涉及交大文化内核与交大人精神基因的问题,在创建世界一流大学的征程中,越来越需要做出回应与解答。而编纂一部真实、生动、系统、厚重的《上海交通大学史》,无疑能够为解读交大人精神内核与文化软实力提供智力支撑,也为交大争创世界一流大学奠定人文基石。

"盛世修史,懿年纂志"是中华民族千年传承的优良传统,也是当今社会主义文化建设的重大系统工程。《上海交通大学史》虽仅仅为一校之史,但其间世变幅度之大、时间跨度之长、经历曲折之多、涉及范围之广,在全国高校中都罕有其匹。如何真实记录学校的发展轨迹,如何系统梳理教育制度的演变,如何精彩描绘师生的生活图景,如何客观正确评论校史人物的历史贡献,如何科学总结百年办学的成败得失,凡此种种,都是编纂《上海交通大学史》的重点与难点,亦是对校史编纂者的巨大考验。所幸,自2006年110周年校庆之后,在以学校原党委书记王宗光教授领衔的校史编纂委员会的坚强领导下,集校内老领导、老同志、中青年校史研究队伍、校外专家学者的共同努力,历经十年艰辛,数易其稿,终于推出这一部卷帙恢弘的《上海交通大学史》,可谓"厚积薄发,十年一剑"。

古人云:"盖文章者,经国之大业,不朽之盛事。"翻开这部跨越三个世纪的厚重校史,重温交大往昔波澜壮阔的历程,我顿感心潮澎湃,为之动容,不胜感慨。我本人亦是上海交大在"文革"后恢复高考的第一届即"77级"学生,1982年本科毕业后,继续在母校攻读研究生,毕业后留校工作,直到1994年调离交大。应该说,我先后以学生身份与管理者身份亲身经历了交大在改革开放之后的17年岁月,对于这一时期交大学生"惜时如金"的学习热潮、享誉全国的管理体制改革、闵行新校区建设、派遣"世行生"等重大事件,都历历在目。衡诸这部《上海交通大学史》对这些史实的记载,应该说恰如其分地给予了还原与评价,较好地做到了资料翔实,持论平实,文风朴实,编排得当,征引规范。我相信,它出版面世后定能够经受时间的考验,成为一部可信耐读的优秀校史。

是为序。

姜斯宪

(上海交通大学党委书记)

2016年1月

序　二

上海交通大学是我国创建最早的高等学府之一。一百多年来，上海交大几度坎坷，历经沧桑，凝练积淀了优良的办学传统和厚重的文化底蕴，为国家造就了一批又一批各类专门人才，其中包括许多为民族独立、国家富强和科技发展、经济建设做出重大贡献的政治家、科学家、实业家、工程技术专家，可谓“桃李满天下，英才遍五洲”。新中国成立后，特别是改革开放以来，在党和政府的关心支持下，经过全体交大师生医务员工的奋发努力，百年学府焕发出勃勃生机，学校面貌发生了巨大变化。当年诞生于黄浦江畔只有数十人的南洋公学，如今已发展成为一所“综合性、研究型、国际化”的国内一流、国际知名大学，并正在向世界一流大学稳步迈进。

盛世修史，继往开来。上海交大的辉煌办学历程，既是一部承载着百余年来全体交大人励精图治、薪火相承的奋斗史，又是一个不断激励当今全体交大师生追求卓越、勇攀高峰的智慧库。上海交大历来重视校史研究与宣传教育，注重记录保存学校的发展轨迹与办学经验，更注重从中吸取不竭的精神动力。

自 21 世纪初年，学校将校史研究纳入大学文化和校园精神文明建设的重要部分，成立了校史编纂委员会，组织专门力量开展工作，编纂出版了一系列校史研究专著，如《上海交通大学纪事》(上下卷 2006)、《三个世纪的跨越——从南洋公学到上海交通大学》(2006)、《老交大名师》(2008)，在教书育人、对外宣传、自身文化建设等方面发挥了不可或缺的重要作用。如今，这部记载交大办学历史足迹、约计 300 多万言的《上海交通大学史》出版面世，这是学校校史研究的重要成果,是文化建设的基础性工程,更是向建校120周年的一次献礼。

在创建世界一流大学的征程中,大家愈来愈深刻地认识到,一所著名的大学不仅要有一流的物质条件,更要有一流的大学文化,要有经过历史沉淀又独具特色的传统风格、文化内涵与人文精神,形成引导激励全校师生的内在动力,这是一所大学的精髓和灵魂。建设以创新文化为主导的交大文化一直是创建世界一流大学的重要组成部分。《上海交通大学史》所记录的办学轨迹、展现的教育成就、总结的经验成果,正是上海交大精神文化的载体和底蕴,也是创建交大文化的根本与源泉。这部校史必将成为建设一流大学文化的重要组成,必将为创办世界一流大学提供有力的文化支撑。

"大学之道,在明明德,在亲民,在止于至善"。大学最根本的任务是培育具有社会责任、创新精神、实践能力的人才。大学的精神与文化传统对人才培育影响至深。《上海交通大学史》在梳理交大的发展脉络过程中,发掘了大量鲜活的历史事件、见微知著的师生校友轶事,提炼出真实历史背后所蕴含的大学精神、大学文化,这些都将成为莘莘学子成长成才的生动教材,有利于学生提高对"饮水思源、爱国荣校"内涵的理解,真正让"责任"成为凝结在每一位学子血液中的精神,成为一代代交大人不变的信仰。

《上海交通大学史》的出版,为广大师生、校友、教育同行以及社会各界关心交大发展的人士,提供了一部了解学校悠久历史和精神文化的优秀著述,也为交大自身大学文化建设、人才培育等提供了一份有价值的精神载体。在新的历史阶段,在国家推进双"一流"建设进程中,期待全校师生医务员工以更高境界、更大情怀,求真务实,努力拼搏,敢为人先,与日俱进,为建设中国特色世界一流大学,为中华民族伟大复兴作出不可替代的贡献。

马德秀

2011年2月第一稿

2016年1月修订

序　三

公元 1896 年，在甲午战败、民族危难之际，盛宣怀以“自强首在储才，储才必先兴学”的理念，创办南洋公学。

交通大学以“南洋”之名立，以“交通”之名兴。“交通大学”的校名源自 1921 年交通部所属四所学校合并而成大学之时。当“交通”二字的实业意义在历史的演化中渐渐淡去之时，作为校名，“交通”就成为一种文化和精神的传承。在“交通”之名下，交通大学的“大学”之道承载了“储才兴邦”的建校理想，光耀了“当为第一等人才”的办学理念，“傲立世界之巅，为民族谋进步，为人类谋福祉”，育人不辍，英杰辈出，成就了交通大学跨越三个世纪的辉煌，也让这座学府拥有了“天地交而万物通”的胸怀、气度及其独有的风格。

如果追溯到更远，中国传统文化对“交通”的理解源自庄子所云“交通成和而物生焉”，阐释的是一种宇宙观和价值观，是对宇宙万物和谐共生的哲学认知，是对自然规律的独特感悟。而“大学”一词的英文发源于中世纪西方都市生活及城邦初现时的拉丁文词汇“Universitas”，意指授予学位的由学生、教师和学者组成的多学科高等教育及研究机构。因此作为一所中国最早的现代大学，交通大学正是延续着中国传统文化的感性和西方现代文明的理性。中国传统之“交通”、现代西方文明之“大学”铸就的“交通大学”是历史与文化的交汇，也是思想与实践的贯通，所以成就其卓越，成就其辉煌。

“交通”为名，“大学”为道。

“交通”是校名，更是一种办学之道，真正让交通大学卓尔不群的，正是这种“天地交而万物通”“交通成和而物生焉”的办学之道。

大学是称谓,更是传承和创造的所在,真正让交通大学戮力同心、思源致远的,正是这种对大学精神、大学存在之根本意义的不懈追求。

在这样的大学之道下,交通大学自建校至今,无论世易时移,都赫然屹立于中国第一等学府之列。即便是几经辗转迁移,历尽艰难困苦,我们仍能在“上下交而其志同”的传承中坚持自己永恒的追求。

如今,集校史研究者多年心血编纂而成的八卷本《上海交通大学史》付梓出版,正是向世人展示交大人独特的情怀和追求,百余年的交大历史证明了:

交大是一所有追求的大学,交大人一直把感恩和责任放在首位。人才培养、科学研究、服务社会之交汇贯通是我们无时或忘的职责、本分和事业。交大人以发现和传播真理为己任,即使前路漫漫,荆棘丛生,交大人上下求索,从不懈怠。

交大是一所有灵魂的大学,交大人一直在追求思想的深邃。正是因为这种深邃,让我们拥有了宁静和淡泊,远离了喧嚣和浮华。“脱心志于俗谛桎梏,真理因得以发扬”。勤、朴、忠、诚之交汇贯通是交大人行为之准则。

交大是一所有思想的大学,交大人一直在追求文化的引领。“交通”之名赋予我们的是天地自然、社会人文相交相通之所在,更是阔达天地的视界和理想。交通大学聚天下之英才,攀智慧和思想之高峰,引领民主、科学和文化之发展。

回顾历史,交大的前辈先贤创造了无数的光荣。他们以天下兴亡、匹夫有责的气概,将办学与救国紧密结合,将求真与务实融为一体,以“明知不可为而为之”的自信和勇气站在时代最前沿,引领国家发展和社会进步,创造了无数个中国乃至世界的“第一”。面向未来,我们的梦想是把交通大学建设为一所大师云集、人才辈出、科技成果和人文思想交相辉映,在国家富强、民族复兴和人类文明进步的进程中,贡献卓著的大学!

“交通”为名,“大学”为道。交通大学的理想与风格、价值与追求将会成为真正的永恒。

张杰

2011 年 2 月第一稿

2016 年 1 月修订

序　四

巍巍学府，百年交大，历史是沧桑，也是明镜。上海交通大学一百多年来与中国近现代历史的百年兴衰相伴而行。交大“醒狮起、搏大地、壮哉吾校旗”，在中华民族救亡图存、跻身强国的历史进程中留下深深的印痕，积淀了众多精神财富。交大从艰难跋涉到奋力崛起的历史过程，一幕幕感人至深的历史场景，谱写了中国大学发展史上的辉煌篇章。对交大百余年校史的发掘与研究，并尽可能完整地编纂成书留存于世，既是一笔丰厚的历史遗产，也是一部用案例教育世人的哲学。总结和继承办学传统和经验，鉴往知新，启示后人。交大是谁、交大从哪里来、交大要往哪里去，这些问题的思考与解读，对于正在走向世界一流新征途的上海交通大学可以提供诸多有益的启迪。

峥嵘历程

上海交通大学校史编纂委员会自21世纪初开始，组织力量编写《上海交通大学史》，真实完整地记录学校从1896年至2006年共110年的办学历程和发展轨迹。经过十余年、十余位研究人员参与的编纂工作终于完成。110年的历史演变似行云流水，又波澜起伏，激发我们无限感奋，引发我们长久思索。

上海交通大学始建于1896年。其时，在清王朝的统治下，内忧外患，国难深重，一些有识之士认识到“教育救国”的重要性。中国近代实业家盛宣怀向光绪皇帝呈奏《请设学堂片》，拟于上海创办南洋公学，造就政、法、商等兴国人才，获得清政府批准。从此，交通大学的前身——南洋公学在上海徐家汇创建，招生办学；先后设立师范院、外院、中院、特班、政治班及译书院、东文学堂等，选派留学生出国深造，探索从初等、中等到高等教育的办学体系，成为中国近代学制之肇端。清末民初，国内实业扩充，工商方兴，迫切需要高级实业技术和工程管理人才。学校及时调整方向，兴办工科，先后设置的铁路科、电机科、航海科、铁路管理科等在当时均为同类大学中仅见。孙中山曾来校为学生演讲，表达他“强国强种”的勃勃雄心，提出了10年筑成10万英里铁路的宏伟计划。

1921年，学校正式定名交通大学。由于政局动荡，学校虽曾几度更名，但坚持培养交通实业人才的宗旨不变。1928年，学校划归铁道部后，办学经费充盈，校园规模扩大，办学成效显著。30年代，学校继续延聘名师，添建校舍，拓展学科，成为以工科为主，兼重管理、理科的全国著名理工科大学，有“东方MIT(美国麻省理工学院)”的美誉。抗日战争爆发，交大师生在上海、重庆两地坚持办学，历尽艰难险阻，恪守交大办学宗旨，培养了大批战时急需的工程技术人才，涌现出可歌可泣的抗日英勇斗士。抗战胜利后，交大复员上海徐家汇原址办学，迅速恢复和发展理、工、管相结合的院系建制。爱国师生为了追求民主权利与社会进步，先后开展反“甄审”“护校运动”“反饥饿、反内战、反迫害”“反美扶日”斗争等爱国民主运动，交大成为沪上的“民主堡垒”。

1949年5月，上海解放，交大的发展进入了新阶段。学校坚决贯彻新民主主义教育方针，积极参与新中国高等教育建设。师生们响应党和国家号召，纷纷投入到工业化建设的热潮之中。1952年，在高等学校“院系调整”中，交大许多学科及相关师生调往全国各地，为国家高等教育事业的布局和发展做出了贡献。1955年，国家决定交通大学西迁；1957年，在周恩来总理亲自指导下，决定交通大学分设两地，分别为交大(上海部分)、交大(西安部分)；1959年，中央决定交大(上海部分)和交大(西安部分)分别成为独立办学的上海交通大学和西安交通大学。

1961年，中央决定上海交大划归国防科委领导，成为一所国防工业高等学校。1966年，在“文革”的灾难中，学校工作全面中断，日常管理陷入混乱，知识分子成为批斗对象。校内外“造反组织”相勾结，批斗矛头直指广大师生和“老交大传统”。许多教师和科技人员忍辱负重，排除干扰，为国家教育、科技事业默默奉献，为国防科技事业做出贡献。1976年，“四人帮”被粉碎，交大师生在拨乱反正中率先批判“两个估计”，交大迎来了第二个春天。

20世纪70年代末，党的改革开放政策为社会主义现代化事业开创了新局面。上海交大在改革开放中抓住机遇和挑战，力求重振雄风，再现勃勃生机。交大党委带领全校师生积极探索并实践高校内部管理体制改革，为学校的重新崛起奠定了坚持改革开放、创新发展的思想基础。打开国门，走出校门，交大教授组团出访美国，成为新中国建立以后第一支访美的高校代表团。80年代初，上海交大划归教育部直属，学校恢复理学科、管理学科，新建文科和新兴学科。1984年，邓小平亲自接见上海交大干部和教师代表，热情鼓励学校的教育改革。在第六届全国人大第二次会议的《政府工作报告》中，肯定了上海交大的改革。90年代开始，国家加大投入，加快建设闵行校区，改善办学条件，扩大办学规模，上海交大进入改革发展的快车道。

在全球科学技术迅猛发展的形势下，江泽民两次为母校题词，提出了建设世界一流大学的发展目标。教育部和上海市共建上海交大，批准实施国家旨在提升一流学科水平和创建世界一流大学的"211工程""985工程"。随着综合实力增强，学校提出"综合性、研究型、国际化"的发展战略。跨入21世纪的上海交大发挥学科人才优势，利用大型企业的投资实力，得到闵行区政府的支持，实行大学、企业、政府三方战略联合，创建了由大学园区、研发基地、生态社会组成的"紫竹科学园区"合作新模式。交大借力及时拓展闵行校区，校园面积扩大至近5 000亩，顺势推进闵行校区二期建设，把世界一流大学的建设目标与新型校园的建设紧密结合，于"十一五"中期实现了闵行主校区的全面竣工和办学重心的顺利转移。1999年，上海农学院并入交大；2005年，上海交大与上海第二医科大学合并，成立新的上海交通大学。目前，上海交通大学已成为一所拥有理、工、农、医、文、法、管等学科，并拥有大批科学研究机构、众多附属医院的国内一流、国际知名大学，正在向世界一流大学稳步迈进。

纵观上海交通大学的发展历史，正是中国高等教育事业从无到有，由小到大，由弱到强，不断发展、创新的历史进程。

今天，我们以学校历史发展的纵向脉络为线索，编纂《上海交通大学史》，全书共8卷，依学校自身发展阶段划分为8个时期，每个时期1卷。其中，中华人民共和国成立之前分为4卷，之后分为4卷。全书共300余万字，约1 000帧照片。本着"以史为鉴"的精神，我们既注重历史真实性、可读性，更关注学术性、科学性，努力写成一部史料翔实、结构合理、观点鲜明、文风活泼的史学著作。

《上海交通大学史》记录办学历史，展示育人成果，总结经验得失，是学校建设一流大学文化的重要组成部分，必将为创办世界一流大学提供有力的文化支撑。校史研究是一项长期的工作，随着时代的发展与进步，对于一些历史事实的分析见解可能会有新的认识和结论。上海交大的校史研究工作还将继续坚持"以史鉴今、资政育人"宗旨，不断推陈出新，展示更多高水平的研究成果。

学人足迹

解读校史,值得自豪的是,百余年来,上海交大拥有一大批具有先进办学理念和大学精神的校长,拥有一大批学识卓越、众望所归的名师、学者,拥有一大批走出校门后为国家、民族和人类社会作出杰出贡献的莘莘学子。在不同历史时期,这些校长、教师和校友们留下许多精彩纷呈、可圈可点甚至可歌可泣的历史印迹,共同铸就了百年交大的历史丰碑。

第一,交大有一批志存高远、精于治学的校长。一代又一代掌校者为办好交大,为交大的建设与发展竭尽心智、巨擘鼎力,造就了学校的辉煌历史。

*他们始终坚持"兴学强国"的教育观。*一百多年前,盛宣怀创办南洋公学的目的,就是为了"强国",提出"自强首在储才,储才必先兴学",培养"经世济国"人才的思想。唐文治倡导培养"求实学、务实业"的救国人才,要造就"中国之奇材异能"。叶恭绰、黎照寰等是孙中山实业计划的忠实执行者,他们着力培养"实业计划的实行家""高深建设专才",以使中国摆脱贫弱,自立于世界民族之林。新中国成立以后,在社会主义工业化建设统一布局下,学校围绕培养多科性工科人才、国防工业人才的任务不懈努力。改革开放以来,学校顺应建设中国特色社会主义的发展要求,为实现中华民族之伟大复兴,以"继往开来,勇攀高峰"的精神,确立了创建世界一流大学的目标,制定并实践了"综合性、研究型、国际化"的发展战略,学科领域不断充实与拓展,逐步形成注重人的全面发展的创新型人才培养模式。交大人就是这样,以国家利益为己任,始终把自己的荣辱兴衰与国家的命运紧紧联系在一起。

*他们始终主张"第一等人才"的培养观。*唐文治提出了著名的"第一等人才"的培养观:"须知吾人欲成学问,当为第一等学问;欲成事业,当为第一等事业;欲成人才,当为第一等人才。而欲成第一等学问、事业、人才,必先砥砺第一等品行。""争第一"的思想成为交大百余年来人才培养的基本理念。交大的"第一等人才",明确以德育为前提和基础。唐文治曾说:"道德,基础也;科学,屋宇垣墉也。彼淹贯科学,当世宁无其人,然或忘身徇利,一旦名誉扫地,譬如基础未筑,则屋宇垣墉势必为风雨所飘摇而不能久固。"长期以来,学校除了专门学科的培养,还注重学生的人格养成。张铸、黎照寰都提出,"注重知识的获得,身体的锻炼,道德的修养,充分准备一切,务使成为一个完全的人。""完全之人,斯有不朽之事业,此教育之本旨也。"20 世纪 50 年代,彭康强调人才培养"要有明确的方向,这就是为社会主义服务";应该多培养几个像钱学森那样的人民科学家,才是最大的政治。进入 21 世纪以来,交大十分强调青年学生的科学精神与人文精神的紧密结合,为人的全面发展着力打造健康向上的精神家园。

他们始终坚持以世界先进的办学水准为追赶目标的发展观。唐文治的办学心愿是"冀与欧美各国颉颃争胜";叶恭绰认为交通大学与欧美大学"未必无同趋一轨之日";黎照寰力求把交大办成一所国际著名大学。进入20世纪80年代,江泽民为母校题词:"百年大计,教育为本,努力把上海交大办成第一流大学。"1995年12月,江泽民再次为母校百年校庆题词:"继往开来,勇攀高峰,把交通大学建设成世界一流大学。"恰似春雨甘霖,润物无声,"建设世界一流大学"已成为上海交大人的共同理想和奋斗目标。

他们始终践行锲而不舍、坚韧不拔的奋斗观。交大在一百多年办学过程中,一路坎坷,几度危难,曾多次面临中途夭折的困境。但是,掌校者一次又一次坚韧不拔的努力,擎大厦于将倾,挽学脉于临危。首任校长何嗣焜为学校的创建呕心沥血,伏案发病,溘然长逝。1902年底,袁世凯趁校内学潮之机,企图迫使学校停办,盛宣怀不甘校业就此夭折,千方百计筹措办学经费,维系学脉。民国初年,百废待兴,学校又面临经费无着的状况。唐文治带头减薪,师生同舟共济,终于渡过难关。20年代,军阀混战,时局不稳,凌鸿勋临危受命就任交通部南洋大学校长,竭力维持校基,终使学校得以承续。抗战爆发后,黎照寰、张廷金、徐名材、吴保丰等主校者,忍辱负重,历尽艰辛,坚持在上海和重庆两地办学,力保学业不被中断。新中国成立后,学校经历了院系调整、迁校等重大变动,学科、师资、设备等实力大为削弱;又经历"文化大革命"的摧残破坏,上海交通大学的规模、层次一度明显处于国内著名高校之后。"文革"结束,恰逢党的改革开放政策,交大领导班子遵循党的基本路线和方针政策,不失时机地抓住了科教兴国的发展机遇,坚持改革开放实践,在激烈竞争中迈开建设世界一流大学的步伐,获得社会认可和国家支持。

"穷且益坚,不坠青云之志。"面对复杂的局面能够做到独立思考、积极应对,在一次又一次的机遇和挑战中坚持拼搏,力争最好的结果,这正是交大掌校人的基本素养。

第二,交大有一批树人育才、众望所归的名师、学者。交通大学一贯重视教师队伍建设,以拥有高水平的师资为办学之本。20世纪二三十年代,有一批如胡明复、周铭、徐名材、裘维裕、胡敦复、唐庆诒等著名教授。40年代,交通大学在重庆期间,条件十分艰苦,仍然吸引了包括张钟俊、曹鹤荪、辛一心等在内的一批留学归国的青年英才来校执教。正是先贤们无怨无悔地躬耕于三尺讲台,才奠定了交大的百年基业。

他们具有心系国脉、底蕴深厚的爱国情怀。学校创办初期,所聘用的教师大多为中国现代第一、第二代知识分子。他们成长于中国传统文化土壤,又受到新思想的启蒙。在当时腐朽落后的社会现实和帝国主义列强的欺凌面前,他们抱有强烈的救国、报国之志,以"国家兴亡,匹夫有责"为座右铭;坚持独立人格和职业操守,视安贫乐道、坚守节操为人生追求。他们在风雨变幻的时局中,守望真理,矢志不移,决不以原则做交易,不辱教师之神圣使命。南洋公学特班总教习蔡元培曾向封建势力争取学生的民主权利,未果后愤然离校,另组"爱国学社"接纳辍学学生。抗战爆发,交大教师"仰天长啸,壮怀激烈",有的忍辱负重坚守教师岗位继续传道授业,有的宁可失业不向伪政权弯腰,有的历尽艰辛远赴重庆任教。上海解放前,为保护爱国学生躲避反动军警的追捕,吴保丰、王之卓都曾用校长汽车把学生送出校门到达安全地带。新中国建立后,交大教师以极大热情投入社会主义现代化建设高潮,为了响应党和国家号召,很多交大人告别大上海,毅然奔赴祖国各地艰苦创业,为新中国高等教育事业的蓬勃发展做出贡献。"文革"中,教职工不满"四人帮"的倒行逆施,欲教不能,欲罢不忍,大多仍旧坚守业务岗位,取得众多科研成果。党的十一届三中全会后,交大师生群情激昂、解放思想,率先提出否定"两个估计",重新恢复"老交大传统",焕发学术青春,抢回"文革"中失去的宝贵时间,积极开创教学、科研工作的新局面。

他们具有学贯中西、能文能武的真才实学。交大教师大都具有海外留学或工作的背景,同时,他们中的许多人还具有在工商业或政府实业部门的工作经历。他们不仅始终把握世界科技发展前沿动向,而且善于应用科学理论解决实际工程技术问题。交大教师为中国工程教育作出开创性的贡献,把广阔的国际视野和实际的应用能力融入教育与教学,用严格的学术精神开展大量丰富的实践教学以资验证,这些都是交大教师的显著特点。校友们回忆,交大的"实验教育这个过程教导你如何创新"。既有高深学问,又有实际才干和经验,学贯中西、真才实学成为交大教师的基本特征。因此,早在20世纪二三十年代,交大就成为知名高等学府,被誉为"中国工程师的摇篮"。

他们具有传道授业、德技双馨的人格魅力。交大教师融"传道、受业、解惑"于一身,不仅教书,而且言传身教如何做人,把中华文化传统的道德教化、修养情操一并传授给学生。在他们心里,爱国家就是爱交大、爱学生,就是兢兢业业地上好每一节课。授课时,逻辑缜密,析理清晰,出神入化,精美绝伦,讲解科学理论游刃有余,说明实际问题信手拈来。多年以后,学子忆此仍然津津乐道:"如痴如醉,大有孙猴子在听菩提祖师说法时的闻得大道那份喜悦。"邹韬奋回忆国文教员沈永癯"尤其受他的熏陶的是他的人格的可爱","是我一生做事所得力的模范。"钱学森在晚年把陈石英、钟兆琳两位老师视为对他"影响最大的老师",感悟"师恩永志于心"。众多学子在人生重大转折关头都得到交大教师真诚地呵护与无私的教诲。20世纪80年代后,交大的唐坤发、晏才宏、金正均等教师业务精湛,教学执着,深受学生爱戴,即使遭受病痛折磨,仍然坚持到生命的最后一刻,鞠躬尽瘁,死而后已。有学生怀念曾继铎教授,撰写对联,上联为"读万卷书,行万里路,桃李满天下",下联为"不谄不媚,傲骨铮然，浩气留人间”，横批“一代名师”，可谓对交大教师学识与人格的高度概括。

第三，交大有一批秉承校风、勇于担当的莘莘学子。古今中外，校友是学校的财富，是母校的骄傲，交大更甚。交大学生的心声是“今天我以交大为荣，明天交大以我为荣”，莘莘学子带着“饮水思源、爱国荣校”的母校情怀离开交大，走向社会。

他们传承着优良的爱国传统。叶恭绰校长回忆道：“交大学风，素称淳实”，“本校学生，潜心努力，有爱国不忘求学，求学不忘爱国之风。”“捐躯赴国难，视死忽如归。”辛亥革命前后，校友唐榕柄在广州、白毓昆在滦州，一南一北，响应革命，后均英勇就义。五四运动、五卅运动、“一二・九”运动中，交大学生都积极参与。在抗日战争及历次革命战争中，交大学生挺身而出，前赴后继，一些人因此献出了宝贵生命。侯绍裘、陈虞钦、邹韬奋、费巩、杨大雄、杨潮、曹炎等革命英烈长眠在上海龙华、南京雨花台、重庆歌乐山及各地烈士陵园之中。1945 年后，交大的爱国进步学生战斗在第二条战线上，为争取民主进行顽强斗争，穆汉祥、史霄雯惨遭杀害，烈士安葬在交大徐汇校区的校园里，竖立纪念碑，成为永远的纪念。新中国成立后，交大毕业生满腔热情在祖国各地投身社会主义建设事业，涌现出无数优秀人物和先进事迹。黄志千、华怡等是他们的突出代表，成为交大人学习的楷模。

他们发扬了勇于创新的科学精神。探索科学、坚持真理是交大人的不懈追求。物理学教授裘维裕曾说：“大学的使命，是要养成一种健全的人格，训练一种相当的科学思想，有了这种训练，毕业之后，无论什么工作都可以担负，都可以胜任。”交大人把求真务实作为毕生的行为准则，处理问题喜欢“较真”，先要弄清道理再下结论。物理系 1947 年毕业生胡国定体会到，交大的学生“对复杂的新事件，总要先独立思考弄清楚问题，再下决心怎么去做。这就是交大的‘慢热’”。许多校友回忆说，交大培养了我们独立工作能力，交大教会了我们怎样去做研究；独立思考，遇到问题自己去解决已成为交大学生的习惯。这也是他们具有开拓创新能力的重要原因，为国家建功立业的素质基础。百余年来，在献身科技事业的交大校友中，有“人民科学家”钱学森，“国家最高科学技术奖”获得者吴文俊、徐光宪、王振义等；还有我国第一台中文打字机发明者周厚坤，第一台变压器的设计制造者周琦，第一台发动机的设计制造者支秉渊，第一架喷气式歼击机的设计制造者黄志千、“歼-7 之父”屠基达、“歼-8 之父”顾诵芬，第一枚液体燃料探空火箭的设计制造者王希季，第一艘万吨远洋货轮“东风号”的总设计师许学彦，第一艘核潜艇的设计者黄旭华，第一台自主设计与集成的作业型深海载人潜水器“蛟龙号”总设计师徐芑南，第一艘航空母舰“辽宁舰”总设计师朱英富，等等，他们的业绩在中国科学技术发展史上留下了浓墨重彩的一笔。

他们展现了始终如一的实干风格。求真务实是交大师生最鲜明的风格。学生在校经过严格的科学培养和精准的实验训练,深植实事求是的思想根基。唐文治校长提出"实心实力求实学,实心实力务实业"的要求;学校逐渐形成了"务朴纳,汰浮华,好实践,恶空谈,学则中西并重,而以实用为归"的校风。百余年来,交大的学子遍布各行各业,上天入地下海,声光电化齐备,既是先锋队,逢山开路、过水搭桥;又是螺丝钉,不计名利、默默奉献。交大学生崇尚实干、不骛空谈,敏于行,讷于言,能摈弃浮躁,作风扎实,实践动手能力强,已成为社会口碑。

1926年10月,在学校30周年校庆时,为感谢培养之恩,原师范班校友捐建的自流井取义"饮水思源"赠予母校;此后,"饮水思源"碑矗立在交大校园,成为交大标识,代代相传。改革开放以来,海内外校友纷纷回校,关心母校的建设与发展,许多人捐资助学,回馈母校,一幢又一幢由校友捐赠的建筑物出现在徐汇、闵行等校园中。地球虽大,"饮水思源"亦如磁石般吸引着天涯海角的交大人遥相呼应。"饮水思源,爱国荣校"是一种承诺,它把质朴的感恩与交大人扎实勤奋的事业心紧紧联系在一起;"饮水思源,爱国荣校"是一种情怀,它把道德、理想、情操与交大人崇尚的价值观紧紧联系在一起;"饮水思源,爱国荣校"是一种境界,它把学子与母校、个人与国家、民族与人类、历史与现实、科学与进步都紧紧地联系在一起,凝聚成交大人的世界观、人生观和价值观。

一代又一代交大学子,带着他们的智慧、学识和人生理想,走向大海,走向蓝天,走向祖国最需要的地方。无论是风雨如晦的年代,还是奋发图强的岁月,无论是工业现代化的召唤,还是改革开放奔小康的实践,无论立足国内,还是走出国门,他们都在人生的舞台上,显身手、展才华,以他们的聪明才智和热血青春回馈祖国、回馈社会、回馈全人类。在一百多年的办学历程中,黄炎培、邵力子、李叔同、蔡锷、王宠惠、蒋梦麟、邹韬奋、陆定一、汪道涵、钱学森、周建南、吴文俊、徐光宪、李天和、江泽民、葛守仁、王振义等都是交大学子的杰出代表。数十万交大人足迹遍及海内外,他们把交大的拼搏精神与实干作风带向四面八方。

思源致远

2006年,上海交大建校110周年之际,江泽民再次为母校题词:"思源致远"。这是对中华民族悠久的传统文化与交大百年传统精神相结合的高度概括。

"思源"最早见于北周庾信的《徵调曲》:"落其实者思其树,饮其流者怀其源。"表达了人们质朴的感恩情怀。"致远"在《周易》《论语》中均有表述,最著名的应为诸葛亮《诫子书》中"非澹泊无以明志,非宁静无以致远",成为一代又一代知识分子的座右铭。

交大人为"思源致远"赋予了更深刻的意义。"思源",凝聚着交大人对于自然、人文和社会的深厚浓重的历史观;“饮水思源,爱国荣校”被广大师生和校友们公认为交大校训。除此之外,交大人常思社会历史之源,常思人类认知之源,常思科学探究之源,寻求探索真理、开拓创新的力量源泉。“致远”,彰显出交大人刚毅淡定、高瞻远瞩的发展观。盛宣怀办学时就提出:“窃惟时事之艰大无穷,君子以致远为重。”黎照寰校长则教导学生:“才识丰,体力雄,志行高,具此三者,始能任重致远,为国效劳。”20世纪初公布的《上海交通大学章程》提出了学校的使命:建设“综合性、研究型、国际化的世界一流大学”。“思源致远”,引领着交大人在学校建设、国家自强、民族复兴的伟大事业中树立应有的境界、胸怀和高尚追求,承担起作为一名交大人必须承载于肩的历史责任。

“无边落木萧萧下,不尽长江滚滚来。”回顾上海交通大学所走过的一百多年历史,怎不令人浮想联翩。历史长河,征途漫漫,交大人闯过了一次又一次艰难险阻;面向未来,交大人仍将不懈求索,勇于面对一次又一次机遇和挑战。历史已证明,交大人必须同舟共济、结伴前行;再铸前程更要求交大人别无旁骛、同心协力。

“建设世界一流大学”是一代又一代交大人共同的梦想。在此,我们谨以这部《上海交通大学史》奉献给每一位关心和热爱交大的师生和朋友,让《上海交通大学史》成为交大历史丰碑上的又一块基石,承百年薪火,续千秋伟业。

王宗光

2011年2月第一稿

2015年12月31日修订

目 录 | CONTENTS

前言

1905 年春，南洋公学移交商部管辖，更名商部上海高等实业学堂。1907 年改归邮传部，更名邮传部上海高等实业学堂。辛亥革命时期曾短暂更校名为中国南洋大学堂。民国政府建立后改属交通部直辖，更名交通部上海工业专门学校，直至 1921 年夏改组成立交通大学，前后长达 17 年之久。这一时期我国处于清末民初风云跌宕的社会大变革、大转型时期。然而，因学校与中央直辖部门的顺利衔接和校长唐文治的运筹帷幄、审时度势，尽管在名称上屡屡变化，学校仍处于相对稳定且有所发展的阶段。总体而论，在教育层次实现了南洋公学"收效皆在十年之后"的理想，顺利升格为专科学校，并进一步为建成工科大学积极筹备，为交通大学在二三十年代发展成为国内著名大学打下了坚实的基础。

学校自改隶商部、邮传部后，逐渐开办与交通实业有关的学科，初办商务专科、铁路专科，继办电机专科、航海专科，民国时增设铁路管理科，形成以工为主、工管结合的专业特色。各专科的设立，标志着学校继承了南洋公学后期改办高等实业教育的转型计划，正式确立了学校服务于交通实业系统的办学目标，并通过相应的专业设置，从根本上实现了从建校初期以培养政治人才为目标向培养工程技术与管理人才为目标的重要转折。以后虽然经历了隶属关系的更变、政治斗争的波及甚至国家民族的危难，但是学校整个办学大方向基本没有大的变动。办学方向的确立，反映了学校顺应我国近代工业化起步和发展对实业人才急迫需求的愿望。

根据办理高等工程教育的办学方向，清末时期学校提出了明确的教育宗旨及人才培养目标:“造就专门人才,尤以学成致用,振兴中国实业为宗旨,并极意注意中文以保国粹。”民国时期又以“教授高等工业专门学科,养成工业人才,并极意注重道德,保存国粹,启发民智,振作民气,以全校蔚成高尚人格”为教育宗旨。两个时期的教育宗旨及培养目标是一脉相承的,并且在培养专业精深的工业技术人才之外,都特别强调工科学校的人才培养绝不能忽视对学生的人格教育,不能全盘西化,放弃中国传统文化。

清末民初时期我国高等工程教育尚处于起步阶段,学制尚未完善,缺乏办理经验,学校主要借鉴西方教育经验,以美国大学的同类专科课程设置为蓝本,专业教科书也直接购自美国麻省理工、哈佛等著名大学,同时结合国情与校情,制定了较为合理的课程与教学计划,并在教学实践中不断加以修订。学校以“功课密,管理严”为教学原则,认真实施各项教学规制,使教学工作逐渐趋于规范化、制度化。在办学过程中,学校严把招生关,重视办好附属中小学,确保专科生源质量;重视平时考核与各级考试;注重教学与实践相结合,学以致用,成为学校良好教学传统的一个开端。学校高度重视国文、外语教学,为文理渗透、工文并重的教育模式进行了实际探索,使学校造就出一批品学兼优、文理兼通的科技人才。

在办学过程中,学校认真贯彻求实务真、学以致用办学思想。从高等实业学堂到工业专门学校,国家学制几经变化,学校在执行教育部门规章与主管部门指令同时,并没有为主管部门定章束缚,而是保留了学校很强的自主性。这种不墨守成规、不盲目抄袭西方经验,结合我国实际的办学精神,是学校能办出特色和提高教学质量的重要原因。根据时代需求,学校坚定了以工科为主的办学方向,认真贯彻求实学、务实业的办学主张,逐步创建了近代高等工科教育体制,为学校正式建成工科大学作了重要铺垫。

在此期间,唐文治担任校长时间最长,从 1907 年秋至 1920 年冬,执掌校务达 14 年之久,是这一时期学校发展的核心人物。唐文治任职期间,国家正从专制走向共和,学校由普通进入专门,校园则由恬静转入动荡时期,学校发展面临政变学潮冲击、经费严重短缺、师资难聘等重重困难,多次陷入发展停滞甚至关闭的危境之中。唐文治抱定培育英才是救国救民大计的坚定信念,惨淡经营,乐育不倦,一次次克服常人难以想像的困难。主校期间,唐文治推行“求实学、务实业”的尚实教育思想,强调道德品行教育,以培养第一等人才为己任,广揽名师,首创工科,厚植基础,严谨治校,培养了凌鸿勋、丁西林、支秉渊、周琦、邹韬奋、洪深、孟宪承等大批优秀的科学技术乃至人文社科领域的人才,为交大建成全国著名理工科大学奠定了坚实的基础,为我国近代工科教育的创建与发展做出了诸多开创性的贡献。

第一章
创建近代工科大学

第一节　商部上海高等实业学堂

一、商部接办

1905 年 3 月，商部正式接管南洋公学。3 月 17 日，商部尚书载振派左参议王清穆到校，代表商部宣布该部右参议杨士琦担任监督（即校长）职务，总理一切校务。同日，南洋公学更名为商部上海高等实业学堂，正式开学。4 月 5 日，商部具奏光绪帝，请发给“上海高等实业学堂监督关防”，以昭信守。同日准奏。5 月 5 日，商部将关防发至学校，正式启用。

由于隶属关系发生变化，学校在人事、管理体制、办学宗旨、专业设置等方面，都出现了较大的变动。新任监督杨士琦（1862—1918），字杏城，安徽泗县人，举人出身，早年曾充李鸿章幕僚；李鸿章去世后，追随袁世凯。杨氏是一位新政人物，热心办理实业，注重新式人才的培养，受到袁世凯信任和重用，素有“袁世凯智囊”之称。当时杨士琦任商部右参议，被派驻上海负责推广商会，同时被北洋大臣袁世凯借重，驻沪担任轮船招商局、电报局总办。他一人身任四个职务，且主要精力放在轮、电两局事务上，再兼任学校监督一职，实在是难能专责其成。

监督杨士琦(1905年春—1907年春在任)

商部在1905年3月16日接管南洋公学的奏折中称:“现在接收伊始,更张旧制,创立新模,事体至为繁重,非有谙习历练、实心任事之员,不足以资董理。”①充分认识到掌校人选对于办好学堂的重要性。那么,商部为何又选派任职过多的杨士琦来担任监督呢?这主要出于经费上的考虑。商部成立不久,根基不厚,处处需款,该部又无专门的教育经费预算,也无其他费用可支,就连部务办公开支也是经常不敷,需要轮船招商局年供银1万两接济。对于改归后办学经费,商部认为,要在原需银7万余两的基础上,尚需另筹款项,整理扩充校务。至于经费来源,已商得北洋大臣同意,仍转饬招商、电报两局酌量加拨常年经费,学生毕业后,先尽轮、电两局任用。经费既出自轮、电两局,加之两局主管人杨士琦又在商部任职,自然成为最佳的监督人选。

杨士琦接任监督后,商部专门照会他,希望能通盘筹划,酌订妥善章程,加拨经费,切实办理好该学堂。实际上,杨士琦在任职期间(1905年春至1907年春),并不驻校办公,也很少到校视事。1905年秋到1906年春,他调京任职期间,监督一职由王清穆代理。

代理监督王清穆(1905年秋—1906年春在任)

代理监督王清穆(1860—1941),上海崇明人,字希林,号丹揆,1888年中举人,两年后得进士,在户部任职。1901年入外务部。1903年被挚友唐文治力荐为商部左丞,派驻上海,筹办上海商会,次年奉命考察东南七省商务。1906年任江苏省商办铁路公司

① 《商部呈文改商务学堂为高等实业学堂并派杨士琦总理该学堂事务》(光绪三十一年二月二十一日,1905年3月16日)。《交通大学校史》编写组:《交通大学校史资料选编》第1卷,西安交通大学出版社1986年版,第7页。

总理，筹建沪杭甬铁路。民国后退隐还乡，对崇明县经济、文化、慈善等事业颇多建树，曾主修《崇明县志》，著有《农隐庐文钞》等。

杨士琦、王清穆就任监督期间，废除公学时期督办、总理、提调职务，设教务、斋务、庶务三长制度，分掌教学、学生管理、校舍经费诸事务，责权比较明晰。并延聘前南洋公学提调伍光建为教务长，唐浩镇为斋务长兼任庶务长。

杨士琦、王清穆根据学校隶属关系、经费来源及地域特点，还在办学方向上作了较大的调整。他们表示，学校地处"通商巨埠、商务最盛"的上海，又隶属商部，商科类专业自然要开设；又因学校经费由轮船、电报局拨给，也应当添设轮船、电机专科，为两局输送所需专业人才。

这种办学思路在1906年初制定的《商部上海高等实业学堂章程》中得以明文规定。章程分设学总义、学科程度、学堂考试等7章，共计189则，系遵照学部颁行《奏定章程》（即癸卯学制）及《商部京师高等实业学堂章程》，参照本学堂实际情形所定，并咨呈商部尚书核定施行。设学总义第一节即明定学校的办学宗旨："本学堂讲求实业，以能见诸实用为要旨，就南洋商务学堂改订学科，冀为振兴中国商业起见，造就人才，力图进步。"①在分科一节中，分为预科、本科两类，预科学制四年，本科阶段分设商业、航海、轮机、电机四科，学制3年。从中不难看出，商业科为商部所需，其余三科主要为供款单位轮、电两局所设。这说明学校在办学方向上出现转变，从南洋公学时期主要培养从政人才，转而为商部培养高级工商业专门人才，兼为轮船招商局、电报局培养工程技术人才，学校由此进入专门学校时期。正如1915届交大校友、曾任交大校长的凌鸿勋后来提到这次办学方向转变时说："因经费来源与学校隶属关系，该校逐渐开办与交通事业有关之学科，初开办商务科及铁路工程科。"②总之，商部接管后学校正式转向实业教育，以培养高级实业人才为宗旨。

二、转办实业教育

1906年春，学校在1903年筹设商务学堂的基础上，开设商务专科，这是交大历史上第一个正式专科。商务专科的教员有美籍薛来西（C. M. Lacey Sites）及其妹薛来西女士（Ms Lacey Sites）、乐提摩（Lottmore）、密奇迩（Walter A. Mitchell），代理教务长冯琦也兼任商务专科课程。除薛来西女士、密奇迩两人为新聘教员外，其余都是留用的南洋公学时期教习。商务专科共有林则蒸、徐经郛等学生13名，全部由学校1905年冬毕业的中院高等预科第三

---

① 《商部上海高等实业学堂章程》（光绪三十二年，1906）。《交通大学校史资料选编》第1卷，第169页。

② （新竹）交通大学同学会：《友声》第15期，1953年10月8日。

届毕业生升入。商务专科开设的课程有国文、历史、地理、英文、法文、文课、商业道德、商法学、簿记、商品学、制造学、商运学、银行学、理财学、国际公法、财政学、国际商学、商业统计学、商业实习、体操等20门,分三学年六学期学成。

商务专科设立的同时,学校积极筹划在1906年9月开办航海、轮机两科,1907年3月开办电机专科。但因师资缺乏,经费短缺,除开办了一个简易的铁路工程班外,其他专科未能如愿开办。

铁路工程班于1906年秋季开学,设有数学、物理、化学、测量、建筑学、地质学、桥梁学、水力学等课程。商务专科和铁路工程班的开设,继承南洋公学后期转向实业教育的办学宗旨,正式确立了学校服务于实业系统的办学目标,结束了南洋公学时期专业设置经常变动的局面,成为交大历史上一次重要的转折。以后,虽然受到隶属关系更变、政治斗争波及或社会形态的变革,但是学校整个办学方向没有发生过大的变动。

这次办学方向的重要转折,除了延续南洋公学做法、改属商部、经费来源、人事更张等直接原因外,社会经济、文化教育等因素也促使学校转办实业教育。首先是中国近代工业化发展对实业人才的急迫需求。19世纪60年代兴起的洋务运动,开启了中国近代工业化的进程,在经历了由"自强"的军事工业到"求富"的民用工业历史转变后,到90年代初步建成了近代工业的雏形;20世纪初年,清政府又调整了工商业政策,这些都极大地刺激了中国工商业的发展,在19与20世纪之交,我国工矿企业、铁路运输、邮电通讯等部门发展较快。而当时中国自己的商业管理、工程技术人员队伍远不能适应工业化的需要,各主要工业企业无不高薪雇用外国技术人员,正如1905年北洋大臣袁世凯在赞成学校改归商部的咨文中说:"中国创兴商政,如轮船、电报等事,办理尚著成效,然其专门要术,辄非聘用洋人不办。"因此他要求该校毕业学生"自应分轮、电两局应用"。[①] 工业化起步阶段,借才异域,势所必然;工业水平达到一定规模时,必须培养本国人才取代外国专家,使本国技术力量居于主导地位。因此,随着我国工矿、交通、商业等实业的发展,创办以培养商业经营、工程技术人才为主的高等学校成为一项紧迫任务。清末新政以来,民族意识逐渐强化,自设专门学堂广育人才以取代外人的思想渐次被人接受。

实业教育思想的兴起也促进了学校转向。在西学东渐过程中,我国传统教育中的"经世致用"思想,在新的历史条件下又得以复苏,并经过自我改造,注入了新的时代内容。实业教育思想主张摒弃重农轻商的陈腐观念,倾向务实、致用的教育价值观,倡导科技是推动社会

---

① 《商部为北洋大臣咨复准南洋公学改属照会上海高等实业学堂》(光绪三十一年二月二十六日,1905年3月31日)。西安交通大学档案馆历史档案(以下简称"西交档"),档号:2314,卷名《上海南洋公学、清代前工部左堂盛、商部关于学校改隶商部、更换校名及归并移交等文件》(1900—1905)。

进步力量的观念。例如，严复、罗振玉等人纷纷著文演说，倡导实业教育，在全国思想界、教育界影响很大。1906 年 7 月，严复应邀来上海高等实业学堂，作了题为《论实业教育》的演说。他列举西方各国实业迅速发展的事实，主张“中国今日自救之术，固当以实业教育为最急之务”，勉励学生学成后投身实业。重视实业教育的风气，也深刻影响了教育主管者们，早在 1904 年 1 月 13 日，管学大臣张百熙等在《重订学堂章程折》称：“国计民生，莫要于农、工、商实业；兴办实业学堂，有百益而无一弊，最宜注重。”[①]在同日颁布的中国近代第一个学制“癸卯学制”22 个文件中，有关实业教育的就有 7 个之多，成为教育改革的重要内容。学制颁行后，京师及各地省城的实业学堂逐渐兴办起来。在实业教育思潮和新学制的影响下，上海高等实业学堂也迎来改办实业教育的良机。

此外，上海地处中国最大的工商业中心，这为学校改办实业教育提供了现实的条件。20 世纪初年，上海工商业发展较快，成为中国最大的经济中心，集中了我国最多的民族工商企业和外国在华资本企业，像轮船招商局、电报局、江南机器制造局等大型官办企业也设在上海，相对集中的工商企业发展需要大批商业、技术方面的人才。

第二节　邮传部上海高等实业学堂

一、创设路电专科

学校管辖单位商部除主管全国商务之外，还兼办农业、工业及铁路交通事宜，事务繁重，办理不专。1906 年 9 月，清政府预备立宪，推行官制改革，以商部管辖事务过宽，遂加以改组，更名为农工商部，专办农工商事务；另将原辖“路、电、邮、轮”交通“四政”分出，设立类似于以后交通部职能的邮传部。1906 年底，邮传部将北洋大臣袁世凯掌控的轮、电两局陆续接收，而两局仍然是上海高等实业学堂的供款机构，学堂归属邮传部势属必然。1907 年 3 月 31 日，农工商部具奏将上海高等实业学堂划归邮传部管理，[②]同日奏准后学校改归新设邮传部管辖，校名相应改为邮传部上海高等实业学堂（英文名称是 Imperial Polytechnic College Shanghai, China），其内部组织“分上、中两院及附属小学，凡三级，由小学升入中院，由中院

---

① 张百熙、荣庆、张之洞：《重订学堂章程折》（光绪二十九年十一月二十六日，1904 年 1 月 13 日）。璩鑫圭、唐良炎：《中国近代教育史资料汇编·学制演变》，上海教育出版社 2007 年版，第 298 页。

② 《本部奏上海实业学堂划归邮传部管理折》（光绪三十三年二月十八日，1907 年 3 月 31 日）。《商务官报》（光绪三十三年，1907）第 5 册“公牍”，第 8 页。

监督杨文骏（1907年4—9月在任）

升入专科”。[①] 监督杨士琦在官制改革中相继辞去招商局、电报局及学校监督等职，调往京城任农工商部右侍郎。4月30日，邮传部遵循商部派任电政大臣就近兼充监督的惯例，奏准由督办电政大臣杨文骏兼任监督。杨文骏，字彝卿，云南蒙自人，曾任署广东臬司、雷琼道，长期在李鸿章幕府参与洋务，参与创办中国人自办的首家银行——通商银行。

学校改隶邮传部后，在专业设置上更加侧重于交通实业。1907年5月4日，盛宣怀致函邮传部尚书岑春煊，说明学校既然归属邮传部，就应为交通“四政”培养专才，建议“添聘募专门洋教习二员，挑选学生两班，专教造路、行车两事”，[②]学生毕业后分派到各铁路历练，先跟随外国工程师实习，然后独立担当起筑路、机车技术。这样比起派学生留洋深造，既可以省掉一笔费用，也可以多造就专才。所谓“造路、行车”，主要是指铁路建筑和机车制造，相当于和铁路交通有关的土木、电机专业。

当时邮传部深受人才匮乏的压力，认为“学堂为造就人才之地，实不容缓”，[③]并进一步认识到自我培养专才是抵制技术受制于人、权利外移的根本之途，“从前聘用技师艺士，借材异地，权利外移，欲筹抵制之方，当以教育为本。”[④]邮传部积极筹措经费，努力办好实业教育，责成属员认真办理所辖上海高等实业学堂、上海电报学堂和唐山路矿学堂。盛宣怀要求自我培养工程人才的建议，也很快获得邮传部的同意。学校开始着手增设交通工程专业，咨请将高等预科毕业班与铁路工程班“以部筹出洋费拨设专科”，另拟设电机、邮政、轮帆（即航海）专科。

① 《上海高等实业学堂拟请扩充专科预筹经费折》（宣统元年闰二月，1909年4月）。沈云龙主编：《近代中国史料丛刊》第14辑《邮传部奏议类编·续编》，第1293－1295页。

② 《寄邮传部岑云阶尚书》（光绪三十三年三月二十二日，1907年5月4日）。盛宣怀：《愚斋存稿》第72卷，第17页。

③ 《邮传部总务严格概略》，邮传部档案全宗第47号卷宗，中国第一历史档案馆藏。转引自苏全有：《清末邮传部研究》，中华书局2005年版，第139页。

④ 《上海高等实业学堂拟请扩充专科预筹经费折》（宣统元年闰二月，1909年4月）。沈云龙主编：《近代中国史料丛刊》第14辑《邮传部奏议类编·续编》，第1293－1295页。

邮传部上海高等实业学堂校门

邮传部上海高等实业学堂关防

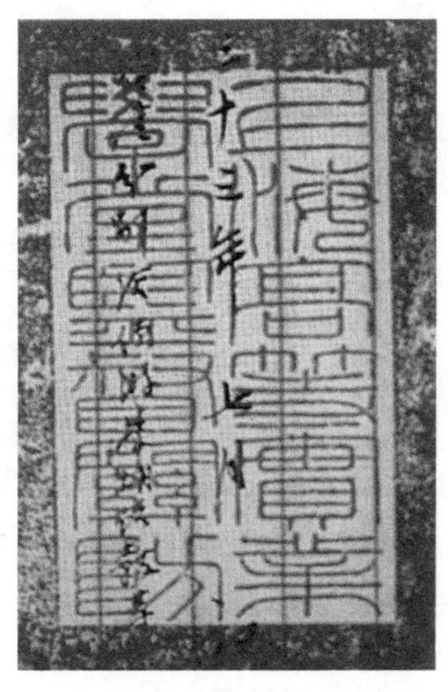

上海高等实业学堂监督关防

邮传部新任尚书陈璧勤于职守，重视兴学育人，认为“现当培植人材之际，尤在讲明实学，勿涉歧趋”，要办好一所学堂，“须有名望素著、品学兼优之员，常川驻堂督率办理，方足以收实效而杜流弊。”[①]而当时学堂监督杨文骏事务殷繁，始终未能到任，学校事务“颇形废弛”。[②] 有鉴于此，1907 年 10 月，陈璧呈奏《拟聘大员接充高等实业学堂监督折》，奏请派前农工商部左侍郎唐文治专任学堂监督，驻校办公。14 日，该折奏准。邮传部即要求唐文治“综理一切事宜，所有何项专科能自设，何项实习必须留学外洋，应候通盘筹算”。[③] 当月唐文治到校后，整顿人事，革新校务，改聘西学教习冯琦（玉蕃）任教务长，数学教员梁业（钜屏）任

擬聘大員接充高等實業學堂監督摺

奏爲擬聘大員接充高等實業學堂監督恭摺仰祈

聖鑒事竊查上海高等實業學堂原歸農工商部管理由會辦電政大臣就近兼充監督嗣於本年二月間奏准劃歸臣部管理當經臣部查照成案奏派辦理電政存記道楊文駿接充本爲節省經費起見現在電政事務殷繁楊文駿力難兼顧該學堂係南洋公學改設規模宏大現當培植人材之際尤在講明實學勿涉歧趨須有名望素著品學兼優之員常川駐堂督率辦理方足以收實效而杜流弊查有丁憂前農工商部左侍郎唐文治學術純正任事懇誠堪以聘請接充監督如蒙

俞允即由臣部咨行欽遵辦理所有擬聘大員接充高等實業學堂監督緣由理合恭摺具陳伏乞

皇太后

皇上聖鑒訓示謹

奏

光緒三十三年九月初八日奉

旨依議欽此

郵傳部奏議類編 總務 聘員接充高等實業學堂監督 六十二

1907 年 10 月，邮传部奏派前农工商部左侍郎唐文治接任学校监督折

① 陈璧:《拟聘大员接充高等实业学堂监督折》(光绪三十三年，1907 年)。沈云龙主编:《近代中国史料丛刊》第 14 辑《邮传部奏议类编・续编》，第 133 页。

② 《唐文治年谱》，苏州大学校史编写办公室 1984 年 12 月印，第 47 页。

③ 《邮传部札饬筹设专科各办法候唐侍郎到堂后酌核施行》(光绪三十三年九月，1907 年 10 月)。《交通大学校史资料选编》第 1 卷，第 115 页。

斋务长，周诠(子衡)任庶务长。当时在校教职员48人，学生463人。他对学校师资、专业、课程设置等详加考察，根据邮传部对人才培养的要求，首先对专业设置作调整扩充。因商务专科是前商部所办，与交通"四政"所需人才专业不合，遂征得邮传部、农工商部同意，将开办仅一年半的商务专科予以停办，选送该科成绩较优者杨锦森、赵景简等6人赴美留学，其余7名学生离校就业。

停办商科同时，学校集中力量办理与交通邮电有关的工程专业。原先开设的铁道工程班，虽符合邮传部修筑铁路人才所需，只是课程内容过于简略，师资方面缺乏熟谙铁道工程学识的教员。1907年10月唐文治来校后，决心将铁路工程班加以扩充为正式专科。他一边呈准邮传部，要求加拨经费设立铁路专科；一边数次函请詹天佑，"属其详加考核，选举铁道专门教员一名，来堂主讲。"[①]正在主持修建京张铁路的詹天佑收函后，当即商请其母校美国耶鲁大学，协助聘请一名专任教员。经过多方接洽，学校聘定美国人查理士·璞德(Chalis Porter)为铁路专科教员，讲授铁道机器工程。1907年底，铁路专科正式建成，学制定为3年，原铁路工程班学生和当年暑假招入的铁路工程班新生，均转习铁路专科。这是学校历史上设立的第一个工程专科，成为交大高等工程教育的发端。

铁路专科设立，只是建成路、电、邮、轮交通"四政"中"路"之专业，增设其他专业成为学校理所当然的考虑。1908年4月，学校计划增设电机、邮政两个专科，学生由当年夏季毕业的高等预科生升入。呈准邮传部后，学校于8月先行设立电机科，聘请英国人麦斗门(Mathewman)、我国首位物理学博士李复几(南洋公学1901届中院毕业生)两人担任主讲。开设课程有数学、物理、化学、电学、电机学、热力学等十多门。

停办商务专科，开设铁路、电机工程专科，学校于是由培养商务人才转而培养工程技术专门人才，已经具备高等工业专门学校的性质。1908年，唐文治重订学校章程，明确办学宗旨，加强管理制度，严订师生规章；积极筹措办学经费；设立国文科和国文研究会，聘请李颂韩为国文科长，在全校举行年度国文会考制度，在教学中推行工文并重。上海高等实业学堂校务由此趋于稳定，教学渐有起色。

二、拓宽办学资源

铁路、电机两个专科开办后，学校仍面临着许多困难。这些难题主要有二：一是经费缺额严重，二是专科生源不足。1905年学校改属商部后，经费仍由轮船招商局、电报局供给，

---

① 《唐文治咨呈将铁道班改为铁路专科》(光绪三十三年九月，1907年10月)。《交通大学校史资料选编》第1卷，第115－117页。

轮船局每年拨银4.5万两,电报局拨银5万两,合计银9.5万两,加上存款利息,收支尚能相抵。但供款单位轮船、电报两局实际由北洋大臣袁世凯把持,商部难以节制,所以经费并不能按月如数拨付。1907年初两局虽改归邮传部管辖,但掌控大权仍在北洋大臣手中,经费照样延期拨解,到唐文治掌校时,"入款仅有招商局岁拨银二万两,电报局岁拨银洋五万元",合计约7万两,比南洋公学时期的10万两少3万两,远不能满足学校规模日益扩增的需求。增设学科,必须聘请专任教员,添购仪器设备,建立实验室,都需要增加费用。唐文治合计学校"岁需银十二万两",[①]其中常年经费约需10万两,设立试验工场2万余两。如此算来,学校经费缺额达5万两之多,维持尚难,谈何发展。从唐文治掌校当年开始,轮船招商局每年拨款减至银2万两,次年电报局拨款也减至银2.1万两。经费的短缺严重制约着学校专业的扩展和教学水平的提高,成为唐文治扩充校务计划最大的难题。

除了经费,专科生源短缺同样制约着学科规模的扩展。学校附设高等小学堂、中学堂,本是在新式普通学校未能广设的情况下,自我培养合格的小学、中学毕业生,为专科预备生源。可是实际上,读完附属小学入中学、再由中学入专科的学生,微乎其微。比如1907年中学毕业生有37名,而3年后的1910年铁路专科毕业的只有8名。一般学生能够读完高等小学堂升入中学,但是读完中学后便纷纷散去。推其细故,大致是家道殷实者自费出国深造,家境贫寒者出校择业以糊口养生,性情不合者转入他校,以致专科生源寥寥。对此,唐文治对邮传部喟叹曰:"本部岁糜巨款,而造就专科学生,殆不过千成之一二,实属可惜!"[②]

面对经费、生源双重困难,唐文治"日夜筹维"并"会商各职员"后,于1909年1月向邮传部呈文《条陈本学堂办法》,提出通盘解决的办法:建议由邮传部奏明清政府,"通饬两江、闽、浙、两广各督抚,自明年下学期始,每岁挑选中学毕业生,每省各四十名,咨送本学堂考试录取";"所需学费每省岁贴银八千两,由各督抚分上下两期解部候拨。""所选学生,一经录取入校,概免膳、学费,酌收书籍费约二三十元,毕业考试后除本部调用外,其余听各省地方官调用。"[③]

这种在部分省区设立公费生的设想,考虑了南方各省相对发达的经济文化条件,具有一定的可行性。两江辖江苏、安徽、江西三省,两广辖广东、广西两省,加上福建、浙江共7省,是沿海经济文化比较发达的省份。上海高等实业学堂的前身南洋公学在南方设学最早,办理良善,"校中诸生均籍隶南七省,从前学预科毕业出洋者,多能直入欧美各国有名大学,程

---

① 唐文治:《条陈本学堂办法》(光绪三十四年十二月,1909年1月)。《交通大学校史资料选编》第1卷,第117-118页。

② 唐文治:《条陈本学堂办法》(光绪三十四年十二月,1909年1月)。《交通大学校史资料选编》第1卷,第117-118页。

③ 唐文治:《条陈本学堂办法》(光绪三十四年十二月,1909年1月)。《交通大学校史资料选编》第1卷,第117-118页。

度不为不优”，因此学校在南方各省享有盛誉。清末开办新学以来，南方七省在全国率先兴办普通教育，“中学林立，次第毕业，注意实业者谁不思就近入校，各铁路公司需才尤众”，[①]这为学校发展专科教育可以提供潜在的预备生源。此外，这种设想也是基于工业交通发展产生的对专业人才的现实需求。清末施行新政后，各省掀起兴办实业交通的热潮，尤其以建筑铁路为多，对专业人才需求日增。当时曾发生商办铁路“加薪俸私相延揽”[②]官办铁路人才的现象。

监督唐文治像（1907—1920 年在任）

在发达省份设立公费生制度，得到邮传部的支持，认为此法既可以扩充专科名额，又能挹注学堂经费，“诚为一举两益之道”。1909 年 4 月邮传部上奏清政府《上海高等实业学堂拟请扩充专科预筹经费折》，折中称：

拟于本年下学期为始，由各省督抚、提学使考选中学毕业生，每省至多四十名，至少二十名，咨送到沪，由该堂考取，分入专科肄业。本省按名岁筹学费银二百两，汇解学堂，以资协助。一切膳学等费，概不取之学生，一班毕业，接续考送，比之遣派游学，省费甚巨，而数年之后成材实多。至堂中常年经费，除原有各款及各省筹解学费外，不敷之数，仍由臣部于路、电两局添拨应用。所有毕业学生应归臣部及各该省督抚调用，以尽义务。如是则造就之途广，而实业之振兴可立而待。恭候命下，由臣部咨行各直省督抚，钦遵办理。[③]

据折中内容可知，邮传部基本同意学校的办法，只是有两处略有改变：一是

① 唐文治：《条陈本学堂办法》（光绪三十四年十二月，1909 年 1 月）。

② 《限制商路用人》。《大公报》1908 年 7 月 25 日。

③ 《上海高等实业学堂拟请扩充专科预筹经费折》。沈云龙主编：《近代中国史料丛刊》第 14 辑《邮传部奏议类编・续编》，第 1293－1295 页。

设立公费生制度的地域并不限于南方七省,而是全国各省。二是各省学额确定在20至40名之间,每生每年筹款银200两,年解经费银4 000两至8 000两,而非原请各省40名,年解经费银8 000两。这样既扩展了学生来源地,又给各直省在执行上带来较大的弹性。同时,邮传部应允除轮、电两局拨解银4.1万两、各省筹解官费生学费外,不敷之数,由邮传部添拨。唐文治以此要求邮传部明确常年经费数量与来源。1909年6月,邮传部尚书徐世昌亲笔复信,答应学堂经费每年除轮、电拨银之外,再由铁路局岁拨银5.9万两,合成10万之数,作为兴学之用。

1909年4月18日,该奏折奉朱批"著依议"。邮传部将原奏刊刻,咨行各督抚转行提学司,切实办理。学校随即制定《各省官费生章》八条,归入学校章程第八章,该章对公费生学历程度、应考科目、报送程度、经费汇拨等作了明文规定。民国初年,《各省官费生章》修订为《各省咨送官费生》,列入学校章程第十章,至此,各省官费生制度正式确立并得以延续。1909年秋季开学时,广东、江苏、浙江等省纷纷选送考生到校。公费生制度一直持续到1920年代末,它既缓解了经费短缺问题,也扩充了专科生源,可谓一举两得,事半功倍。

学校实现了由商科而工科的转变后,校长唐文治积极筹措办学经费,扩充专科生源,按照清政府新颁学制开设课程,拟定学校章程,添置实验设备,建设实习工厂,教学、校务顺利开展,呈现出稳步发展的态势。经过教职员共同努力,至1909年,办学经费实际增至银12万余两,职教员69名,专科、中学、小学各级学生共计536名。学校已初具规模,经费数额、专业设置等各方面在邮传部所属学校中首屈一指。

唐文治没有满足于现状,他设想,等最棘手的经费、生源问题得到解决,"四年之后,附属中学可一律改作专科,附属高等小学即可改作附属中学,此项中学即可留为缺额挑补及考试不及格者补习之地。至高等专科,如果日后教授精良,人数发达,届时应否改作工科大学",[①]也就是将高小、附中、专科相应升为附中、专科、本科的三个办学层次,明确提出争取办成工科大学的目标。

三、代办商船学堂

清朝末年,国运日衰,航运权尽操纵于外人之手。邮传部设立后,急欲发展船政航运事业,挽回航海利权。发展航运的根基,在邮传部看来,是要培养专门技术人才,而人才来自学校,若仍借重于外人,并非长策。正如邮传部1909年8月在一份奏议中所称:

---

① 《上海高等实业学堂拟请扩充专科预备经费折》。沈云龙主编:《近代中国史料丛刊》第14辑《邮传部奏议类编·续编》,第1293-1295页。

> 查推广航业必先造就管理、驾驶等项人才，而后可收实效。若但于发明航业者予以利益，设立公司者给以优奖，而一切重要职位尚须借材异国，仍难遏扼要。臣部现于所辖学堂内议设航政专门，似比空言提倡较有把握。[①]

盛宣怀 1911 年初升任邮传部尚书后，也以为“商务振兴，必借航业，航业发达，端赖人材”，支持创建商船学校，培养驾驶、航海专门人才。

在当时邮传部路、电、邮、轮“四政”教育中，航政相对处于落后状况，路、电、邮三政或有专业学校，或设有专业；路、电两科均开设的则如上海高等实业学堂铁路、电机专科，专办路政教育则有唐山路矿学堂；新设北京铁路管理传习所除专门培养铁路管理人才外，另添设邮电班。唯独“船政一科，现在本国无一学校，即留学外洋肄习船政者，亦甚寥寥，固畏船科之烦难，亦虑出途之太狭”[②]。对航海专业人才的迫切要求与航海教育的空白，促使邮传部决心开设航海专门学校。1909 年 6 月 8 日，邮传部尚书徐世昌在复唐文治函中就提到：“学堂只有路电两科，航科尚付阙如，应如何筹备增设之处，尤仗榘才审度，随时函示为幸”。[③] 8 月，邮传部又以“中国航业素未讲求，航海人才无非借用外人”，“前数年以船科较为烦重，未易兴办，暂从缓议，现在决意兴办”，[④]议定开办一所涵括航海、轮机专科的商船学堂，这一构想在邮传部章程第 18 条即有明确规定：“本部所辖除上海实业学堂外，拟择地设立铁路、商船、电报各学堂，而以车务工厂、船务工厂、电务工厂附焉，俾各堂学生皆得就地实验，而各厂艺师艺士亦得随时证明学理。”[⑤]邮传部认为开办一所商船学校，最佳方案是在部属学校中选择一所改办商船学堂。

当时，邮传部管辖之下的专门学校有四所，上海高等实业学堂外，还有上海电报学堂、唐山路矿学堂、北京铁路管理传习所。仅从学校濒临海滨、供款单位轮船招商局设在上海这一地域优势考虑，上海学校是改办商船学堂的首选。再从师资设备、教学管理、教育层次等条件来说，上海高等实业学堂要优于上海电报学堂。邮传部尚书徐世昌决议将上海高等实业学堂改为商船学校，专事培养航海驾驶人才，并拟订了具体计划。1909 年 9 月上海《教育杂志》第 9 期刊载《邮部定办船科学堂》，披露了邮传部就设立商船学堂计划，给轮船招商局总办的一份电报：

---

① 《本部奏议复都察院代奏张光照条陈交通事宜折》（宣统元年七月，1909 年 8 月）。沈云龙主编：《近代中国史料丛刊三编》第 261 辑《交通官报》第 2 期，第 14 页。

② 《本部咨出使各国大臣请查商船学校办法及船政学生姓名文》（宣统元年十一月十九日，1909 年 12 月 31 日）。沈云龙主编：《近代中国史料丛刊三编》第 27 辑《交通官报》第 6 期，第 20 页。

③ 《徐世昌为学校经费事复函唐文治》（宣统元年四月二十一日，1909 年 6 月 8 日），西交档：2365，卷名《上海高等实业学堂有关催拨各季经费的发文》（1909）。

④ 《邮传部拟办船科学堂议》。《时报》1909 年 8 月 28 日。

⑤ 《拟议本部官制》。沈云龙主编：《近代中国史料丛刊》第 14 辑《邮传部奏议类编·续编·总务》，第 1554 页。

本部现于上海高等实业学堂筹办船科,拟先行添班,俟路电两科一律毕业,即将路电两科专归唐山学堂办理,而以上海(高等实业)学堂专办船科。该局向系每年报效该学堂经费二万两,俟船科学生毕业后,准令该局酌用若干名,各股东子弟有程度合格者,亦可收入肄业。一面商请唐侍郎督同该局(即轮船招商局)总办核算添办船科经费,一面由实业学堂添设商船驾驶科,定于八月初十、十二、十四日招考学生矣。[①]

改办商船学校的消息一公布,举校哗然。商船专业原本也是学校准备开设的学科之一,早在1906年学校隶属商部期间,航海、轮机专科就被正式列入计划筹设的学科,如1906年《商部上海高等实业学堂章程》规定,本科阶段计划分设商业、航海、轮机、电机四科,航海、轮机列在商务专科之后、电机专科之前,预定1906年8月间开办,比拟于1907年2月开设电机专科要早,这表明学校对于该科的重视程度。唐文治到校后,先行办成交通实业部门最急需的铁路、电机两科,也准备陆续添设航海、邮政等工程专业,力图将学校办成学科较为完备的工科大学。但若照邮传部所议,专办商船专业,学科就限于一个门类,学校规模难以发展,包含商船专业在内的多门类工科大学的目标就难能实现。因此,心中自有蓝图的唐文治对邮传部的决定难以接受,师生校友尤其是铁路、电机专科的师生们群起抵制。但是,虑及学校经费由邮传部及下辖的招商、电报两局供给,若不顾邮传部指令,将会招致不良后果。于是,唐文治汇集校内外人士意见,再三斟酌,决定采取一个两全办法——代办商船学校:学校不改变原定方向,铁路、电机两科予以保留;同时先在校内增设一个航海专科,作为另设商船学校的基础,等到条件成熟时再将航海科加以扩充,单独建成商船学校。邮传部部派留英学生秦铭博(1905年学校中院高等预科毕业生)也向邮传部函呈《扩充轮路条议》,认为铁路、航海专科所用科学原理相同,可以考虑将两科并设于上海高等实业学堂。

代办商船学校以保留多科性工科学校的建议得到东南各省士绅支持。他们认为,上海高等实业学堂是东南各省仅有的最高公立学府,创办最早,成绩优异,若停办铁路、电机两科,将会影响东南各省青年学子求学深造;况且东南各地正欲发展铁路交通,振兴商务,也急需路、电方面的专门人才。于是,地方人士纷纷发表言论,为保存学校的完整而献计献策。清末状元、实业家张謇慷慨解囊,捐地捐银,愿意将原在吴淞口筹办的水产商船学校的渔业公司地基100余亩地捐出,并把所领的官款6万元捐给上海高等实业学堂,用于办理商船学

① 该电报内容另载上海《新闻报》(1909年8月17日)、《时报》(1909年8月28日)《邮传部拟办船科学堂议》。

校，以支持学校提出的两全方案。[①] 其时清政府正在筹备君主立宪制度，开始注意倾听民意，且唐文治提出的办法实属可行。11月间，邮传部撤销原议，“即令上海高等实业学堂监督招考学生，先设航海一科，附属校内。”[②]

邮传部批复同意后，学校便抓住时机着手进行。1909年9月，唐文治聘请花翎二品衔候选道吴其藻到校筹备。吴其藻是广东香山人，系1875年清政府派赴美国的留学幼童，曾参加过中法马尾之役和中日甲午海战。吴其藻到校后，于1909年底在徐家汇学校内设立了航海专科（又称高等船政专科、船政科），定学制为5年半，前3年在校学专业课程，后2年半赴轮船招商局实习。1910年3月，学部批准新设航海专科并修正其学年、课程。除吴其藻外，1910年9月又聘英国人奥斯汀（Austin）担任专业教员。因是新设专业，不为社会所知晓，当年报考者极少，学生几乎全部来自附属中学毕业生和专科初年级学生，由唐文治挑选学业成绩优良，体质较佳，视力良好的学生，直接升入航海专科。

据当年航海专科校友回忆，在航海科开办典礼上，监督唐文治身着朝袍礼服，头戴红顶帽子，足登朝靴，先带领全体人员祭拜孔子，之后发表开学训词，敦嘱学生要牢记学成报国的宗旨，在平时应当担负起振兴中国航海、发展海外贸易的重任，在战时即是保卫海防的海军。[③] 航海专科的及时建成，为以后创设商船学校作了铺垫，也使学校继续保持了多门类工科方向的道路。航海专科的设立，是我国近代高等航海教育正式产生的标志。[④]

1911年1月，盛宣怀在政治角逐中重新崛起，被授予邮传部尚书，夺回轮、电两局掌控权，再次成为学校无形的“督办”，为迅速建成商船学校带来了机遇。

上任伊始，盛宣怀便相继同意唐文治关于加快商船学校独立建校的数项请求。3月16日致电唐文治，同意拨款4万两购买学校对面的13亩屋地，作为添办商船学校临时用地，并表示“目下尚有应奏之事，文到即可附办”。[⑤] 4月14日致电唐文治，同意另设吴淞商船学校，“腾出课堂添设邮科”之请亦同意照办。[⑥] 4月16日，盛宣怀上奏清廷，陈述设立商船学校大概情形，同时附奏唐文治要求购置地亩需用银两的呈请。奏折同日得到批准后，盛即要求唐文治着手筹建吴淞商船学校的校舍。[⑦]

---

① 《邮部创设商船学校之规划》。《申报》1911年6月19日。

② 交通、铁道部交通史编纂委员会：《交通史·航政编》（1931），第16页。

③ 沈绳一：《船校生活趣事多（节选）》。黄昌勇、陈华新主编：《老交大的故事》，江苏文艺出版社1998年版，第66－77页。

④ 王杰等：《中国高等航海教育史略》（1909—1953），大连海事大学出版社2009年版，第59页。

⑤ 《愚斋存稿》第77卷，第1页。

⑥ 《愚斋存稿》第77卷，第3－4页。

⑦ 《唐文治年谱》，苏州大学校史编写办公室1984年12月印，第51页。

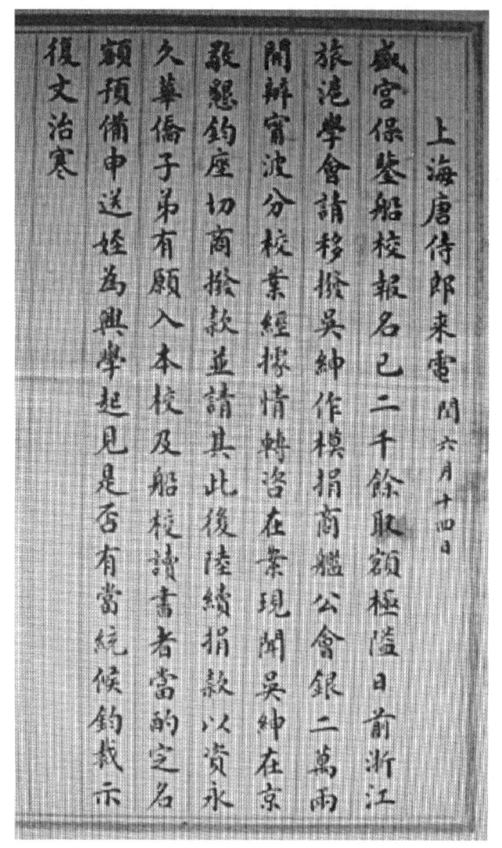

上海唐侍郎來電 閏六月十四日
盛宮保鑒船校報名已二千餘取額極隘日前浙江
旅滬學會請移撥吳紳作模捐商艦公會銀二萬兩
開辦甯波分校業經據情轉咨在案現聞吳紳在京
敢懇鈞座切商撥款並請其此後陸續捐款以資永
久華僑子弟有願入本校及船校讀書者當酌定名
額預備申送姪為興學起見是否有當統候鈞裁示
復文治寒

1911年7月,唐文治致电邮传部大臣盛宣怀,汇报商船学堂筹办事宜

1911年春,唐文治亲往吴淞,查勘由张謇捐赠的校地,筹款建筑校舍。8月吴淞校舍初步建成。同时着手招收新生,在《申报》等报纸刊登《邮传部上海高等实业学堂分设高等商船学堂招考简章》,及早向社会公布应考条件,其中毕业出路条条诱人:出洋留学、服务海军、招商局各江海轮船二副,等等,虽然剪去发辫、能以英文会话、会游泳等要求,让报考者颇费脑筋,但由于学校扩建成功在望,在校生一律公费待遇,毕业出路良好,因此报考者仍然相当踊跃,总共有3 000余人前来报考,各地高等学堂中肄业一二年弃学报考者亦不在少数。唐文治见考生众多,一面推迟原定开学日期,一面汇报盛宣怀,在浙绅李厚祐赠地宁波益智中学堂原址拟建立分校,设为中学部。最后录取专科一年级与中学学生共180名。[①] 1911年9月14日,商船学堂正式开学,名为"邮传部高等商船学堂",新招学生进入校外隔街相望的临时校舍。

邮传部高等商船学堂是我国第一所高等航海学府,学堂成立后,航海专科二班学生转至商船学堂高等科三年级、二年级肄业,但因校舍紧张,仍与新招高等一年级新生在上院上课。商船学堂监督由唐文治兼任,暂定开办费10万两,常年经费6万两。唐文治聘请由英国留学学习海军刚回国的南洋公学毕业生夏孙鹏担任主任,聘学校庶务长庄思缄兼任庶务,共同管理日常校务,商船学校实际上仍由上海高等实业学堂管理。

商船学堂开学后不到两个月,辛亥革命爆发,清帝制被推翻。上海高等实

① 《唐文治年谱》,苏州大学校史编写办公室1984年12月印,第51页。

业学堂、高等商船学堂与北京邮传部失去联系，学校经费来源中断，南京临时政府成立，经费问题仍然未能解决。一校都难以维持，何况两校，唐文治于是辞去兼任的商船学堂监督职务。1912 年 3 月，商船学堂师生公推海军上将萨镇冰为校长，即获交通部任命；3 月 25 日，唐文治将商船学堂移交萨镇冰管理。9 月学校由徐家汇迁往吴淞，更名吴淞商船学校。至此，商船学校脱离本校而独立，直到 1915 年因经费短缺而停办。

总之，我国最早的商船专门学校吴淞商船学校，最先是由上海高等实业学堂在校内创办航海科发展起来的。[①] 在这个过程中，高等实业学堂从监督管理到校舍建筑，从课程设置到师资生源等方面，都是实际的操作者，可以说吴淞商船学校实际上是由上海高等实业学堂筹建并最初管理的学校。直到如今，作为吴淞商船学校的两所主要继承学校——上海海事大学和大连海事大学，仍然以设立于 1909 年的上海高等实业学堂航海科为学校的发轫，尊唐文治为学校首任校长（时称监督）。

由于两校的渊源关系，商船学校在各个不同历史时期与交大保持着密切关系。1925 年，交通部、海军部拟共同恢复商船学校，合令当时已更名为南洋

邮传部商船学堂校门

① 许传鹏：《关于大连海事大学校史起源时间问题的几点考证》。《大连海运学院学报》1994 年第 2 期。

大学的校长淩鸿勋兼任筹备处主任,统筹复校事宜,后因政局动荡、经费无着而无从进行。1929年,商船学校在吴淞复校,可惜在抗日战争爆发后不久,校舍毁于日军炮火。辗转迁至重庆复校,更名为重庆商船专科学校,又于1943年并入(重庆)交通大学,改为4年制的造船工程系和轮机、航海两个专修科。抗战胜利后,吴淞商船学校再次在上海复校,航海、轮机两科划还商船,造船系仍留在交大,成为上海交通大学的品牌专业。交大与商船学校的历史关系,正如1930年代商船学校校长杨志雄日后在《吴淞商船与交大之渊源》一文所称:"推源溯流,船校与交通大学同出一脉。"①鲍雨霖也曾在《商船简史》一文说:"其实,国立吴淞商船和交通大学的关系,可以说交大就是商船同气连枝的母体。"②这些评述是符合历史事实的。

第三节 交通部上海工业专门学校

一、改称南洋大学堂

商船学校建成后,开始仍归上海高等实业学堂管理,学校规模进一步扩大。至1911年辛亥革命爆发前夕,全校设铁路专科、电机专科各3班,附属中学10班,小学4班,又商船学堂高等班3班、中等3班、预科2班,计28个班,学生900余名,各专科三个年级均已开齐,师生人数达千名。唐文治准备筹集经费,扩充学科,实施工科大学的愿望。辛亥革命爆发,社会政局骤然变革,急剧转型,学校在获得新鲜教育因素的同时,也经历着难以避免的阵痛。

1911年10月武昌起义后,各地群起响应。11月3日,上海举行起义。消息传至学校,师生奔走相告,热血沸腾,部分师生参加了围攻江南制造局的战斗。当晚上海光复,革命师生胜利回校后,第一件事情便是在上院钟楼插上白旗,以示脱离清政府,拥护共和。监督唐文治顺应时变,拥护革命,还与张謇、伍廷芳等致电清摄政王,劝清廷自动退位,行共和体制。③ 时教务长辜鸿铭诋毁革命,把革命军喻为"身体上的毒瘤",④必须立即割治,迟则蔓延全身,不可救药,引起学生强烈愤慨,向他提出抗议,并要他在《字林西报》上公开认错。辜鸿铭不同意,与学生一起面见唐文治声辩,唐表示此乃潮流所趋,辜只得辞职。

---

①《老交大的故事》,第65页。

②《友声》第16期,1953年11月8日。

③《上海交通大学纪事(1896—2005)》(上卷),上海交通大学出版社2006年版,第70页。

④ 陈梦渔:《辛亥革命时上海南洋公学的学生军》。《老交大的故事》,第87页。

上海光复前后，学校人心不稳，谣传甚多。有传言革命军将占用学校地址，或借用学校房屋，或申令交出用于体操的枪弹。此时南北交战，学校与北京邮传部失去联络，供款断停，只有沪宁铁路局月供款 4 000 两，入不敷出，基本开支难以维持。学校师生纷纷请求唐文治校长更改校名，以示与清政府脱离关系，并求得自保。唐文治再三斟酌，同意更“邮传部上海高等实业学堂”校名为“中国南洋大学堂”（简称南洋大学堂）。关于更名经过，唐文治 1912 年 8 月曾专门致函交通部总长朱启钤，予以说明：

去年上海光复后，本埠谣言纷传，并有人投函，有谓各军将占用本校地址者，有谓将借用本校房屋者，有谓须令交出体操枪械者，其势岌岌不可终日。各教职员及学生以各处更改旧时名称，屡以本校更名为请。经文治再三斟酌，与其不改而被毁，不如改名而保全，爰即改名南洋大学。盖以本校学科程度本与北洋大学相亚，拟为日后大部改作工科大学张本（此事自南北统一后即函达大部梁总长有案）。自改名之后，即经报告苏州程都督，藉以保存校舍，并刊刻钤记应用。迨本年三月后，暂将此项钤记封存，听候大部命令，是否转交教育部接收，以后再定名称。而本届考试时，各教职员各学生公议，以南洋大学系去年所改定，文凭用大学名目，于出洋入外国大学较为便利，当即准用钤记。现准上月大部有电，既允赓续办理，不胜欣幸。①

更易校名时间是 1911 年 11 月 6 日。上海《申报》11 月 8 日刊载《中国南洋大学堂开幕大会记》，记载了学校更名的详细过程。当日下午 4 时，全校师生在大礼堂集会，唐文治登台宣布：“本校自即日起改名中国南洋大学堂。本校全体师生员工要以坚定毅力维护新中国，本校将来须成为中国第一大学，校旗所到之地，即中国国旗所到之地。”同时宣告师生维持与革新校务的四点做法：

一、维持本校之道，首重经费。经费不外开源节流二法。节流之法，同学代表朱宝绶、谢尹等建议减膳减薪二事均可照办；开源之法监督当竭力筹划。

二、本校仿照泰西大学堂制度，不再设教务、斋务、庶务三长，以免隔阂。教务之事分科由科长担任，斋务事由监学担任，庶务长可改为庶务员。

三、本校学团需用枪子已设法购领。

四、剪发一事，监督深表同情，明日监督亦即剪发。

唐文治最后说：“从今日后，鄙人有四语愿与全校师生员工共勉：固结团体，保守秩序，提

① 《唐文治为校名事致函交通部》（1912 年 8 月），西交档：1782，卷名《有关考试复试放假及报送名册等文件》（1912—1919）。

倡风气,咸与维新。"

全体师生热烈鼓掌以示完全赞同。学生代表黄理中提议"请赞成唐文治先生为中国南洋大学堂监督者起立",全场一致应声而起,推举唐文治为监督,并称其为"中国学界革命之第一人"。教员代表、国文科科长李颂韩要求将改名大学的消息昭告天下:①须通知已独立的各省;②通告留学外洋的本校同学;③须登报广告海内学界。大会进行至下午六时,全场电灯齐亮,光明如昼,全场高呼"中国万岁""南洋大学万岁"而散。[①]

11 月 9 日,在唐文治的倡导下,全校教职员和学生举行剪发大会。唐文治率先剪去发辫,然后教职员、学生一一依次剪辫,"无一留者",表示与清政府彻底决断。[②] 随后设法筹集经费,改革行政,废除教务、斋务、庶务三长制,各项事务由各科科长、监学、庶务员分担。

当时北京清政府尚未完全垮台,南北处于激战之中,胜败难料,唐文治果断宣布更名为南洋大学堂,既体现出他对革命一方所持的乐观态度,也说明他和师生对办成工科大学乃至"中国第一大学"的热切希望。1926 年学校编《续工业专门学校时期沿革》(1917—1920)曾记道:"(上海)光复之后,本校临时更名南洋大学堂,实有升格为大学之意。"[③]

改称南洋大学堂后,学校面临两大问题亟待解决:一是经费问题,二是校名的认同。唐文治与师生共同克服重重困难,采取了许多应急措施,对学生加收学费,教职员实行减薪,动用南洋公学时期的存款,又获得上海军政府协银一万两。经过多方筹措经费,学校"并未一日辍学",终于渡过难关。改朝换代后,原先"邮传部上海高等实业学堂"已成为历史名词,不能再用。"南洋大学堂"是全校师生一致的诉求,如何争取得到主管部门的正式承认,成为学校一项重要工作。民国政府教育部成立后,致力于恢复正常教育秩序,革除清末教育中的封建因素,确定各校性质、程度的新学制系统延至 1913 年 8 月才陆续公布,这为学校力争"正名"提供了时间,学校为将事实上的"南洋大学堂"合法化,与上级主管部门"文电商榷积牍盈寸",[④]颇费一番苦心。

1911 年 12 月 15 日,唐文治呈文江苏省都督程德全,要求批准更改校名并刊刻关防,呈述:

---

① 《中国南洋大学堂开幕大会记》。《申报》1911 年 11 月 8 日。

② 《革命声中之南洋大学》。《申报》1911 年 11 月 10 日。

③ 《交通大学校史资料选编》第 1 卷,第 140 页。

④ 《母校历年大事记》。南洋公学同学会编:《南洋》第 1 期,1915 年。

本学堂原系高等实业学堂，隶属邮传部，自本年十月起，已宣布更名南洋大学堂，监督改为校长，极需关防，以昭信守。特备文请贵都督刊刻本学堂关防一颗，颁发到校，以便钤用。[①]

交通部上海工业专门学校校门

程德全同意所请，并刊刻钤记颁给学校。1912年元旦，南京临时国民政府成立，孙中山当选临时大总统。临时政府下设陆军、海军、外交、教育、交通、实业等9部，其中交通部继承邮传部各项职能，成为学校新的主管单位；教育部在一般教育业务方面管辖学校。学校就更名一事呈报首任教育部总长蔡元培审批，时值南北分裂，大局未定，且南京临时政府存在时间较短，呈文一直没有结果。学校只得将江苏省刊刻的钤记封存，听候新主管部门交通部定夺。

1912年4月临时国民政府迁往北京，南北宣告统一。唐文治连续两次呈文新的归属部门交通部，陈述学校改名原委，说明改定大学后，添置设备、学生留学等一切事务都比较容易着手，请求准允扩充学科，建成工科大学。呈文到部后，未见回复。

等到1912年7月，电机、铁路专科学生毕业之际，师生公议启用“南洋大学”关防，盖在该届毕业文凭之上。学校为此呈文交通部，获得批准，[②]随后令将监督改为校长。此举表明，在学校再三争取之下，交通部已经基本同意改称大学，但最后还须得到教育部的批准。1912年9月11日，唐文治致电教育总长、南洋公学师范生范源濂，呈请批复改定大学。电文如下：

北京教育部范总长鉴：自上年光复后，本校改名南洋大学，即经函达苏都督请刻钤记，并报告南京教育部蔡总长有案可稽。现已由交通部转咨大部。查欧美学制大学与高等校功课无甚区别，惟在科目多少之异，本

① 《呈文江苏都督府要求刊刻关防》(1911年12月25日)。西交档：1843，卷名《关于学校改变名称、关防等件》(1911)。

② 《唐文治为校名事呈述交通部》(1912年8月)。西交档：1782。

校改定大学后,设备一切较易著手,务请照准,学务幸甚。

9月17日,教育部致电学校,应候大学令颁后再行改办工科大学。复电如下:

改办工科大学,以该校成绩论,扩充固属甚易。惟本部现正统筹全局,划分大学区域,该校或列入南京大学之分校,为大学工科。应俟大学令颁后,再行规定,刻暂缓议。[①]

教育部一方面认为学校办理有成绩,甚至考虑将其列入筹划之中的学区大学——南京大学的分校,定为大学工科部;一方面又以学制未定,暂时缓议。对于已发盖有"南洋大学"章的毕业证书,也令其作废,重新发放原"上海高等实业学堂"文凭。

1912年10月24日,教育部正式颁行《大学令》,对大学规定非常严格。大学以文、理二科为主,在文、理二科并设,或文科兼法、商二科,或理科兼医、农、工至少一科的情况下才能称为大学。[②] 全国合乎此标准也只有北京大学、山西大学、北洋大学3所。

"南洋大学"只有铁路、电机二科,属于工科门类,只符合同期颁布的《专门学校令》;教育部筹划之中的南京大学未能成立,改作大学工科的计划无从谈起。1913年1月27日,学校遵交通部令,改校名为"交通部上海工业专门学校",英文名称是 Government Institute of Technology Shanghai, China. 简称 GIT。学校隶属交通部,为国立专门学校性质。2月4日,学校正式启用由交通部刊发的"上海工业专门学校"关防,并呈报教育部备案。直到1915年1月,教育部才正式将"交通部上海工业专门学校"予以备案。[③]

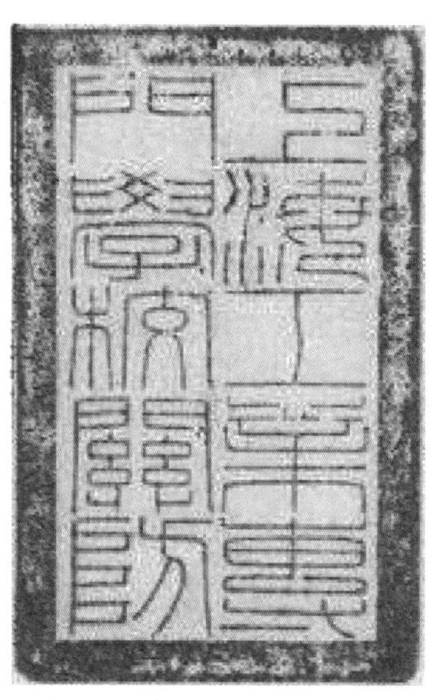

上海工业专门学校关防

---

① 《教育部为改办工科大学事电复本校》(1912年9月17日)。西交档:1843。

② 《教育部公布大学令》(1912年10月24日部令第17号)。《中国近代教育史资料汇编·学制演变》,上海教育出版社2007年版,第673页。

③ 《民国初年工业专门学校一览表》。教育部编:《第一次中国教育年鉴·丙编·教育概况》,开明书店1934年版,第150－151页。

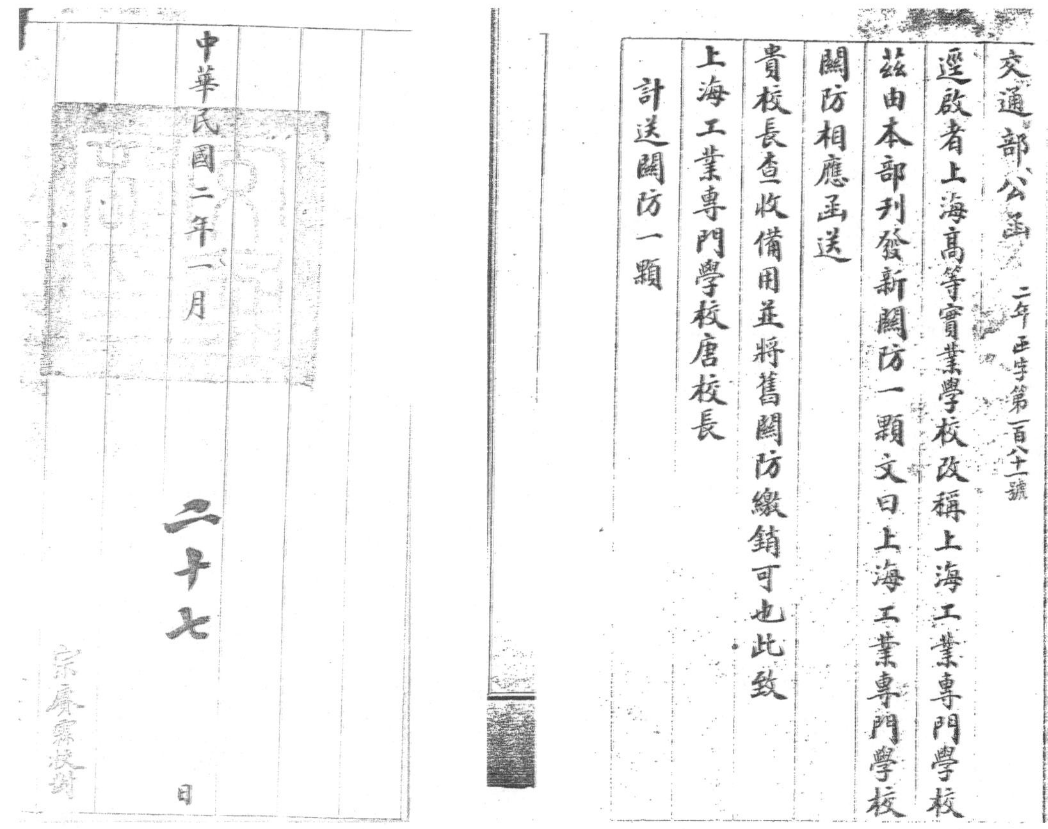

交通部公函　二年函字第百八十一號

逕啟者上海高等實業學校改稱上海工業專門學校茲由本部刊發新關防一顆文曰上海工業專門學校關防相應函送

貴校長查收備用並將舊關防繳銷可也此致

上海工業專門學校唐校長

計送關防一顆

中華民國二年一月二十七日

1913 年 1 月 27 日，交通部颁发学校关防公函

学校改称上海工业专门学校后，隶属交通部，唐文治仍任校长；电机科改称电气机械科（简称电机科），铁路科改称土木科，学制 3 年；另设专门预科，学制 1 年。同时调整了相应的课程设置，并着手筹建工科试验室，开展校外实习。在管理上，仿照西方大学堂制度，不再设教务、斋务、庶务三长，教务之事分科由科长担任，斋务事由监学担任，庶务长改为庶务员。并遵照教育部、交通部规章，改订学校章程和各项管理制度。然就总体而言，因唐文治仍然掌校，仍隶属于交通部门，学校在人事、教学、管理上更张不大，许多教学管理经验得以延续。至 1913 年 12 月，在校学生人数土木、电机两专科 114 人，专门预科 54 人，附属中学 222 人，附属小学 129 人，全校总计 519 人。①

上海工业专门学校的校名一直沿用到 1921 年 4 月交通大学正式成立。易名“南洋大学”，改办工科大学的愿望，虽然未能得到主管机关的认可，但是学校从未放弃创建更高层次教育的理想，仍然按照办工科大学的要求，积极进行多方面的努力，为 20 年代初交通大学的最终更名打下了坚实基础。

① 《民国以来全校在学人数一览表》。赵祖康编：《南洋大学概况》（1926 年 1 月），《交通大学校史资料选编》第 1 卷，第 413 页。

二、谋求扩充学科

自从清末改办工科以后,经过唐文治与教职员多年励精图治和共同努力,到民国初年,学校办学成绩卓著,蜚声国内外。社会人士已经认为"本校功课与欧美各大学相似",[①]毕业生程度已经达到本科水平。1911 年,意大利都灵举行世界博览会,监督唐文治亲自主持,积极准备展品,计送展学生科学成绩一册、各种画图十幅,按期运送参赛。结果,学校学生作业和成绩展品获得优等奖。在 1915 年美国旧金山巴拿马世博会上,学校选送的学生成绩等展品,获得最高奖励——大奖章"Grand Prize",校长唐文治也获得荣誉奖。当时参会的中国教育品获得大奖章有 4 枚,学校名列首位。[②] 1916 年 3 月,学校参加教育部在北京举行的全国专科以上学校成绩展览会,获得一等奖。当时社会上凡是有志于学习工程技术的青年学子,莫不心仪已久,慕名而来。教育部早在 1913 年已承认,"该校程度实在高等以上"。[③] 突出的

1911 年学校获意大利都灵国际博览会最优奖奖状

① 《母校历年大事记》。南洋公学同学会编:《南洋》第 1 期,1915 年。
② 《中国教育品赛会得奖单》。《申报》1916 年 1 月 9 日。
③ 《交通部照录教育部来文函达本校更改校名和专科名称》。《交通大学校史资料选编》第 1 卷,第 124 页。

1915 年学校获美国巴拿马国际博览会大奖章奖状

1915 年唐文治校长获巴拿马国际博览会荣誉奖状

办学成绩，良好的社会声誉，更加激励起师生增扩专门学科、建成工科大学的热情。

此后教育部也修正了《大学令》，放宽对理科类学校的办学限制，规定单设文、理、法、医、农、商、工科之一者，也可称为某科大学。但按照当时规定，单科大学须设立三个专科以上，上海工业专门学校只有土木、电机两科，尚缺一科。若依上述规定，只需另外设立一个专科，即可建成工科大学。

1916 年 12 月，交通部在北京召开全国交通会议。唐文治派庶务员阮维和

上海工業專門學校學生雜誌

常年經費

一薪水　約計一萬二千元

二消耗品及工役等　約計一千元

三每年添置儀器　約計一千五百元

四修理費　約計五百元

以上共計一萬五千元

四本校擬請增設航海一科案

我國航海人才之闕乏不自今日始凡少有知識者類能言之此項人才不出我國航海事業永無振興之期重洋萬里我國無片舟駕駛於其間國旗飛颺往來不絕而我國之國旗無與焉此國體攸關尤宜注意不獨此也利權外溢民生苦窳長此以往何堪設想此前途之岌岌可危也若是則航海爲當務之急有斷斷無疑者今請略舉航海事業淺近之利益言之陸地行車水道行舟各有所宜因勢利導存乎其人車行則疾舟行則徐車行則貴舟行則賤貨物輸運品類繁殊或宜於疾或宜於徐或宜於賤或宜於貴貨物之貴者輸運宜車貨物之賤者輸運宜舟要之貿遷有無其間貨物之賤而爲民生所日用者實居強半此項貨物之輸運大抵皆宜乎舟此航海之利一也大地交通人民散處工商各界書信往來日以萬計水陸相隔不得不藉郵船以遞傳之此航海之利二也強鄰偪處兵釁易開軍火輸運亦有賴乎輪船者此航海之利三也況邇來內河行輪往往懸掛洋牌主權漸入外人之手尤爲可慮必須急儲駕駛人才以爲收回航海利權之計查本校原有電機一科各種試驗

附錄　五

學生雜誌

授必有心得教員益遂其造詣學生亦易於領會其利一凡學校之所費經費試驗儀器機器及模型標本占其半使教科完善新出之儀器等應備盡備是以各國試驗室有活動之模型與特別計畫之機器適宜於教授用者眞令人不可思議夫設土木電機二科等是設備再加一機械科於普通之試驗器具不必加增器具貴乎試驗一班用之與數班用之無甚出入試驗既久及其敝也易之以新及時變更應科學進化之次序免致陳陳相因倘增設一科因以籌備經費再添備若干儀器則既經設立之諸科亦得同受其益其利二土木電機機械雖支分爲三實源出於一英儒曲離瓜氏釋工程名詞曰工程者導萬有自然之力以利人類之便用者也無論土

附錄　三

1916 年 12 月，学校向交通会议所提要求增设机械、航海专科的议案

参加，并代表学校提交发展校务的 7 项议案。其中增设学科的有 2 项，均由唐文治亲自起草，旨在将学校升格为工科大学。其中一项是“本校应增设机械一科请筹备扩充案”，提案列举世界著名工业学府，如美国麻省理工学院、德国柏林高等工业学校等，所设科目大多在 5 科以上，而本校仅设 2 科，未免过于简单。因此，提案认为，“本校目前最急之务，应先增设机械一科”，土木、电机与机械息息相通，本校设立机械科，在师资、专业课程、仪器设备、各科相互促进等方面具有优势条件，并开列开办经费 4.4 万元，常年经费 1.5 万元。[①]

① 南洋学会：《交通部上海工业专门学校学生杂志》（1916 年 10 月）第 1 卷，第 4 期。

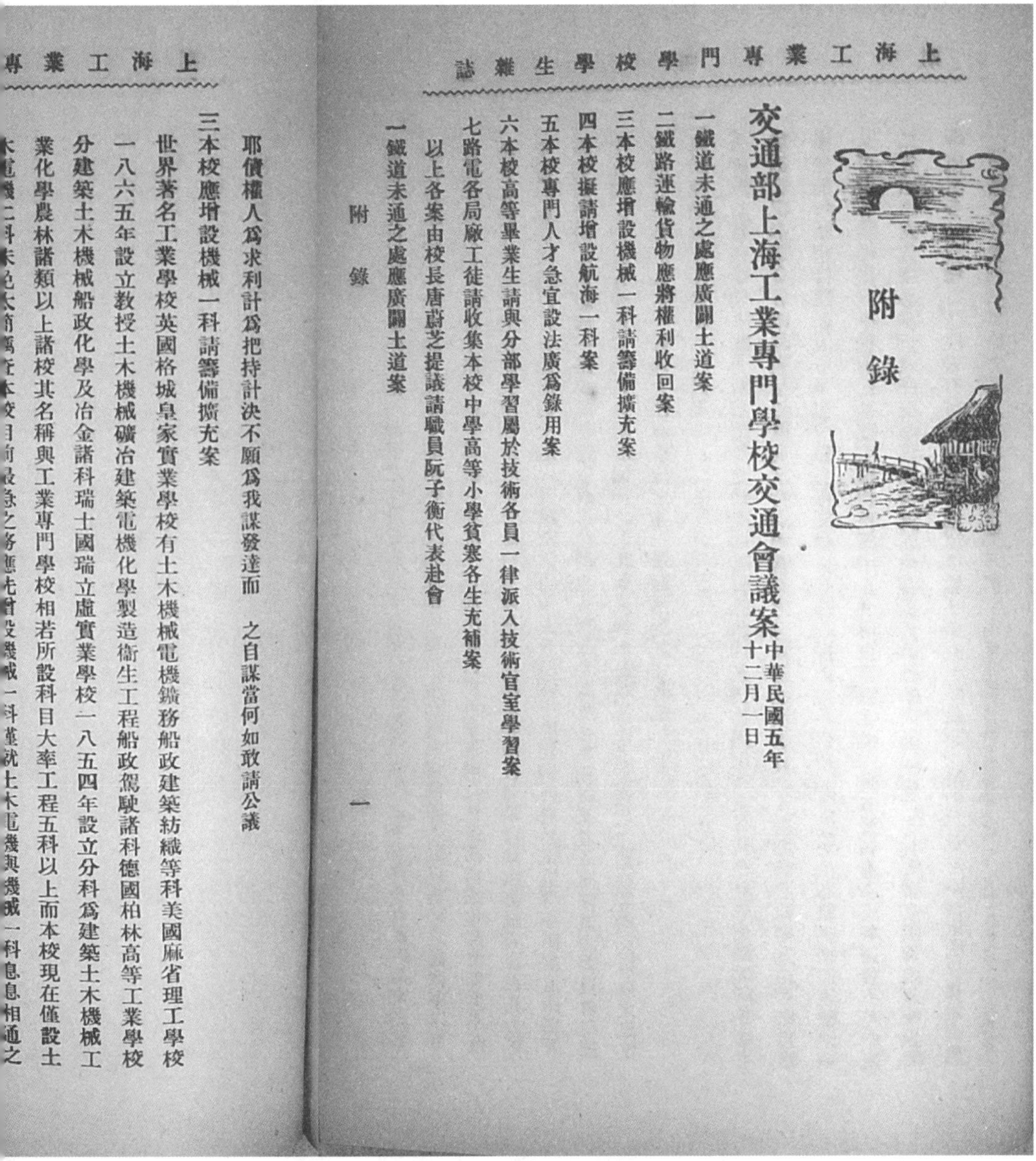

上海工業專門學校學生雜誌

附錄

交通部上海工業專門學校交通會議案 中華民國五年十二月一日

一鐵道未通之處應廣闢土道案
二鐵路運輸貨物應將權利收回案
三本校應增設機械一科請籌備擴充案
四本校擬請增設航海一科案
五本校專門人才急宜設法廣爲錄用案
六本校高等畢業生請與分部學習屬於技術各員一律派入技術官室學習案
七路電各局廠工徒請收集本校中學高等小學貧寒各生充補案
以上各案由校長唐蔚芝提議請職員阮子衡代表赴會

一鐵道未通之處應廣闢土道案

附錄 一

上海工業專

耶債權人爲求利計爲把持計決不願爲我謀發達而 之自謀當何如敢請公議

三本校應增設機械一科請籌備擴充案

世界著名工業學校英國格城皇家實業學校有土木機械電機鑛務船政建築紡織等科美國麻省理工學校一八六五年設立教授土木機械礦冶建築電機化學製造衛生工程船政駕駛諸科德國柏林高等工業學校分建築土木機械船政化學及冶金諸科瑞士國瑞立盧實業學校一八五四年設立分科爲建築土木機械工業化學農林諸類以上諸校其名稱與工業專門學校相若所設科目大率工程五科以上而本校現在僅設土木電機二科未免太簡爲今本校目前最急之務應先增設機械一科蓋就土木電機與機械一科息息相通之

另一项增设学科的提案是“本校拟请增设航海一科”。提案认为：“我国航海人才之匮乏，不自今日始，凡稍有知识者类能言之。此项人才不出，我国航海事业永无振兴之期。”要求开办航海一科，并计划开办费 1. 26 万元，常年经费 0. 76 万元。[①]

增设机械、航海两科的提案可谓合乎情理，也合乎实际。特别是航海一科，不仅费用不多，而且学校也曾经代办过，开办起来更是轻车熟路，况且商船学校 1915 年停办后，国内高等航海教育无形中断，设立该科尤其具有重要意

① 南洋学会:《交通部上海工业专门学校学生杂志》(1916 年 10 月)第 1 卷,第 4 期。

义。但是当时正值北洋政府内部闹起"府院之争",总理段祺瑞和总统黎元洪大动干戈,形势混乱,交通部也深陷其中。交通部对增设机械科和航海科进而改办工科大学的意见未置可否,提案又成了一纸空文,所有努力再次落空。

学科未能如愿增设,交通部反令学校裁撤学科。1917 年初,交通部以整合部属学校为由,令学校专办电机科,土木科办到毕业为止,不再招生,予以停办。唐文治于"心摇摇如悬旌"[①]之余,立即呈文交通部,辩明土木科已经设立十多年,是学校办理时间最长、也是最好的学科,历年来所购置的仪器亦属不易,要求保留土木科。同时还说明为适应我国铁路建设需要,应增办铁路机械一科。经过一番笔战舌斗,据理力争,土木科得以保留。交通部 1917 年 6 月 30 日指令学校:

> 查该校办理土木工科,与电机机械科并著成绩,遽令停办未免可惜。所请免停土木工科,应准照办。至于要求增办铁路机械一科,则因需费较钜,新年度预算尚未成立,应暂缓议。如有添设之必要时,应由唐山工业专门学校办理。[②]

民国初年,社会不稳,政坛纷纭,交通部总长如走马灯似地不断易主,自身部务难以维持,对于附设的教育机构不甚重视,曾动议将部属学校移交教育部管辖,未果后或削减经费,或裁减各校规模。正如唐文治在学校廿年周年纪念会叹称:"鄙人接办此校以后,中央议裁小学者三次,议裁中学者二次,议归并土木科者二次,议裁电机科一次。"[③]在如此恶劣的教育环境下,能够保存学校原状已属不易,谋求发展万难实现。工科大学的计划虽然一时受挫,但是唐文治校长和教职员仍矢志不移,继续进行着不懈的努力。

第四节 工科大学初步建成

一、增办管理专科

增设机械科、航海科,进而扩建为工科大学的计划搁浅,除了北洋政府无力、也无暇顾及发展教育,交通部拟将机械科设在唐山工业专门学校等因素外,工科专业开办费用较高也是一个因素。工程教育除了具备一般科目所需要的教室、宿舍等基本条件外,必须建立实验

---

① 《唐文治校长在本校廿年纪念会上祝词》。《交通部上海工业专门学校廿周纪念册》(1917)。

② 《交通部指令》(1917 年 6 月 30 日)。西交档:1829,卷名《有关增减课程及更改科目、学校与交通部等来往文件》(1917)。

③ 《唐文治校长在本校廿年纪念会上祝词》。《交通部上海工业专门学校廿周纪念册》(1917)。

室，购置仪器设备，高薪聘请外籍教员，所需费用远高于其他学科。高额的开办费自然不易得到财源拮据的交通部批准。尽管主管部门拨不出开办资金，学校还是利用现有的办学资源，集思广益，独辟蹊径，寻求自我发展之路。

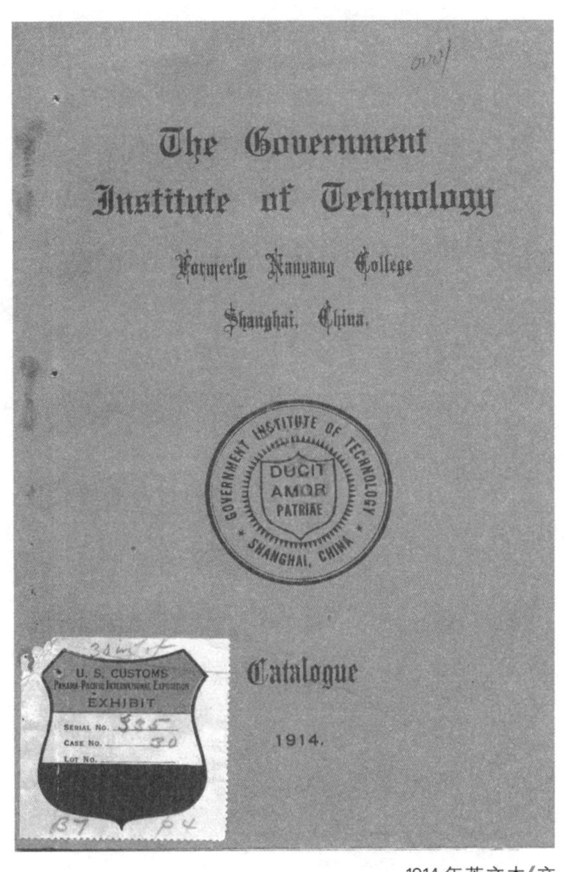

1914 年英文本《交通部上海工业专门学校概览》

1917 年，校内有教员根据国外学科新发展，向校长唐文治提议增设路电管理科。这项建议引起校方的注意，唐文治立即召开教职员和学生班级代表会议，商议添设管理科。经过讨论，师生员工一致赞同添办路电管理科。1920 年《铁路管理科庚申级级史概略》刊载了会议达成的共识：

> 大致谓中国铁路、电机事业日益发展，本校土木、电机两科创办近二十载，成绩丕著。惟管理人才在中国今日之所最需要者，则尚不可多得，本校亟应添设管理科，以资造就。①

这一意见得到了唐文治的赞同，他还强调培养管理人才的必要性，说："铁路营业，曰货运，曰载客，行李之往来，财贿之茂迁，云而麟集，管理不得其法，措置失当，中外人士交相诟病；或偶一不慎，群工执事稍稍染指其间，而弊窦实不可问。"②

由于路、电管理科属于理论学科，无需添置仪器设备，开办费较少，学生来源也不成问题，因学校卓立于得风气之先的沪滨，中等教育程度较高，"东南学生负笈来校者直如归市"，报考本校的学生很多，其中许多学生因数理化成绩稍逊而落选，可以在这部分学生中招收管理科新生。此外，本校附属中学毕业

---

① 《交通部上海工业专门学校铁路管理科头班纪念册》(1920)，第 25 页。

② 唐文治：《交通部上海工业专门学校铁路管理科头班纪念册·序言》(1920)。

生,或者已经考入土木、电机科的学生中,“性情有近管理方面而不宜工程者”,[①]也可以升入或转学管理科。

增设管理科,不仅是我国交通事业发展对管理人才的迫切要求,也是学校学习西方先进教育经验的结晶。就我国交通事业发展对管理人才需求而言,正如凌鸿勋所说:“以其时铁路展筑渐多,而管理权已逐渐收回,划一会计制度及运输规章,需才至多也。”[②]交大在记载管理学院院史院情时也称:“民国七年,唐校长文治鉴于吾国铁路路政穷败,实由于缺乏管理专才所致,爰呈准交通部,设立铁路管理专科。”[③]1920 年交通总长叶恭绰为《交通部上海工业专门学校铁路管理科头班纪念册》所撰序言中,也阐述了培养铁路管理专才对于发展交通事业的意义,他说:

> 铁路事业,头绪纷繁,经纬万端,即就管理一方面而言,如会计、营业、客运、货运、经济运费、列车转运、统计、工厂及材料管理,等等,均非有专门之学及经验宏富者,不能胜任。乃来已成之路,亟须改良,规划各路,尤待兴筑,种种措置,需材孔殷。

再就教育变革而言,20 世纪初,在第二次工业革命的推动下,科技迅猛发展,社会分工日益细化,各国对生产管理都十分重视。1910 年左右,美国少数大学最先开设企业管理的课程,后来逐渐建成管理学专业。这一动向立即引起邮传部、上海工业专门学校师生的注意。1911 年 9 月,邮传部将交通传习所所用教材《行车管理》赠送本校 4 部,要求专科学生研习。专科生争相传阅该书,以至不敷应用,学校又呈请邮传部增颁了若干部。1913 年在改革课程设置中,学校在专科课程中开设了工业簿记、工厂管理法、工业经济等工业管理课程,开始在工科教育中引入管理课程,[④]为管理学科的设立创造了条件。

1917 年底,学校正式呈文交通部,申述科学管理实为交通工业及商业发展所必需,要求添设路电管理科,以造就铁路、电机等各项管理专才。

交通部批复同意增设,在名称上,将路、电管理科改为铁路管理科。1918 年 3 月 8 日,铁路管理科正式开班上课。首届招收新生 38 人,大部分从附属中学毕业后直接升入,也有少数从土木、电机两科一、二年级转入,定为 3 年毕业。从 1918 年开始,新生改为秋季入学,四

---

① 《铁路管理科庚申级级史概略》。《交通部上海工业专门学校铁路管理科头班纪念册》(1920)。

② 《友声》第 15 期,1953 年 10 月 8 日。

③ 《上海管理学院》。交通大学编:《交通大学概况》(1936 年 4 月),第 17 页。

④ 《交通部上海工业专门学校章程(节录)》(1913)。《交通大学校史资料选编》第 1 卷,第 224 - 234 页。

年毕业。原中学科科长徐经郛担任铁路管理科首任科长。[1] 徐经郛是学校1907年商务专科毕业生，后被派遣留学美国宾夕法尼亚大学，获得理财科硕士学位，1911年回校任教。管理科教员有留美归国学者徐广德、李纯圭、俞希稷等人。管理科开设课程有经济原理、运输学、铁路经济、铁路组织、工场管理、铁路统计学等49门，除了国文、法文、公文程式外，其余都采用英文课本。值得一提的是，管理科的办学经费全部由学校自筹，这在经费支绌的条件下实属不易。1920年12月，铁路管理科首届30名学生毕业。毕业之际，该届学生编印《交通部上海工业专门学校铁路管理科头班纪念册》，汇集该科教职员、学生名录、课程设置、学生成绩及各种照片，以资纪念。

铁路管理科的成功开设，是全体教职员在学校生存困境中探索出的一条新的扩建方式，使学校的专业达到3个，因而具备了升格工科大学基本条件。唐文治在为铁路管理科头班纪念册所作序文中说，"戊午(1918)之春，余复特设铁路管理班。各国学校通例，有专科三则为完全之大学。余私心窃计，以为中国东南各省无大学，于此，盖始基之矣。"[2]将铁路管理科的创建视为学校发展为"完全大学"的标志。同时，铁路管理科的设立，标志着学校在专业上突破工科限制，从原来单一工科走向工程与管理的结合，在全国高校中首开工程教育和管理相结合的专业发展道路，是我国近代高等教育史上的一个创举。凌鸿勋曾撰文称："民国九年铁路管理科第一届毕业，国内办理此科者，除当时之北平铁路管理学校者，此为最早。"

二、改升四年学制

在增设铁路管理科的同时，专科学制也在酝酿调整。当时，学校按照1912年教育部颁《专门学校令》，将专科设为3年，专科之前设1年预科。1918年1月，电机科科长谢尔顿(S. R. Sheldon)、土木科科长万特克(H. A. Vanderbeak)根据学校实际情形，结合美国大学体制，联名致函唐文治校长，认为"本校预科其性质与大学初年级无异"，建议"将预科改为专科初年级，载入现行章程"。他们详述改升学制的5点理由：

(一) 实行专科四年学程之制与美国大学体制均等，程度也合，便于本校学生在美国进修高深学业。

(二) 专科四年之制于学生将来谋事问题大有利处，凡美国经营之公司、局、厂

---

① 《铁路管理科庚申级级史概略》。《交通部上海工业专门学校铁路管理科头班纪念册》(1920)。

② 唐文治：《交通部上海工业专门学校铁路管理科头班纪念册·序言》(1920)。

普通心理,咸以四年学程为合度,三年为未完全之学程。

(三) 说明预科为入专科之预备及预科等于大学之一年级,无充分之理由。

(四) 专科一年级之课程,可照预科办理,手续上也甚简单。

(五) 学生欲入专科,名义上多费一年学程于预科,而在预科者各大学究不认为有专科之资格(虽本校定章不入预科不得进专科)。[①]

两位科长的建议正合唐文治多年的心愿,他立即呈报交通部审批。同时致函友人、时任教育部次长的袁希涛,就改预科为专科一年级,合专科三年为四年制之事,请其大力支持。袁希涛很快复函唐文治:"部中当可准其变通照办。俟交通部转咨到后,即行核覆。"[②]不久即获得交通、教育两部批复。1918 年 4 月,交通部下发了由教育部咨复交通部核准的批文:

本校专科拟定为四年毕业并改专门预科为专科初年级,请咨商教育部核示由呈悉。经据情咨行教育部查核去后,准兹复称:查上海工业专门学校将专门预科改为本科第一年级,本科毕业年限定为四年,系为实事求是起见,自应照准,相应咨复贵部查照令知。[③]

1918 年 4 月,学校将专门预科改为专科一年级,专科一、二、三年级各递升一年,毕业年限定为 4 年,与大学本科完全相一致。

唐文治从屡次呈请主管部门增拨经费、扩充学科却少有进展的过程中,认识到学校发展绝不能只依托上级政府部门,开始将眼光转向社会,寻求热心教育事业的人士资助,和亟需人才的工矿企业的支持,以拓展办学资源。1917 年 10 月间,学校举办了隆重的 20 周年校庆活动,校庆期间,在校内举办劝工展览会,使社会各界了解学校的办学方向和教育实绩,认识工业教育的重要性;同时在广大校友和社会人士中发起筹建图书馆的募捐活动,结果募集资金 6 万元,于 1919 年建成一座规模宏大的图书馆,开创了本校利用社会力量办学的先例。1919 年 9 月,唐文治又说服前南洋公学提调、时任汉冶萍公司高等顾问的李维格,准备由汉冶萍公司出资,在校内创设机械科,毕业学生尽任公司调用。[④] 后来虽然未见下文,然而确是一次拟利用社会资金办学的有益尝试。

到 1920 年底唐文治辞职、交通大学筹建前夕,学校设有土木、电机、铁路管理三科,学制也由三年改定为四年;在校土木科学生 115 人、电机科 102 人、铁路管理科 87 人,附属中学、

---

① 《谢、万两科长致校长函拟将预科改为专科初年级条陈理由》(1918 年 1 月)。《交通大学校史资料选编》第 1 卷,第 249 - 250 页。

② 《上海交通大学纪事(1896—2005)》(上卷),第 112 页。

③ 《教育部咨复交通部核准本校预科改为专科文》(1918 年 4 月)。《交通大学校史资料选编》第 1 卷,第 250 页。

④ 《李维格致唐文治函》(1919 年 9 月 9 日)。西交档:1829,卷名《有关增减课程及更改科目、学校与交通部等来往文件》(1917)。

教员住宅

小学学生 509 人,合计全校学生 813 人;[①]实验设备、校舍建筑相应发展,材料实验室、无线电实验室、学生宿舍、图书馆等相继建成,初步具备一所工科大学的规模。培养学生的数量、质量在全国同类学科中均名列前茅。就数量而言,1918 年在校专科学生 175 名,占同期全国高等工科在校生 938 名的 18.7%;1920 年有 217 名,占全国 1 266 名中的 17.1%。[②] 从 1916 年至 1919 年的 4 年中,全国共录取清华官费留美生 32 名,其中本校生占 13 名,约 41%,[③]由此可见教育质量也是相当优异。难怪国务总理段祺瑞在学校 20 周年祝词中称:"黉宇校舍,仪器图籍,均极完备,为东南最有名誉之学校。"[④]

无论从学科学制上,还是从教育资源和质量上,学校已经合乎工科大学所具备的条件。唐文治在自订年谱中写道:"于是专科凡三,初具大学规模矣!"[⑤]此时,教育部门放宽了对大学的条件,允许设立单科大学,无疑也使学校升格工科大学有了制度依据。1921 年初,交通总长叶恭绰对部属专门学校进行整理扩充,建成交通大学,一所以工为主、工管结合的近代大学终于实现。

① 《民国以来全校在学人数一览表》。《南洋大学概况》(1926 年 1 月)。

② 教育部编:《第一次中国教育年鉴・丙编》,开明书店 1934 年版,第 145 - 146 页;《上海交通大学纪事(1896—2005)》(上卷),第 112 页。

③ 《本校毕业生历年考取清华官费留美学生数比较表》。《南洋大学概况》(1926 年 1 月)。

④ 《国务院段总理祝词》。《交通部上海工业专门学校廿周纪念册》(1917)。

⑤ 《唐文治年谱》,苏州大学校史编写办公室 1984 年 12 月印,第 56 页。

第二章
专科设置及附属组织

第一节　从铁路专科到土木专科

一、设立与发展

1906年秋，学校开设铁路工程班。1907年10月，学校将铁路工程班扩充为铁路专科，此为“国内铁路专科之办理最早者”。[①] 铁路专科的设立，既顺应了清末时期我国快速发展的铁路事业对于筑路工程人才的迫切需求，也是学校改属实业部门管辖后的必然结果。自从1825年世界上第一条铁路——斯托克顿至达灵顿铁路通车以来，铁路运输以其迅速、便利、经济等优点，深受人们的重视，修筑铁路成为19世纪及20世纪前期最热门、最时髦的事情，铁路运输也成为一个世纪内交通领域的垄断行业。尽管我国铁路诞生比西方晚了半个世纪，但从1881年中国人自建的第一条铁路——唐胥铁路建成通车以后，铁路便在古老的中国大地上诞生，缓慢延伸至大江南北。至1911年清朝覆亡，我国建成以北京为枢纽的京奉、京汉、京张、津浦四条官办铁路干线，以及正太、胶济、沪宁、广九等官商合办各线，总长约9 292公里，奠定了我国铁路建设的基础。

---

① 李占才主编：《中国铁路史(1876—1949)》，汕头大学出版社1994年版，第372页。

铁路事业的迅速兴起急需大量的筑路工程技术与管理人才。我国铁路创设之初，科举未废，新式学堂初办，不得已乃借外才、举外债，以为一时救急之方。除了任用早期出洋习铁路之留美幼童，如詹天佑、邝孙谋等，还在修筑铁路时附设铁路学堂，以便及早摆脱对外国技术人员的依赖。但是，当时可任用的归国留学生为数甚少，而所设铁路学堂也多属临时性质，培养的是初、中级铁路人才，远不能满足铁路建设发展的需求。进入 20 世纪以后，随着我国铁路事业日益兴盛，铁路建筑方面的人才愈加缺乏，可以充任铁路工程师的高级技术人才尤其缺乏，兼之清末新政以后民族意识逐渐兴起，以自筹经费抵制外债、自育专才代替外人为主要内容的收回路权运动，在全国各地如火如荼地开展起来。当 1905 年清政府决定兴办京张铁路时，就事先向觊觎已久的英俄两国声明："将来如添造由北京向北之路，只用华款、华员自造，不允他国承造。"[①]为此，清廷自筹款项，任用著名铁路工程师詹天佑勘路修筑，于 1909 年顺利通车。京张铁路的成功修筑，极大地提高了民族自信心，为我国工程技术界争得了荣誉。清末铁路建设的兴盛、技术人才本土化的观念，以及科举废除后新式学堂的兴起，为铁路高等工程教育的诞生提供了有利条件。

南洋公学时期学校主要以培养从政人才为目标，但因创始人盛宣怀身任全国铁路总公司督办，也使学校与铁路人才的培养有过某些联系。1901 年公学收容北洋大学堂南下避乱学生，在公学上院内开设铁路班，第二年旋即停办。1904 年公学选派程文勋等 12 名中院毕业生赴比利时留学，学习铁路工程，以便造就铁路工程师。1905 年学校归属商部管辖，商部责权在于"规划振兴全国商务，并兼办农工商及铁路事务"，皆为事关国计民生的实业领域，亟需相关技术与管理人才。由此，学校的办学方向正式转向实业工程教育。1906 年初拟定章程，准备陆续开设商业、航海、轮机、电机诸科，分别为主管及供款单位商部、招商局、电报局培养需用人才，暂无开办铁路专科的计划。不过，学校在 1906 年春开设商务专科后，即应商部要求于 9 月先设铁路工程班，为全国各地正在兴建的铁路培养专才。1907 年 3 月学校改属邮传部。邮传部主管全国"路电邮轮"交通四政，"路"在当时主要是铁路，被邮传部视为经营与管理的首要领域。作为邮传部所属学校，必须为主管部门培养所需人才，铁路专科的开设势在必然。归属甫定，盛宣怀即向新任邮传部尚书岑春煊建议，在本校设立"造路、行车"两个专业，分别类似铁路、电机工程；他还建议学生毕业后分赴铁路实习，以锻炼实际本领，逐渐代替外国工程师。1907 年 10 月，唐文治担任监督后，决定集中办理与交通有关工程

---

① 《袁世凯请留詹天佑片》（光绪三十二年五月十七日，1906 年 7 月 8 日）。转引自宓汝成编：《中国近代铁路史资料》第 2 册，中华书局 1963 年版，第 916 页。

专业,他首先将铁路工程班进行扩充,正式办成铁路专科,时简称“路科”,定学制三年,以期造就修筑铁路的专门人才。

铁路专科偏重修筑铁路为主的土木建筑,是学校依照邮传部对人才的特殊需求而自主创建的,是学校坚持独立办学原则的反映。1904 年清政府颁行《奏定大学堂章程》中并未设置“铁路专科”,只是在分科大学之工科大学内设有“土木工学门”“建筑学门”;同期清政府颁行的《奏定高等实业学堂》“高等工业学堂”中分设“土木”等 13 个工程科,也无铁路专科。铁路专科是学校设立的第一个工程专业,成为学校转向以交通实业为主的高等工程教育目标的标志与起点。

铁路专科设立后,学校又于 1908 年添设电机专科。当年,唐文治向邮传部呈准增加办学经费,以添聘铁路、电机专业教员,购置仪器设备;又呈准在各省设立公费生制度,扩大专科生来源。上述两项办法的采纳与实施,使新设铁路、电机专科得以顺利发展。1909 年夏,学校聘胡栋朝为教务长,兼铁路科科长。同年 7 月,铁路专科首届学生吴思远等 5 人毕业,经学部、邮传部派员会同监督唐文治举行毕业考试,评定各生考试成绩。考卷、评分册呈送邮传部复核,邮传部又咨送学部核定,俱认为“成绩颇优,具有高等程度”。不久,吴思远等 4 人派往英国留学深造。此时,邮传部拟发展航海贸易,欲令本校改为高等商船学堂,原设铁路、电机两科移往唐山。经唐文治与邮传部反复商榷,铁路、电机专科得以保留,另增设航海专科,为办船校作准备。1910 年 7 月,铁路专科第二届学生俞亮等 13 名毕业,赴京参加学部复试,成绩优异。同年,胡栋朝辞去教务长职,专任铁路科科长,主持建成土木工厂。

铁路专科科长胡栋朝(1909—1915 年在任)

美籍土木科教授、科长万特克(H. A. Vanderbe, 1913—1921 年任教,1915—1921 年任科长)

1911 年底，学校在辛亥革命高潮中改称南洋大学堂，铁路专科仍遵循旧制，科长由美国教员毕登(Wm. E. Palten)代理。1913 年 1 月，学校改称交通部上海工业专门学校，教育部要求学校遵照新颁《工业专门学校规程》，将专科名称、课程详细更改，以归一律。然而与前清学制一样，《工业专门学校规程》并无铁路专科的设置，对此教育部认为可相应改称土木科，并详述更名理由：

> 查土木名称系用自日本，中国前此开办北洋大学工科、北京大学工科，均以养成铁路人才为急务，设科讲授，亦系名为土木科。盖因铁路敷设地面，与土木科有密切之关系，相沿日久，近已成为铁路科之相当名词。该校铁路一科自应改为土木科，以免分歧。[①]

对于交通部担心铁路专科改称土木科后，毕业学生能否适应于铁路系统，教育部一方面强调土木科内所定课程兼具测量、建筑材料、地质、铁道桥梁等学，均系铁路重要科目，不必疑虑；一方面重申各工业专门学校科门、课程设置必须遵照新规办理。铁路专科也于 1913 年 1 月改称土木专科，修业期仍为三年，续聘胡栋朝为科长，学生由一年制专门预科毕业生升入。教职员开始率领学生赴杭州、无锡等地进行校外测量实习，毕业生被推荐至美国铁路公司等单位实习。1915 年 3 月，胡栋朝被交通部委任为宁湘铁路局科长，土木科教员、美国康奈尔大学硕士万特克(H. A. Vanderbeek)继任土木科科长，直至 1921 年交通大学合组时土木科迁至唐山，先后担任科长 6 年多。1915 年春，万特克主持筹建材料试验场。1917 年初，唐文治说服交通部，准免停办土木科。1918 年唐文治呈准教育部，将预科改为专科一年级，土木专科学制升为 4 年，与美国大学接轨。学制升格后，土木、电机专科一年级合并上课，实际上与专门预科时期无甚区别，统称专科初年级。各生依照学习兴趣和志向，一年级结束后选择专业。1919 年，万特克鉴于土木科学生缺乏实际经验，遂设土木实习科专司其事，办法是将土木科之二、三、四年级集中起来组成几个小建筑公司，每公司 6 人，四、三、二年级同学分别担任总工程师、二等工程师、学习工程师，各司其事。万特克和另一美籍教员朴尔佛(H. E. Pulver)任顾问工程师。实习科规定每周上课 2 次，每次 3 小时，使学生从二年级起至毕业止，对建筑公司的业务练习有素，毕业后走向社会，皆能应付裕如。

1921 年交通大学合组过程中，土木专科调整至唐山，与该校土木科合并组建新的土木科，除毕业班外，大部分师生北移唐山。创办 15 年之久的土木专业遂中辍，直至 1928 年学校土木工程学院建立。

---

① 《交通部照录教育部来文函达本校更改校名和专科名称》(1913 年 4 月)。《交通大学校史资料选编》第 1 卷，第 125 页。

二、课程设置与教学安排

铁路专科在创设过程中,一直重视课程设置,延聘受过西方高等工程教育、在工程技术上有所造诣的中外学者共同拟订课程。1906 年,铁路工程班成立时,因规制简陋,学制未定,所设课程数量较少,内容较简略,主要有数学、物理、化学、测量、建筑学、地质学、桥梁学、水利学等 10 多门。次年扩充为铁路专科后,参照国外铁路、土木建筑专业及清政府"癸卯学制"中关于"土木工学门科目""土木科"设置课程原则等相关规定,结合我国修筑铁路的实际需求,详细拟订了课程及教学计划。铁路专科第一份完整的课程设置见载于 1908 年 5 月《邮传部上海高等实业学堂章程》,其分年分学期的学科、程度及每周授课钟点见表 2-1。

表 2-1 邮传部上海高等实业学堂铁路专科学科授课时间表(1908)

学科	程度 \ 学年	第一学年		第二学年		第三学年		合计
		第一学期	第二学期	第一学期	第二学期	第二学期	第一学期	
算 学	经纬几何	6	6					12
	微分学			6				6
	积分学				6			6
	微方学					3	3	6
测 量	平面测量	6	7					13
	铁路测量			7	9			16
	大地测量					5		5
建 筑	建筑学理论	3	3					6
图 画	山川画兼绘字	4						4
	建筑画		4					4
	图形几何			4	4			8
物 理	实验	4						4
	材料试验		4					4
	材料力学			5				5
	建造压力学				5			5
地质学	地质学理论	5	5					10
化 学	分析化学	3						3
	工艺化学		2					2
	燃料理论			4				4

（续表）

学年 程度 学科		第一学年		第二学年		第三学年		合计
		第一学期	第二学期	第一学期	第二学期	第二学期	第一学期	
法　文	古文释义	3	3					6
	作文			2	2			4
	尺牍			1	1			2
	政治浅理					3	3	6
电　学	电学释理			3				3
机器学	重学				5	5		10
理　财	铁路法学					1		1
	铁路管理						5	5
	转运						2	2
汽机学	讲义					3	3	6
桥梁学	图样					4	4	8
水力学						4	4	8
热力学	讲义					3	3	6
法　律	工程法律						3	3
工　程	工程问题						3	3
天文学	天文学						3	3
合计		34	34	32	32	31	36	199

该科于暑假、年假时派学生赴各处铁路工程处实地练习，则临时酌定。

表中所谓“学科”，是一个比较宽泛的课程门类概念，要大于课程的内涵。比如算学，就包含经纬几何、微分、积分等，相当于以后三四门课程的内容；专业课程“测量”一科分平面、铁路、大地测量三门。因此，这里学科不等同于课程，而学科后分列“程度”则可视为课程。如果照此理解，那么铁路专科共设 18 个门类 35 门课程，三学年每周钟点数合计 199 小时，每年平均钟点数约为 33 小时。1911 年改订《邮传部上海高等实业学堂章程》“学科程度章”之“铁路专科”，便直接将上述“程度”列为课程，且各学年学期与上表完全一致，说明这份课程设置计划一直沿用至 1911 年底。对于清末时期铁路专科课程设置及教学计划的具体制订者，唐文治曾说：“本校所有路科课程，从前教务长胡栋朝支配，并与前邮传部所派会考员、时任京张铁路总工程师詹天佑参酌。”①

① 唐文治：《致交通部函》（1912 年 11 月）。西交档：1837，卷名《关于路、电、土木科改名课程、毕业、实习等与交通部指令、呈请诸文件》（1912）。

对照现存历年学生期末成绩册所载考试科目,铁路专科在实际教学过程中对其课程计划基本遵照进行,但也有所更动。据1911年8月《宣统三年七月学期试验成绩册》所示,一年级各学生列有“国文、英文、经纬几何、图形几何、测量、物理试验、化学试验、法文”8门课程,与上表中第一学年第二学期课程大体一致,不同的是增加了国文、英文等课程。

1912年学校遵照教育部、交通部指示,改铁路专科为土木科,同时依照教育部1912年11月颁行《工业专门学校规程》所定“土木科之科目”,大幅度调整了课程设置与教学计划。调整后土木专科共有27门课程:数学、物理、外国语、测量学、地质学、计划及制图、测量实习、化学定性分析、应用力学、建筑材料学、铁道学、道路学、石工学、桥梁学、卫生工学、实习、水力学、机械工学大意、河海工学、钢筋混合土构造法、施工法、电气工学大意、工业经济、工厂管理法、工业簿记、应用天文学、工程合同。该课程设置除了化学定性分析、应用天文学、工程合同三门课程外,其余均与教育部规定完全一致。三学年各门课程每周钟点数合计165小时。尽管这份课程计划明文载入1913年《交通部上海工业专门学校章程》,然而也如同期电气机械科一样,未能照章施行,表明学校在执行教育部规章时,并没有完全为主管部门定章所限,而是保留了学校很强的自主性。

民国初年,见诸施行的土木科课程设置及计划最早见载于1914年英文本《交通部上海工业专门学校概览》(*The Government Institute of Technology Catalogue*)。该课程设置及计划在教学实践中不断加以修订,特别是1918年由三年学制升格为四年学制后,除将专门预科课程调为土木、电机专科一年级共同课程外,其他各年级课程也作了相应的调整。现将1919年刊行的土木专科四年课程列为表2-2。

表2-2 交通部上海工业专门学校土木专科课程表(1919)

学年 科目	第一学年		第二学年		第三学年		第四学年		合计
	上半年	下半年	上半年	下半年	上半年	下半年	上半年	下半年	
解析几何	4	4							8
普通化学	4	4							8
普通化学实验	4	4							8
国文	3	3	1	1	1	1	1	1	12
道德	1	1							2
英国文学	2	2							4

（续表）

科目＼学年	第一学年		第二学年		第三学年		第四学年		合计
	上半年	下半年	上半年	下半年	上半年	下半年	上半年	下半年	
英语写作	3	3							6
木工厂实习	3								3
金工厂实习		3							3
初级绘画和练字	4								4
画法几何		4							4
卫生学	2								2
学习方法		2							2
体育	(3)	(3)	(3)	(3)	(3)	(3)	(3)	(3)	(24)
微积分			4	4					8
大学物理			4	4					8
大学物理实验			6	6					12
定性化学				1					1
定性化学实验				3					3
工程英语			3	3					6
高级绘画和练字				3					3
地质学			2	2					4
地质学实验			4	4					8
平面测量学			2	2					4
平面测量实验			4	4					8
土木工程学			2						2
机械工程学					3				3
机械工程实验						3			3
静力学					4				4
动力学						4			4
材料力学					6				6
建筑材料					3				3
材料测试实验					3	3			6

(续表)

科目＼学年	第一学年		第二学年		第三学年		第四学年		合计
	上半年	下半年	上半年	下半年	上半年	下半年	上半年	下半年	
水力学基础						3			3
铁路工程测量学					3				3
实地调查					4				4
铁路建筑						3			3
公路建筑						3			3
构造学						5			5
结构力学						3			3
电机工程学							4		4
电机工程实验								3	3
测地学和天文学								5	5
供水系统							3		3
河道整治								3	3
水利实验							2		2
下水道和污水处理								3	3
铁路配置及经济							5		5
结构设计							7		7
结构设计理论								2	2
结构设计过程								5	5
建筑构造							3		3
混凝土结构							3		3
合约和规范							2		
管理工程学								4	4
管理工程实践								3	3
科目＼每周钟点	30	30	32	37	27	28	30	29	243

大学三年级或四年级进行校外测量，为期一个月。

资料来源：1919 年英文本《交通部上海工业专门学校概览》(*The Government Institute of Technology Catalogue*)，第 32－33 页。

如将辛亥革命后的土木专科课程设置，与清末时期铁路专科课程设置相比较，可以发现有显著的变化。首先，开设的课程大为增加，原来铁路专科开设课程 35 门，民初改设土木专科后调整为 28 门，至 1919 年增为 55 门之多，若除去由专门预科改称的一年级 13 门课程，尚有 42 门，比之清末多出 7 门课程。其次，课程结构有了变化，公共课程比重下降，专门课程比重增加；公共基础课程基本放在一年级讲授，二年级以后专门、专业课程比重增加；专业课程也并不仅限于铁路建筑，而是扩展为公路、水利等更为广阔的领域。再次，重视实验和实习，原来铁路专科限于实验设施的缺乏，实验课程开设较少，且基本上边讲课边实习。改为土木专科后，随着各种实验室的建成、校外实习见习的开展，实验实习等教学实践类课程大幅度增加，如物理、化学、地质、材料、水力、电机等均设实验课，高年级每年均安排一个月赴杭州、无锡等地实习；1919 年又设土木实习科。由此，实验实习课程被列为重要的教学环节。最后，增开了一些电机、管理、机械等交叉课程，旨在利用本校专业设置上的资源，培养一专多能的工程技术人员。

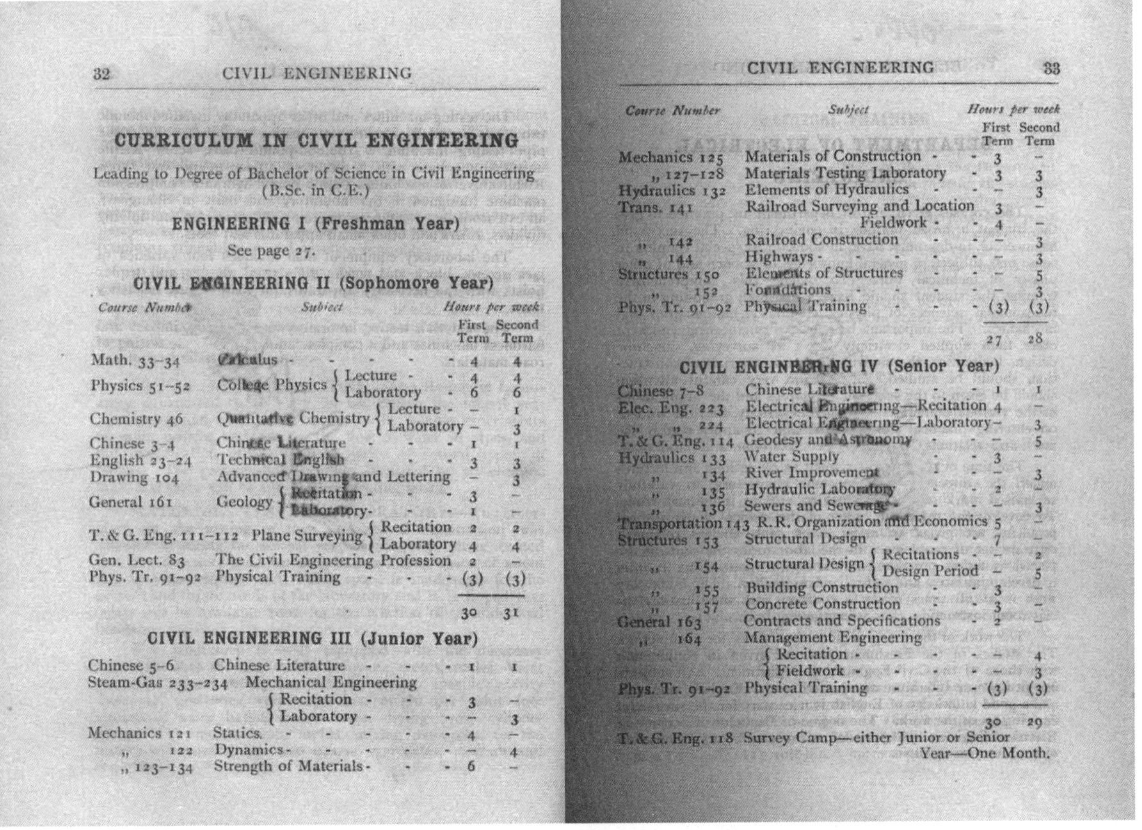

32 CIVIL ENGINEERING

CURRICULUM IN CIVIL ENGINEERING

Leading to Degree of Bachelor of Science in Civil Engineering (B.Sc. in C.E.)

ENGINEERING I (Freshman Year)

See page 27.

CIVIL ENGINEERING II (Sophomore Year)

Course Number	Subject	Hours per week First Term	Second Term
Math. 33-34	Calculus	4	4
Physics 51-52	College Physics { Lecture	4	4
	{ Laboratory	6	6
Chemistry 46	Quantitative Chemistry { Lecture	–	1
	{ Laboratory	–	3
Chinese 3-4	Chinese Literature	1	1
English 23-24	Technical English	3	3
Drawing 104	Advanced Drawing and Lettering	–	3
General 161	Geology { Recitation	3	–
	{ Laboratory	1	–
T. & G. Eng. 111-112	Plane Surveying { Recitation	2	2
	{ Laboratory	4	4
Gen. Lect. 83	The Civil Engineering Profession	2	–
Phys. Tr. 91-92	Physical Training	(3)	(3)
		30	31

CIVIL ENGINEERING III (Junior Year)

Course Number	Subject	First Term	Second Term
Chinese 5-6	Chinese Literature	1	1
Steam-Gas 233-234	Mechanical Engineering		
	{ Recitation	3	–
	{ Laboratory	–	3
Mechanics 121	Statics	4	–
" 122	Dynamics	–	4
" 123-134	Strength of Materials	6	–
Mechanics 125	Materials of Construction	3	–
" 127-128	Materials Testing Laboratory	3	3
Hydraulics 132	Elements of Hydraulics	–	3
Trans. 141	Railroad Surveying and Location	3	–
	Fieldwork	4	–
" 142	Railroad Construction	–	3
" 144	Highways	–	3
Structures 150	Elements of Structures	–	5
" 152	Foundations	–	3
Phys. Tr. 91-92	Physical Training	(3)	(3)
		27	28

CIVIL ENGINEERING 33

CIVIL ENGINEERING IV (Senior Year)

Course Number	Subject	First Term	Second Term
Chinese 7-8	Chinese Literature	1	1
Elec. Eng. 223	Electrical Engineering—Recitation	4	–
" " 224	Electrical Engineering—Laboratory	–	3
T. & G. Eng. 114	Geodesy and Astronomy	–	5
Hydraulics 133	Water Supply	3	–
" 134	River Improvement	–	3
" 135	Hydraulic Laboratory	2	–
" 136	Sewers and Sewerage	–	3
Transportation 143	R. R. Organization and Economics	5	–
Structures 153	Structural Design	7	–
" 154	Structural Design { Recitations	–	2
	{ Design Period	–	5
" 155	Building Construction	3	–
" 157	Concrete Construction	3	–
General 163	Contracts and Specifications	2	–
" 164	Management Engineering		
	{ Recitation	–	4
	{ Fieldwork	–	3
Phys. Tr. 91-92	Physical Training	(3)	(3)
		30	29

T. & G. Eng. 118 Survey Camp—either Junior or Senior Year—One Month.

1919 年土木专科课程设置(英文)

三、师生概况

无论是清末高等实业学堂,还是民初工业专门学校,大学本科教员大致分为公共基础课与专业课两类。基础课如外语、国文、理化课程的教员一般在各专科甚至附中兼课;专业教员则一般为专任性质。这里所述铁路专科、土木专科以及下文电机专科教员,系指专业课程的教员,基础课程教员另文记述,并不在此列。

铁路工程班设立时专业教员情况不详。1907 年扩充为铁路专科后,唐文治即聘请由詹天佑保荐的美国人查理士·璞德(Chalis Porter)来校,专门讲授铁路机器工程等课。1908 年又聘请留学加利福尼亚大学并获工学学士的温其濬任专业教员。第三年,璞德合约期满离校,学校增聘南洋公学时期派遣的留美生、康奈尔大学土木硕士胡栋朝接替其职。1911 年温其濬离校后,又聘美国人毕登、司铎克(E. P. Stocker)任专业教员。至辛亥革命前,铁路专科有专业教员胡栋朝、毕登、司铎克 3 名。胡栋朝来校后,先任教务长兼铁路科教员,1910 年专任铁路科教员兼科长,至 1915 年春离校,在校任教前后 7 年,是该科早期发展过程中最重要的组织者和教员。毕登自 1911 年 7 月受聘来校,长期担任铁路、土木专科教员,一直到 1921 年土木科调整至唐山,前后共计 10 年,其中曾于 1912 年胡栋朝、1920 年万特克两科长暂时离校时兼任科长。

民国时期土木科专业教员变动不大,曾相继聘请一些留学归国人员来校任教,如屠慰曾、李德晋、金涛、胡士熙等,他们大多是南洋公学时期的毕(肄)业生,后留学欧美,获得工程专业学位,这是土木专业教员逐渐趋于本土化的体现。然而他们任教时间不长即离去,学校另增聘美国人万特克(H. A. Vanderbeek)、朴尔佛(H. E. Pulver)任教员,两人任教时间一直至 1921 年土木科调整出校前后,其中万特克自 1915 年 3 月后一直兼任科长职务,对土木专科后期发展发挥着重要作用。到 1921 年交通大学合组成立前,土木专科共有专业教员 7 位,他们是万特克、毕登、朴尔佛、傅拉、瞿锡庆、杨培琫、淩鸿勋,其中外籍教员 4 名,本国籍 3 名。综计 1907 年铁路专科成立,至 1921 年土木专科调整出校,前后共计 15 年,有据可查的专业教员共有 16 名,其具体情况如表 2-3。

表 2-3 铁路专科、土木专科专业教员一览表(1907—1920)

姓名	英文姓名/字号	国籍/籍贯	学历	任期	备注
璞 德	Porter	美国		1907.8—1909.8	
温其濬	竞仁	广东鹤山	北洋大学堂毕业生、加利福尼亚大学工学士	1908.4—1911.1	

（续表）

姓名	英文姓名/字号	国籍/籍贯	学　历	任　期	备注
胡栋朝	振廷	广东番禺	北洋大学堂毕业生、美国康奈尔大学土木硕士，清末工科进士、翰林院庶吉士	1909. 8—1915. 3	兼科长
毕　登	Wm. E. Palten	美国	美国康奈尔大学学士	1911. 7—1921. 7	1912、1920年兼科长
司铎克	E. P. Stocker	美国		1911. 7—1912. 2	
华搏云		美国		1912. 8—1913. 3	
屠慰曾	继香	江苏吴县	南洋公学中院毕业生、美国加州伯克莱大学、伊利诺大学铁路科学士	不详	
李德晋	旭升	广西桂林	本校铁路科肄业生，美国康奈尔大学土木硕士	不详	
金　涛	旬卿	浙江绍兴	本校铁路科肄业生，1909年首届清华留美生、美国康奈尔大学土木学士	1912年前后	
万特克	H. A. Vanderbeek		美国康奈尔大学硕士	1913. 2—1922. 2	1915年—1921年兼科长
胡士熙	春台	江苏嘉定	本校首届铁路专科毕业生、英国格拉斯哥大学工学士	1914. 9—1917	兼管工厂
朴尔佛	H. E. Pulver	美国	美国威斯康辛大学土木科学士	1915. 1—1921. 7	
杨培琫	德新	广东顺德	本校1914届土木科毕业生、美国俄亥俄大学理科硕士	1919—1921. 7	
淩鸿勋	竹铭	广东番禺	本校1915届土木专科毕业生、美国桥梁公司实习生、哥伦比亚大学选修生	1920. 2—1921	
瞿锡庆	季长	江苏上海	美国宾夕法尼亚大学硕士	1920年前后	
傅　拉	Wm. J. Fuller	美国		1921年前后	

资料来源：杨耀文《本校四十年来之重要变迁》“土木工程学院”，载《交通大学四十周纪念》(1936)；《交通大学校友录》(1936)“离职教员录”；《交通部上海工业专门学校廿周纪念册》(1917)；交通部上海工业专门学校毕业班发行：《民国十年级纪念册》(1921)等。

1906年9月铁路工程班设立时，学制未定，学生名额没有定数，实际招收人数也不详。至1907年10月，监督唐文治在函请邮传部将铁路工程班扩为铁路专科的呈文中，称“工程班学生孙同祺等十九名”,可知工程班至少招收学生 19 名。铁路专科成立后,定学制三年,每级设一班。据 1908 年《邮传部上海高等实业学堂章程》中“高等专门科连同附属中学全额五百四十名,分为九班,每班六十名”,三班应为 180 名。实际因生源不足,加上中途退学或改习他科者,每年都未能如额招满或毕业。1907 年招收一年级新生 30 名,1908 年因附中毕业生全数升入新设电机专科而停招一年;1909 年、1910 年分别招收新生 22 名、37 名。1911 年《邮传部上海高等实业学堂章程》“设学总义章”规定,“高等专门各科,不限名额”,自此至民国初年学校取消了对具体招生数额的规定。

铁路专科的主要生源来自校内附属中学和专门预科毕业生。清末时期生源是附属中学毕业生。1908 年《邮传部上海高等实业学堂章程》规定:“附属高等小学四年毕业,考验合格升入中学;中学五年毕业,考验合格升入专科。”1912 年学校设立一年制专门预科,附属中学毕业生升入预科,预科毕业,考验合格后再升入专科学习。1917 年预科更为专科一年级,主要生源又复由附属中学毕业生直升。1908 年唐文治奏准考选各省选派官费生来校入读专科,拓展了铁路、电机专科的生源,弥补了附中、预科升班不足带来的缺额。如招足校内直升学生、各省官费生后,仍有余额,可招收少量插班生。1911 年《邮传部上海高等实业学堂章程》规定:“如升班额数不敷,可由相当之学堂选派已毕业者咨送考试,择优充补。惟非奉邮传部允准,不得任便考试插班。”综上所述,土木科生源有三:本校直升生、各省官费生和插班生,三类生源中,以本校直升学生为主。如在 1910 年新招 37 名新生中,33 名是校内附属中学毕业生,校外考入者仅 4 名;1918 年招收新生 25 名,本校直升者 21 名。从 1906 年到 1920 年,铁路工程班、铁路专科至土木专科历年招生人数及在学人数如表 2-4 所示。

表 2-4 铁路工程班、铁路专科、土木专科在学人数一览表(1906—1920)

年度	1906	1907	1908	1909	1910	1911	1912	1913
招生人数	19	18	—	22	37	25	32	22
在学人数	19	29	19	33	59	84	104	78
年度	1914	1915	1916	1917	1918	1919	1920	
招生人数	15	27	15	19	25	27	24	
在学人数	65	64	50	48	84	89	115	

资料来源:1908—1911 年在学人数依据《交通大学校友录》(1936),参照《邮传部统计表》“邮传部直辖学堂教授科目表”(1907—1909)统计而成;1912—1920 年在学人数参见赵祖康编:《南洋大学概况》(1926)“民国以来全校在学人数一览表”。上列各数系秋季开学时人数。

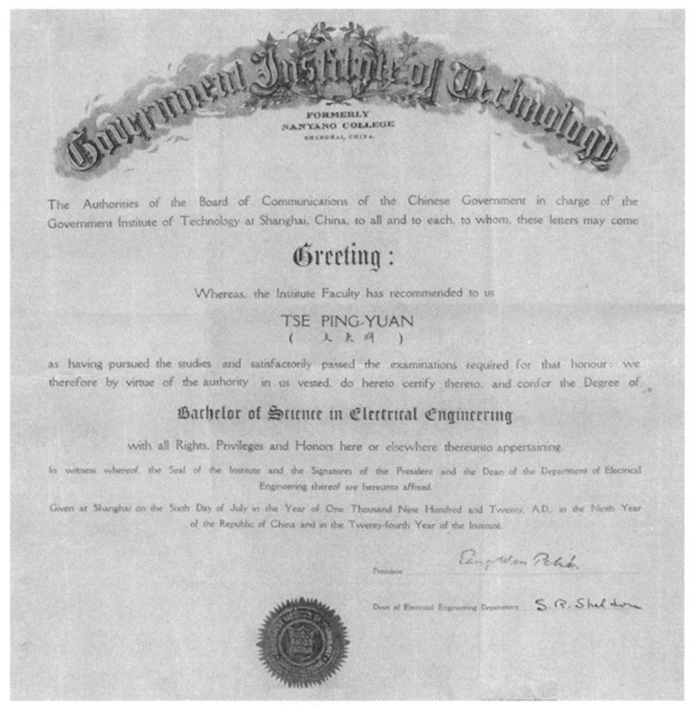

Government Institute of Technology

FORMERLY
NANYANG COLLEGE
SHANGHAI, CHINA.

The Authorities of the Board of Communications of the Chinese Government in charge of the Government Institute of Technology at Shanghai, China, to all and to each, to whom, these letters may come

Greeting:

Whereas, the Institute Faculty has recommended to us

TSE PING-YUAN

as having pursued the studies and satisfactorily passed the examinations required for that honour: we therefore by virtue of the authority in us vested, do hereto certify thereto, and confer the Degree of

Bachelor of Science in Electrical Engineering

with all Rights, Privileges and Honors here or elsewhere thereunto appertaining.

In witness whereof, the Seal of the Institute and the Signatures of the President and the Dean of the Department of Electrical Engineering thereof are hereunto affixed.

Given at Shanghai on the Sixth Day of July in the Year of One Thousand Nine Hundred and Twenty, A.D., in the Ninth Year of the Republic of China and in the Twenty-fourth Year of the Institute.

President

Dean of Electrical Engineering Department　S. R. Sheldon

1920 届电机科毕业生、中国内燃机研制先驱支秉渊的英文毕业证书

如表 2-4 所示，铁路专科、土木专科生源相对稳定，每级招收人数基本保持在 20 至 30 名之间；至 1911 年三个年级开齐后，历年在校生人数最少年份 48 人，最多 115 人，差别较大。1909 年铁路专科首届学生吴思远等 5 名毕业。1915 届土木科毕业生凌鸿勋后来称该届毕业生"不但是交大最早的铁路科毕业班，也是全中国铁路科或土木科最早的毕业班"。[①] 以后除了 1911 年外每年均有学生毕业，到 1920 年共计毕业 11 届，毕业生共 170 名。从 1906 年至 1917 年共招收铁路、土木专业新生 263 名，除去少量中途插班生不计外，毕业率约为 63.1%。具体毕业生人数、名单如表 2-5。

表 2-5　历年铁路专科、土木专科毕业生情况表(1909—1920)

毕业年份	届别	名称	毕业人数	毕业生名单
1909	一	铁路专科	5	吴思远　高恒儒　潘善闻　胡士熙　郑家斌
1910	二	铁路专科	13	俞　亮　王绳善　林　庄　郭　鹏　顾诒燕　盛守鑫　余建复　孙同祺　李保龄　康时清　陆世勋　周　熙　梁树钊

① 凌鸿勋:《悼老同学王尔绚先生》。《友声》第 12 期，1953 年 7 月 8 日。

(续表)

毕业年份	届别	名称	毕业人数	毕业生名单
1912	三	铁路专科	12	朱肇昌 冯其礼 高恭安 王承熙 许复阳 席德懋 冯　介 王声汉 王　翀 沈炘来 陆守坚 过科先
1913	四	土木专科	22	魏景行 王家镛 朱鼎元 尤挺伦 钮因祥 杨　毅 苏在奇 尤乙照 柴福沅 徐佩琨 钱德新 谈克峻 李应慈 张福霖 车志城 苏琯煌 钟文滔 梁汝缙 陈邦杰 龚紫新 杨廷英 盛逸铭
1914	五	土木专科	17	杨培琫 张时雨 孙多颋 顾振新 陈昌骥 陆承谋 王　均 诸人骐 刘天成 李毓庠 黄应钟 樊巽权 陈　璋 刘　杰 薛佑宸 欧阳藜阁 孙炳忠
1915	六	土木专科	16	淩鸿勋 陈体诚 黄　炎 杨耀文 傅世义 张　伟 郑炳铭 仲志英 文之孝 过锡彤 程鹏翥 杨　华 侯瑞祥 蒋炳英 彭清裕 黄振廷
1916	七	土木专科	18	薛次莘 李　铿 俞楚白 李学海 陆学机 莫　衡 杨耀温 许　逸 叶家俊 徐芝田 张勋基 陆尔康 陈庆江 谭铁肩 杜　鑫 顾翊经 张祥熊 贾　范
1917	八	土木专科	12	裘燮钧 陆鸣盛 黄宗齐 陆承禧 夏全绶 张绍镐 苏德煌 伍　渊 朱树怡 孙多蓁 李　伟 王昌社
1918	九	土木专科	12	孙宝墀 顾宜孙 董　宪 吴钟伟 陈中正 曹曾祥 杨惺华 金　云 徐　昌 汪禧成 姚鸿逵 郑成祐
1919	十	土木专科	15	顾懋勋 章　彬 康时振 金　汤 盘珠衡 许贵年 金耀铨 黄宝潮 张树源 丁人鲲 黄选青 范祖璧 莫乃荣 金士成 孙恩秀
1920	十一	土木专科	20	姚涤新 徐鑫堂 王裕光 黄曰鲲 顾曾授 孙多项 周浩泉 余谦肃 冯宝龄 时昌黎 许贯三 王元龄 林瑞骥 韦国英 张有彬 钱　夔 王遵轼 刘用臧 陈　琮 邵禹襄

资料来源:南洋大学编《南洋大学卅周纪念校友录》(1926年)“历年专科/大学毕业学生姓名录”;《土木科、电机科毕业生成绩册》(1913—1917),上交档:ls7-018;《土木科、电机科毕业生成绩册》(1918—1921),上交档:ls7-019。

依照清末学部“各省高等学堂毕业生一律调京复试”规定,1909年、1910年清末两届铁路专科毕业生均咨送北京参加学部主持的复试,成绩相当优异。首届吴思远等5名毕业生复试分数均在80分以上,其中吴思远93.34分,高恒儒91.48分,潘善闻87.18分,胡士熙85.92分,郑家斌81.95分,均列入最优等,照章被授予举人身份,并奖以知州尽先选用资格。复试合格后,除郑家斌外,其余4人派赴英国留学。1910届13名毕业生中,俞亮等8名毕业

1910 年暑假唐文治与铁路专科毕业班师生合影

后即派赴英国留学，李保龄等 5 名参加学部复试，其中李保龄、康时清、陆世勋三人获最优等，周熙、梁树钊二人获优等。当年参加学部复试的各省高等学堂毕业生共计 140 人，仅有 6 名获最优等，学校铁路专科毕业生占其半，充分说明铁路专科开办之初即具有较高的教学水平。李保龄等 5 人也于 1911 年派赴英国留学。

民国时期，土木专科毕业生日益增多，而交通部育才经费紧张，毕业生被部派出洋者甚少，大致是每届成绩名列前茅者被派往美国大公司或大学实习深造，如 1915 届成绩优异者凌鸿勋、陈体诚二人即经土木科科长万特克介绍，由交通部给予津贴经费赴美国钢铁公司实习。大多毕业生或自费出国，或被交通部分派至各铁路局任职。派赴国外实习深造者，学成归国后大多就职于铁路交通、建筑及高等学校等部门。历届毕业生在我国交通、建筑工程及其他领域建功立业者颇多，比较知名者有工程专家王绳善、康时清，银行家席德懋，教育家徐佩琨，铁路工程专家、教育家凌鸿勋，公路专家陈体诚，桥梁专家顾宜孙、姚鸿逵，铁路专家汪禧成。

1910届铁路专科首届毕业生、土木工程专家康时清

1913届土木专科毕业生、经济学家徐佩琨

1915届土木专科毕业生、中国铁路工程专家、教育家凌鸿勋

1918届土木专科毕业生、工程教育先驱顾宜孙

第二节 电机专科

一、设立与发展

1908年,在唐文治监督主持下,学校创设电机专科,此为我国最早开设的高等电机工程教育。电机专科的设立,是校内外各种条件直接或间接推动的结果。就外部条件来说,我国电讯事业发展对电机专业人才需求、电信工程教育的起步、清末学制的颁行等,都成为创建电机专科的促进因素。作为高等工程教育门类之一,电机工程教育是资本主义机器大工业

和近代科技发展的产物，于19世纪最先产生于欧美工业化先行国家。我国电机工程教育萌芽于洋务运动时期的电报学堂。19世纪七八十年代，洋务派李鸿章、沈葆桢等人始在沿海地区架设电报线，到1894年，全国电报线总长约4.7万华里，各大重要城市均已通电报。电报业的大发展，对电报专门人才的培养提出了需求，福州电报学堂（1876年）、天津电报学堂（1880年）、上海电报学堂（1882年）等一批电报学堂应运而生。然而，因其仅限于电报技术层面，招收的学员尚未接受过中等教育，修业年限、课程设置也不固定，与培养既有专业理论水平，又掌握应用技术知识的高级电机工程人才目标相去甚远。这一时期是电机工程教育的萌芽时期。

1904年1月，我国第一个正式在全国实施的学制——癸卯学制颁行。其中，高等教育"分科大学"8科之中，设有"电气工学门"，属本科层次；"高等工业学堂"13科中，设有"电器科"，属专科教育层次。学制还规定了应设课程、学科程度、授课时间等，为高等电机工程教育的正式形成提供了全国性的标准和规范。不过，直至清亡，全国范围内电机工程教育本科层次并未建立。始创于1908年的交大电机专科，则成为中国最早的高等电机工程教育。

就校内条件来说，学校隶属关系的变更、经费来源、校长的办学理念等各种因素结合，成为电机专科成立的直接原因。1905年初商部接管学校后，根据学校隶属关系和地域特点，在办校方向上作了较大调整。当年3月31日，商部咨令学校："查上海商务学堂从前本系拨用轮电两局款项，现经本部接收，自应添设轮、电专科，方符宗旨。"正式提出创办电机专科。咨文还指出："中国创兴商政，如轮船、电报等事，办理尚著成效。然其专门要术，辄非聘用洋人不办。招商局向无学堂，电报虽经设有学堂，并未明定出身，故学诣不专，造就不广。"要求监督杨士琦"查照核议，添入章程"。[①] 咨文表明，创设电机专科除了为经费供给单位电报局培养人才之外，还有摆脱专业人才长期依附外国，实现高级专业技术人才自我培养的深层次考虑。

杨士琦接文后，即与教务长伍光建等人商议，筹备设立铁路、电机、管轮、驾驶、商务等专科。在1906年7月《商部上海高等实业学堂章程》分科一节中，规定本科阶段分设商业科、航海科、轮机科、电机科等4科，学制3年，学生由四年制高等预科（中院）升入。电机专科名列筹设专业之一，计划最迟在1907年春正式成立电机专科。后因师资缺乏、资金短缺，除1906年秋开办了一个简易的铁路工程班外，电机等专科都停留在纸面上，未能如期办成。

---

① 《上海高等实业学堂添设轮电专科》（光绪三十一年二月，1905年3月）。《交通大学校史资料选编》第1卷，第74页。

然而,此番筹备却为电机专科的正式建成作了制度保证。

1907 年 3 月学校改归邮传部后,成立电机专科的规划得以实现。9 月开学时,高等预科毕业生、铁路工程班学生“均请以(邮传)部筹出洋经费拨设专科”。学校转呈邮传部,邮传部即札饬学校:“拟设电机专科及邮政专班尚有条理,事属可行。铁路一门,殊嫌苟简;轮帆之学,仍需出洋,皆以从长规划,以期完备。”[①]指令学校先行设立电机专科及邮政班。至于如何办理,札文称等新任监督唐文治赴任后通盘筹算。

10 月,唐文治到任后,对学校师资、专业、课程设置等作了认真考察,决定停办商务专科,先行开办铁路专科,然后逐次筹建电机等工程专科。他对电机工程与人才培养也比较重视,早在 1904 年 2 月,他在农工商部任上即奏陈《订立商勋折》,提议对于“能出新法造出电机及电机器者”,应予以“一等商勋”奖励。[②] 铁路专科设立后,他随即筹设电机专科,制订学科程度,规划建筑电机试验室,于 1908 年 5 月将筹组计划上呈邮传部:

> 为咨呈事,案照本学堂本年添聘教员,讲授铁道专科,业经咨明本部察核在案。并拟增设电机、邮政两专科,其学科程度已详载新定章程册内。兹查本年夏季预科班生毕业者应有四十三名,照章应入专科肄习。现择学堂两偏屋舍改为电机实验场,开办费用及购买机件仪器等项约共需银七千六百余两。其邮政科讲堂即附设上院,较为简易,正在遴选教员,预备讲授。所有本年毕业预科各生,愿入何科,均令自行认习,以期适当。大致志在实学,程度较高者,则入电机科;其家境清苦,求速致用者,则入邮政科。唯邮政一班,以课程简单,原定一年毕业,学成之后,正可用其所长,供邮局之选派。[③]

呈文对开设电机专科的学科程度、生源、经费、试验实施均作了详细规定。呈文获得邮传部批准。9 月,电机专科开班上课,先设一头班,学制 3 年,学生基本来自当年夏季高等预科毕业生,聘请英国人麦斗门(Mathewman)、李复几两人担任专业教员。计划将上院北部旧屋,改作三楹,暂充试验场所,“购机器二千金,略事试验,教员李复几实董其事。”[④]自此,筹备 3 年多的电机专科正式成立。唐文治在自订年谱中说:“中国学校之有电机,自此始。”电机专科与前一年铁路专科的设立,使学校从培养商务人才转而以培养工程技术人才为主,交大

---

① 《邮传部札饬筹设专科各办法候唐侍郎到堂后酌核施行》(光绪三十三年九月,1907 年 10 月)。《交通大学校史资料选编》第 1 卷,第 115 页。

② 唐文治:《订立商勋折》(光绪三十年,1904)。转引自霍有光、顾利民编著:《南洋公学—交通大学年谱》,陕西人民出版社 2002 年版,第 22 页。

③ 唐文治:《咨呈增设电机、邮政两专科办法》(光绪三十四年四月,1908 年 5 月)。《交通大学校史资料选编》第 1 卷,第 117 页。

④ 唐文治:《国立交通大学工程馆记》(1933 年 7 月)。《交通大学校史资料选编》第 2 卷,第 10 页。

工程教育由此发端。监督唐文治也称："本年又设电机一班，由是高等专科名实始克相副。"[①]

美籍电机专科教授、科长谢尔顿(S.R. Sheldon，1910—1927 年在任)

电机专科开设后，唐文治于 1908 年 12 月向邮传部呈准设立各省官费生，广开电机、铁路专科生源；聘任美国人海腾来校担任电机科主任兼教员；又以"电学一科仅恃课堂讲授而无机厂以资试验"，于 1909 年 1 月致函邮传部请拨费用，用以建立电机试验室(电机厂)。1910 年 2 月，电机试验室正式开工，8 月雏形初具，安装的电机能用来发电，能够为电机专科学生提供基本实验。1910 年秋，学校延请美国威斯康星大学电机科教授谢尔顿(S. R. Sheldon)为电机专科科长兼教员，主持修订该科课程设置与教学计划，以期完善。1911 年夏，电机专科第一届孙世赞等 10 名学生毕业，经谢尔顿推荐，大部分毕业生远赴美国电厂实习。此后，电机科毕业生荐入美国各大电厂实习遂成为惯例。

进入民国后，电机专科在形式与内容上均有所变化。1912 年 12 月，学校依照教育部当年 11 月 13 日公布《工业专门学校规程》第五条分为 13 科规定，将电机专科改称"电气机械科"，简称电机科。教育部在给交通部转咨本校更改校名和专科的函中称："查该校电科课程既与工业专门学校规程之电气机械一科大致相同，自可准其照改。"[②]更名后，谢尔顿继续担任科长，学制仍为三年；同时附设一年制预科，专科生由预科升入；课程设置与教学计划也随之作了较大调整。改为电气机械科，不仅尝试将电气工程与机械制造相结合，而且也成为学校创办机械专业的源头。1913 年 7 月，学校决定扩建电机试验厂，唐文治校长筹款数千元，谢尔顿科长主持此事。以后逐年增购蒸汽机、煤油机、发电机等设备，规模略具。1917 年电机科在全国院校首先开设无线电课程，此

---

① 唐文治：《条陈本学堂办法》(光绪三十四年，1908)。《交通大学校史资料选编》第 1 卷，第 118 页。

②《交通部照录教育部来文函达本校更改校名和专科名称》(1913)。《交通大学校史资料选编》第 1 卷，第 124 页。

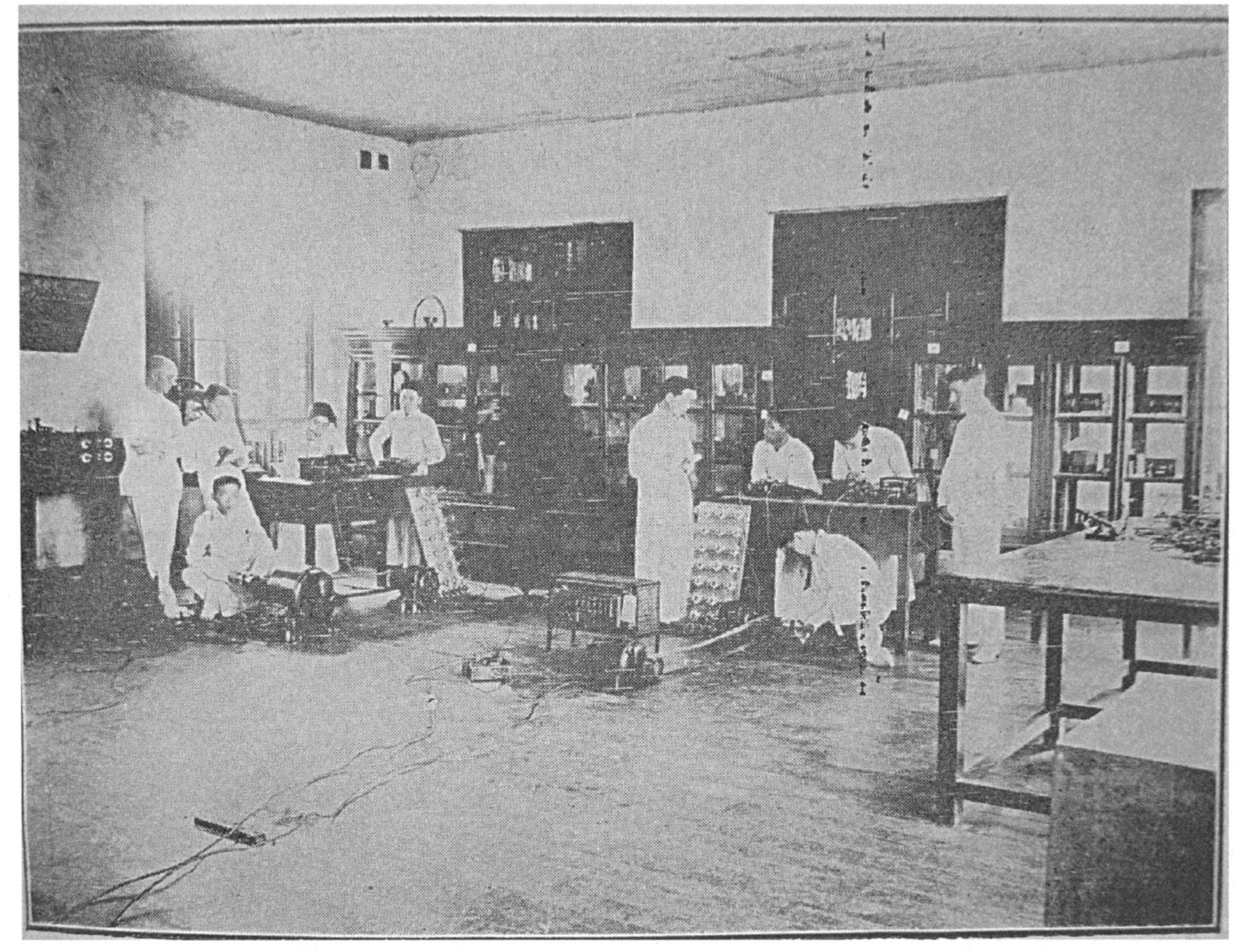

电机试验室

后建成一座二层西式楼房的无线电实验室，供无线电课程实验之用。1918 年秋，电气机械科与其他专科一样，改三年学制为四年制，同时相应调整课程设置，实际将电机专科升为本科教育层次。

由上可知，在电机专科设立和早期发展过程中，无论是筹建过程的规划，还是经费、学生来源，都渗透着唐文治校长的心血，体现了他的远见卓识。对此，后人均有评价。1930 年代的交大校长黎照寰曾称："溯自电机工程，本校创办较早，当唐文治先生长校时，一手首创。"① 李熙谋也曾撰文，称交大电机工程系的设立与人才辈出"归功于唐先生创立时之苦心"。② 可以说，唐文治是交大电机工程教育的实际开创者，也是我国电机工程教育的奠基者。设立于 1908 年的电机专科，是我国电气工程高等教育的滥觞，使交大成为我国培养电信工程人才的重要基地。对此，校内外文献均有记载。早在 1935 年 4 月中国电机工程师学会首届年会

① 《中国电机工程师学会日前假本校工程馆开首届年会》。交通大学编：《交大三日刊》1935 年 4 月 8 日。

② 李熙谋：《唐前校长蔚芝与电机工程系》。中国电机工程师学会交大分会编：《交大电机》（创刊号），1947 年 4 月 8 日。

上,会长李熙谋在致辞中称:“就历史上讲,中国有电机工程(教育),以交大为最早。”①1948年交大《电机工程系概况》载曰:“国内各大学中,交通大学创设电机系最早,初创之时在前清光绪三十四年(1908)。”②王开节等编《铁路·电信七十五周年纪念刊》载:“光绪三十四年(交通大学)设电讯专科,此为吾国有电机工程科之始,大量电信工程人才,均赖此学府之育成。”③

二、课程设置与教学安排

电机科筹建与发展过程中,与铁路专科一样,比较重视课程编排和设置。早在1908年春夏电机专科筹备期间,便已编订课程与教学计划,且“其学科程度已详载于新定章程册内”,④也即载入当年5月由唐文治主持制定的《邮传部上海高等实业学堂章程》。该章程“学科程度章”中详载电机专科分年分学期的学科、程度及每周授课钟点数,现列如表2-6。

表2-6 邮传部上海高等实业学堂电机专科学科表(1908)

学科、程度 \ 每周钟点 \ 学年		第一年		第二年		第三年		合计
		第一学期	第二学期	第一学期	第二学期	第一学期	第二学期	
算学	经纬几何	6	6					27
	微积分			6				
	积分学				6			
	微方学					3		
物理	实验	4						13
	物理机械量法		4					
	材料力学			5				
化学	定质分析	3						12
	工艺化学		2					
	电气化学		3					
	燃料原理			4				
图画	机器高等图画	4	4					

① 《中国电机工程师学会日前假本校工程馆开首届年会》。《交大三日刊》1935年4月8日。

② 《交通大学民三七级纪念刊》(1948)。

③ 王开节、修域、钱其琮编:《铁路·电信七十五周年纪念刊》。沈云龙主编:《近代中国史料丛刊续编》第93辑,第99页。

④ 唐文治:《咨呈增设电机、邮政两专科办法》(光绪三十四年四月,1908年5月)。《交通大学校史资料选编》第1卷,第117页。

(续表)

每周钟点 学年 学科、程度		第一年		第二年		第三年		合计
		第一学期	第二学期	第一学期	第二学期	第一学期	第二学期	
	图形几何			4	4			26
	电机图画					5	5	
地质学	地质学实验	5	5					10
热力学	讲义、实验	3						3
法文	古文释义	3	3					18
	作文			2				
	尺牍			1	1			
	明学				2			
	天文浅理					3	3	
电学	电气理论	4					6	41
	储蓄电池	2						
	电流理论		4	3				
	电气量法		3					
	电线学				2			
	互换电流				3	3		
	电气灯					3		
	电车铁路						5	
	电话学						3	
电机	电机理论兼实验			7				28
	电机实验				5			
	电机理论				4			
	互换电流机械实验					6	6	
机器学	重学				5	5		13
	磁电机试验						3	
汽机学	讲义					5		10
	讲义、实验						5	
法律	工程法律						3	3
12门		34	34	32	32	33	39	204

资料来源:《邮传部上海高等实业学堂章程》(1908年5月)。

1918 年 1 月电机专科学期考试成绩表

这份课程设置计划，主要是以欧美籍为主的电机科教员，参考欧美大学电机工程教育的教学计划，同时遵照学校“各学科目均遵照奏定章程，按年均配，务期赅洽”的原则，参照癸卯学制中关于“电气工学门科目”“电器科”设置课程原则等相关规定拟订。1912 年唐文治校长给交通部的一份呈文中称：“电机科课程由前该科主任、洋教员海腾编订，复经现任本校科长、美国威斯康辛大学电机科科长谢尔顿修改尽善。”[①]

与铁路专科一样，表中所谓“学科”，是一个宽泛的课程门类概念，要大于课程的内涵。比如专业课程电学一科，就包含电气理论、储蓄电池、电流理论、电话学等 10 项内容，可以看作 10 门课程。“程度”应大致理解为课程。照此解释，电机专科共列 39 门课程，三学年每周授课时数计 204 小时，平均每学期每周 34 小时。1911 年改订《邮传部上海高等实业学堂章程》“学科程度章 · 电机专科”，便直接将上述“程度”列为课程，且各学年学期与上表完全一致，说明这

① 唐文治：《致交通部函》(1912 年 12 月)。《上海交通大学纪事(1896—2005)》(上卷)，第 75 页。

份课程计划与铁路专科一样沿用至1911年底。

在实际教学过程中,电机专科的课程计划并未能遵照施教。据《宣统三年(1911)七月学期试验成绩册》所载电机科三个年级第二学期各门课程,与上表差别较大,以理论上最能执行教学计划的一年级为例,该成绩册列有"国文、英文、经纬几何、图形几何、正电流、电话、蒸汽机、法文、机器画"9门课程,显然与表中第一学年第二学期课程有别。这种差别反映了电机工程教育初创时期课程设置的不稳定性,也体现了教职员不断总结调整教学经验,以求得最佳的教学方案。他们为完善教学内容,提高人才培养质量所做的积极探索,为电机工程教育的发展积累了有益的实践经验。

民国初年,电机专科更名电气机械科,同时相应调整了课程设置与教学计划。调整后的课程共有22门:数学、物理、外国语、应用力学、水力学、应用化学大意、机械制造法、机械学、发动机关、电气及磁气学、电报及电话学、发电机电动机及变压器、工业经济、工厂管理法、工厂建筑法、工业簿记、计划及制图、电气及磁气实习、实习、热力学、测量学、储蓄电池。三学年各门课程每周钟点数合计181。该课程设置除了热力学、测量学、储蓄电池三门课程外,其余均与教育部1912年颁行《工业专门学校规程》所定"电气机械科之科目"完全一致。尽管这份课程计划明文载入1913年《交通部上海工业专门学校章程》,然而也如同清末时期电机专科一样,没有照章施行,表明学校在一般执行教育部规章时,并没有为主管部门定章所限,而是保留了学校一定的自主性。

1914年英文本《交通部上海工业专门学校概览》刊载电气机械科课程设置,可以看作是本校实际执行的课程计划。该课程设置及计划在教学实践中不断加以修订,特别是1918年由三年学制升格为四年学制后,除将专门预科课程调整为土木、电机专科一年级共同课程外,其他各年级课程也作了相应调整。表2-7是1919年刊行的电气机械科四年课程表。

表2-7 交通部上海工业专门学校电气机械科课程表(1919)

学年 科目	第一学年		第二学年		第三学年		第四学年		合计
	上	下	上	下	上	下	上	下	
解析几何	4	4							8
普通化学	4	4							8
普通化学实验	4	4							8
国文	3	3	1	1	1	1	1	1	12

（续表）

科目＼学年	第一学年		第二学年		第三学年		第四学年		合计
	上	下	上	下	上	下	上	下	
道德	1	1							2
英国文学	2	2	3	3					10
英语写作	3	3							6
木工厂实习	3								3
金工厂实习		3							3
初级绘画和练字	4								4
画法几何		4							4
卫生学	2								2
学习方法		2							2
体育	（3）	（3）	（3）	（3）	（3）	（3）	（3）	（3）	（24）
微积分			5	5					10
大学物理			4	4					8
大学物理实验			6	6					12
定性化学			5						5
定量化学				3					3
机械原理			3						3
工程制图			3	3	3	3			12
蒸汽机和锅炉			3	3					6
机械厂实习				3					3
静力学					4				4
机械绘图						4			4
材料力学					2	3			5
建筑材料					3				3
材料测试实验					3				3
直流电					4	4			8
直流电实验					4	4			8
交流电路						3			3
热力学					3				3
内燃机						3			3

(续表)

科目＼学年	第一学年		第二学年		第三学年		第四学年		合计
	上	下	上	下	上	下	上	下	
水力学和水压机					3				3
平面测量						4			4
交流电机							4	4	8
交流电实验							6	6	12
电机设计							4	4	8
电气铁路							2	3	5
电话电报							2	2	4
照明和测光							3		3
电力传输								3	3
发电厂							3		3
蓄电池								1	1
无线电报							4	4	8
机械试验							3		3
管理工程(理论)								4	4
科目＼每周钟点	30	30	33	31	30	29	32	32	247

资料来源:1919 年英文本《交通部上海工业专门学校概览》(*The Government Institute of Technology Catalogue*)第 38 - 39 页。体育课学时未计入统计数中。

不难看出,与清末电机专科创设初期相比,民国初年电气机械科在课程设置上有如下变化:①课程门类清晰,设置明确。原来只划定如算学、电学、电机等学科大类,课程归入学科程度,课程门类不甚明晰。改设电气机械科后,不设学科大类,将课程定为 47 门。②国文课钟点数明显减少。尽管电气机械科每学期均设国文课,但是除第一学年每周 3 个钟点,其余学期每周仅为 1 个钟点数,比原先每学期每周 3 个钟点数大为减少。③增加机械、土木、管理等交叉学科的课程,尤以机械学课程增加最多,有机械绘图、机械原理、力学、水力学等,又增加建筑材料、管理工程等土木、管理学课程,这一课程的改变,意在培养一专多能的工程技术专才。

需要说明的是,和其他专科一样,电气机械科课程设置始终处于增加或调整中。据 1918 年第八届电气机械科学生毕业分数表所示,学生三学年共攻读课程 37 门,比较 1914 年课程设置增加无线电、水电工程、电光学、金工、材料力学等,电灯一课删减。课程的调整与增减，一方面是专业教员在施教过程中积累起来的教学经验，对课程进行重新筛选的结果；一方面为适应最新电机、电讯技术发展和电气工程教育进步而不断更新课程内容，将国际上最新技术及时引入课堂。比如，1917 年增设的无线电课程，便是国外工科大学新近开设的课程，也是我国高校首次开设的课程。

三、师生概况

电机科开办时，聘请麦斗门、李复几任专职教员，负责所有专业课程的编订与教学。麦斗门是英国人，毕业于利物浦大学，获工科学士学位；另一位李复几（1881—1947），1901 年毕业于南洋公学中院，被遣往欧洲习机械、物理，1907 年获德国波恩大学物理学博士学位，是中国第一位物理学博士。他是交大早期历史上自行培养出的从事工程教育的教师，也是国内最早参与工科教学的中国教员之一。

1909 年 8 月，即电机科开办一年，学校增聘美国电学专家海腾（英文名不详）为主任教员（相当于科长兼教员），聘期一年。由此，电机科教员增至 3 名。到 1910 年 7 月，海腾合同期满回国，李复几调任汉冶萍公司汉阳铁厂任机器股股长，教员只剩麦斗门一人，另觅师资势在必行。好在海腾回国前，推荐美国威斯康辛大学电机科长谢尔顿（S. R. Sheldon）来校代其职。学校考察其学行后，订立合同，聘其为电机科科长兼教员。到辛亥革命前，电机科专业教员有 4 名，其中外国教员 2 名：麦斗门和谢尔顿。麦斗门于 1912 年 2 月离校，前后任职三年半；谢尔顿则担任电机科科长兼教员，一直到 1927 年 7 月，先后 17 年，是老交大任职时间最长的外国教员。本国籍教员 2 名：朱葆芬和胡寿颐。朱葆芬早年毕业于上海育材学堂，1903 年自费留美，回国后来校任电机专科教员；胡寿颐是 1911 年首届电机专科毕业生，毕业后即留校任电机试验室管理员，直至 1914 年赴美留学。

民国初年改称电气机械科后，聘请美国人桑福（H. B. Sanford）接替离校的麦斗门。随着本校及国内其他学校的留学生陆续学成归国，学校先后吸收其中的理工科学生来校担任专业教员。先后聘任来校的留学生有姚履亨、李松泉、张廷金、顾惟精，他们均留学欧美各国著名大学，获得电机专业学士、硕士学位，学识广博，年富力强，能够胜任电机专业的教学。留学生的陆续来校，改变了学校专业课程的师资结构，逐渐使清末时期专业课程依赖外国教员的现象得到改变。至 1920 年，学校电气机械科专业教员共有 7 名：谢尔顿、李松泉、张廷金、陈石英、顾惟精、胡端行、汤姆生（G. Thompson，1920 年初来校），其中外国教员 2 名，本国籍 5 名，本国教员中，张廷金、胡端行、顾惟精为本校毕（肄）业生。自 1908 年电机专科成立，到 1920 年交通大学合组之前，前后担任电机专业教员的共有 12 名，具体任职情况见表 2 - 8。

表 2-8 电机专科、电气机械科专业教员一览表(1908—1920)

姓名	英文姓名/字号	国籍/籍贯	简 历	任 期	备注
麦斗门	Mathewman	英国	利物浦大学工学学士	1908. 9—1912. 2	
李复几	泽民	江苏吴县	南洋公学 1901 届中院生、伦敦大学工学学士、波恩大学物理学博士	1908. 9—1910. 8	
海 腾		美国	不详	1909. 9—1910. 8	兼电机科长
谢尔顿	S. R. Sheldon	美国	美国威斯康辛大学电机科长	1910. 8—1927. 8	兼电机科长
朱葆芬	紫湘	江苏上海	美国康奈尔大学电机学士	约 1911—1916	
胡寿颐	椿年	浙江定海	哥伦比亚大学硕士	约 1911. 7—1914. 7	
桑 福	H. B. Sanford	美国	不详	1912. 9—1914. 7	
姚履亨	益乡	江苏吴县	伦敦工业学校电机学士	约 1912	
李松泉	雨卿	江苏上海	美国哈佛大学电机科硕士	1914. 3—1921. 7	
张廷金	贡九	江苏无锡	本校 1909 届中院生、首届留美庚款生、美国哈佛大学电机硕士	1915. 9—1945	
陈石英		江苏上海	麻省理工学院造船学士	1916. 9—	兼物理教员
顾惟精	心一	江苏无锡	本校电机科肄业生、美国伊利诺大学学士,麻省理工、哈佛大学硕士	1917. 8—1920. 7	
胡端行	粹士	江苏太仓	本校电机科毕业生、美国俄亥俄大学电机硕士	1919—	
汤姆生	G. Thompson	美国	纽约柯柏联合大学,纽约电气试验所工程师	1920. 1—1927. 1	

资料来源:杨耀文《本校四十年来之重要变迁》“电机工程学院”,载《交通大学四十周纪念》(1936);《交通大学校友录》(1936)“离职教员录”;《交通部上海工业专门学校二十周纪念刊》(1917);交通部上海工业专门学校毕业班发行:《民国十年级纪念册》(1921)等。

学校对教员实行严格规范的管理,同时授予高薪,加上校方延聘教员时注重真才实学,使电机科专业教员素质较高,授课专心,足以胜任。校长唐文治对此颇为满意,尤其对美籍教员海腾、谢尔顿赞誉有加。他称:“该两员均系美国电学专家,教授极有经验,为大部所嘉许。”[①]在唐文治的推荐下,谢尔顿、顾惟精、张廷金等电机专业教员还被北洋政府先后授予五等、四等嘉禾奖章,以奖励他们对交大电机工程教育的贡献。在呈请授予张廷金由五等晋升

① 唐文治:《致交通部函》(1912 年 11 月)。西交档:1837。

四等嘉禾章的函文中，唐文治称："电机科教员张廷金历年教学，学子翕服，建设无线电台尤能殚心规划，劳绩卓著。"[①]

与铁路专科相同，电机专科学制三年，每级设一班。1908年招收第一班学生33名，以后每年招收新生，至1910年开齐三个年级。每班学生名额，据1908年《邮传部上海高等实业学堂章程》"高等专门科连同附属中学全额五百四十名，分为九班，每班六十名"计划，应为60名。实际因生源不足，每年都未能如额招满，1909年招收一年级新生21名，1910年、1911年分别招收新生18名、21名。和铁路专科班一样，至民国初年，学校取消了对于具体招生数额的规定。

电机专科主要生源来自校内附属中学和专门预科毕业生，另有各省官费生、插班生作为补充。在本校直升生、各省官费生、插班生三类生源中，以本校直升学生为多。如在1908年招收的首届电机专科33名新生中，29名是校内附属中学毕业生，校外考入者仅4名；1911年招收新生21名，附中升入者18名，外校考入者仅3名；1918年招收新生27名，本校直升者21名。从1908年到1920年，电机专科及电气机械科历年招生人数及在学人数见表2-9。

表2-9　电机专科、电气机械科在学人数一览表(1908—1920)

年度	1908	1909	1910	1911	1912	1913	1914	1915	1916	1917	1918	1919	1920
招生人数	33	21	18	21	9	11	10	7	13	17	27	49	40
在学人数	33	54	47	51	53	36	28	27	24	71	91	107	102

资料来源：1908—1911年在学人数依据《交通大学校友录》(1936)统计而成；1912—1920年在学人数参见赵祖康编：《南洋大学概况》(1926)"民国以来全校在学人数一览表"。上列各数系秋季开学时人数。

据上可知，清末电机专科的生源相对来说比较好，每级招收数基本超过20名；民国初年电气机械科生源极少，一般每年只能招到10名新生。从1918年开始新生入学人数逐年上升，1918年为27名，1919年新招49名，1920年新招40名，电气机械科在学总人数至1920年达到102人。与铁路专科、土木科相比，尽管新生来源途径基本一致，但是电机专科、电气机械科历年新生入学数基本要少于前者，究其原因，一则电机专业较之土木专业学习难度大，一般学生心存疑虑，1915届土木专科毕业生凌鸿勋于附中补习期满选择专科专业时，就认为电机学问过于深奥，航海疑其艰险，于是选择入读铁路专科。[②] 一则就当时毕业出路来说，铁路事业发展要优于电力、电讯，土木建筑人才的需求大于电机电讯人才。

---

① 《上海交通大学纪事(1896—2005)》(上卷)，第111页。

② 《铁路专家凌鸿勋自述》。中华职业教育社编辑：《教育与职业》1934年第5期。

1916 年夏土木、电机专科毕业生与教职员合影

1911 年电机专科首届学生毕业，以后每年毕业一届学生，到 1920 年共计十届 94 名学生毕业。1908 年至 1917 年共招电机专业新生 170 名，除去少量中途插班生不计，毕业率约为 55.3%。具体毕业生情况及名单如表 2-10。

表 2-10　历年电机专科、电气机械科毕业生人员表(1911—1920)

毕业年份	届别	名　称	毕业人数	毕业生名单
1911	一	电机专科	10	孙世缵　孙宝鉴　邓福培　华荫薇　钟　锷　胡寿颐　郎国桢　汪仁瑞　朱福颐　孙世芬
1912	二	电机专科	16	顾光宾　李大椿　陈大启　陈怀书　杨贻诚　华应宣　王元懋　程鹏展　朱宝绶　冯其昌　徐恩第　王正邦　方于桷　郭守中　方善源　胡明堂
1913	三	电气机械科	8	朱彭寿　胡端行　黄锡蕃　王万善　黄照青　庄正权　沈宗汉　史家祥
1914	四	电气机械科	10	郑维藩　乔敬伯　沈文瀛　张行恒　陆家驹　许典彝　周志廉　沈　超　陈　亮　孙复培
1915	五	电气机械科	7	汪夔龙　戴兆鋆　朱如玉　陆法曾　郑神坤　张荫熙　薛代章
1916	六	电气机械科	8	裘维裕　黄笃修　胡锦荣　陆学礼　潘先正　刘其淑　裘济亮　徐继文
1917	七	电气机械科	4	杨耀德　周　琦　朱　端　沈良骅

（续表）

毕业年份	届别	名　称	毕业人数	毕业生名单
1918	八	电气机械科	3	陈长源　叶家垣　陈　东
1919	九	电气机械科	11	陈辅屏　倪　俊　殷懋德　范寿康　周念典　黄修青　郑葆成　余谦六　王延俊　冯　简　王能杰
1920	十	电气机械科	17	庄智焕　王镜民　支秉渊　金　奎　龙纯如　张敬忠　张其学　赵以廑　于润生　吴长城　梁锡瑗　吕谟承　魏　如　聂传儒　顾曾锡　柳绍韩　宋福驷

资料来源：《南洋大学卅周纪念校友录》(1926)"历年专科/大学毕业学生姓名录"；《土木科、电机科毕业生成绩册》(1913—1917)，上交档：1s7-018；《土木科、电机科毕业生成绩册》(1918—1921)，上交档：1s7-019。

依照清末时期学校章程规定，专科毕业生或咨送邮传部、学部考试合格后奖以功名；或公费派赴欧美各国大学深造。1911年9月，经过电机科科长谢尔顿联系，首届电机专科毕业生孙世缵、孙宝鉴、邓福培、华荫薇、钟锷、郎国桢、朱福颐、孙世芬等8名入美国各电厂实习，①邮传部发给津贴，并由实习厂方给予月薪，所得薪水足够食宿日用。本校学生赴外国工厂实习自此始。此后至1920年代初，电机专业毕业生大多派往美国各大电厂、电讯公司实习，不少实习学生后来转入美国各大学深造，并获得学历。实习期满或学成归国后，他们大多数进入电讯、电报电话、电厂、铁路、院校等单位，能够发挥所学，贡献所长，成为我国早期电机工业、电气工程教育发展与进步的佼佼者。也有少数毕业生被邮传部、交通部派往交通实业部门工作，或到高等学校担任教员，同样为我国电机工业与教育做出了贡献。兹将首届电机专业毕业生任职情况列为表2-11。

表2-11　1911年第一届电机科毕业生任职情况表

姓名	国外实习、留学经历	任职情况
孙世缵	威斯康辛大学电机学士	曾任厦门电灯公司电机工程师
孙宝鉴	威斯康辛大学电机学士	1926年任交通部副科长、北京电话局工程师，1930年任天津电话局工程师
邓福培	美国Western公司实习、俄亥俄州立大学理科硕士	1926年任上海开洛公司经理，1930江苏省电气管理处处长，1933年江苏省电业管理处长，曾在中国电气公司、浙江建设厅任事
华荫薇	美国通用公司实习	1926年上海南市电话局总工程师，1930交通部上海电话局总工程师，1933年任上海银行襄理

① 《本校大事记(1896—1936)》。载《交通大学四十周纪念刊》(1936)。另据《交通大学历年留学生名单》(1932)所载，1911年派往美国实习除上述8人，尚有电机科毕业生胡寿颐，计9人。本文采用前者。

(续表)

姓名	国外实习、留学经历	任 职 情 况
钟 锷	美国电厂实习、威斯康辛大学电机学士	1921 至 1922 年任交大京校副主任,曾任北大工科教授,交通部技正、科长、局长等职,1940 年代任复兴商业公司监察人,1944 年任中央信托局局长,建国后曾任交通银行香港分行经理
胡寿颐	哥伦比亚大学硕士	曾任北京电话局工程师、交通部电政司电话主任、北平电话西局主任
郎国桢	威斯康辛大学电机学士	曾任天津电话局工程师,中国电气公司协理,美国电气公司中国分公司总经理
汪仁瑞		教员
朱福颐	美国电厂实习	曾任上海电话局工程师
孙世芬	美国电厂实习	曾任福州电气公司总务部长兼工程师

资料来源:①《南洋大学三十周纪念校友录》(1926);②《南洋同学录》(1933);③《留美南洋同学录》(1930);④《交通大学毕业校友调查录》(1932)。

据表可知,除汪仁瑞离校后在教育界任事外,其余 9 人主要在电话局、电气公司、电灯厂等电机工程界,担任工程师、总工程师或管理职务,大多数所任技术或管理职务较高,如邓福培任江苏省电业管理处长,华荫薇任交通部上海电话局总工程师,钟锷任交通部技正、科长、局长等职,胡寿颐任交通部电政司电话主任,郎国桢任美国电气公司中国分公司总经理,为我国电机工程实业发展做出了贡献,成为交大这座“电机工程师摇篮”中的起点人物。此后,历届毕业生在我国电机、电讯实业和电气工程教育界卓有成就者不乏其人。如 1917 届毕业生周琦(1894—1985),江苏宜兴人,毕业后在美国威斯汀好司电厂实习及从事设计工作,又在纽约爱迪生电灯电力厂从事设计工作,任益中机器公司工程师,归国后从事电器工业,是我国自行设计制造变压器的第一人。1919 届冯简,入康奈尔大学专攻无线电通信工程,获硕士学位,先后到美国奇异电气公司及德国柏林大学深造,又在德国 AEG 电气公司工作。回国后在几所大学任教,历任中央广播事业管理处总工程师、交通部电波研究所所长等职,是我国到达北极探索电离层的第一人。1920 届支秉渊(1897—1971),浙江嵊县(今嵊州)人,是我国著名机械电器工程专家、最早的内燃机制造者,也是我国汽车工业的先驱者之一。同届于润生,是我国广播、电讯事业的开拓者之一。另有裘维裕、胡端行、陈怀书等,在交大及其他学校长期从事工程教育工作,为我国高等教育事业做出了很大成就。

1917届电机专科毕业生、我国首台电机自行设计者周琦

1919年电机专科毕业生、中国到达北极第一人冯简

1920年电机专科毕业生、中国汽车之父支秉渊

1918年电机专科肄业生、近代著名新闻出版家、民主斗士邹韬奋

交通大学电机工程教育的诞生，是老交大由培养政治人才转而以工程教育为主旨的标志之一。电机专科的教学实践为我国电机工程教育发展积累了有益的经验，其理论基础与实践能力并重的优良教学经验、融近代科学教育与传统文化教育于一体的人才培养模式，成为老交大教育教学传统的重要源头。特别是在当时引领全国之先的交大电机工程教育，为中国电机和电讯工业的早期发展输送了宝贵的人才，在推动我国工业近代化过程中体现了教育的特殊价值和巨大力量。

第三节 航海专科

一、学制与课程设置

航海专科创建于1909年8月，是学校为邮传部代办商船学堂以保留多科性工科发展的预备性措施，也是我国高等航海教育的发端。1911年7月，航海专科与添招新生迁入新建校外校舍，成立邮传部高等商船学堂，造就航海驾驶专才，唐文治兼任监督。1912年3月，唐文治辞去兼职，交通部派萨镇冰为校长，9月该校迁往靠近江海的吴淞，更名吴淞商船学校，正式脱离本校。航海专科及以该科为主体的高等商船学堂附于本校凡三年，其开设筹备、成立经过及发展梗概，前有详述(参见第一章第二节中"代办商船学堂")，本节就航海专科内部建制，如学制、课程、师生等作些介绍。

航海专科创设时，初定学制为5年半，3年课堂教学，2年半派赴轮船上实习；1910年6月改订为4年，将校外实习减为1年；1911年7月商船学堂成立后，学制仍为4年，但将课堂教学改为2年半，实习1年半。短短数年间，航海专科学制数度更易，与相对稳定的其他专科学制显然不同，这既与国家层面的学制调整有关，也是航海专科首创阶段需逐步摸索经验的反映。

依照清政府1904年1月癸卯学制《奏定高等农工商实业学堂章程》"高等商船学堂"规定的修业年限与课程设置，高等商船学堂航海科五年半毕业，应开设人伦道德、商船运用术等25门课程。1909年航海专科筹建时，唐文治会同教务长胡栋朝按照学制要求编订学制与课程，但在课程数目与实习时间的具体分配上，与学制规定有较大差异。为此，唐文治在向邮传部转咨学部核准新设航海专科立案文中进行了解释：

> 预本年七月间增设航海一科，当经本监督会同教务长，按照《奏定章程》"高等商船学堂"本科应授课程，酌定每星期授课钟点，分年支配。表列所授科目凡三十门，较之学部规定之二十五门有增无减。惟毕业年限奏章以五年半为限，殆兼航海实习言之，若论学堂授课时期，所有应习各科，已无稍欠缺。其在堂课程完毕后，如何派赴各船实习之处，应请本部核夺，转饬招商局遵照办理。[①]

---

① 《学部咨本部上海实业学堂新设航海专科核准立案文》(宣统二年二月初九日，1910年3月19日)。沈云龙主编:《近代中国史料丛刊三编》第27辑，《交通官报》第10期，第6页。

唐文治等人指出，原有航海实习的规定模糊不清，应请邮传部、招商局会商办法，提出将修业年限5年半分为两大时段，3年在堂听课，2年半赴轮船上实习；在政府规定25门的基础上新增5门，使课程达到30门。可见，唐文治在筹设航海专科过程中，并没有安于定章，而是发挥办学自主性，对当时航海专科的学制与课程进行了探索。

清政府学部在接获呈文后，很快咨复邮传部，明确该航海专科属于高等教育性质，肯定了创设该科的重要意义："现在交通发达，需用航海人才至为殷切，该学堂特设此科，颇得当务之急。"咨文就该科毕业年限、学习时间、课程编排进行了确认与修正。在毕业年限上，学部重申鉴于该科须重视实习的特点，须5年半毕业："查航海为商船学堂之一科，奏定学堂章程分高、中、初三等，高等5年半毕业，中等3年毕业，初等2年毕业。高等学术较为深邃，既须教授科学以究其理由，并当实地练习以深其经验。故肄业年限不惟久于中、初两等，较之各项高等学堂，亦经特别加长。"至于学习时间安排上，同意本校3年理论课程、2年半实习的提议，强调随船实习对于该科的重要性："航海一科以实习为重，所有实习事项，如海流、风沙、礁、潮汐之属，必须登船实测乃为有凭，非课堂空讲授所能周贯。"①

1910年6月3日，学部针对高等农业、商船学堂等部分实业学堂年限过长，导致举办维艰的现状，结合本校航海专科讲课、实习年限的实践经验，将航海专科的学制进行修正，3年课程讲授不变，大规模压缩实习年限，由2年半改为1年。在《奏厘订实业学堂毕业年限分别办理折》中指出，"高等商船学堂航海一科，前经邮传部咨准上海高等实业学堂监督、前任农工商侍郎臣唐文治咨称'航海一科历时三年业已万足'等语。此项专科既须深求学堂，并当注重实习，而航海实习须派赴船舶实习练习"，②于是将学制定为前后两个时段，前3年讲授讲堂功课，后1年派赴船舶实习，即将学制缩为4年毕业，学校航海专科遂沿用4年学制。1911年《邮传部上海高等实业学堂章程》"设学总义章"规定，学校设铁路、电机、航海、邮政四科，"航海科四年毕业"，而其余各专科则3年毕业。航海科3年学习、1年实习的学制，被后来的吴淞商船专科学校所沿用。

1911年6月，高等商船学堂在上海《申报》等报刊发布招考简章，简章"毕业"一节称"预科二年，中学三年；高等在校二年半，在招商局或外商轮船实习一年半。"③毕业年限仍为

---

① 《学部咨本部上海实业学堂新设航海专科核准立案文》(宣统二年二月初九日，1910年3月19日)。沈云龙主编：《近代中国史料丛刊三编》第27辑，《交通官报》第10期，第6页。

② 《学部奏厘订实业学堂毕业年限分别办理折》(宣统二年四月二十六日，1910年6月3日)。《大清教育新法令·续编》第7章，第1页。

③ 《邮传部上海高等实业学堂分设高等商船学堂招考简章》。《申报》1911年6月29日。

4 年,但在校缩至 2 年半,实习增至 1 年半。这是从 1909 年开始航海专科学制第三次变更,可谓一年一变。说明我国高等航海教育创办时,一方面学制与课程设置处于难以避免的不稳定阶段,一方面注重理论与实践、教学与实习相结合,将实习课程放在相当重要的位置。

唐文治等人主持编订的航海专科初设课程 30 门,邮传部、学部对此并无异议,咨准立案。在 1911 年初制订并呈报邮传部的《邮传部上海高等实业学堂章程》中,详细开列了航海专科的课程设置与教学计划。具体如表 2-12 所示。

表 2-12 邮传部上海高等实业学堂航海专科学科表(1911)

科目 \ 学年	第一学年	第二学年	第三学年	第四学年
人伦道德	2	2	2	赴招商局、轮局实习
中国文学	2	2	2	
外国语	3	3	3	
算学	3	3	3	
化学	2			
物理	2			
平面测量	2			
航海天文学	3	3	3	
航海术	3	3		
重学	3			
海事法规	3			
商业地理	3			
救急医术	2			
海上气象学	2			
兵式体操	1	1	1	
水面测量学		2		
理财学		2		
商船运用术		3		
商船法规		2		
商业学		3		
商法		2		
水力学		3		

（续表）

科目＼学年	第一学年	第二学年	第三学年	第四学年
船内卫生法		2		
法学通论			3	
各国通语旗法			2	
舢板运用术			3	
帆缆运用术			3	
造船学			2	
机轮术大意			2	
炮术学			2	
炮术实习			2	
航海实习			2	
泳水术			1	
合计	36	36	36	

航海专科的课程设置，除了遵照学部规定外，还参照国外商船学校办学经验。早在1909年12月31日，邮传部便咨文各国出使大臣"将商船学校课程及办法，详细调查咨送本部，以便采择"。[①] 1910年正月十二日，驻德公使施绍常将德国商船学校概况、课程情形呈报邮传部，称该国船校"共有二十余处，稽其校中课程，注重测算、驾驶等学，分科专研"，并将课程择要译录呈部。同时，唐文治也咨请驻外公使搜集所在国家各工业大学办学章程。1910年，驻法、美、英各使馆纷纷函送各大学、专门学校章程，其中也包括有商船学校章程。这些都为编订或修正航海专科课程提供了借鉴。

考察航海专科课程，除了与同期铁路、电机专科注重国文、外语教育以及注重实习外，还具有如下特点：一是学习内容广泛。在海上专业课程方面，除了一般航海技术课程外，还有卫生、商业、军事、法律等课。商业包括商业学、商业地理、理财学，法律包括商船法规、商法、法学通论、海事法规，军事包括炮术学、炮术实习、兵式体操等。广泛传授各种相关专业知识，有利于学生毕业更能适应航海业务与技术，以应我国航海人才缺乏的需求。二是学习课程繁多。早期航海专科课程众多，共有30门课程。每门课程从每周1学时到3学时不等，

---

① 《本部咨出使各国大臣请查商船学校办法及船政学生姓名文》(宣统元年11月19日 1909年12月31日)。沈云龙主编:《近代中国史料丛刊三编》第27辑,《交通官报》第6期,第20页。

总计每周36学时,除周日外平均每天6学时。此外,爬桅杆、习游泳也是航海专科学生必修的课外运动,为此,学校曾在上院对面的操场上建一座巨型船桅,以便该科学生练习爬桅。暑假期间,教师率学生赴海边教练游泳。留学英法归国的南洋公学中院生卫国垣1910年来校任教,他因极擅游泳,1911年暑假学校派他率领航海专科全体学生赴烟台海边教练游泳,颇有成绩。[①] 课程名目繁多,学习任务重,这也是航海专科创始阶段的特点。在施教中,实际开设课程与上述课程计划有较大变动。据1911年8月学期考试成绩册,航海专科一年级考核课程有国文、航海术、船舰术、海船法规、海上气象学、力学、商法、法文等8门,二年级除商法改为商律外,其余课程一致。

二、师生概况

1909年航海专科设立之初,专业教员仅有吴其藻一人,吴同时兼主任。第二年学校充实了师资力量,聘请来华多年、曾担任招商局新铭轮大副的英国人奥斯汀(Austin)担任航海专科专业教员,聘期首订2年。同时,学校还为长远发展之计,补助本校自费留英学生刘曾撰改习船政,以便将来充当师资。至1911年7月商船学堂成立前,航海专科专业教员有吴其藻、奥斯汀、孟柏、翁其振等4人,孟柏、翁其振是海军军官,讲授各国旗语、帆缆运用等课。商船学堂成立后,设预科、中学、高等科三级,班数、学生数大增,教员随之增多。至1912年3月唐文治向萨镇冰移交校务时,商船学堂教员15名,职员6名,共有21名。

航海专科招收两届学生,据称共招本科生及练习生41名。[②] 1909年航海专科招收首届学生时,学校中学毕业生已分入铁路、电机两专科肄业,于是实行公开招考,从9月7日起连续在《申报》等报刊登航海专科招生广告,其中涉及报考资格、考试科目、学费等内容,全文如下:

程度:中学已毕业者。

年龄:二十岁左右,须身体强健,目力明远,能耐劳苦。

科目:国文各取通畅;英文考编译,兼习德文、法文者一并报明;算学:平面三角,实验几何;理化普通学;图画:机器画;西文历史;西文地理。

考期:八月初十、十二、十四三天。

学费:每年膳费三十元,学费三十元。

---

① 《漫谈游泳》。《友声》第22期,1954年7月8日。

② 周沂:《吴淞商船专科学校沿革简史》。洪振权主编:《淞水潆洄海涛澎湃——吴淞商船学校在沪复校六十周年纪念》(2006),第1页。

大清宣統元年己酉七月廿三日共四張

本館定報價目
每份售大洋一分四釐
中國境內 全年逐日寄大洋七元二角 半年三元六角
日本 全年八元四角 半年四元二角 外國 全年十二元 半年六元 報費先惠
郵票不收

申報

告白刊例

本館開設英租界望平街第一百六十三號 第一萬三千一百四十四

虹口時疫急救醫院廣告

廣包批發

郵傳部上海高等實業學堂招考船科學生廣告

滬北新開裕成當

上海大達輪步公司給息廣告

預備立憲公會附設法政講習所於本月念五日行開講式

捏名誣控聲明

蓉城學堂全校學生同具

江西鐵路股東鑒

江西鐵路公司告白

龍門師範算學講義

1909 年 9 月 7 日，《申报》登载船科（即航海科）招生广告

报名：自登报日起至八月初九日止，随时赴上院监学室填册并缴照相片一纸，文凭于监督传见时呈验。

注意：路电科俱已足额，并不招考，所招系转习商船驾驶一科。[①]

因航海专业初开，不为外界所知晓，且报考条件严格，学费较昂，招生广告登载后，前来报考者寥寥，即便是本校附中毕业生愿升入者也为数极少。唐文治只得指派应届中学毕业生、路电专科初年级十余人入读该科，这些学生体格健壮，擅长体育运动。后有部分学生仍离校或转读他科。至 1910 年下学期，航海专科共设一、二年级两班，一年级学生 16 名，二年级 13

① 《邮传部上海高等实业学堂招考船科学生广告》。《申报》1909 年 9 月 7 日。

名,共有 29 名学生。这是我国高等航海教育专业最早的学生,兹将全部名单列为表 2 - 13:

表 2 - 13 邮传部上海高等实业学堂航海专科同学录(1910)

一年级			二年级		
姓名	字号	籍贯	姓名	字号	籍贯
庞元浩	赞臣	浙江乌程	唐榕柄	伯文	广东香山
郑鼎锡	爵言	江苏元和	唐榕锦	霞村	广东香山
陆品琳	静庵	江苏华亭	黄 灏	刚甫	广东香山
秦 翘	甸生	江苏奉贤	叶廷芳	瑞甫	浙江象山
陆大麟	申麟	江苏青浦	盛守钰	式如	江苏靖江
张春龄	鹤侣	浙江钱塘	徐维纶	君纬	浙江桐乡
庄正权	君达	江苏奉贤	周烈忠	君适	四川遂宁
钮因祥	瑞人	浙江乌程	吴钟英	润初	江苏常州
唐榕赓	子华	广东香山	谢 尹	原藩	湖南新田
唐有源	品南	广东香山	柏 直	叔丞	四川荣昌
李应迟	德枢	广东南海	李 俊	士奇	湖南沅江
张葆骏	恒如	江苏华亭	曾西屏	子玉	湖南祁汤
章曾涛	孟源	江苏嘉定	徐佩琨	云龙	江苏震泽
孙宜诜	怡轩	浙江海盐			
范景鎏	侣球	广东三水			
徐佩璋	公望	江苏震泽			

资料来源:《邮传部高等实业学堂同学录》(1910 年秋)。

二年级 13 名学生中,唐榕柄等 8 人毕业于本校附中,5 名招自外校;一年级 16 名学生,毕业于本校附中者 12 名,外校生源 4 名,可见航海专科生源大多出自本校附中。全部 29 名学生中,以来自南方滨海滨江地区为主,其中江苏籍 11 名,广东籍 7 名,浙江籍 6 名,另有 5 名来自湖南、四川。至 1911 年夏航海专科并入商船学堂时,两班学生人数减少至 19 名,其中一年级 10 名,二年级 9 名。同年夏,商船学堂招考新生,报考者众多,计录取高等(即专科)、中学、预科学生 180 名,实际到校 160 名,分设高等班 3 班,中等 3 班,预科 2 班。至 1912 年 3 月,商船学校合计学生 140 名。[①] 这便是航海专科及商船学堂大体的学生规模。航

① 萨镇冰:《函交通部接办船校情形并送教职员名单》(1912 年 5 月 17 日)。上交档:1s3 - 002,卷名《吴淞商船学校交代接收及校长任免事宜、教职员名单》(1911—1915)。

實業學堂同學錄

船政二班

姓名	號	原籍	現在通信處
唐榕柄	伯文	廣東香山	香山唐家鎮
唐榕錦	霞村	仝上	仝上
黃灝	剛甫	仝上	
葉廷芳	瑞甫	浙江象山	石浦蒼橋頭
盛守鈺	式如	江蘇靖江	城內布市
徐維綸	君緯	浙江桐鄉	屠甸鎮南市
周烈忠	君適	四川遂甯	城內東昇街信誠祥
吳鍾英	潤初	江蘇常州	常州大樹頭
謝尹	厚藩	湖南新田	新田城內謝敦德堂
柏直	叔丞	四川榮昌	榮昌縣北街金台店
李俊	士奇	湖南沅江	沅江城內雞公嘴曹協和木行曹敬廷轉交
曾西屏	子玉	湖南祁陽	祁陽自治公所曾煥章轉交
徐佩琨	雲龍	江蘇震澤	上海馬立司重慶路壽康里

船科三班

姓名	號	原籍	現在通信處
龐元浩	贊臣	浙江烏程	南潯東柵團防局對門
鄭鼎錫	爵言	江蘇元和	蘇州葑門內滾繡坊巷
陸品琳	靜盦	江蘇華亭	浦南葉榭鎮
秦翹	旬生	江蘇奉賢	松江西門外闕街
陸大炤	申麟	江蘇青浦	上海南市生義弄四十一號
張椿齡	鶴侶	浙江錢塘	蘇州葑門內甫橋西街六十一號
莊正權	君達	江蘇奉賢	松江張堰鎮同泰仁綢緞莊轉交
鈕因祥	瑞人	浙江烏程	湖州西門虹橋弄
唐榕賡	子華	廣東香山	唐家鄉
唐有源	品南	廣東香山	上海海甯路同昌里三百二十五號
李應運	德樞	廣東南海	吳淞海軍醫院
張葆駿	桓如	江蘇華亭	松江西門外天馬山鎮
章曾濤	孟源	江蘇嘉定	南翔鎮東市剪弄

1910 年秋《邮传部上海高等实业学堂同学录》所载航海科学生名单

海专科附于本校期间，并无学生毕业，直到 1913 年夏首届学生方才毕业。航海专科毕业、肄业学生大多服务于航海事业，其中在社会上享有声望者有辛亥革命烈士唐榕柄，曾任同济大学、吴淞商船专科学校校长周烈忠（后改名周均时），后任交大管理学院院长、经济学家徐佩琨，被誉为“我国第一任球王”陆品琳，中国最早的海轮船长之一郑鼎锡，实业家庞元浩，等等。

第四节　铁路管理科

一、课程设置与教学安排

铁路管理科创设于 1918 年 3 月，旨在造就各项铁路管理人才。至 1921 年 7 月交通大学合组、上海工业专门学校正式结束，前后计四年时间。其开设缘起、创立经过及发展演变，第一章第四节已有交代，这里不再赘述。本节就该科课程、教学、师资、学生等情况作一介绍。

铁路管理科的学制先是 3 年，后改为 4 年。铁路管理科 1918 年初开办之际，学校正向交通部建议将 3 年制专科改为 4 年毕业。但对于新设铁路管理科首届学生,唐文治以为定在3年为妥。其理由主要是入学学生程度较高,“诸生之俊秀者,若徐生承燠、王生元汉等咸入是科肄业,其中并有在路电科已习一二年者。”[①]唐文治以此等程度的学生应视为特班,不宜拘泥4年毕业之例,3年毕业即可。在向交通部申述理由后,首届学生获准以3年为修业年限。此后,所招新生依照专科学制,定为4年毕业。

铁路管理科课程分为4年学程,课程主要编订者是徐经郛、徐广德、俞希稷等留美归国的本国籍教员,他们参照宾夕法尼亚大学、威斯康辛大学管理及经济专业的课程计划,结合本校专业设置特点和我国铁路管理现状而拟定。在编排课程时,他们考虑几点原则要求:设置课程的主要目标是给有志服务于铁路管理的学生提供广博的知识视野,牢固掌握铁路管理和财务基本原则;所有课程内容安排不仅能增进学生的铁路管理知识,更要训练学生解决复杂路政问题的实际能力;尽管课程设计主旨在给学生提供全面的铁路管理知识,但仍有所侧重,这个侧重点便是经济学。此外,希望学生不仅获得必需的专业知识,也要获得必要的品格训练,因为品端行正是学生日后能否取得事业成功的关键性因素。[②] 依据上述原则,徐经郛等编订了铁路管理科课程设置与教学计划,刊布于1919年上半年印行的英文本《交通部上海工业专门学校概览》(*The Government Institute of Technology Catalogue*),其课程计划如表2-14。

表2-14 交通部上海工业专门学校铁路管理科课程表(1919)

学年 科目	第一学年		第二学年		第三学年		第四学年		合计
	上	下	上	下	上	下	上	下	
国文	1	1	1	1	1	1	1	1	8
伦理学	1	1	1	1					4
法学	2	3							5
商法	3	3							6
政治经济学	3	3							6
铁路运输学	3	3							6
公司理财	3	3							6
会计和出纳	3	3							6
货币银行学	3	3							6
商业地理	2	2							4
当代商务实践		2							2

① 唐文治:《交通部上海工业专门学校铁路管理科头班纪念册·序》(1920)。

② 1919年英文本《交通部上海工业专门学校概览》(*The Government Institute of Technology Catalogue*),第63页。

（续表）

科目＼学年	第一学年		第二学年		第三学年		第四学年		合计
	上	下	上	下	上	下	上	下	
机械制图	3								3
英国文学	3	3	3	3	3	3	3	3	24
英文写作	1	1	1	1	1	1	1	1	8
法语	3	3	3	3	3	3	3	3	24
铁路经济学			2	2					4
铁路组织和管理			3	3					6
水道运输学			2	2					4
高级会计			3	3					6
铁路工程学			3	3					6
测量学			2						2
工业管理			3	3					6
统计学				2					2
国际法			2	2					4
警律			2						2
捷算法				2					2
商业算学			3	3					6
商业伦理学					1	1			2
置产法					2				2
破产法						2			2
铁路交通和费用					5	5			10
铁路会计和审计					3	3			6
铁路统计学					2	2			4
电机工程学					2	2			4
机械工程学					2	2			4
商业经济学					3	3			6
政治学					2	2			4
公共财政					2	2			4
公文程式					1	1			2

(续表)

科目＼学年	第一学年		第二学年		第三学年		第四学年		合计
	上	下	上	下	上	下	上	下	
铁路法							3	3	6
铁路运营							4	4	8
电气铁路							3	3	6
电话及电报							3	3	6
政府组织和管理							3	3	6
保险学							3	3	6
经济史							3	3	6
英文书记职务学							3	3	6
英国文学史							2		2
合计	34	34	34	34	33	33	35	33	270

资料来源:1919 年英文本《交通部上海工业专门学校概览》(*The Government Institute of Technology Catalogue*)第 28 - 29 页。这份课程表与 1920 年《交通部上海工业专门学校铁路管理科头班纪念册》所列该班历年课程略有不同,可能与该班学制 3 年有关。

64 RAILWAY ADMINISTRATION

CURRICULUM IN RAILWAY ADMINISTRATION

RAILWAY ADMINISTRATION I (Freshman Year)

Course Number	Subjects	Hours per week First Term	Hours per week Second Term
381	Chinese	1	1
391	Ethics	1	1
311	Jurisprudence	2	3
312	Business Law	3	3
301	Political Economy	3	3
321	Principles of Railway Transportation	3	3
302	Corporation Finance	3	3
331	Bookkeeping and Accounting	3	3
303	Money and Banking	3	3
351	Commercial Geography	2	2
352	Modern Business Practice	–	2
346	Mechanical Drawing	3	–
361	English Literature	3	3
362	English Composition	1	1
371	French	3	3
		34	34

RAILWAY ADMINISTRATION II (Sophomore Year)

Course Number	Subjects	Hours per week First Term	Hours per week Second Term
382	Chinese	1	1
392	Ethics	1	1
304	Railway Economics	2	2
322	Railway Organization and Management	3	3
325	Waterway Transportation	2	2

RAILWAY ADMINISTRATION 65

Course Number	Subjects	Hours per week First Term	Hours per week Second Term
332	Advanced Accounting	3	3
341	Principles of Railway Engineering	3	3
342	Principles of Surveying	2	–
305	Industrial Management	3	3
394	Statistics	–	2
313	International Law	2	2
395	Police Power	2	–
396	Methods of Rapid Calculation	–	2
334	Business Mathematics	3	3
363	English Literature	3	3
364	English Composition	1	1
372	French	3	3
		34	34

RAILWAY ADMINISTRATION III (Junior Year)

Course Number	Subjects	Hours per week First Term	Hours per week Second Term
383	Chinese Literature	1	1
393	Business Morals	1	1
314	Real Estate	2	–
315	Bankruptcy	–	2
323	Railway Traffic and Rates	5	5
333	Railway Accounting and Auditing	3	3
326	Railway Statistics	2	2
344	Principles of Electrical Engineering	2	2
343	Principles of Mechanical Engineering	2	2
306	Economics of Business	3	3
399	Principles of Politics	2	2
309	Public Finance	2	2
397	Chinese Secretarial Work	1	1
365	English Literature	3	3
366	English Composition	1	1
373	French	3	3
		33	33

66 RAILWAY ADMINISTRATION

RAILWAY ADMINISTRATION IV (Senior Year)

Course Number	Subjects	Hours per Week First Term	Hours per Week Second Term
384	Chinese Literature	1	1
316	Railway Law	3	3
324	Railway Operation	4	4
347	Electric Railway	3	3
345	Telephones and Telegraphs	3	3
307	Office Organization and Management	3	3
401	Property and Life Insurance	3	3
308	History of Economics	3	3
398	English Secretarial Work	3	3
367	English Literature	3	3
368	English Composition	1	1
369	History of English Literature	2	–
374	French	3	3
		35	33

1919 年铁路管理专科课程设置

课程计划之后是一份“铁路管理科课程纲要”,详述各门课程所属门类、内容要求与教学目标。“纲要”将全部课程分为专业课程与公共课程两类,专业课程又分经济、法律、运输、会计、工程、商业等6种。结合“纲要”分类及说明，可将全部课程作如下分门别类(见表2-15)：

表2-15　交通部上海工业专门学校铁路管理科课程分类表(1919)

课程大类	课程分类	课程名称	课程数量	每周钟点总数	所占百分比(%)
公共课程		国文、英国文学、英文写作、英国文学史、法语、伦理学、商业伦理、警律、捷算法、公文程式、政治学、英文书记职务学	12	88	32.6
专业课程	经济学	政治经济、公司理财、货币银行、铁路经济、工业管理、商业经济、公共财政、政府组织与管理、经济史、统计学、保险学	11	59	21.9
	运输学	铁路运输、铁路组织与管理、铁路交通和费用、铁路运营、水道运输、铁路统计	6	38	14.1
	工程学	铁路工程、测量学、机械工程、电机工程、电话及电报、机械制图、电气铁路	7	29	10.7
	法学	法学、商法、国际法、置产法、破产法、铁路法	6	26	9.6
	会计学	会计和出纳、高级会计、铁路会计和审计	3	18	6.7
	商学	商业地理、当代商务实践、商业算学	3	12	4.4

据上述两份表格可知，铁路管理科4年8学期总计开设48门课程，平均每学期6门；每星期开课钟点数保持在33至35小时，平均有34小时，4年合计270小时。与同期土木、电气机械两专科相比，铁路管理科的课程总数与前者相差无几，而每周课时数要多于前者。就课程分类而言，公共基础课程与专业课程数量分别是12、36，两者比正好是1∶3；每周钟点数总数分别88、182，比例约为1∶2。这与同期学校教学上重视基础学科是一致的。专业课程分六类，以经济学最多，有11门，这是要求学生既有广博专业知识，又侧重经济学的教学原则所决定的。运输学有6门课程，每周38小时，多属于铁路管理方面的专业课程。工程学有7门课程，基本上是本校电机、土木、机械工程的基础课，属于各专科间的交叉课程，体现了工程、管理相结合的教学理念。与土木、电机两科课程重视试验实习相比，铁路管理科的实践课程几乎没有，只是在假期或毕业之际安排学生至铁路交通部门参观实习。实践课程偏少，既与管理科偏重学理的学科性质有关，也与该科设立较晚，试验设施缺乏的现状有关。直到二三十年代，管理科陆续添置车辆模型、打字机等设备，建成车务、统计、会计等实验室，实践课程才逐渐增多。20世纪初，本科层次的铁路管理在西方大学中也是一门新兴专业，在我国大学、专门院校中更属首次开设，因此仿照或照搬外国大学同类专业课程与教

科书难以避免。铁路管理科各门课程所用教科书，除国文、法文、公文程式外，其余科目悉用英文课本。[①]

二、师生概况

管理科 1918 年 3 月初设时，仅有徐经郛一名教师，同时他身兼科长职。从 4 月开始聘请教员，至年底有教员 6 名，其中专业教师徐经郛(兼科长)、徐广德、李纯圭三人，公共课程教师吴采臣、李颂韩、庄振声三人。此后陆续增聘李松涛、俞希稷、朴尔佛等中外教员。至 1920 年，管理科教员达 15 名，其中专业教员 5 名，同时担任其他专科课程的兼课教员 10 名。其姓名、籍贯、简历及所任科目详见表 2 - 16。

表 2 - 16 1920 年上海工业专门学校铁路管理科教员一览表

姓名	英文姓名/字号	国籍/籍贯	简 历	任教科目	备 注
徐经郛	守五	江苏青浦	1907 年本校商务专科毕业生，美国宾夕法尼亚大学理财学硕士	银行学等	兼科长(1918 年 3 月—1921 年 2 月)
徐广德		江苏吴江	美国宾夕法尼亚大学沃顿学院商学士	会计学 铁路管理等	兼科长(1921 年 2 月—1921 年 9 月)
李纯圭	伟伯	江苏上海	美国瓦伯什大学	法学	
李松涛		江苏嘉定	美国哥伦比亚大学硕士	英文 政治学	兼课
俞希稷	行修	江西婺源	美国伊利诺大学商学士、威斯康辛大学政治经济学硕士	工业管理 银行学等	
朱文鑫	贡三	江苏昆山	美国威斯康辛大学理学士	捷算学	兼课
李松泉	雨卿	江苏上海	美国哈佛大学电机科硕士	机械工程学 电机工程学	兼课
瞿锡庆	季长	江苏上海	美国宾夕法尼亚大学硕士	运输学	
程其达	克竞	浙江吴兴	美国俄亥俄北方大学工程学士	铁路工程学	兼课
胡士熙	春台	江苏嘉定	本校 1909 年铁路专科首届毕业生，英国格拉斯哥大学工学学士	铁路工程学	兼课
吴采臣	汉声	江苏崇明	清末附生	公文程式	兼课

① 《交通部上海工业专门学校铁路管理科头班纪念册》(1920)，第 27 页。

（续表）

姓名	英文姓名/字号	国籍/籍贯	简　历	任教科目	备　注
李颂韩	联珪	江苏太仓	肄业江阴南菁书院，曾任清法部主事	国文	兼课
庄振声	劬庵	江苏吴县	上海徐汇公学毕业	法文	兼课
朴尔佛	H. E. Pulver	美国	美国威斯康辛大学工学士	铁路统计学	兼课
古　德	J. K. Gold	美国	美国威斯康辛大学学士	体育	兼课

资料来源：《交通部上海工业专门学校铁路管理科头班纪念册》(1920)；《交通部上海工业专门学校同学录》(1919)"教职员通讯录"。

铁路管理科科长徐经郛（1918—1921年在任）

由上表可知，铁路管理科师资有如下特点：一是以本国籍教员为主。15名教员中，外籍教员只有2名，且为兼课教员，其余均是留学归国的本国籍教员，科长也由本国人担任。这与土木、电机专科外籍教员比例大、科长长期由外籍教员担任的情况迥然有别，铁路管理科是交大专业师资最早本土化的系科。二是本国教员特别是专业课程教员以留学生为主，且以留美为最多。13名本国教员中，除国文、法文、公文程式课程外，其余10人均为留学生，其中9人留学美国，1人留学英国，留美教员大多毕业于宾夕法尼亚大学、威斯康辛大学、哥伦比亚大学等，并获得学士、硕士学位。以留美学生为主体的师资队伍使铁路管理科在教学与管理上无形中打上了美国大学的烙印。三是兼课教员多于专职教员。公共课程及部分专业课程（如工程）教员全为兼课教员，共有10人，管理科专职教员有5人，这是学校注重公共课程教学、工管结合在师资配置上的反映。

铁路管理科1918年3月开学后，招收首届学生（庚申级，时称头班）有38名，他们多数"或由本校土木、电机各科转入，或由中学升入"。[①] 选读该科人数

① 《交通部上海工业专门学校铁路管理科头班纪念册》(1920)，第3页。

较多的原因,正如当年在校的邹韬奋回忆:"据说铁道管理科是不必注重物理、算学的,所以不少同学加入。"另有杨天择、徐植仁、陈汝闳、杜荣棠等4人,分别来自商船专门学校、复旦公学、南开中学、北京汇文大学预科等校,他们通过考试或面试来校入读。如南开中学毕业生、周恩来同班好友陈汝闳,1917年毕业后先入南京金陵大学,旋即赴日留学,与周恩来同在东京东亚预备学校读书。1918年春奉父命回国,经徐经郛面试合格后入读铁路管理科。[①]

当年9月,首届学生升为二年级,又招收一年级新生24名。以后每年秋季招新,1919年招收22名,1920年招收23名,生源大多数来自本校中学毕业生,少数或由本校专科初年级转入,或由外校考入。如1919年22名新生,本校中学毕业生12名,专科一年级转入者3名,外校考入者7名。与首届学生相比,本校生源仍占优势,但外校生源有逐渐增多的趋势。管理科历年招生人数及在学人数如表2-17所示。

表2-17 铁路管理科在学人数一览表(1918—1920)

年度	1918		1919	1920
	3月	9月		
招生人数	38	24	22	23
在学人数	62		70	87

资料来源:招生人数参照《交通部上海工业专门学校同学录》(1919年12月)、《交通大学校友录》(1936)统计而成;在学人数参见赵祖康编:《南洋大学概况》(1926)"民国以来全校在学人数一览表"。上列各数除1918年外系秋季开学时人数。

1920年12月28日,学校为铁路管理科首届学生举行毕业典礼,毕业生计30名,获经济学学士学位。毕业前,交通部特派前清华学堂校长周贻春来校监试。这是1921年交通大学合组前铁道管理科唯一一届毕业生,全部名单如下:

武书常 郭祖寿 姚章樾 王元汉 火贵樟 张元焘 奚 逸 荣士德
曹良栋 冯宝泰 徐承燠 程善身 戴锡绅 俞松涛 陈汝闳 王辅功
夏孙鸿 厉始学 杨天择 张令采 陈仁愔 张骏良 黄守邺 王 镇
顾光实 徐植仁 杜荣棠 张 伦 李树本 沈乃庄

毕业学生中成绩优异者武书常、姚章樾、徐承燠、王元汉等4名,次年由交通部资送赴美留学;其余学生派赴沪宁、沪杭甬、湘鄂等各铁路实习,实习期满,任为正式路员。另有首届学生何景崇、梁鼎新、许兰亭、张信孚、查濬文、何信道、陈肇坤、黄韵三等8名学生中途离校,

① 陈汝闳:《我就学母校之经过》。《友声》第25期,1954年10月8日。

或出校就业，或留学欧美各大学。

毕业生著名者有徐承燠、徐植仁等。徐承燠，1895年生，广东番禺人。毕业后赴美，获美国宾夕法尼亚大学硕士学位，1929—1937年任交通大学北平管理学院院长，抗战期间任交通部财务司司长。徐植仁，1898年生，江苏嘉定人，他将最早出版孙中山传记的美国人林百克所著《孙逸仙传记》译成中文出版。

第五节　附属高小、中学、专门预科

一、附属高等小学

这一时期的附属高等小学是南洋公学时期外院、附属小学的延续与扩充。外院设立于1897年10月，定学制3年，旨在为中院培养合格的生源，同时使师范院学生有一个教学实践场所。1899年秋，外院生大都升入中院，外院遂取消。因中院生源仍很困难，南洋公学又于1901年3月成立附属小学，以中院(后迁上院)为校舍，招收新生72名，分高等、补习两科。1903年秋首届学生毕业，同年正式定名高等小学堂，学制3年，师范生陈懋治、林康侯先后任总教习。到1905年初，南洋公学移交商部时，附小管理得法，师资精良，办有实效，为附小发展与扩充奠定了坚实的基础。

1906年落成的附属高小校舍(也称南院)

1905年3月，南洋公学移归商部直辖，称商部上海高等实业学堂，附小相应改称“商部上海高等实业学堂附属高等小学堂”，林康侯继任总教习，改称堂长，师资、课程、管理等一应照旧。新任监督杨士琦认为附小办学成绩良善，允拨银2万两，在中、上院南首购买民地，6月动工另建校舍，由殷馥记承造。1906年冬新建校舍(南院)落成，次年春开学时附小师生由上院迁入新舍。1907年因学校改归邮传部，又改称“邮传部上海高等实业学堂附属高等小学堂”。9月新任监督唐文治考察附小后，对其教学管理赞美不已，同意扩充学额。当年学生即由原先不足百人增至119名，按照年级编班，分为四级，依学部章程正式定学制4年，由此附属高等小学制度初步建成。年底，堂长林康侯兼任中国图书公司发行所事务，所有教务遂委托沈庆鸿代理。1911年春，林康侯辞职去路局工作并创办文明书局，沈庆鸿继任堂长。附小校名与学制一直延续至1911年清朝覆亡为止，但因一般校内外人士习称学校为“南洋公学”，这一时期甚至民国年间的附小仍径称“南洋公学附属小学”，而很少提及其正式名称。

1912年民国政府成立后，附小随着学校改称为“交通部上海工业专门学校附属小学”，负责人称主任(亦称主事、校长)，由沈庆鸿续任。又遵照教育部“高等小学校修业期限为三年”的规定，改4年学制为3年。但在一年级之下增设了修业期一年的补习班，作为升入附小之预备。其实，补习班即相当于原来的一年级，一、二、三年级相当于原来的二、三、四年级，学制改4年为3年只是形式而已，说明附小在遵守国家教育法规时，充分考虑自身特点，努力保持相对独立的办学自主权。此后，附小在唐文治大力支持、沈庆鸿精心管理下，越办越好，声名远播，成为各地小学之模范。

附小在建成模范学校过程中历经曲折。这一时期学校的主体是专科，小学、中学是附属部分，在改朝换代、学制更动或经费困难之时，主管部门常动议裁撤附属机构，以集中精力财力办好专科，唐文治在1917年20周年校庆报告中称“中央议裁小学者三次”。[①] 经过唐文治、附小师生及家属极力申诉，奔走呼吁，每次裁撤之议均能化险为夷。第一次裁撤是在1905年5月南院开工不久，当时庶务长唐浩镇奉命宣布本校专办专科，小学将归上海商学公会接办，校舍应建他处，遂停工。同年秋，商部左侍郎唐文治致电杨士琦要求保留小学，遂重新动工。[②] 第二次是在1909年，学校扩充铁路、电机专科，又代办航海专科，校舍一时紧张。邮传部提议将上院、中院校舍用作专科，南院附小改办中学，现有学生逐年升级至中学，附小则自然停废。此议遭学校抵制。第二年学校建成新中院，并招收中学通学生(类似走读生)，

---

① 《唐文治校长在本校廿周纪念会上祝词》。《交通部上海工业专门学校二十周纪念册》(1917)。

② 沈庆鸿:《校史述略》。《交通大学上海学校附属高等小学二十周纪念册》(1921)。

校舍与生源难题暂时解决,改小学为中学的动议无形。最后一次是 1912 年 10 月,交通部以直辖学校“学科应以专门为限”,责令本校“现在原有之中小学生全行毕业,即将附属各校一概停办”。[①] 唐文治当即向交通部呈文《缕析本校之中小学不应停办》,认为附设小学、中学与专科相互衔接,其程度高于其他中小学,一直为本校输送高质量生源,且办小学、中学无需增加经费,不同意停办,附小、附中得以保存。

附属小学与附中(含民国时期专门预科)、专科是相互衔接的教学体系,都是本校缺一不可的组成部分,统归监督(校长)管理。但是此期学校以专科为主体,附属中学为次,小学又居其次;又因专科与附属小学学生间的年龄、性情差距较大,因此附小在经费、管理、校舍等方面有别于专科甚至附中,具有相对的独立性。1906 年学校章程的各项规定即是针对专科、附中而订,对于附属高等小学则要求“别建校舍,另订详章”。据此,清末民初附小另订章程,实施相对独立的管理办法。

行政上,作为一校之长的学校监督、校长,其主要精力用于专科及附中的管理,而对于附小则基本放手,让附小堂长(主任)负责各项事务与教学。经费上,附小随学校改归商部、邮传部管辖后,经费来源方式未变,收取学生膳食、杂费充作办学经费,学费、宿费免收,不足部分由学校支给,不另立账。迁入南院后,规模扩大,独处一区,学校总账房难以兼顾,于是杨士琦规定每月拨银 500 两,由附小自行开支。1908 年学校每月贴款增为 550 两。此后因学校经费紧张,贴款逐年减少,1912 年减至 500 两,1913 年略增至 650 元,1918 年至 1921 年间每月 550 元。[②] 但此期物价腾涨,不得已在膳费、杂费之外,酌收学生学费、宿费以资补助。校舍方面,1907 年附小师生迁入新校舍南院,一层用于教室、食堂,二层用于宿舍,后又相继建成礼堂、操场,四周围以竹篱笆、铁丝网,仅留一座桥门与上、中院相通,形成设施完善、自成一体的格局。学生管理上,林康侯、沈庆鸿深受日本小学教育和我国私塾教育的影响,主张“教育惟严”,实行封闭的寄宿制管理,并获得唐文治等教职员的支持与配合,因此在学生管理上特别严格,与日常管理较为宽松的专科、中学显然有别。许多附小学生日后提及校园生活时,印象极深的是校规极严,1909 年入学的周浩泉曾回忆说:

> 早上六点半起身,七时排队点名,三次不到记过一次,使我睡时提心吊胆。每日三餐均按班排队,依次鱼贯进入食堂,由老师轮流同餐。餐前桌上置有圆形玻璃书压者,为老师座位,学生不得乱坐。学生碰到与老师同桌,往往吓得吃不饱饭。

---

① 《上海交通大学纪事(1996—2005)》(上卷),第 74 页。

② 沈庆鸿:《校史述略》。《交通大学上海学校附属高等小学二十周纪念册》(1921)。关于经费单位,1912 年前是银两,此后是银元。

晚餐后上自修课,也有老师监察,九时熄灯睡觉,学监常在室外窃听,大家不敢说话。星期一至星期六不得出小桥门,星期日可出小桥门,但不得出大桥门(即交大校门)。①

附小课程与同期其他高等小学堂基本相同。1907年定学制为4年后,4年通贯的课程有修身、读经、国文、算术、格致、历史、地理、图画、唱歌、体操、唱歌等10门;另在一、二年级开设手工,三、四年级开设英文;各年级每周上课36小时,②每晚自修2小时。各门课程具体教学要求,1908年《邮传部上海高等实业学堂附属高等小学堂章程》第五章"学科"、第七章"学科程度表"有专门规定。1912年改学制4年为3年后,开设的课程中废去读经,改格致为理科;后全校兴起技击运动,又增加拳术课,每周两次。原只在高年级开设的英文课,此时各年级均设,且程度较前提高。手工课因与日后习工程关系紧密,受到重视,列为正式课程。各门课程采用清末学部、民初教育部制定的教材,也有些课程使用教员自编的课本,如沈庆鸿编《学校唱歌集》(6册)、吴廷璜编《算术教科书》(4册),分别用作唱歌、算术课本。这些课本不仅长期用于附小,也被其他高等小学广泛采用。

附小初办时只有教职员6名,以师范生为主体。以后随着学生规模的扩大,教员人数逐渐增多,1905年上半年有教职员9人,1911年上半年增至15人,民初年间在12至16之间,1921年上半年达20名,为历年之最。教职员分各科教员与职员两类,职员又分堂长(主任)、学监、会计、庶务等,部分职员、教员相互兼任,每个年级设相当于班主任的级任教员,就由教员兼任。1921年上半年21名教职员中,有职员6名,分别是主任沈庆鸿、学监张孝申、林东湘,会计兼庶务陆承济,书记周仁山,庶务倪振中;有教员14名,分别是算术教员吴廷璜,国文、历史教员张景良、沈世康,国文、地理教员吴汉声、张忠淦,图画教员张在恭,体操、手工教员沈维桢,英文教员许复阳、万特克夫人,唱歌教员朱锦章,历史教员朱闇章,另有童子军教练盛毓维、吴树功、郑润棨。校医俞庆恩为全校师生诊病,不计在内。③除了英文教员万特克夫人外,教员全部为中国人,这与同期专科、中院的中外教员各占其半情形有所不同。

大部分附小教职员在校供职时间较长,上述教职员中,在校工作10年以上的就有8人,其中吴廷璜任教长达19年,沈庆鸿24年(期间担任主任10年)。他们敬业乐教,忠于职守,视校如家。沈庆鸿1944年在自传中写道:"我自问对于小学,好像自己身家生命,用全副精

① 周浩泉:《回忆南洋公学十二年》(节录)。《交通大学校史资料选编》第1卷,第291页。

② 《章程》。《邮传部上海高等实业学堂附属高等小学堂十周纪念册》(1910)。

③ 《现任职员表》。《交通大学上海学校附属高等小学二十周纪念册》(1921)。

1920年附属高小教职员合影

神干的。最后几年精力差些，但是爱护小学之心，没有丝毫减少。”[①]在长期教学实践中，附小教职员们积累起丰富的管理、教学经验，是一支稳定优良的师资队伍，深受学生、家长和社会人士的敬爱与赞誉。凌鸿勋曾忆道：“说起当时小学主任沈叔逵先生，上海教育界的人无有不知道，真是专心致志，诲人不倦的一位教育先进。”[②]在附小就读一年的邹韬奋20多年后还对言传身教的老师们心怀深情，在《永不能忘的先生》一文中，他说沈庆鸿“是一个很精明干练的教育家，全副精神都用在这个小学里面，所以把学校办得很好”，又说国文、历史教员沈世康（字永衢）是他一生不能忘记的老师，“他那样讲解得清晰有条理，课本以外所供给的参考材料的丰富，都格外增加了我的研究兴趣。……他教得非常认真，常常好像生怕我们有一句一字不明了；他的认真和负责的态度，是我一生做事最得力的模范。”[③]附小主任沈庆鸿在谈到教员们热心献身于

---

① 沈洽整辑：《沈心工自传》。沈洽：《学堂乐歌之父——沈心工之生平与作品》，台北作曲家协会1989年版，第27页。

② 凌鸿勋：《交通大学十年忆旧》（节录）（1976）。《交通大学校史资料选编》第1卷，第307页。

③ 邹韬奋：《二十年来的经历》。中国韬奋基金会韬奋著作编辑部编：《韬奋全集》第7卷，上海人民出版社1995年版，第132页。

教学工作的情形时说,他们“大都视茫茫、发苍苍,而尤穷年累月与此百数十天真烂漫之儿童共同生活,曾不知其老之将至也”。[①] 这支优质的师资队伍,有力地保证了附小的教学质量,使其成为一所享有很高办学声誉的模范学校。

附小初办时定学额300名,旋因校舍不敷减至100名,以后逐年略有增加。1907年南院落成后,增学额至126名,次年增至140名,1908年又恢复至126名,直至1912年。民国初年定学额132名,后增至156名,依照四级平均算来,每班学生数分别是33、39名。实际每年在校学习人数,要略低于当年所定学额数,清末时期实际在校生90至130名之间,民国时期则在120至150名之间。附小每年7月上旬招考初年级新生,如遇各年级有缺额,也同时招考插班生。考试科目有国文、算术、英文三科,考生年龄应在11岁至15岁之间。因附小办学声誉高,入读后可直升至专科,“自前清季年以来,历届招生报名者,常在三百名以上。在高小毕业而愿来肄业者,每届有数十人之多。”[②]每年的入学考试难度大,竞争激烈,因此入学学生质量也较高。学生学习期满考试及格后给予毕业生证书,升入本校中学部。

因附小授课程度高,管理严格,留级、除名及中途退学者不在少数,毕业率不高。如1909年春招考一年级插班生周浩泉等14名,到1912年顺利毕业者8名,淘汰率达40%强。1906年至1921年,附小每年毕业学生一届,共计16届579名,年均每届36名,历届毕业生大都升入附属中学继续肄业。1921年5月编辑《交通大学上海学校附属小学二十周年纪念册》中,曾专列“二十年一览表”,汇集历年附小教职员、学额、学生数、毕业生数、学生学费、经费、课程等详细信息,是了解附小基本办学情况的珍贵资料,兹据此将1905年以来相关信息制成附小概况表(见表2-18)。

表2-18 历年附属高等小学堂概况表(1905—1921)

年 份	1905	1906	1907	1908	1909	1910	1911	1912	1913	1914	1915	1916	1917	1918	1919	1920	1921
负责人	林康侯							沈庆鸿									
职员数	9	11	13	13	14	14	15	12	12	12	13	13	13	16	16	16	20
	10	12	14	13	14	15	15	12	13	13	13	13	15	16	16	16	
学 额	100	100	126	140	126	126	126	126	132	132	132	156	156	156	156	156	156
学生实数	89	96	119	122	138	119	123	122	126	126	132	151	152	153	144	149	150
	92	77	116	137	126	125	123	119	129	129	129	144	148	147	142	145	

① 沈庆鸿:《校史述略》。《交通大学上海学校附属高等小学二十周纪念册》(1921)。

② 沈庆鸿:《校史述略》。《交通大学上海学校附属高等小学二十周纪念册》(1921)。

（续表）

年份		1905	1906	1907	1908	1909	1910	1911	1912	1913	1914	1915	1916	1917	1918	1919	1920	1921
毕业生数			20	29	27	37	40	40	34	43	27	28	36	41	41	41	54	41
童子军数												32	56	173	300	286	294	150
月经费/两				500	550	550	550	550	500	650	650	550	550	550	550	550	550	550
年收费/元	学费	免	免	免	免	免	免	免	6	10	10	12	12	12	12	12	50	
	膳费	24	24	36	36	36	36	36	36	36	36	36	36	36	36	36	42	45
	住宿	免	免	免	免	免	免	免	免	4	8	8	8	8	8	8	9	8
	仆费	免	免	2	2	2	2	2	2	2	2	2	2	2	2	2	2	2

资料来源：《二十年一览表》，《交通大学上海学校附属高等小学二十周纪念册》（1921）。注：职员数、学生实数上、下两行数据，分别指当年的上、下学期人数。

由于学校负责人重视附小的教学工作，管理良善，设施也较齐备，教师阵容强大，所招收的新生根底较好，开设课程内容要比教育部门统一规定的要高，因此，培养出的学生水平高于一般高等小学。至1920年代初，附属高等小学已在国内享有较高的知名度，其办学成绩不仅引起国内教育家的关注，而且吸引了日本的教育工作者专程前来参观访问。

1921年夏，交通总长叶恭绰为附小二十周年纪念册题词

二、附属中学

附属中学从1898年设立中院起，一直延续到1927年，其地位仅次于专科，一直为专科提供合格生源。中院初定学制4年，1903年夏改学制为5年，其中中院3年，以中院为校舍；高等预科2年，以上院为校舍。中院3年修毕，须读完高等预科方准毕业。又将中院初年级学生分甲、乙两组，分班授课，逐年递升，每级各分两班。1905年商部接管学校后，改中院名称为高等预科，但仍沿用中院旧制。1906年《商部上海高等实

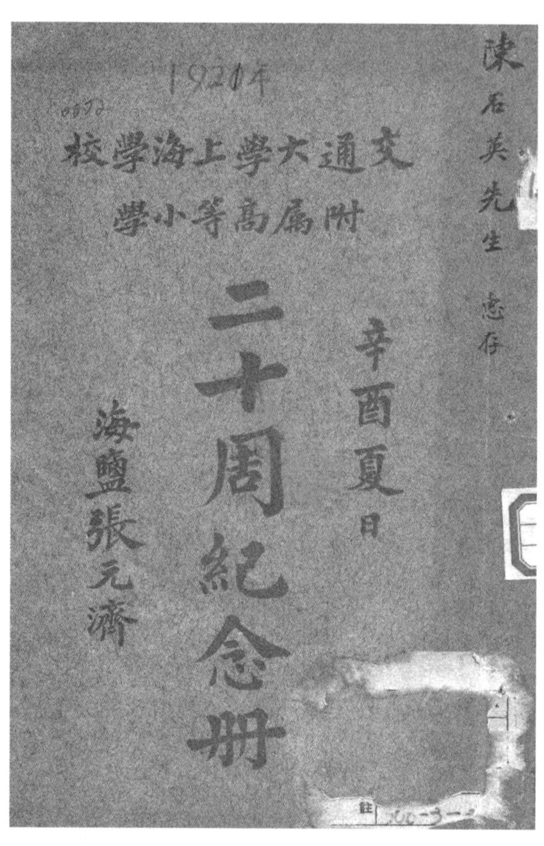

附属高等小学创始人之一张元济为附小二十周年纪念册题写刊名

业学堂章程》虽然规定高等预科学制4年,并拟定了4年分学期课程安排及教学计划,但实际上因商部管辖时间短,并未施行。1908年秋季开学时,学校遵照学部规章,改高等预科及中院各级为附属中学(也称普通中学、中学普通科,师生仍俗称中院)。附中每级仍分两班,一般以本校附小递升者为甲班,外校考入者归入乙班,仍以5年为毕业期限,共计10班,课程上与前略有更动。1910年在中院北侧添建新中院作为附中宿舍。1912年,教育部颁布新学制,定中学为4年毕业。学校遵照执行4年制,于是当年中学毕业有五年级一班,四年级一班,以后中学一直为4年制。

南洋公学时期上院处于试办之中,而以为上院储备生源的中院为主体;在这一时期,各专科次第办成,规模日益扩展,至民国初年已渐成学校主体,继承中院的附属中学相应退居其次。但因附中学生人数亦众,历年在学人数超过专科生,且办理良善,课程严密,长期为专科提供优质稳定的生源,因而仍受到学校重视,被视为"专科之预备"、[①]"本校不可或缺的组成部分"。[②] 学校监督(校长)直接监管附中,教务、庶务、斋务三长分管具体教务与日常事务,民初废除三长制,设中学科长,以专责其成。附中管理规章、行政人事、经费开支等一如专科,而与附小有别。曾连续在附中、专科就读过的凌鸿勋就说:"附中和大学同在校区本部,一切管理规章和生活完全相同。"[③]附中的重要地位还表现在当

① 杨耀文:《本校四十年来之重要变迁》。《交通大学四十周纪念刊》(1936)。

② 《交通部上海工业专门学校概览》(1914,英文本),第36页。

③ 凌鸿勋:《交通大学十年忆旧》(节录)(1976)。《交通大学校史资料选编》第1卷,第307页。

1908年高等预科毕业生与教职员合影

主管部门议裁中学及小学时，学校极力维护，不至使其停办。1912年10月交通部训令将附属中学、小学渐次停办。唐文治在《缕析本校之中小学不应停办》呈文中，用大量篇幅详细分析停办中学带来的三大弊端：导致合格的专科生源严重不足、招生质量下降、各省官费生难以直接升入专科，又分析续办中学的三大好处：小学、中学能与专科连成一气，中小学可以厚植专科基础，所费无几而培植益众。在唐文治校长的坚决维护下，交通部收回成命，中学及小学得以续办。

附属中学的课程与教学计划在遵依学部、教育部相关规章的基础上，充分考虑工程专科的学科特点，吸收本校中学教育的教学传统与成功经验，做到有所变通，有所侧重，形成具有一定特色的课程体系与教学计划。1908年改中院为普通中学后，5年内开设课程有修身、读经、中国文学、外国语、历史、地理、算法、博物、图画、体操、理化、法制理财等12门，每周授课36小时。民国初年课程数量略有增加，开设国文、修身、英文、数学、历史、博物、乐歌、地理、图画、体操、物理、法制、手工、法文或德文、化学、经济等16门，每周授课时数一、二年级33小时，三、四年级32小时，反较前略有减少。以后附中遵循唐文治“课程密、管理严”之教学方针，将英文、数学各分解数门课程，增加科学知识、木工实习课，每周时数有增无减,超过国家法定授课时数。1920 年交通大学合组前夕,附属中学课程设置及教学计划如下表(见表 2-19)。

表 2-19 交通部上海工业专门学校附属中学课程表(1919)

学年 科目	第一学年		第二学年		第三学年		第四学年		合计
	上半年	下半年	上半年	下半年	上半年	下半年	上半年	下半年	
修身	1	1	1	1	1	1	1	1	8
国文	5	5	5	5	5	5	4	4	38
中国历史	3	3			4	4	2	2	18
英文阅读	6	6	5	5					22
英文语法	6	6	5	5					22
英文练习	4	4	2	2	2	2	2	2	20
算术	6								6
代数		6	6						12
音乐	1	1	1	1					4
体操	2	2	2	2	2	2	2	2	16
科学知识	2	2							4
代数和几何				6					6
绘画			1	1	1	1			4
地理			3	3					6
生理			1	1					2
木工实习			2	2					4
英语					6	6	5	5	22
几何					6	6			12
物理					2	2	5	5	14
法制					1	1			2
法语					3	3	5	5	16
化学							2	2	4
三角学							4	4	8
经济							1	1	2
高等代数								2	2
科目 每周钟点	36	36	34	34	33	33	32	34	272

资料来源:1919 年英文本《交通部上海工业专门学校概览》(*The Government Institute of Technology Catalogue*)第 28-29 页。

上述课程分主科、附科两类，国文、英文、数学、物理、化学为主科；历史、地理、生理、音乐等属附科。学校专科既属工程实业，所以附属中学对于数学、理化特别重视，又因唐文治校长注重国文、外语教学，于是主科学时数多，考试分值高，很受学生重视，附科则稍次。附中毕业生尹仲容曾忆道：

> "余在南洋中院三年级读书，时历史教员为老同学杨先生，所用教本为英文迈尔通史。其时同学均注意英、数、理、化，对于历史不甚理会。每遇考询，辄期期不能置答。"①

也是因为学校注重工程实业教育的缘故，除了国文、修身等少数课程外，附中各门课程均采用英文课本，用英文授课。课程编排各年级有所不同，初年级侧重国文、外语、数学三门普通基础课，辅以历史、地理、音乐等附科，课程内容难度不大；高年级逐渐增开物理、化学，程度加深。正如在附小、附中、专科连续就读 12 年（1909—1920）的周浩泉日后谈及附中生活时说：

> 中院一二年级功课较简，上课时间也较少。教科除国文、英文、代数三门较重外，其余生理、历史、地理、体操等均较轻松。……到三年级，搬进中院居住，功课较重。除国文外全部采用英文本，还增加了经济、化学、西洋史和平面几何等几门功课，每周上课时间增加到三十小时以上。……到四年级，功课更加繁重，增加了高等代数、球面几何、物理和化学两课的实习试验。②

清末时期附中由监督直接管辖，1912 年 1 月起专设中学科长。首任科长延请胡诒谷担任。胡诒谷早年毕业于圣约翰大学，1899 年来校任西文兼外国史地教习，1904 年被派往美国留学。1912 年秋，胡诒谷辞职，徐经郛继其任，并兼任专门预科科长。1918 年预科裁撤，徐经郛任中学科长，同时兼任当年设立的铁路管理科科长，直至 1921 年。附中不单独设职员，科长之下便是教员。教员起初大多是公学中院时期的留任教习，后逐渐续聘。专科设立后，部分附中教员兼任专科基础课教员，同时专科教员也兼任附中英文、数学、理化课程，形成附中、专科教员相互交叉任教的现象。据 1917 年学校教职员名录排列次序推断，附中有国文教员李颂韩、黄世祚、黄宗干、朱文熊、邹登泰，英文教员徐经郛、胡克、黄添福、戴粹、程其达，法文教员庄振声、徐绍甲，数学教员朱文鑫、张廷金、甘育材、朱鼎元，博物、生理教员林鹏，物理、木工教员李松泉，历史、地理教员陈石英，体操教员魏廷晖，技击教员刘震南，体育

---

① 尹仲容：《红鼻赞》。《友声》第 18 期，1954 年 1 月 8 日。

② 周浩泉：《回忆南洋公学十二年》（节录）（1979）。《交通大学校史资料选编》第 1 卷，第 294－295 页。

教员(M. R. Rrison),童子军教员李思廉(A. H. Leslie)、裴克士(A. L. Biggs),共计23人。教员以中国籍为主,国文、史地教员多为前清举人、附生,国学根底厚实,学识渊博;外语、数理化教员多曾留学欧美各大学,获得过理工科学士或硕士学位,他们年富力强,精通外文,术有专攻,是一支实力较强的师资队伍。

自清末而民国,附属中学学生规模呈逐渐增多趋势,历年学生总数超过专科、附小学生数。1908年学校章程规定:"高等专门科连同附属中学全额五百四十名,分为九班,每班六十名;现先定三百二十名。"除去专科,附中学额拟定300名,现定学额低于此数。但自公学后期中院每级分两班,各年级陆续开齐后,共有10班,至1907年后学生实际数超过300名的额定,1909年更达335名。因此,1911年学校章程明确增加学额:"附属中学分十班,每班五十名,共五百名,嗣后逐渐扩充。"[①]民国时期,附中改设4年学制,每级仍分两班,共计八班,开始数年学生总数低于300名,自1915年后超过300名,1918年升至433名,是这一时期中学生在校人数最多的年份。对比全校历年在校生总人数,附中学生为最多,如1909年全校学生558人,专科85名,附中335名,附小138名,附中学生约占总数的60%,人数上占绝对多数;即使到1920年,专科已初具规模,人数增至304名,但仍低于学生数为364名的附中,附中学生约占全校总人数的45%。尽管这一时期学校将创设专科作为主要发展方向,但创建需时,建成后又需更多生源,因此附中学生规模长期居高不下。

附中生源有二:一是学校附属小学毕业生直接升入,二是招考自外校。1921年土木专科毕业生邹恩泳(邹韬奋之弟)在《本级中学时代之级史》中写道:

> 本级同学总来源有二,一来自中学甲班者,一来自中学乙班者。中学甲班乃本校附属高等小学民国二年毕业生三十余人组织而成,中学乙班乃民国三年特招新生三十余人组织而成,时在中学二年级也。在中学时代,甲乙班每年均有同学数人离校,故每学期亦均有新招之同学加入,以补缺额。……当招考乙班时,投考者几达三百人,而取录者仅三十三。[②]

这则材料所反映的是1917届附中生源的具体情况,却是这一时期附中生源的典型反映:附小毕业生升入附中甲班,再招考一班学生列入一班;两班遇有缺额时,每学期招考新生;招考乙班学生时,投考者众多,竞争激烈,录取率在10%左右。因附小历年毕业

---

① 《邮传部上海高等实业学堂章程》(宣统三年,1911)。《交通大学校史资料选编》第1卷,第201页。

② 交通部上海工业专门学校毕业班发行:《交通部上海工业专门学校民国十年级纪念册》(1921),第60页。

1916 年中学毕业生及教职员

生数量有限，1905 至 1921 年期间，年均毕业仅 36 名，且有部分毕业生因故离校，不能悉数升入中学，历年升入者不足一班，因此外校生源实际超过本校附小毕业生。以 1917 年为例，由附小毕业生升入的甲班 41 名，招考自外校的乙班却达 69 名，超出甲班 29 人之多。

自 1906 年始，附中学生须缴纳膳费，每学期洋 15 元，其余免收。民元时学校经济窘迫，开始征收专科生、中学生学费，中学新生每学期须缴纳洋 50 元，旧生减半收洋 25 元，收费制度一直延续至 1920 年代。附中学生学习期满考核合格后，发给中学毕业文凭。清末时期除发给毕业文凭外，并经江苏提学使复试后，分别授予拔贡、优贡、岁贡等功名。1905 年至 1908 年，以高等预科名义毕业学生 5 届计 108 名(其中 1905 年夏季、冬季各毕业一届)；1909 年后至 1921 年，以普通中学名义毕业 14 届 973 名(其中 1912 年夏季同时毕业两届)。综计自 1905 年至 1921 年，毕业 19 届 1 081 名，年均毕业约 63 名。历年附中毕业生人数及其在校生人数见表 2-20 所示。

表 2-20 附属中学在学人数一览表(1908—1920)

年 份	1905	1906	1907	1908	1909	1910	1911	1912	1913	1914	1915	1916	1917	1918	1919	1920	1921
在学人数	—	—	305	318	335	—	—	277	222	297	307	357	368	433	423	364	369
毕业人数	23	14	27	44	51	72	77	138	71	58	54	56	68	83	64	86	95

资料来源:1908—1911 年在学人数依据《交通大学校友录》(1936)统计而成;1912—1920 年在学人数参见赵祖康编:《南洋大学概况》(1926)"民国以来全校在学人数一览表"。上列各数系秋季开学时人数。

1905 年夏孙鹏等 10 名学生毕业后,延续公学时期惯例,被公费遣派赴英国留学。自 1906 年起,商务、铁路、电机等专科相继设立后,附中毕业生不再直接派赴国外留学,而是直升至专科肄业。作为"专科之预备",附中毕业生可以免考升入专科,且专科毕业后出路较好,大部分毕业生升入专科,但也有一部分附中毕业生或因兴趣、或因经济、或因提前就业等原因离校而去。

这一时期,因附属中学受到学校一贯重视,管理完善,师资优良,又能与附小、专科衔接一体,生源、升学均有保障,因此附中的办学质量逐年提高,培养出一大批成绩优异的中学毕业生,共同为学校赢得了良好的办学声誉。唐文治在 1908 年呈送邮传部《条陈本学堂办法》中,对附中教学质量予以充分肯定:"现在校中诸生均籍隶南七省,从前学预科毕业出洋者,多能直入欧美各国有名大学,程度不为不优。"1911 届附中毕业生朱善培日后曾自豪地说:"那时候外面中学毕业的学生来考南洋,成绩最优的,也只能插入中院一班。"[①]附中毕业生在参加全国出国留学考试和各大学招考中往往能够名列前茅。最典型的是在清末三次庚款留美学生考选中,附中毕业、肄业学生独占鳌头,1909 年首届庚款生招考时,学部、外务部公布招考大纲,要求各督抚选送学生应考。不少省份因新式学堂初办,尚无高等、中学毕业生,回复无人可送。监督唐文治在本校公布招考事宜后,报名者踊跃,最后学校共咨送以附中毕业生为主的 50 名学生前往,约占全部考生 550 余名的 9%。结果全国正式录取 47 名,其中本校附中毕业、肄业学生 14 名,为全国各校之冠。1915 届毕业生周贤颂投考清华学校高等预科时,以总平均 72 分的成绩名列录取新生第一名。当他 9 月到清华报到,插入高等预科三年级,与他同时进三年级者有陈克恢、周延鼎二人,都是附中同学。[②] 附中毕(肄)业学生程度之高,由此可见一斑。

① 朱善培:《交大掌故》。《老交大的故事》,第 121 页。

② 周贤颂:《一个未过河的小卒子》,台北尔雅出版社 1981 年版,第 10 页。

1909 年首届庚款留美学生合影，其中本校考取者 15 名

除去升入专科毕(肄)业暂且不计外，附中毕业或肄业学生日后在社会各界有所成就贡献者，按照毕(肄)业年份顺序，依次有：民国时期中国银行总裁、银行家徐恩元(1905 届)，戏剧家洪深(1907 年肄业)，中国工程师协会首任会长韦以黻(1908 年肄业)，化学教育家徐名材(1908 年肄业)，教育家蒋梦麟(1908 年肄业)，中国工程学会会长徐佩璜(1909 届)、工程教育家张廷金(1909 届)、农业学家过探先(1910 年肄业)，1948 年首届院士、医学家戴芳澜(约 1910 年肄业)，物理学家、戏剧家丁西林，文学家陈柱、法学家徐谟、教育家廖世承和孟宪承(以上均是 1912 届)，语言教育家唐庆诒(1914 届)，1948 年首届院士、医学家陈克恢(1916 届)等等。

1905 届附中毕业生、银行家徐恩元

1907 年附中肄业生、戏剧家洪深

1912 届附中毕业生、物理学家、戏剧家丁西林

1912 届附中毕业生、教育家孟宪承

1912 届附中毕业生、教育家廖世承

三、专门预科

专门预科设于 1912 年秋,是学校遵照民国政府教育部新订学制而成立。1912 年 9 月教育部公布《学校系统令》,规定专门学校本科 3 年或 4 年毕业,本科之下设专门预科,学制 1 年。教育部 1912 年 10 月 22 日所颁《专门学校令》第八条规定:"专门学校得设预科及研究科。"①1912 年 11 月公布的工业专门学校规程第三条也相应规定:"工业专门学校得设置预科,修业年限为一年。"②学校遵照上述规定,于当年 9、10 月间设立专门预科。新设专门预科有一个班级,招收学生 61 名,由当年改设 4 年制附属中学的四年级毕业生升入。此后,预科大多由附中毕业生升入;预科生修业满 1 年后,发给修业证书,直接升入本科。预科成为附属中学、专科的过渡性教学建制,并被正式列入学校章程。1913 年《交通部上海工业专门学校章程》第二章"学科程度"规定,"本校专科现分两类:一土木科,一电气机械科,每科修业期以三年为限,附设预科为专门之预备,修业期以一年为限。"设立预科的同时,学校将清朝宣统年间 5 年制附中改为 4 年制毕业,原先中学 5 年毕业后直接入读专科,如今中学 4 年毕业后先读预科 1 年,再升入专科,这样附中与预科学制合计 5 年;又兼预科与原中学高年级课程、师资差异不大,因此,预科实质上就相当于原附中 5 年级。1914 年编英文本"学校概览"就将附属中学与专门预科合在一处介绍。1918 年 4 月,唐文治校长吸收电机科长谢尔顿、土木科长万特克的联名意见,呈准交通、教育部,将专门预科改为专科一年级,专科学制升为 4 年,专门预科因此裁撤,前后存在 6 年时间。

---

① 《教育杂志》第 4 卷第 10 号,1913 年 1 月。

② 《中华教育界》1913 年 6 月号,"法令"第 83 - 84 页。

1912年专门预科初设时，课程分国文、英文、法文或德文、数学、物理及实验、化学及实验等6门，合计每周上课32小时。1914年对课程略加修改，将物理、化学讲课与实验分开，每周授课钟点数调为34小时。具体课程、每周时数如表2－21。

表2－21　专门预科课程表(1914)

科目	每周时数	科目	每周时数	科目	每周时数
国文	4	解析几何	4	化学	2
英文	5	物理	3	化学实验	8
法文	4	物理实验	4		每星期34小时

资料来源：《交通部上海工业专门学校概览》(1914年英文本)。

与附中一样，专门预科课程分主科、附科两类，国文、英文、数学、物理、化学为主科，只有法文和未列入上述课程表的体育为附科。对照同期附中课程，预科的主科课程与附中特别是高年级大体一致，都属于普通基础课程，未涉及工程专业课程，只是课程内容略有加深，如数学讲到解析几何，物理、化学增加实验课；附科课程较之附中大为减少。从课程上看，预科实质上是附中的延续与加深，总体上功课并不太重。预科不设科长，由附中科长徐经郛兼任，师资也基本来自附中的教员，如国文教员李颂韩、数学教员朱文鑫等，也有少数专科基础课教员兼讲预科课程。

预科学生大多由本校附中毕业生直接升入，少量由外校考入。附中四年级毕业班一般分两班，每班四五十名，能够考核毕业者60至80名之间，又有一些毕业生或留学、投考他校，或直接就业，愿意升入专科者又有减少，于是，至预科时合为一个大班开课。如果附中毕业生升至预科的人数较少，学校可在秋季开学前(一般为8月25日)向校外招考新生补充缺额，中学毕业生或同等学历者均可报考。如1915年第七届附中毕业生54名，愿升入预科者只40名，学校再于8月招考校外生源15名；1917年新招预科生18名。如有预科生中途退学造成缺额，学校也会临时招考预科插班生。如1916年冬，预科即招考插班生于润生等3名。另外，各省咨送前来准备入本校专科就读的官费生，如果入学考试时程度不符，则先插入预科或中学补习，合格后再升入专科。据统计，历年年底专门预科在读学生人数在50至60名之间，具体如表2－22所示。

表2－22　历年专门预科在读学生人数表

年度	1912	1913	1914	1915	1916	1917
在学人数	61	54	56	55	48	55

资料来源：赵祖康编《南洋大学概况》(1926)“民国以来全校在学人数一览表”。

预科学生修业满一年考核合格后，获修业证书，能够直接升入专科。预科不分专业，修业期满后学生可以依据个人志趣，从同期所设土木、电气机械科中任选一科专攻。不过与附中升入预科情况一样，预科中途或修业期满后因各种原因离校者甚多，1913 年有丁西林(丁燮林)等 15 名预科生离校，未能升入专科。此后离校未能升入专科人数一直居高不下，1914 年有蔡其标等 10 名，1915 年有林仲等 22 名，1916 年有丁承善等 18 名，1917 年有武书言等 4 名肄业预科生离校。1917 年校庆 20 周年前后，学校意欲扩充专科规模，但因预科生流失较多导致生源严重不足，遂呈请交通部添招预科一班，将预科增为两班。交通部认为，本校“已有中学为升学之阶，按级而升，自可渐臻深造”，没有同意所请，但是同意如果预科毕业生人数不多时，尽可招选他校预科毕业生或程度相当者，径入专科。第二年，学校呈准将预科改为专科一年级，扩大专科初年级校外招生名额，使专科生源不足的问题有所缓解。

综上各节，自 1905 年移交商部管辖后，学校正式转办实业教育，专业设置也与之相适应。1906 年春学校设立第一个正式专科——商务专科，同年创办铁路工程班。1907 年学校改归邮传部后，逐渐集中开设与交通实业紧密有关的工程学科，使得专科成为学校主体。1907 年学校停办商务专科，将铁路工程班扩建为铁路专科。1908 年创建电机专科。1909 年办理航海专科，该科先是扩建为邮传部高等商船学堂，后更名为吴淞商船学校，独立建校；清末时期还成立不招收学生的纯教学组织——国文科、西文科。辛亥后学校改属交通部，铁路专科、电机专科分别调整更名为土木科、电气机械科，专科之下另设专门预科。1918 年添设铁路管理科，开创了工程和管理相结合的学科模式。至此，学校经过十余年的苦心经营，办成三个专科，工科大学初步建成。专科之外，这一时期学校仍延续南洋公学时期大、中、小学三级学制，继续办理附属小学、中学，以为专科教育提供稳固优质的生源。此期学校专业设置及附属组织沿革概况见表 2 - 23 所示。

表 2 - 23 上海高等实业学堂——工业专门学校时期专业设置、附属机构表(1905—1920)

系科	1905	1906	1907	1908	1909	1910	1911	1912	1913	1914	1915	1916	1917	1918	1919	1920
商务专科		——	——													
铁路工程班		——	——													
铁路专科			——	——	——	——	——	——								
土木专科									——	——	——	——	——	——	——	——→

（续表）

系科	1905	1906	1907	1908	1909	1910	1911	1912	1913	1914	1915	1916	1917	1918	1919	1920
电机专科			——	——	——	——	——	——								
电气机械科									——	——	——	——	——	——	——	——→
航海专科					——	——	——									
铁路管理科														——	——	——→
国文科				——	——	——	——	——	——	——	——	——	——	——	——	——→
西文科						——	——	——	——	——	——	——	——	——	——	——→
专门预科							——	——	——	——	——	——	——	——		
附属中学	——	——	——	——	——	——	——	——	——	——	——	——	——	——	——	——→
附属小学	——	——	——	——	——	——	——	——	——	——	——	——	——	——	——	——→

注：——→表示延续至1920年以后。

第三章
教学概况与特色

第一节　教学计划与管理

一、课程设置

课程设置主要是指规定课程类型和课程名目，在各年级的安排顺序和学时分配，并简要规定各类各科课程的学习目标、学习内容和学习要求，它是教育宗旨与培养目标得以实现的重要保证，也是教学开展的主要依据。这里就这一时期专科及专门预科、附属中学的课程设置总体情况，如设置原则、基本特点、教材来源等，进行总体性考察分析。

清末时期，学校确定教育宗旨及培养目标是“造就专门人才，尤以学成致用，振兴中国实业为宗旨，并极意注意中文以保国粹”。民国时期，以“教授高等工业专门学科，养成工业人才，并极意注重道德，保存国粹，启发民智，振作民气，以全校蔚成高尚人格”为教育宗旨。不难看出，两个时期的教育宗旨及培养宗旨是一脉相承的，大致可概括为造就具有人格高尚、国学厚实、专业精深的技术人才。强调工文并重、注重学以致用是此期课程设置所遵循的主要原则。1913 年 3 月唐文治在《致交通部公函商讨教育宗旨》中称，学校编制课程“大抵以功

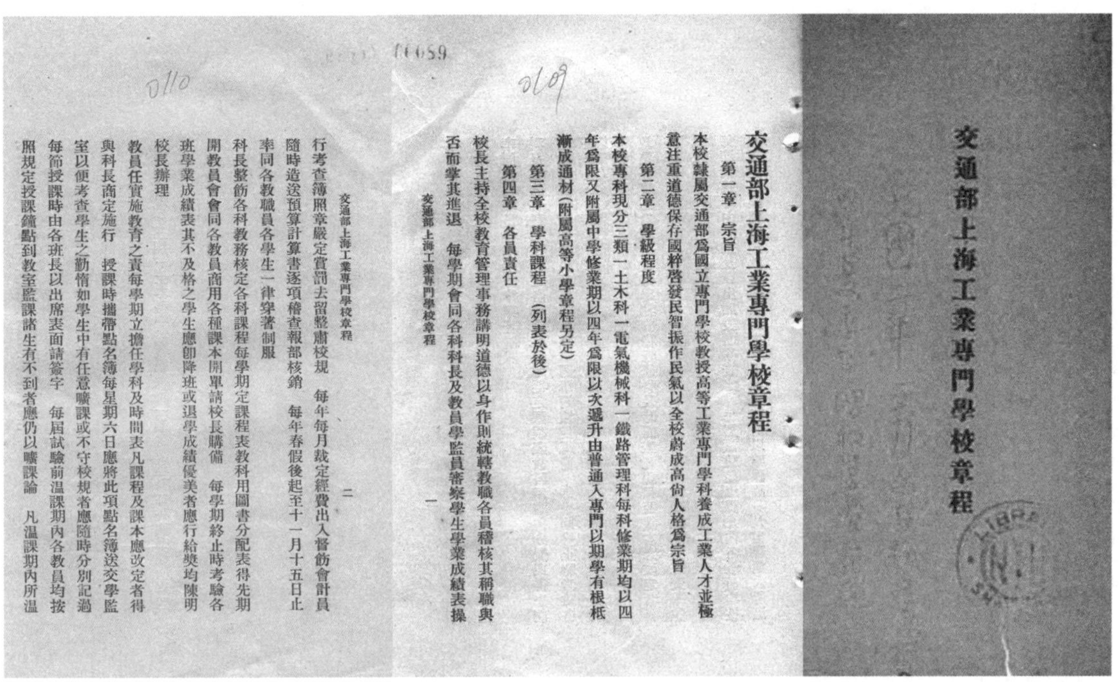

交通部上海工業專門學校章程

交通部上海工業專門學校章程

第一章　宗旨

本校隸屬交通部爲國立專門學校教授高等工業專門學科養成工業人才並極意注重道德保存國粹啓發民智振作民氣以全校蔚成高尚人格爲宗旨

第二章　學級程度

本校專科現分三類一土木科一電氣機械科一鐵路管理科每科修業期均以四年爲限又附屬中學修業期以四年爲限以次遞升由普通入專門以期學有根柢漸成通材（附屬高等小學章程另定）

第三章　學科課程　（列表於後）

第四章　各員責任

校長主持全校教育管理事務講明道德以身作則統轄教職各員稽核其稱職與否而掌其進退　每學期會同各科科長及教員學監員審察學生學業成績表操

交通部上海工業專門學校章程　一

交通部上海工業專門學校章程　二

行考查簿照章嚴定賞罰去留整肅校規　每年每月裁定經費出入督飭會計員隨時造送預算計算書逐項稽查報部核銷　每年春假後起至十一月十五日止率同各教職員各學生一律穿著制服

科長整飭各科教務核定各科課程每學期定課程表教科用圖書分配表得先期開教員會會同各教員商用各種課本開單請校長購備　每學期終止時考驗各班學業成績表其不及格之學生應即降班或退學成績優美者應行給獎均陳明校長辦理

教員任實施教育之責每學期立擔任學科及時間表凡課程及課本應改定者得與科長商定施行　授課時攜帶點名簿每星期六日應將此項點名簿送交學監室以便考查學生之勤惰如學生中有任意曠課或不守校規者應隨時分別記過每節授課時由各班長以出席表面請簽字　每屆試驗前温課期內各教員均按照規定授課鐘點到教室監課諸生有不到者應仍以曠課論　凡温課期內所温

1913 年《交通部上海工业专门学校章程》(部分)

课密、管理严六字为主，其空言高论不能实践者，概从删削”。① 同时，学校自附小、附中而专科是相互衔接的有机组成部分，注重大、中、小学课程的连贯也是设置课程的原则之一。1908 年 4 月唐文治在《咨呈重订章程和宗旨》中专门向邮传部解释说：“自小学以至中院，自中院以至上院专门，所有中西文课本皆定预算，务使循序渐进，先后联络一气，无躐等、无重复，俾成完全教育。”②

当时本校乃至我国高等工程教育尚处于起步阶段，学制欠完善，缺乏实际经验，学校在编订各级课程时，在充分考虑上述原则的基础上，除遵循学部、教育部的相关法规，主要还是参照中外大学特别是美国大学的同类专科课程，作出适当的取舍与修改，最后拟定出各级课程与教学计划，整个制订过程细致严谨，力求完善。对此，唐文治在《咨呈重订章程和宗旨》中作了详细报告：

本学堂自去秋本监督接办后，即经督同教(务)、庶(务)、斋(务)长及文案员等拟就新章，连同附属小学共缮二册，咨呈本部察核。其本部及高等预科课程，曾于原文内声明，俟聘定专门教员到堂再行厘定各在案。中西专门各教员业经陆续来堂上课讲授，所有学科程度谨按照奏定章程，并参

① 《交通大学校史资料选编》第 1 卷，第 162 页。

② 唐文治：《咨呈重订章程和宗旨》(光绪三十四年三月，1908 年 4 月)。《交通大学校史资料选编》第 1 卷，第 144 页。

酌东西洋实业教育制度,商同各该专科教员,详加考核,编定科目,以资造就。其余学科阶级,毕业年数及各项规则,均经再四商榷,也间有增益,期臻妥善。①

尽管文中称编订课程时“谨按照奏定章程”,但后来学校在执行时没有完全照章办理。如1913年教育部要求学校在课程设置方面,要按照教育部公布的《工业专门学校规程》(以下简称《规程》)中的规定如实更改,但学校只是一般性的将《规程》所定课程列入章程,并未实施,实际执行的课程内容和《规程》差异较大。如土木科比《规程》规定的应开课程少开4门,超出《规程》而增开的有9门,如工厂管理法等课程就在规定范围之外。电气机械科的课程设置情况也与此相似。之后,学校向教育部、交通部函述理由:“虽间有参差,而学成致用,于实际尚未窒碍”,呈请两部“实事求是,当不以文法相绳”。② 两部相商后予以认可。学校办学过程中的独立自主性与变通灵活性,由此可见一斑。

所定各级课程中,专科所有学科皆作为主科。中学各科有主科、附科之分。修身、国文、英文(练习作为附科)、算学、物理、化学、体操均为主科,其余各科皆为附科。两门相关附科视作一门主科,如化学讲义及试验合为一科,物理讲义及试验合为一科,测量讲义及实习合为一科,此外各科有讲义兼实习或试验者分作两科计算。③

此期学校课程设置与教学计划具有一些特点。首先,课程结构安排较为合理,造就工业建设专才所需的各类课程均有适当的体现。尽管这一时期因受全国学制变更、学校自身调整等影响,课程几经变化,但总体而言,课程设置较好地处理了人文社科与理工两大类课程的关系。特别是高等预科、附中或专门预科阶段,国文、历史、地理、音乐等人文社科课程的数量或每周钟点数都超过半数。1919年附中共有课程25门,其中人文社科类13门,平均每学期授课时数占总学时数的66%。民国时期专科阶段也开设国文、道德、英文等人文课程。诚如附小教员陈容称,学校注重“科学艺术与哲理文学并重”,④有利于造就具有良好文化素养的工程人才。再从理工课程内部基础科学、工程技术与技术科学三类课程来说,配置也比较合理。算学、物理、化学等基础科学主要集中安排在附中、预科或专科初年级;工程专门课程主要安排在专科高年级阶段,如1919年电气机械科三年级开设交流电机、电机设计、电话电报、无线电等10门。至于技术课程,专科设有测量、图形几何、力学、水力学等。这种设置有助于培养既能解决现实工程问题,又具有较强适应能力的工程人才。有必要特别指出的

① 唐文治:《咨呈重订章程和宗旨》(光绪三十四年三月,1908年4月)。《交通大学校史资料选编》第1卷,第143-144页。

② 唐文治:《致交通部函》(1913年3月)。西交档:1837。

③《交通部上海工业专门学校教务现行规程》(1917年9月)。《交通大学校史资料选编》第1卷,第245页。

④ 陈容:《南洋公学之精神》。《南洋》第1期,1915年6月。

是，作为工程基础课程的数学、物理、化学很受重视，课时安排多，如以电机专科为例，清末时期算学、物理、化学分别细化为数门课程，总计每周学时数52小时，约占全部课程总学时198小时的26%；民国时期电气机械科数理化每周学时数总计69小时，约占全部课程总学时247小时的28%。不仅课程重，且考核要求很严，重视数理化等工程基础课程的教学风气由此形成。诚如有校友回忆说：

> 南洋功课的严紧，国内闻名，媲美美国麻省理工学院MIT，实有过之而无不及，所以在工业专门学校时期称做GIT(Government Institute of Technology)，而尤以一二年级时代的数理化三门功课，最为同学所恐罹，如果这三门功课pass，就此一帆顺风，毕业有望。[①]

其次，各专业课程相互交叉。比如，在1919年土木科课程设置中，设有机械工程学及实验、电机工程学及实验、管理工程学及实践等课程。电气机械科开设建筑材料、管理工程、机械原理、机械试验等其他工程学课程。铁路管理科也设有电机、土木、机械、法律等方面课程。各专业课程相互交叉开设，既体现了学校工程与管理相结合的办学理念，又适应了当时我国社会经济发展对于专业人才的实际需求。清末民初，我国社会生产水平较低，工业发展相对落后，行业分工不够细密，需要专业人才知识广博，能够胜任多方面工作。同时，我国高等工程教育虽有进步，已能实现工程技术人才的自我培养，但是就工程人才数量、层次来说，还远不能满足社会经济的发展对于专业人才的大量需求。因此，工业经济落后、专业人才缺乏的状况，需要高等工程院校培养一专多能的工程技术人才。

这一时期的课程设置还有一些特点，如始终处于动态的调整状态，课程程度不断加深，范围不断拓宽；又如国文、英文课程分量较重，学习时间长，等等。

这一时期课程设置的不足是课程名目繁多，学时过多，导致学生课业加重，学不胜学，学而不精。1920年土木科毕业生周浩泉回忆道：

> 从表面看，经过这四年刻苦攻读，我似乎懂得了一些土木建筑的专门学识和设计要求，但实质上是囫囵吞枣，多而不精。记得从三年级起，许多厚厚的课本规定要一学期读完，于是那些洋教授明知来不及，只能在每次上课时，明令我们自读四十页或五十页，准备下次抽问。因此在这最后的两年里，尽管大家十分努力，还是淘汰了几位同学，到最后毕业考试揭晓时，有四位同学因一二门科目不及格而榜上

---

① 继衍:《各有千秋——南洋三位名教授》。《友声》第16期，1953年11月8日。

无名。1920年土木工程科第十一届全级二十人,正式毕业者十六人。[①]

清末民初时期,本校高等工程教育与我国高等工程教育一样,都处于创立起步阶段,在办理过程中课程设置、教学制度等方面存有缺陷,也是在所难免的。

二、教材来源

教科书是根据教学大纲、课程设置与教学计划的要求,专门为学生上课和复习而编写的参考用书。教科书是课程的核心教学材料,是教师教育学生的蓝本,也是师生进行教学互动必不可缺少的工具。近代教科书是伴随着我国近代教育的产生与发展而诞生的。清末民初时期,我国"中学"教材如道德、国文、本国历史、地理等均为自编,"西学"教材以直接引进或翻译西方学校教材与著述为主,也有一些学校或有识之士开始自编教科书。交大的教材来源基本上与我国教科书发展史相一致,即"中学"教材以自编为主,"西学"教材以引进为主。

南洋公学因在全国最早编纂《蒙学课本》《本国地理教科书》等近代课本,而成为我国近代教科书的重地,在我国近代教育发展中具有重要影响,这也成为学校继续编纂教科书的动力。转办工科以后,学校除了修身课采用国家颁定教材外,中学、专科的国文课本都由教师自编,如监督唐文治也曾亲自编辑国文教材。据不完全总计,唐文治编辑的教材有《高等国文读本》8册、《曾子大义》2卷,《国文阴阳刚柔大义》8卷,《论语大义》20卷,《孟子大义》7卷,《大学大义》1卷、《中庸大义》1卷,以及《人格》等。教育部曾对《高等国文读本》赞誉有加,在给唐文治的批复中指出:内中所收《国文大义》"均极精当",《论语大义》"录前贤论文之作,可谓择精语详",《阴阳刚柔大义》"引曾文正之绪而大畅之,亦多独到之处。近日国学衰弱,学者惮于深造,得此书为指南,洵于文学大有裨益"。由学校国文教师李颂韩等编辑出版发行的教材有《中学国文新读本》《大学国文新读本》等,内容丰富,注释详尽,曾风行一时。此外,还有教员编辑历史、地理、算术、音乐等中小学教材。因这一时期学校国文、史地教材编纂方兴未艾,遂被人称为"编著文史课本时期"。[②] 文史课本编著的具体情况是:

> 十余年间,由唐校长暨校中各教员,先后编著四书读本,各级国文读本,历史讲义等多种,兼及算术教本,学校唱歌集等,以应社会之需。当时,并曾印行本校学生国文成绩三次,风行一时。[③]

---

① 周浩泉:《回忆南洋公学十二年》(节录)。《交通大学校史资料选编》第1卷,第296页。

② 赵祖康编:《南洋大学概况》(1926)。

③ 赵祖康编:《南洋大学概况》(1926)。

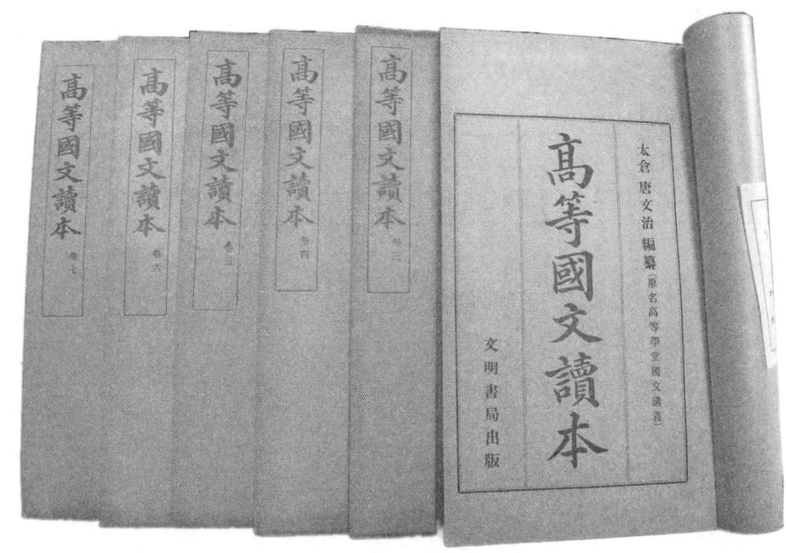

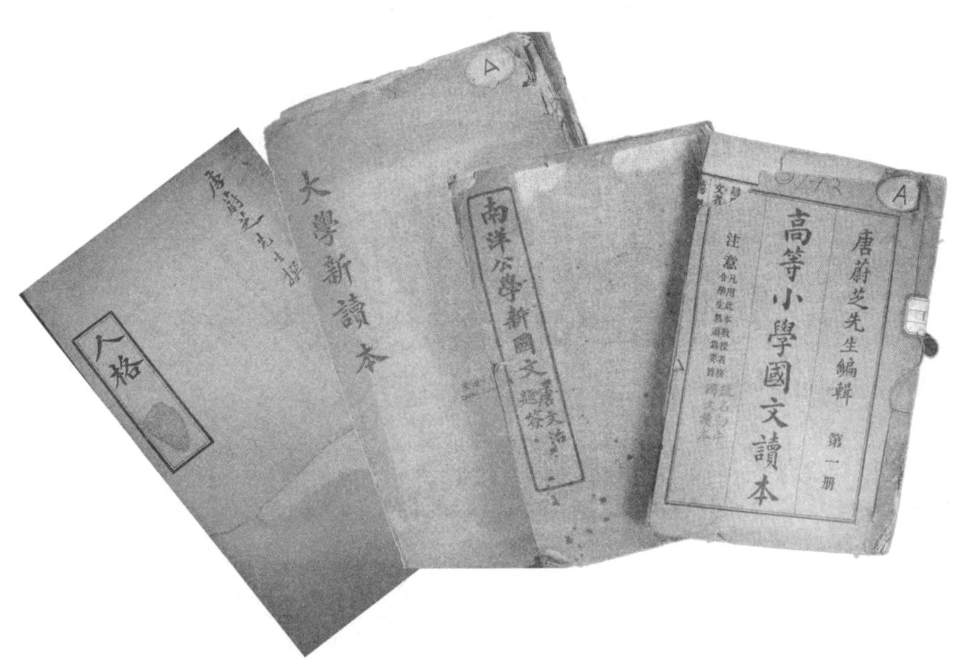

唐文治等编纂的部分教材

与“中学”文史课本编纂呈现出兴盛局面相反，这一时期“西学”教科书主要依靠引进外文原版教材，直接购买欧美大学相关专业的课本，自编或翻译本极少，这种现象在专科阶段更加明显。1912年10月唐文治在给交通部《缕析本校之中小学不应停办》呈文中称“各科(指专科)均用英文课本”。这可从1914年、1919年英文本《交通部上海工业专门学校概览》得到印证。“概览”所列各专科专业课程及教材，几乎所有的课本都采用外国教材。如1919

年“概览”所列土木科概况，除国文、道德、英文、英文写作、卫生学、土木工程、木工实习、金工实习、管理工程实践、体育等10门课程未载明外，其余46门课程均详细记载所用教材及其编著者。现将土木科载明外文教材及其编著者的课程列见表3-1。

表3-1 交通部上海工业专门学校土木科课程所用教材表(1919)

课程名称	编著者	教材名称
解析几何	Smith and Gale	Analytic Geometry
普通化学	Kahlengerg	Outlines of Chemistry
普通化学实验	Kahlengerg	Outlines of Chemistry
初级绘画和练字	French	Engineering Drawing
画法几何	Smith	Practical Descriptive Geometry
学习方法	Swain	How to Study
微积分	March and Wolff	Calculus
大学物理	Duff	Physics
大学物理实验	Duff	Manual of Physics Measurements
定性化学	Kahlenberg and Waiton	Qualitative Chemical Analysis
定性化学实验	Kahlenberg and Waiton	Qualitative Chemical Analysis
工程英语	Aydelotte Watt	English and Engineering Composition of Technical Papers
高级绘画和练字	French	Engineering Drawing
地质学	Brigham	Text-book of Geology
地质学实验	Brigham	Text-book of Geology
平面测量学	Tracy	Plane Surveying
平面测量实验	Tracy	Plane Surveying
机械工程学	Allen and Bursley	Heat Engine
机械工程实验	Allen and Bursley	Heat Engine
静力学	Maurer	Technical Mechanics(Third Edition)
动力学	Maurer	Technical Mechanics(Third Edition)
材料力学	Boyd	Strength of Materials Cambria Steel Handbook
建筑材料	H. E. Pulver	Materials of Construction
材料测试实验	H. E. Pulver	Laboratory Notes on the Testing of Materials
水力学基础	Daugherty	Hydraulics
铁路工程测量学	Searle and Ive Webb	Field Engineering Railroad Construction
实地调查	Searle and Ive	Field Engineering

（续表）

课程名称	编著者	教材名称
铁路建筑	Webb	Railroad Construction
公路建筑	Frost	Art of Roadmaking
构造学	Thayer Spofford	Elements of Structural Design Theory of Structures
结构力学	Howe Spofford	Foundations Theory of Structures
电机工程学	Gray	Principles and Practice of Electrical Engineering
电机工程实验	Gray	Principles and Practice of Electrical Engineering
测地学和天文学	Merriman Hosmer	Precise Surveying and Geodesy Text-book of Practical Astronomy
供水系统	Turneaure	Water Supply
河道整治	Cunninghams Thomas	Harbor Engineering River Improvement
水利实验	Lea	Hydraulics
下水道和污水处理	Marston	Sewers and Drains
铁路组织与经济	Williams	Design of Railway Location
结构设计	Spofford Charles M.	Theory of Structures
结构设计理论	Spofford Charles M.	Theory of Structures
结构设计过程	Vanderbeek	Notes
建筑构造	Nichols Vanderbeek	Building Superintendence Notes
混凝土结构	Hool Urquhart	Reinforced Concrete Construction Concrete Building Design
合约和规范	Mead	Contracts, Specifications and Engineering Relations
管理工程学	Brisco	Economics of Business

资料来源：1919年英文本《交通部上海工业专门学校概览》(*The Government Institute of Technology Catalogue*)，第40－60页。

同期电气机械科各课程教材情况与土木科大体一致，新设铁路管理科所用教材均未注明来源。据上表可知，土木科已列教材全部为外文版，一般为欧美大学同类专业的通用教材，如Duff编著《物理学》，March and Wolff编著《微积分》，Allen and Bursley合编《机械工程学》，Spofford编著《结构原理》等。也有建筑材料、材料测试实验、结构设计、建筑构造等极少数课程的教材或讲义由本校外籍教员朴尔佛(H. E. Pulver)、万特克(Vanderbeek)自编，

民国初年课堂教学情景

交由图书馆刊印。这些教材是外籍教员依据国外学科前沿，结合教学心得编撰而成，比较适用于本校学生，编撰质量与水平也较高。其中朴尔佛所编《建筑材料》一书，1922年作为威斯康辛大学教材，由纽约McGraw-Hill图书出版公司出版。这是专业教材上难能可贵的探索，也是学校长期鼓励中西教员自编教材的结果。1911年学校章程规定：

> 凡课程及课本讲义之应改定者，得与教务长商定施行。……凡编纂讲义，应于一星期前编成送交教务长审定，并须注明月日，以免紊乱次序。每届学年期应将各讲义送呈监督，一面咨部，一面选择精要者刊印。[①]

在学校鼓励与外籍教员的示范下，本国籍教员也开始尝试用英文自编专业课程教科书，至1921年合组交通大学前，留学返校任教的徐名材编成《工程化学手册》、徐佩琨编成《铁路法读本》等，都由学校图书馆发行，在校内外流传甚广。尽管中外教员自编专业教材只占极少数，未能从根本上改变依赖外国原版教材的现状，但为以后二三十年代学校自编教材、讲义起到了示范效应，也为高等工程教育本土化起到了一定的推动作用。

---

① 《邮传部上海高等实业学堂章程》(宣统三年，1911)。《交通大学校史资料选编》第1卷，第215页。

三、教学管理

教学管理是按照教学规律和特点，对教学工作进行的计划、组织、控制、监督的过程，它是学校管理的主要内容，包括设计教学制度、确定教学组织与方法、制订教学规章、规范教务管理等。在教学制度设计上，这一时期学校实行学年制。清末时期专科学制 3 年，高等预科 5 年，附小 4 年，整个学程共计 12 年。民国年间学制略有更动，1912 年至 1918 年专科学制 3 年，另设专门预科 1 年；1918 年后专科学制升格为 4 年，预科裁撤。附属中小学学制较为稳定，中学 4 年，附小 3 年，附小补习班 1 年，整个学程仍为 12 年。当时施行的学年制比较简单，学校规定各专科、附属中小学的课程与每周钟点数，学生在规定的学习年限内修完课程，经考试成绩合格准予毕业。专科学生开始没有毕业设计的要求，直到 1920 年才有毕业设计安排，如土木科毕业生每人须做一个钢铁桥梁设计。

教学组织上采用班级授课制，各专科依照学制分班，每个年级分设一班；1918 年学制升为 4 年后，土木、电机科初年级合为一班授课，二年级始分为两班，直至毕业。各专科班级如遇授课课程、教员相同时，临时合为大班讲授。教员也以各专科为单位，分为专业教员、公共课教员。专业教员一般教授本专科的课程，而公共课教员则为各专科讲授国文、英语、基础工程课程，甚至还兼教附属中学课程。附属中学及专门预科各年级人数较多，一般分为甲、乙两班，每班人数在 30 至 50 名之间。附小每年级各设一班，每班人数在 30 至 40 名之间。附中教员分中学、西学教员，附中教员与专科教员交叉较多，部分附中教员为专科生讲授基础课程，也有一些专科教员给附中学生授课。附小教员相对独立，基本上专职教授附小学生。

这一时期学校陆续开设铁路、电机、航海等工程教育，后又增设管理科，这些学科在我国高等教育发展史上大都属于首创，因此，各专科的课程设置、教学计划、教学方法都效仿西方特别是美国大学教育，教材采自欧美原版，师资也以美籍教员、归国留美生为主，课堂讲授采用英语，教学方法上效仿美国威斯康辛大学、麻省理工学院，重视基础课程教育，注重理论联系实际，讲求学以致用。

学校遵循“功课密、管理严”的教学原则，严订各项教学规章，并不断修订完善，以加强教学管理，使教学工作逐渐趋于规范化和制度化。1908 年 4 月，唐文治明确提出对于教学管理的主张：“严定章程，以道德端其模范，以法律束其身心。”他认为唯有如此，“庶几教授管理有可措手，学生乃能有志上进，蔚为通才。”[①]此后学校对于包含教学管理在内的学校制度建设不遗余力，使教学管理工作有章可循。在 1911 年订立《邮传部上海高等实业学堂章程》中，

---

① 唐文治：《咨呈重订章程和宗旨》（光绪三十四年三月，1908 年 4 月）。《交通大学校史资料选编》第 1 卷，第 143 页。

专列“学科程度”“讲堂规条”7条、“考试规条”16条、“赏罚规条”10条、“放假规条”8条等。1913年改订《交通部上海工业专门学校章程》共计14章,其中“学级程度”“学科课程”“管理细则”“开校及放假日期”“告假”“试验升级毕业”“试验法规”“劝惩”等8章,涉及包括学年制、课程设置、学籍、考勤、考试、成绩、试验实习等各个教学管理环节。

1917年9月,学校将上述章程中教学管理部分的内容专列,并加以修订,专门制订《交通部上海工业专门学校教务现行规程》(以下简称“教务现行规程”),成为教学管理的系统性规章。《教务现行规程》分12章:学科区别、考试、补考、补习、实习、留级、取缔旷课、学生应试、惩戒、核算分数、给予证书、转学。这些规程对学科分类、考试、实习、留级、毕业、转学等各项内容均有规定,详细缜密,是教学管理制度已逐渐趋于完善的表现。如“核算分数规程”定有6条:

每学期各科成绩以六十分为及格,不得与他学期之本科成绩平均计算;

考分以四成计算,积分以六成计算;

补足考试以六成计算,其分数由该管教员以平时积分参入之;

凡学生因大考不及格而补考者,其考分以六十分为及格,不以积分参入之;

物理、化学两科均有试验札记,其试验札记之分数视该科讲义考分之多寡以评定之;凡讲义考试及格,其试验札记分数为有效,否则无效。

临时逃考各生学业成绩分数应扣去二成。①

《教务现行规程》12章中与学生考试直接有关的内容有5章:考试、补考、补习、学生应试、核算分数,且规定特别细致,执行也相当严格。这说明学校在教学过程中比较注重学科考试与平时成绩的管理,学校的教学特色之一——要求严在逐渐形成之中。

第二节 注重中英文教学

一、国文教学

清末民初时期的交大,在社会评价中赢得了“三好”学校的好名声。所谓“三好”,即“科学好、中学好、体育好”。“科学好”,作为一所办得卓有成效的工科学校来说,这一点应该是毋庸异议;学校持之以恒地倡导各种体育锻炼和竞赛,“体育好”也是不难做到的。最难是“中学好”。一般来说,理工科学校学生的主要时间精力用在学习自然科学、工程技术知识

① 《交通部上海工业专门学校教务现行规程》(1917年9月)。《交通大学校史资料选编》第1卷,第248-249页。

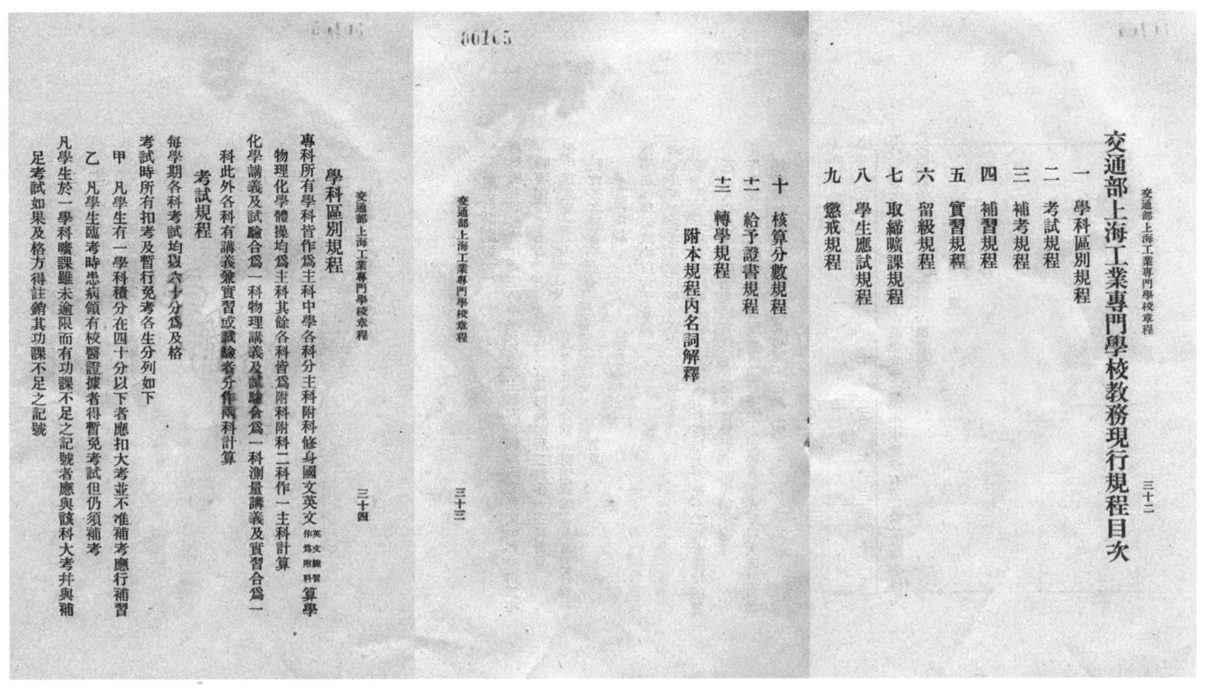

交通部上海工業專門學校章程　三十二

交通部上海工業專門學校教務現行規程目次

一　學科區別規程
二　考試規程
三　補考規程
四　補習規程
五　實習規程
六　留級規程
七　取締曠課規程
八　學生應試規程
九　懲戒規程
十　核算分數規程
十一　給予證書規程
十二　轉學規程
附本規程內名詞解釋

交通部上海工業專門學校章程　三十三

交通部上海工業專門學校章程　三十四

學科區別規程

專科所有學科皆作爲主科中學各科分主科附科修身國文英文（英文讀習作爲附科）算學物理化學體操均爲主科其餘各科皆爲附科附科二科作一主科計算化學講義及試驗合爲一科物理講義及試驗合爲一科測量講義及實習合爲一科此外各科有講義兼實習或試驗者分作兩科計算

考試規程

每學期各科考試均以六十分爲及格

考試時所有扣考及暫行免考各生分列如下

甲　凡學生有一學科積分在四十分以下者應扣大考並不准補考應行補習

乙　凡學生臨考時患病領有校醫證據者得暫免考試但仍須補考

凡學生於一學科曠課雖未逾限而有功課不足之記號者應與該科大考并與補足考試如果及格方得註銷其功課不足之記號

教务现行规程(部分)

上，至于中文与写作，只要会写报告和公文就行了，“中学好”难以做到。然而，由于唐文治对于国学教育的极力倡导和严格要求，校内人文风气浓厚，学生国文根基深厚，“中学好”也成为社会给予学校的普遍赞誉。

作为国学大师，唐文治在教育上主张中西并重，工文并进。他在不遗余力地引进西方科学教育的同时，视国文为国民之精神，将发扬国粹看作是传承中国数千年优良传统文化，加强道德教育，发扬国民精神的一种方式。他说：

> 国货者国民之命脉也，国文者国民之精神也；国货滞则命脉塞，国文敝则精神亡；爱国者既爱国货，先当维持国文。[①]

针对清末民初西学东渐之下文化教育界过分强调西学而轻视国学的状况，唐文治非常忧虑，以为那将会丧失本国文化，学生品行也绝难养成。在将自编《高等国文读本》咨送交通部审核的公函中，他忧心忡忡地说：

> 苟长此因循，我国固有之国粹行将荡焉无存，再历十余年，将求一能文者而不可得。……科学之进步尚不可知，而先淘汰本国之文化，深可痛也！本校长有鉴于斯，爰就本校国文一课特加注意。[②]

---

① 唐文治：《〈中学国文新读本〉序》。唐文治：《茹经堂文集》第2编，第5卷。

② 唐文治：《函交通部送高等国文讲义》(1913年12月)。王桐荪等选注：《唐文治文选》，上海交通大学出版社2005年版，第136页。

鉴于对国文在传承我国传统文化、进行品行教育方面重要性的自觉认识,以及抵制清末民初全盘西化思潮对传统文化的巨大冲击,唐文治极其重视国文教育,将国文教育列入办学宗旨与章程之中。到任不久,他重订学校办学章程,将 1906 年拟定的办学宗旨“本学堂讲求实业,以能见诸实用为要旨”[①]更为:“本学堂分设高等科学造就专门人才,尤以学成致用、振兴中国实业为宗旨,并极意注重中文,以保国粹。”[②]办学章程最能体现一所学校的办学方针与基本制度,以章程形式明确规定学校注重中文教育,体现出唐文治重视国文教育的极大决心,其中“极意”两字又凸显出唐文治对于国文教育的坚决态度。进入民国后,学校重订办学宗旨为:“教授高等工业专门学科,养成工业人才,并极意注重道德,保存国粹,启发民智,振作民气,以全校蔚成高尚人格为宗旨。”[③]“注重道德,保存国粹”的重要载体是国文,实际上延续了清末时期重视国文教育的做法。

为此,学校于 1908 年设立国文科,聘请学养高深的李颂韩为国文科主任。国文科不招专攻国学的学生,而是专门组织开展专科及中小学课内外的国文教学活动。国文科也可以说是开创我国高等工科学校中设立中文系的先例。[④]这一时期,延聘来校任教国文者有李颂韩、许国英、黄世祚、黄宗干、王焘曾、朱文熊、邹登泰、汤存德、吴汉声等,他们大都获得过举贡生监等科举功名,精于国学。国文科主任兼教员李颂韩,字联珪,江苏太仓人,唐文治高徒,早年就读于闻名江南的南菁书院,受业于经学大师王紫翔、黄元同,从事三礼之学,深有所得。唐文治称其“平生精研经子之学”“好学

国文科教授、科长李颂韩(1908—1926 年在任)

① 《商部上海高等实业学堂章程》(1906)。《交通大学校史资料选编》第 1 卷,第 169 页。

② 《邮传部上海高等实业学堂章程》(1908)。西交档:2456,卷名《上海高等实业学堂呈送章程及留学生办法》(1906—1908)。

③ 《交通部上海工业专门学校章程》(1913)。《交通大学校史资料选编》第 1 卷,第 224 页。

④ 《交通大学校史》(1896—1949),上海教育出版社 1986 年版,第 91 页。

笃志、品诣洁白”。[①] 从1908年2月受聘来校,至1926年因病离职,李颂韩主持国文教学长达18年,“学者咸翕然服之”。[②] 再如1911年初来校任教的朱文熊,字叔子,江苏太仓人,清光绪年间副贡生,是清末文字改革家,我国提出“普通话”概念的第一人。朱文熊早年受知于王紫翔门下,王称道其为“吾门长才,且安贫乐道、能砥砺名节者”。朱文熊满腹经纶,授课又非常认真,深受学生爱戴。邹韬奋在他的回忆录《经历》中说,朱叔子先生“实在是一个极好的国文老师”。

招考各级学生时注重国文基础。无论是专科还是附属中小学,“招考时先试中文、修身一科,不及格者不录”。[③] 1908年7月1日,唐文治致函盛宣怀告知暑期中院插班生考试一事时说:“所试各科试英文、算学之程度如何以定去取,而中文尤为注重。”[④]批改入学考卷时,如果有考生的国文成绩太差或不及格,其他试卷就不再批阅,考生也就失去了录取资格。因此考入本校的学生不仅数理化要好,国文也要相当好。1910年凌鸿勋入学时,就是因为中文出色,得了95分,而以第一名的成绩被录取。

国文课程设置的比重较大。据1919年附属中学课程表,一至三年级每周上国文课5小时,四年级每周4小时;中学4年合计每周钟点数38小时,为各课程钟点数之最,约占中学4年钟点总数272小时的14%。清末时期,各专科依照清政府颁行学制所定开设中国文学,授课钟点数也一致。进入民国时期,教育部1912年颁行《工业专门学校规程》各专科课程中并无国文课设置。但是,学校各专科照样开设国文课,且专科三年一以贯之,一直学至毕业为止,这在当时我国高等院校中是极少见的做法。

国文除了作为一门主科外,学校还通过课外教学与形式多样的活动来提高学生国文水平。每个星期天上午,学校组织课外国文教学,称作Sunday School。周末学校分设甲乙两班,学生可以自愿参加。甲班由唐文治亲自授课,乙班由国文科科长李颂韩讲授,多讲《国策》等。唐文治授课内容主要是四书五经,尤以《孟子》《易经》为多,授课时注重诵读国文方法。他结合道德教育对学生讲授经学,十数年来如一日,从不间断。主校后期,他双目已近失明,但仍然让人搀扶着上讲台,背诵经文一字不差,讲解精微透彻,学生感动不已。从小熟读经典的陆定一,因倾慕唐文治和学校国文教学水平高而投考本校。入校后他最爱聆听唐文治周末讲授国文,称听唐校长讲国文课,“三月不知肉味,也不为过也。”[⑤]

---

① 唐文治:《李君颂韩传》。李颂韩:《养庐诗文稿》(1931)。

② 陈柱:《李颂韩先生遗集序》。《养庐诗文稿》(1931)。

③《上海学校调查记(录时事新报)》。《东方杂志》第12卷第8号“内外时报”,1915年8月。

④《唐文治致盛宣怀函》(光绪三十四年六月初三日,1908年7月1日)。盛档:044629。

⑤ 陆定一:《对于本校国文教授制度之管见》。南洋大学南洋周刊社:《南洋周刊》第6卷,第7号,1925年5月23日。

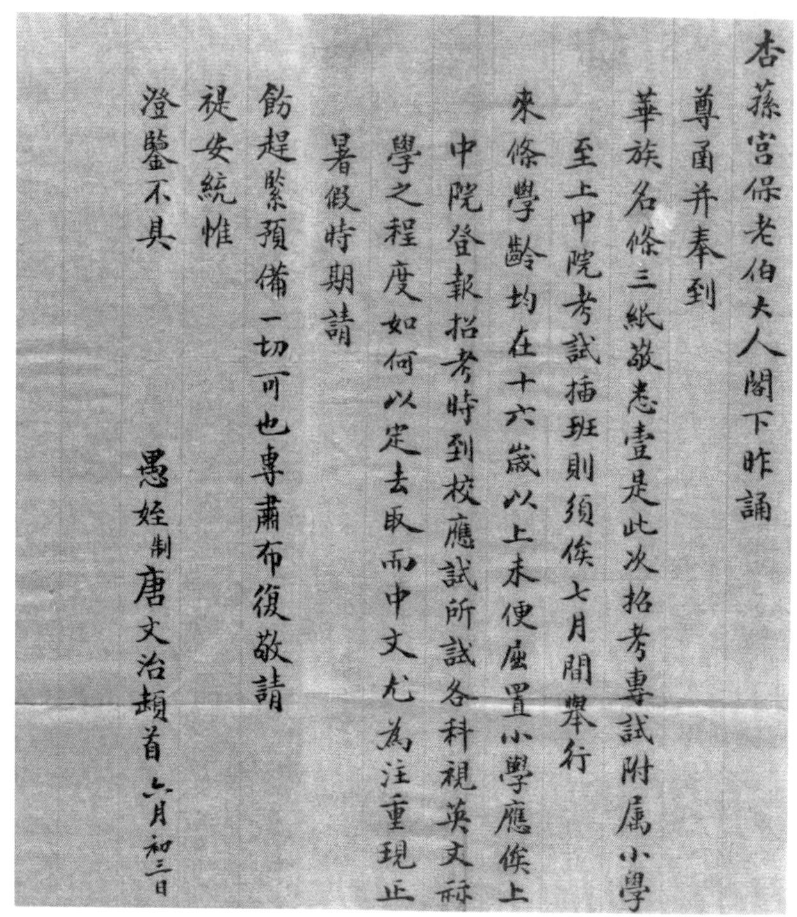

杏蓀宮保老伯大人閣下昨誦
尊函并奉到
華族名條三紙敬悉壹是此次招考專試附屬小學
至上中院考試插班則須俟七月間舉行
來條學齡均在十六歲以上未便厝置小學應俟上
中院登報招考時到校應試所試各科視英文祘
學之程度如何以定去取而中文尤為注重現正
暑假時期請
飭提緊預備一切可也專肅布復敬請
禔安統惟
澄鑒不具
愚姪制唐文治頓首　六月初三日

1908 年 7 月 1 日，唐文治函告盛宣怀本校招生尤重中文成绩

周末授课而外，学校于 1908 年成立国文研究会，全校学生均为会员。学校每年组织举行一次由大、中、小学学生参加的国文大会（即作文比赛，小学生另出考题），时间定在每年孔子诞辰日暨 9 月 28 日前一个星期日上午。唐文治亲自参与命题、阅卷。会考结果在孔子诞辰日发榜，作文成绩名列前 10 名者分别奖给金牌、银牌、铜牌及书籍等。唐文治、李颂韩等还选印历年国文大会的菁华文章，先后编成《南洋公学新国文》八册，由商务印书馆代售，成为风行一时的语文课本。学校创始人盛宣怀看过《南洋公学新国文》后大加赞赏，亲函唐文治，称该书“门分类别，浓淡清奇，无美不备，直可当一部子史菁华录”。[①] 国

① 《盛宣怀致唐文治函》（1914 年 9 月 19 日）。盛档：045003－2。

文大会从 1908 年开始至 1920 年唐文治离校，13 年来从未间断过。国文大会有助于激励全校学生认真学习国文，注重道德品行修养。以后学校以国文会考的形式将之延续下来，至新中国成立前，一直是学校国文教学上的一大特色。

重视国文教育，使得交大造就了一批品学兼优、文理兼通的科技人才。早在 1916 年 12 月，学校在向交通部提交的《本校专门人才急宜设法广为录用案》中就称："本校毕业生不独于专门科学有高等之学识，且于国学亦颇有根柢，盖本校之于国学素所注重也。"[①]此期毕(肄)业生如凌鸿勋、丁西林、杨荫溥、鲍国宝等便是典型的文理兼通之才。同时，国文教育对文理渗透、工文并重的教育模式进行了初步尝试，为这座理工学府打造了浓厚的研读文史的风气，学生在潜移默化之中陶冶了良好的道德品行。1920 年电机系毕业生、我国电讯事业的先驱于润生对国文教育于校风的影响予以高度评价，他说："当时母校虽为研读现代工程技术之最高学府，而对于处世接物、修齐治平之道，以及中国文学结构与修辞之术，仍不断在同学脑海中孕育滋长。"[②]

浓厚的人文教育环境还影响了一些学子成长为文化界大家，如国学大家陈柱、朱东润、冯振、陈源，教育家孟宪承、廖世承，著名画家朱屺瞻，图书馆学家杜定友，以及著名新闻工作者、文化斗士邹韬奋等，他们的文科基础基本上都是在学校求学期间奠定的。从附小、附中直至电机专科，爱好文学的邹韬奋从 1912 年起到 1919 年在交大读了7 年，在他"勉强向着工程师之路前行"的自嘲中，并没有被科技符号淹没文气，反而在传统文化浓郁的交大得到充分的熏陶和滋养，几乎年年因国文成绩优异被列为免费优待生，避免了因经济困难而失学的困境，更使他得以继续徜徉在自己喜爱的文史王国之中。他在回忆录中盛赞母校重文之风："这个学校虽注重工科，但因为校长是唐蔚芝先生，积极提倡研究国文，造成风气，大家对于这个科目也很重视……替我的国文写作的能力打了一点基础。倘若不是这样，只许我一天到晚在 XYZ 里面翻筋斗，后来要出行便很困难了。"[③]

二、英文教学

在重视中文教育的同时，学校也注重外语教学。外语是向西方学习的桥梁，在当时我国工业技术和工程教育都很落后的情况下，急需引进工业技术及其教育，作为中介工具的外语

① 南洋学会编:《交通部上海工业专门学校学生杂志》1916 年，第 1 卷第 4 期。

② 于润生:《追忆交大崇文尚武的精神》。《老交大的故事》，第 91 页。

③《韬奋忆交大》。《交通大学校史资料选编》第 1 卷，第 282 页。

就显得至关重要。因此,重视外语教学在很大程度上可以反映学习西方的决心和积极态度。早期交大对学生的外语教学尤为重视,注重提供外语语言实践的机会与场所,使得外语特别是英语成为历届学生的一项“额外”特长。

唐文治校长力主向西方学习先进的科技文化与教育制度,延聘一批外籍教师,采纳原版教材;同时不断派出优秀毕业生到欧美留学深造。他认为,要学习西方深邃的科学技术,如不熟练地掌握外国的语言文字是难以办到的。他曾说:“无论何种科学,均须熟娴文法,方能窥其精奥。”①因此,他特别重视以英语为主的外语教学,注重培养学生的外语水平与能力。学校重视外语教学,首先体现在附属中小学、专科的课程设置上。在附属小学,英文课教学先是从三年级开始,每周授课 6 小时,到四年级每周授课时数增至 9 小时,成为和国文并重的主要公共课程。而当时清政府颁行《奏定高等小学堂章程》中并无开设英文课的规定。1912 年 12 月,教育部订定《小学校教则及课程表》,规定高等小学校第三学年加授英语,每周授课 3 小时。而此时学校附小各年级均设英语课,且程度已较前增高。

中学和预科阶段,英语和国文、数学被列为三大主科之一,愈加受到重视,授课时数增多,清末时期附中一至三年级每周 8 小时,四、五年级每周 6 小时。民国初年又将附中一、二年级英语分为英文阅读、语法、练习三门课程,三、四年级分设英语、练习两门课。此外三、四年级开设法文或德文作为第二外语。据 1919 年附属中学课程表(见表 2-19),英文、法文等外语课程每周授课学时合计多达 102 小时,占整个附中 4 年总学时 272 小时的 37.5%,也就是说,在附中 4 年课堂学习中,学生外语学习的时间就超过了三分之一。民国初年进入中学的赵宪初回忆说:“我记得在中学一年级的时候,英语课每星期十六课时之多,每天一课是英文读本,另一课是英文文法,还有四天各有一课英文会话。”②如此,外语已成为附中三大主科之首,附中也成为外语教学最主要的阶段。专科阶段仍设“英国文学”“英语写作”课程,铁路管理科还加设法语课程,侧重于增强学生的外语运用与表达能力。此外,中学、专科课程中除国文、手工、体操外,教师上课都用英语讲授,课本也都采用英文的教科书,给学生营造了良好的学习语境,同时也给学生带来无形的动力,要想绝大多数科目获得好成绩,必须过英语这一关,否则连课都听不懂。清末时期,唐文治曾向邮传部汇报称:“本校高等专科各学科

---

① 唐文治:《正课以后拟添设西文补习课》(宣统二年,1910)。《交通大学校史资料选编》第 1 卷,第 186 页。

② 赵宪初:《回忆我在交大的学生生活》。《老交大的故事》,第 285 页。

均以英文教授，与新章不谋而合。”经过小学、中学阶段的外语学习与训练，到了专科阶段，一般学生基本通过语言关，能够适应英文授课和外文教材的教学要求。

西文科科长徐崇钦（1910—1912年在任）

在课堂教学之外，学校相当重视课余时的外语教学活动，这一点与国文教学有相同之处。1910年秋，唐文治有感于学校英文教学有所退步，成立西文科，选聘徐崇钦任首任科长，后胡诒谷、徐经郛相继担任科长。西文科并不招考学生，专门负责组织外语教学与活动，以及协调管理外语教师队伍。1910年西文科成立时有教员14名，其中英文12人，德文1人，法文兼德文1人。与周末补习国文课相一致，学校于1910年春为附中、专科学生开设外语补习课。授课时间放在下午4点半正课结束后，以一小时为限。补习课科目有英语、德语、法语三种，程度较高者还可以选习拉丁语，学生可以自愿报名选习。学校为培养学生学习外语的兴趣和听说能力，于1909年9月成立英文会，制订《英文会章》5条，规定该会宗旨“以增进英文上之知识，以会话演讲为主要”。[①] 全体学生一律为会员，全体为总会，各班为分会，分别推举会长、副会长、书记员等职员。分会的活动比较频繁，“每星期在各课堂开会一次，每次一小时半，依点名册次序，轮值五人演讲，或用自著论说，或选名人撰作，行有余时则以会话。”[②]如此规定，意在让每位学生都能获得表现与锻炼的机会。英文会还极力督促学生适应英语授课的语境，倡导全校“在英文课及英文教授各课时，误用国语一语者，专科生罚铜元二枚，(附中)二、三、四、五年级生罚铜元一枚，初年级生免罚”。[③] 英文会为学生学习英语提供了一个平台，丰富了学生课余生活。英文会总会每学期开大会一次，会议期间举办全校性英文演讲会和辩论会，后来举办类似于国文大会的英文写作竞赛，时间定于每年12月的第二个星期，称为英文大会。1917年入校、后被誉为“台湾工业化之父”的尹仲容(尹国庸)曾回忆他当年参加国文、英文

① 《邮传部上海高等实业学堂英文会章》(宣统二年，1910)。《交通大学校史资料选编》第1卷，第187页。
② 《邮传部上海高等实业学堂英文会章》(宣统二年，1910)。《交通大学校史资料选编》第1卷，第187页。
③ 《邮传部上海高等实业学堂英文会章》(宣统二年，1910)。《交通大学校史资料选编》第1卷，第187页。

大会的情形：

> 交大沪校在唐蔚芝先生任校长时，每年有国文大会及英文大会各一次，其特点是全校学生全部参加，上自上院四年(级学)生，下至中院一年(级学)生，无一幸免。同一天考，题目也是一样，不过批分断却照他的程度。我第一年(参加)英文大会幸而得奖。①

为训练外语的书面表达能力，学校规定专科生做作业和实验实习报告等均需以英文书写。经过多年的严格训练和课外熏陶，专业课乃至部分中学课程的教学，能够直接以英文传授，这在当时我国中学、专科学校，甚至高等专科性大学中也属少见，凌鸿勋就曾说，他就读的广州府中学堂数理化各科全用中文讲授。而当时各校专业课程教学，多采用所谓“二重讲演法”，即外籍教师用外语讲一次，再由译员用中文讲一次，1 个学时的授课内容要用 2 个学时才能勉强完成，效率较低。尽管学部奏准“农工商实业学堂所有外国语文功课拟一律定为英国语文”，高等实业学堂专业课程“一律用英文课本”，②但能做到直接用英文授课的仅有本校及直隶高等工业学堂等少数几所学校而已。

较高水平的外语教学，使学校能够与发达国家的先进教育接轨，可以直接订购西文原版教科书，学生毕业后留学英美，对英语均能应付自如。邹韬奋在其回忆录中说，当时学校的英语教育，给他留下了“永远所不能忘的厚惠”。凌鸿勋 1910 年入校时，因英文程度太差，被插入预科四年级试读，教师是一位英国人，受英文教学氛围的影响，凌鸿勋英语成绩猛进，一口流利纯正的英语，由此打下良好的基础。这一时期学生的外语达到了较高水平，大多具有良好的驾驭英语的能力，在社会上口碑甚好。良好的英语教学可谓交大早期的一大教学特色。

第三节 重招生、重考试、重实践

一、严格招生

清末民初，学校仍设大、中、小学三级教学建制。学生从附属小学毕业后升至中学，中

---

① 尹仲容:《校史麟爪——球德颂》。《友声》第 13 期，1953 年 8 月 8 日。

②《学部奏请实业教育注重英文》。《申报》1910 年 6 月 14 日。

学毕业后再升入专科，形成相互衔接的人才培养体系。照此建制，只要附小初年级学生招考足额，全校生源便可无忧。然而，实际上大、中、小学各年级每年均有学生流失，能够读完附小、附中，最后升至专科者，为数极少。自专科初年级以下各班级如遇有缺额，均对外招考。附属中学各年级设两个班级，一班由附小毕业生升入，另一班对外招考而来。如此，学校大致每年招考附小、附中初年级各一班，其余自专科初年级以下的各班级招考插班生以补缺额。

学校招考新生工作主要利用暑假期间进行，实行自主招生方法。学校一般先于6、7月间在上海等地的各大报刊上连续刊登招生广告，向社会公布招考学额、考期考地、收费标准及报考条件等。8月1日至20日新生报名，25日至28日考试，30日即公布录取名单，9月1日新生便可入学。年底放假前，各班遇有缺额，再行招考插班生。

清末民初时期社会风气的开通，初等、中等教育的初步发展，学校办学声誉的形成，加上专科毕业生可分派至待遇优厚的交通实业部门工作，成绩优异者还有被公派出国留学、实习的机会，因此学校受到人们的倾慕，投考者逐渐增多。1908年考入学校的周贤颂后来回忆说，当年学校已成为全国最高学府之一，全国青年学子素所敬仰，都想考入就学，考中者被人视为"中状元"一样。[①] 1912年考入学校的邹韬奋更直接地说："在当时竟好像除了南洋公学，没有别的什么学校看得上眼！"[②]许多中学毕业生以本校为报考第一志愿，甚至有些学生首次投考不取，隔年重来报考。上海及附近有名的公私立中学，如扬州中学、南洋中学、浦东中学等课程，或以本校附中课程作为标准，或与本校专科课程相衔接，以利于学生毕业后投考。在东南一带颇有盛名的浦东中学，为鼓励学生择校升学，选定本校、北大、北洋、清华、唐山五校为升学目标，规定凡考入上述五校者，由校方每年给予津贴奖金100元。[③]

报考本校人数虽多，然因招生名额极少，录取严格，考题难度高，因此入学考试竞争激烈，录取率很低。1912年10月，唐文治在谈到辛亥革命前学校专科招生情况时曾说："本校长到校以来瞬经五载，历届招考新生取入专科者每次仅有三五名，即如上年下学期报考者已达千余人，而所取专科学生仍不过十名左右。"千名考生中只录取十名，真可谓百里挑一，足见学校专科生源相当严格。当时，尽管我国中等教育已经开始广为设立，但是教学

---

① 周贤颂：《一个未过河的小卒子》，台北尔雅出版社1981年版，第4页。

② 《韬奋文集》（香港三联书店1957年版）第3卷，第27页。

③ 张瑞德：《中国近代铁路事业管理的研究——政治层面的分析（1876—1937）》，台北"中央研究院"近代史研究所1991年版，第140页。

质量普遍不高,其中数理化、外语等水平更低。本校办学历史早,教学水平较高,转办高等工程教育以后,基本上仿照欧美工科大学的课程设置,招收新生,要求在数理化、外语方面具有坚实的基础,如此要求下,考生虽多,符合要求者甚少。至于个中原因,唐文治曾分析说:

> 其故由于本校注重实业,各科均用英文课本,须能直接听洋教员讲授,而各处学堂程度甚浅,科学不完备,相去之远非可以道里计。……即以上海一隅而论,名为中学者不下十余所,其能与本校直接升班者,不过南洋中学一所,然程度已觉较低。至于高等小学不下数十所,其能入本校中学者,也寥寥无几。①

各处中学、高等小学教学水准低于本校附属中学、高小程度,而本校招考学生时又一律以本校附中、高小毕业生的程度为基准,一般中学、高小毕业生也就难以跨越入学考试这道门槛,学校因此经常遇到报考人数多、招生却未能足额的情形。但是,学校并未降低要求以保足额,仍然坚持择优录取,宁缺毋滥的原则,守住招考的"高门槛",严格把握好招考新生的各个环节。在资格审查关上,学校明文规定:"凡学生有志来学者,须经入学试验,视试验成绩及格分别录取;投考时须将从前肄业之学校及已经读过各书一一详载,并自注明愿入何科及第几年级。携带毕业或修业证书,由校长、科长面试考验品格,有习气者概不录取。招考时先试中文、修身一科,欠缺者不取。"②在考试内容上,历年入学考试科目多、题量大、难度高。各年级考试科目及程度各不相同,专科初年级需考科目有国文、修身、英语、法语、物理、化学、解析几何、三角、代数、历史、工程绘图、图形几何等12门;预科须考国文、修身、英语、法语、三角、几何、代数、物理、化学、历史、经济等11门;附中一年级须考国文、修身、英文阅读、语法、算学等5门;附小初年级须考国文、算学两门,其程度均以本校各级教学水平为准。科目如此之多,以至报考附中以上者须连续考试3到4天,除国文、修身、法语外,各科以英文出题,用英文答题。最后学校录取考生时,一律凭考分成绩择优选录,杜绝通关系、开后门。学校在招生广告内特别载明:"本校考试向以程度为凭,其不及格者,断难录取。倘有来函介绍者,亦难迁就。"③

---

① 唐文治:《缕析本校之中小学不应停办》(1912年10月)。西交档:1803,卷名《有关附属中小学交通部指示呈复等文》(1912)。

② 《交通部上海工业专门学校章程》(1913)。《交通大学校史资料选编》第1卷,第229-230页。

③ 《交通部上海工业专门学校招生广告》。《申报》1915年8月1日。

上海工業專門學校(即前南洋公學)附屬高等小學招考

年齡 十一歲至十五歲欲插二三年級者須考英文 學科 僅考國文算術 報名 徐家匯本校○陽歷七月四日報名截止○每名納報名費小洋二角外埠通信報名者可用郵票一角八分代報名 另加掛號回信郵票八分 考期 陽歷七月八日○考生須照投考憑單指定日時來校考試 注意 報名以領到投考憑單為準臨考無憑單者不納

TA 1622

交通部上海工業專門學校招生廣告

學額 專門初年級十二名預科八名中學四年級二十名三年級十名初年級六十名 考期 陽曆八月二十五日起 報名 報名期陽曆八月一日起至二十日止報名時隨繳四寸半身照片一紙考費洋一元概不發還 收費 全年學膳費八十元體育講義役費各二元 如有電機廠金工廠木工廠材料試驗室蒸汽試驗室測量實習室物理試驗室化學試驗室實習或試驗者每科每星期二時全年收費二元四時四元依此遞增又化學存儲費全年四元少補餘還 再本校考試向以程度為憑其不及格者斷難錄取倘有來函介紹者亦難遷就致傷青年腦力務希亮察又函索本校中文章程者請先寄郵票五分英文章程者請先寄郵票念分空函不復各班考入程度載本校第一期學生雜誌本校及中華商務文明各書局均有出售

A1352

交通部上海工業專門學校招生廣告

本校定於八月二十五日上午八時招考新生專科第一年級及預科又中學各級均有餘額自八月一日起報名至二十日截止報考者隨繳四寸半身相片一紙考費一元概不發還遠處來信報名者其考費可由郵局滙寄郵票不收並須開明願考年級以便填給投考憑單無憑單者屆時不得與試此佈

TA 1227

郵傳部上海高等實業學堂分設高等商船學堂招考簡章

(程度)分預科中學及高等共三科凡有高等小學二年級程度者入預科高等小學畢業者入中學其中學畢業或有四年級以上程度能直接聽英文講義者入高等(年齡)預科十三歲以上中學十五歲以上高等十八歲以上其年歲過幼過長者不錄(體格)目不近視身體健全者為合格能習水性者尤佳(納費)學膳費現暫免收每學期收軍衣費十五元(共五套兩兜三件)總計約四十元分期繳清運動衣被費一元儲費一元均於入學時繳足後方准上課(畢業)預科二年中學三年高等在校二年半並招商或外商輪船實習一年半高等畢業後有欲為海軍之將弁者可改入海軍學堂學習一年其不入海軍者畢業後或派赴東西洋專門學校實驗或咨部派在招商局輪船當差(校址)吳淞口砲台灣現借賃高等實業學堂對門(考期)七月初九日起十三日止每日上午八時半到齊九時考起十二時止下午一時起四時止十五日登時報揭曉臨考時均帶呈四寸照片一張(考所)上海徐家匯郵傳部高等實業學堂(報名)自陰六月初一日起至二十日止到徐家匯考所報名(開學)定七月二十一日行開校禮二十三日上課

戌121

郵傳部上海高等實業學堂招考通學生廣告

(程度)中學各年級及高等專科初年級均可插班(學費)每學期中學十元高等十五元書籍自備初入校時並須先繳操衣費十元宿舍由校指定自行納費飯食自備如願住校者每學期納膳宿費八十元(考試)報名時給憑評單(考期)陰六月二十五日起上午八時到齊臨時帶四寸照片一張送呈過期不准補考(報名)陰六月初一日起二十日止過期不收其由郵報名者須開明報名處併附足郵票以便寄詳章否則概不作覆(校址)徐家匯北本校

戌122

登載于《申报》上的学校历年招生广告

入学考试难度大，录取比例低，招考环节严，投考学生的现身说法最有说服力。1910年夏，17岁的凌鸿勋从广州府中学堂毕业，报名参加本校在广州举行的广东官费生考试，这场考试给他留下了难以忘怀的印象，在《我进南洋的前前后后》一文中，他写道：

> 考试的题目令人紧张，其中有一段中翻英，内容是对英国史提芬颂(史蒂芬森)氏发明铁路机车的叙述。现在的中学生也许都听过这段故事，但在七十多年前对广州中学生则是闻所未闻，何况拿中文本译成英文在那时是很不容易的事。我只能是糊里糊涂翻了几句。至于数学和理化，中学全是用中文教授，而出的题目却全用英文。题目尚有点看得懂，但用英文写答卷却难了。至于中文题目，我记得是“文章根本皆六经”。父亲就是一名经学教员，我少时受过几年庭训，虽然未读毕六经，但对这个题目，则拿起笔来洋洋洒洒、有条有理地写了五六百字。出了考场，和别的同学交谈一下，都是说答得一塌糊涂。

当年学校在广东招考官费生40名，报考首要条件是中学毕业生，而当时整个广东中学程度毕业生极少，最终报名参考者仅七十余名，录取6名，录取率不及1/10，且离实际招生数40名相去甚远。这说明学校招生时严格遵守宁缺毋滥、择优录取的原则。

不仅清末时期考入本校不容易，就是在民国初年，我国中等教育有所发展，能考入本校的也只有上海、江苏、浙江等地几所名牌中学的少数优秀学生。1920届电机科毕业生于润生对自己考入学校时的情景一直记忆犹新，数十年后，他在接受采访时就专门谈及这段考场经历：

> 1915年冬，我毕业于南菁中学，其时学制已改为秋季始业，我只好插班。当时有三个学校是我私心羡慕的，即上海南洋、天津北洋、南通纺织三个学校。放假后，我即前往上海南洋公学投考预科插班生。记得插班考试共考三天半，前三天都考过了，到第四天，精神实在支持不住。……第四天上午考法律、经济、法文三科，我在学校均未读过，而且法律、经济两门都是出英文题，我决定不去应考……

后来，于润生在同学的规劝下，勉强参加了考试，尽管法律等三科考试不理想，但因国文、数理化各科成绩优异，终被录取。

由于招生程度要求高，招收的新生数量就比较少，学生规模难以扩大，每年毕业生人数也有限。自1907年商务专科毕业，到1921年夏改组为交通大学前，15年内各专科共计毕业学生331名，平均每年仅22名。但是，学校坚持择优录取、宁缺毋滥的原则，招收高水平学生，入校学生大都成绩优异，有力地保证了学校整体教学水平的提高和人才培养的质量，为学校赢得了良好的社会口碑。严格招生一直为学校继承与发扬，成为学校教学特色之一。

二、注重考试

考试是教学过程中的重要环节，它是督促和巩固学生所习功课的有力措施，是检验和提高教学质量的重要手段。一个好的考试制度，不仅在学生临考时，就是在平常也能促使学生勤奋用功，取得较好的成绩，从而推动学校取得良好的教学效果和水平。学校对考试甚为重视，作出了种种严格规定，制订了详细的考试规章列入学校章程，引导学生及教师认真对待、执行。无论清末还是民国时期，学校制定的章程中，都专列考试规则并严格施行。如1911年《邮传部上海高等实业学堂章程》第5章"考试规条"共有16条，对考试类别、计分方式、评分标准、考场规则、补考程度等一一作了明确规定；1913年《交通部上海工业专门学校章程》第12、13章分别是"试验升级毕业""试验法规"；1917年订立《教务规程》共有12章，其中与学生考试直接有关的内容就有5章：考试、补考、补习、学生应试、核算分数，且规定特别细致。

学校的考试分三种，即学期考试、学年考试和毕业考试。学期考试每半年一次，学年考试一年一次，由监督(校长)、教务长会同教员组织考试，阅卷后将各班学生的成绩按照名次张榜公布在上、中两院的过道走廊上，不及格的课程还要标以红字，特别醒目。公布名次之外，还要把成绩单寄给学生家长。清末时期的毕业考试比较繁琐，专科生先要通过本校毕业考试，然后由学校造具分数履历等，转请邮传部册送学部。学部择定日期进行复试，应届毕业生赴京城参加，考验合格后获得毕业文凭，并奖以功名，分等录用。民国时期废除复试与奖励功名的做法，学生只需通过学校组织的毕业考试并结合平时成绩，各项考试考核合格，咨准交通部后并可获得毕业文凭。

在有关考试的规定中，学校也具有自己的特色。首先，重视学生的平时成绩。在清末时期，学校每月要进行一次不定期的临时考试，考试成绩是平时成绩的依据。临时考试的成绩也要发榜公布名次。民国时期测定学生平时成绩不限于每月的临时考试，有讲完一章考一次，有一星期内测验一次，统称为小考。小考采用突然的方式进行，至学期结束时，以各课程历次小考之平均成绩，为一学期之平时成绩，当时称平时成绩为积分。积分在学期和学年总成绩中占有很大比例。邮传部高等实业学堂时，平时成绩占学期和学年总成绩的50%。民国时期"考分以四成计算，积分以六成计算"，即平时成绩占学期和学年总成绩的60%，而且还规定如果某门课程平时成绩在90分以上，可免于该课的学期、学年和毕业考试而给以优等成绩。后来还规定："凡学生有一门学科积分在四十分以下者，应扣大考，并不准补考，应行补习。"[①]这些规定使学生重视平时成绩和平时学习，防止学生到临考前进行突击式复习应考。

---

① 《交通部上海工业专门学校教务现行规程》(1917年9月)。《交通大学校史资料选编》第1卷，第245页。

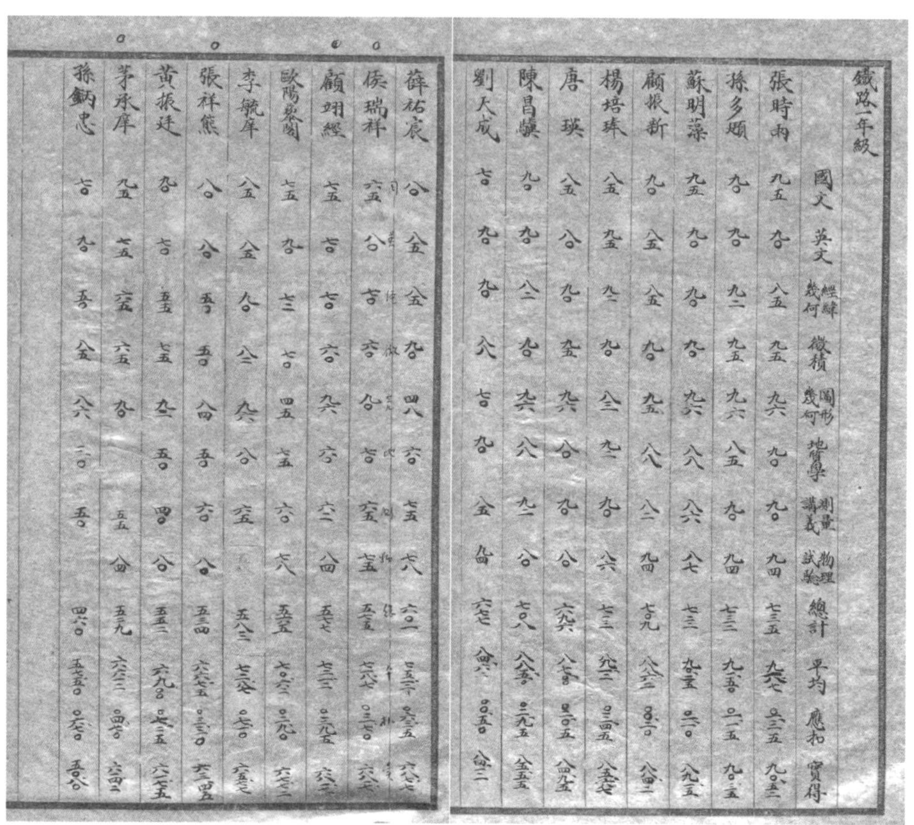

1912 年 7 月铁路专科一年级学生学期成绩表

其次,将考试与学生课堂授课时间相结合,注重整体课程的考核。凡有一门课程缺席时间超过授课时间的三分之一者,不得参加该课考试。清末邮传部高等实业学堂时期评定成绩以 50 分为及格,以后改为 60 分为及格。凡毕业或学年考试,若不及格在 2 门以内者,应于暑假内自行复习,新学期开学后即再行补考,补考以一次为限;若 3 门不及格者,应即留级。学期考试有三分之二的课程不及格者,作降级处理。

最后,重视不及格者的补习工作,绝不迁就姑息。学校规定,凡是“学生有一学科积分在四十分以下不准大考及补考者”“每科积分考分平均在四十分以下者”“学生有一学科大考及补考均在六十分以下者”等 6 种情形之一者须要补习。还规定各课程补习考试只许一次。毕业前有一、二主科应行补习者,须入原班补习完足后才准毕业;毕业考试不及格的学生,补习以一年为限。

学校订立各项考试规则予以施行,一以贯之,每年考试成绩不及格或较差需要补考、补习者为数不少,降级或退学者为数不少,毕业班与新入学班的人数之差,有时达三四倍之巨。周浩泉在《回忆南洋公学十二年》一文里提到,与他 1909 年春同期录取的附小插班生有 14 名，到 1912 年毕业时只有 8 名，6 名学生被淘汰，淘汰率达 40％以上；与他同时直升至附中的附小毕业生有 18 名，到 1916 年附中毕业时，又淘汰了 4 名。在专科阶段，他入读的土木专科全级 20 人，正式毕业时 16 名，有 4 位同学因一、二门科目不及格而未能如期毕业。可知由于学校课程重，考试严，施行严格的淘汰制，因此小学升至中学者少，读至大学者更少。后人曾将学校严格施行的淘汰制度称为“中国近代教育史上罕见的现象”。[①] 每年大考的前几个星期，全校学生紧张起来，经常“开夜车”，全部心思投入到复习应试当中。曾有人对学校大考前学生状态与校园气氛作过精彩的描述：

> 到了大考，不外乎少睡几句钟觉，少吃或多吃两碗饭，只因个人体格有强弱的不同，所生影响极不一致。有太劳神而吃不下的，也有因之而能多吃的。比如梳洗刷牙，一概取了一种敷衍主意。头上的发，身上的垢，也特别的长，也特别的多，大考期间的老虎灶于是无形减工，剪发处门可罗雀，徐家汇的商店，除洋蜡烛特别旺销外，其余面馆、小食店、书铺子，家家冷静了不少。[②]

注重平时考核与各级考试，无疑有利于学生养成对学习的正确态度，有效地督促学生掌握各门课程的理论知识，也有利于教师检验学生的知识水平，以便更好地修订教学方略。可以说，注重平时考核与各级考试，对于这一时期教学水平与人才培养质量的日益提高发挥了重要推动作用，并为后来学校所继承与发展，成为“要求严”教学特色的主要表现形式。不可否认，注重考试也会使学生过分看重书本，容易导致理论知识与实践能力相互脱离的弊端，工程类学生尤其如此。学校也认识到此种弊端，在注重考试同时，重视开展各种实习实践，做到教学与实践相结合，使学生学有所用，学以致用。

三、重视实践

工程教育欲达到良好效果，实验和实习是不可或缺的手段。按照清末学部的规定，高等工业学堂应当建立各种实验室和实习工场。实际上，能够建立实验、实习场所的学校微乎其微，不少学校或因掌校者不甚重视，或因经费拮据，实验仪器简陋，实验、实习难以开展。学校在刚刚开办工科时也经历过这种困境，苦于无资金添置设备、建设实习工厂，因此没有单独开设实验和实习课，而是边讲课边实习。唐文治接任监督后，把添置实验设备、建造实习工厂，视为造就求实务实专门人才，实施尚实办学思想的重要措施之一，相当重视实验和实

---

① 张瑞德：《中国近代铁路事业管理的研究——政治层面的分析（1876—1937）》，台北“中央研究院”近代史研究所 1991 年版，第 140 页。

② 经武：《大考时生活的态度》。南洋大学南洋周刊社编：《南洋大学学生生活》（1923）。

习。1909 年 1 月,他呈文邮传部称:“讲求实业,不能不资试验;欲资实验,不能不建工场。嗣后学堂如果发达,则路、轮、电三科必须设立机器工厂。”[①]民国初年,经过数年的工科办学实践,唐文治更加认识到实验实习的至关重要性,在给土木科《旅杭测量日记》所作序言中,他明确指出:

> 工程一科,理论与实践相辅而行者也。能致其用而不能言其理,所用必不达;能明其理而不能致其用,所学亦不成。书也者,言其理者也,工程问题在不同,非得之经验,无以喻其旨趣。……故学者必期学理畅明,试之实践,以资经验而辅助学理之未通,夫然后工程问题之来可以迎刃而解。[②]

唐文治还特别强调,取自西方的课本知识未必适合我国国情,这就更需要通过实践加以“会变”。他说:“善于彼者未必适于此,其所以为利者,或所以为患也。是则更非惯历其间,善于会变不为功。”[③]

清末民初时期,学校办学条件比较匮乏,经费拮据,但在重视实践教学的思想指导下,学校仍然筹集资金,相继建成金工厂、木工厂、水力实验室、电机试验室、无线电实验室等,成为国内最早的研究实验机构,实验、实习设施在同类学校中最为齐备,为学校教学实践的顺利开展提供了必不可少的条件。主管部门邮传部、交通部对学堂的教学实践也很重视。1907 年邮传部尚书陈璧奏定该部官制,对于设立学堂造就人才极其重视,称各学堂“应以车务工厂、电务工厂附焉,俾各堂学生皆得就地实验,而各厂艺师、艺士亦随时证明学理”。[④] 对于所属学校添建实验工厂予以支持。

实践性教学分为校内、校外两种。校内设有实验、实习、设计课程,在各实验室、工场进行;校外则是赴杭州、无锡等进行实地实习。校内外实验、实习课程随着实验室、实习工场的建立而渐次开展,从无到有、从校内到校外。清末时期,各工程专科与实验室刚刚初建,实验、实习课程虽已逐渐开设,但并不规范稳定。民初以后,学校将实验和实习课单独开设,制订规章制度,使之逐步走上正轨,成为重要的教学环节,在教学中占有相当高的比重。1913 年,教育部发布的《实业学堂规程》中,关于土木和电气机械科的实习,只有“通习科目”(即物理、化学等专门课)的实验实习。而学校课程设置中除“通习科目”的实习外,还开设专业课实习,如测量学实习、电气及磁气实习等。土木科的专业课实习时间每学期达 180 学时,电

---

① 唐文治:《条陈本学堂办法》(光绪三十四年十二月,1909 年 1 月)。《交通大学校史资料选编》第 1 卷,第 118 页。

② 唐文治:《旅杭测量日记·叙》。上海工业专门学校土木科:《旅杭测量日记》(1914)。

③ 唐文治:《旅杭测量日记·叙》。上海工业专门学校土木科:《旅杭测量日记》(1914)。

④ 交通部、铁道部交通史编纂委员会:《交通史·总务编》第 3 章“教育”,1937 年版。

学生在试验室做实验

气机械科则为200学时，大大超过了教育部的规定。校内外实验、实习课程均列为教学计划中的必修课，课时比重大，要求高。附中、预科阶段倾向理论教学，但也安排木工实习、理化实验等课。各专科课程安排上偏重应用性，实验、实习、设计等实践性课程所占比例较大。如1919年土木专科课程中，理论性课程39门，实践性课程16门，其中实验类课程有化学、物理、物理化学、地质学、平面测量、机械工程、材料测试、电机工程、水利实验等9门，实习类课程有木工场实习、金工厂实习、管理工程实习、实地调查等4门，设计类课程有图形几何、绘图、结构设计等3门。上述实践性课程约占全部课程总数29%，每周总学时约占总时数的35%，也就是说，大概有三分之一的课程属于实践性教学范畴。电机科实践性课程数量、学时所占全部课程比重与土木科情况大致相同。实践性课程比例高，是学校重视实践教学的重要体现。

学校也充分利用校内资源，创造各种条件让学生获得实习机会。1911年春，学校延请美国一博士在校内试验行车轻便铁道，铁路专科师生参与其中，获益良多。同年春，学校装置电灯照明，电机专科首届全体学生动手施工、调试，效果较好。学校在加强实践性教学的过程中，也逐步形成了一套比较规范

1916 年土木专科二三年级学生赴杭州实地测量合影

的实验和实习制度,如规定先讲课、后实验或实习,物理、化学、桥梁计划、建筑学等,必须通过基础理论考试,才可以参加实验实习;每次实验或实习前,必须预习,写出准备报告,经教师审查批准后进行;实验或实习过程中,学生必须详细记录各项数据,经教师核对,若有错误必须重做,务必做到精确无误;做完后的当天就要写出报告,要求内容准确,条理清楚,字迹工整。随着各实验室、工场的相继设立,学校也相应配备专人,订立各个试验室使用规则,进行规范化管理。1917 年学校制定《教务现行规程》时,专门订立《实习规程》3 条,具体内容如下:

凡土木科学生于毕业前须随时由教员督率,往他省实地测量,并赴各铁路考察。

凡专科生须随时由教员督率赴就近各工厂考察,并赴他省著名工厂考察,以资实习。

凡各科中有讲义先授、试验后授者,如物理、化学、测量、桥梁计划、混合土建筑学、房屋建筑学等,其讲义考试满四十分者,准其补考,倘补考不及格,不得与该科实习或试验。①

① 《交通大学校史资料选编》第 1 卷,第 247 页。

除第三条内容有关校内实验、实习，其余两条是关于校外实习的规定，其主要内容是赴外地进行实地测量，至各铁路、厂矿参观考察，略偏重于土木一科。规程看似简约，实则校外实习早已开展，且筹划精细，组织有序，成果显著。1909 年 9 月，铁路专科三年级学生 11 人由美籍教师、工程师璞德带领，携带经纬仪、指南针等仪器，远赴杭州宝云山一带进行野外测量实习，实习为期一月余，内容包括地志与铁路测量、布算、地志图与铁道图。实习师生“将西湖山水全体测量，绘图贴说”，[①]学生每天需向领队老师报告，如实书写实习日记。在实习日记里，要说明实验方法的大意、效果、存在的问题等内容，以求不断改进。回来后，学校将学生的实习日记及报告汇集为《旅杭测量日记》，刊行于世。1909 年旅杭测量实习是学校专科成立后第一次校外实习，此后辛亥革命爆发，国内动乱不已，校外实习暂停数年。1914 年三、四月间，校外实习重新启动，土木科美籍教员毕登、万特克率三年级学生 19 名、二年级学生 18 名及木匠、校役数名齐赴杭州，对西湖一带山脉沿途测勘，进行为期近一个月的实地考察。事后学校将旅杭测量日记 20 册、绘图 1 册呈送交通部审核备案，得到交通部嘉奖，称“此次毕业诸生成绩昭著，本部深为嘉尚，所请备案之处，应即照准；所制之图，仰再多印数份送部，并就近送一份与甬嘉铁路，以资参考”。此后校外实习每年都能正常进行，且安排设计更趋合理，实习范围和内容不断扩展。有关资料对 1920 年春土木科赴无锡实习过程有一段简明扼要的记载：

> 1920 年 4 月 1 日，土木科三、四年级学生 40 余人，由代理科长毕登、教员朴尔佛及杨培琫率领，赴无锡太湖测量。下午抵梅园，梅园主人荣氏已辟室为宿舍。测量人员分为 5 个队，每队 7 至 8 人，为期 1 个月。其组织有：总工程师、副总工程师、总副庶务长，中文、英文书记长，队长、队员，以上工作均由学生承担，教员则任督察及发令之责。每天早晨 8 时出发，晚 6 时回园，晚间在寓所计算，星期日休息。若逢阴雨则在园绘图。测量任务一是铁道勘线、地势预测、基线预测、定基测量，由朴尔佛指挥；二是地形测量、转镜仪测量、平台测量、大地测量、水平测量，由毕登督率。师生终日往来于山谷间 10 数里，而毫无倦意。[②]

至 1921 年交通大学合组前，学校形成了比较规范有序的校外实习惯例，一般是专科毕业前一个月左右的时间去外地实习，土木科为测量实习，找一处山峦起伏、地形复杂的地方，进行设计铺设路轨的实地测量；电气机械科赴武汉、南京等地的大工厂实习参观。后来毕业

---

① 《邮传部高等实业学堂铁路科第一次校外实习概况》。《交通大学校史资料选编》第 1 卷，第 177 页。

② 《上海交通大学纪事(1896—2005)》(上卷)，第 108 页。

交通部上海工業專門學校土木工科三二年級學生西湖測量報告

緣起

本校土木工科正課內有平面測量鐵路測量實習濕地平衍無丘陵起伏不足以資經驗故每班於假期內多由教員帶出測量以儲蓄各項知識向例也然國家多難時事變遷中輟者蓋數載年來校事漸復舊觀土木科同學以實習爲不可少之知識請於校長唐蔚芝先生規復實習唐師深以爲然時土木主科教授除科長胡振廷先生外爲美國人康南耳大學畢業生土木工程師萬特璧(H.A.Vanberbeek M.C.E.)畢敦(Wm. E. Patten C.E.)二先生而庶務員王熾甫先生居杭有年於彼方事情熟識故由唐師留胡師在校主持科務特派萬畢二師與王先生率三二年級學生於春假前赴杭州西湖一帶實習測量預計日程約四星期也

布置

測量事既決定遂由唐師與萬畢二師及王先生商定於三月十六日啓行四月十二日回校先期請王先生往杭借廟宇爲住所並布置食宿由校中行文浙江都督民政長請飭沿途警察一體保護曉諭鄉民免生驚擾時土木科三年級生二十人施傑拘病歐陽藜閣丁憂均告假不與二年級生十八人萬畢二師囑將人數分爲六隊以便分段測量每隊六人公舉隊長一人每日報告功課並派兩班班長四人管理收發儀器及代表報告各事舍長四人管理食宿各事各隊組織如下

第一隊	劉天成(隊長)	陳璋	黃振廷	諸人騏	顧振新	黃應鐘
第二隊	張時雨(隊長)	楊培琫	孫多頲	劉杰	薛祐宸	侯瑞祥
第三隊	仲志英(隊長)	陸承謀	孫鈉忠	王均	陳昌驥	樊巽權
第四隊	陳體誠(隊長)	凌鴻勛	文之孝	傅世義	彭清裕	陳錫榮
第五隊	黃炎(隊長)	楊耀文	楊華	張偉	蔣炳英	鄭炳銘
第六隊	李毓庠(隊長)	茅承庠	張祥熊	程鵬翥	過錫彤	朱基樹

先數日兩班同學開會草定到杭後測量規則及食宿規則各數章

測量規則

一每日除教員命作別事外在一定時間內應同出測量不得規避

一每日出發及回舍時間由教員定之

一測量時必須群策群力不能半途離職

一測量儀器攜帶及司用者須負完全責任每日出發時由班長按件點明給發收隊時按件交回班長收藏

一除星期日外均應守在校上課規則如有不得已事故須離職守者須親向教員處請假

一其餘規則由教員臨時定之

食宿規則

一早六時半起身

一七時早膳

旅杭測量日記 一

1914年《旅杭测量日记》(部分)

班还增加了一项毕业设计,相当于现在大学毕业论文,如1920届土木科毕业班每人做一个钢铁桥梁设计。1921年春,土木、电机毕业班学生及土木科三年级学生共计38人,获准乘坐交通部提供的免票火车,赴天津、北京、山东等华北一带作为期16天的毕业旅行,开了建国前交大毕业旅行的先例。实践性教学内容的增多,教学方法的规范,成为本校教学的一个显著特色。

第四章
行政与师生管理

第一节　行政体制与职员概况

一、主辖机构

这一时期，除辛亥革命期间一度无所归属外，学校先后归属于商部、邮传部、交通部管辖，校名分别称为商部上海高等实业学堂（1905 年 4 月至 1907 年 3 月）、邮传部上海高等实业学堂（1907 年 3 月至 1911 年 10 月）、交通部上海工业专门学校（1912 年 1 月至 1921 年 7 月）。商部、邮传部、交通部都是主管全国实业交通行政与建设的政府机构，离不开新式专门人才，清末民初全国新学初开，专门人才极其匮乏，于是自设专门学校培养专业技术人才，以应急需。1920 年交通部育才科所编《交通部特殊教育沿革史》在述及清末邮传部重视兴学育才的原因时指出：

> 四政（指路、电、邮、轮）需才孔亟，而养成者只有此数，供求不能相应，何能速庶政之进行。况路电邮轮当时目为新政，全国中除一二风气较早之学区稍为兼及外，其余尚阒焉无闻。即欲求才于留学一途，而风气初开，要亦不能多，致借才异域，长此终穷，三年蓄艾，固宜乘其亟以图功，百年树人，不得以其稍缓。

鉴于实业交通专门人才的缺乏，自商部、邮传部而交通部，机构多有更迭，主政者不下十

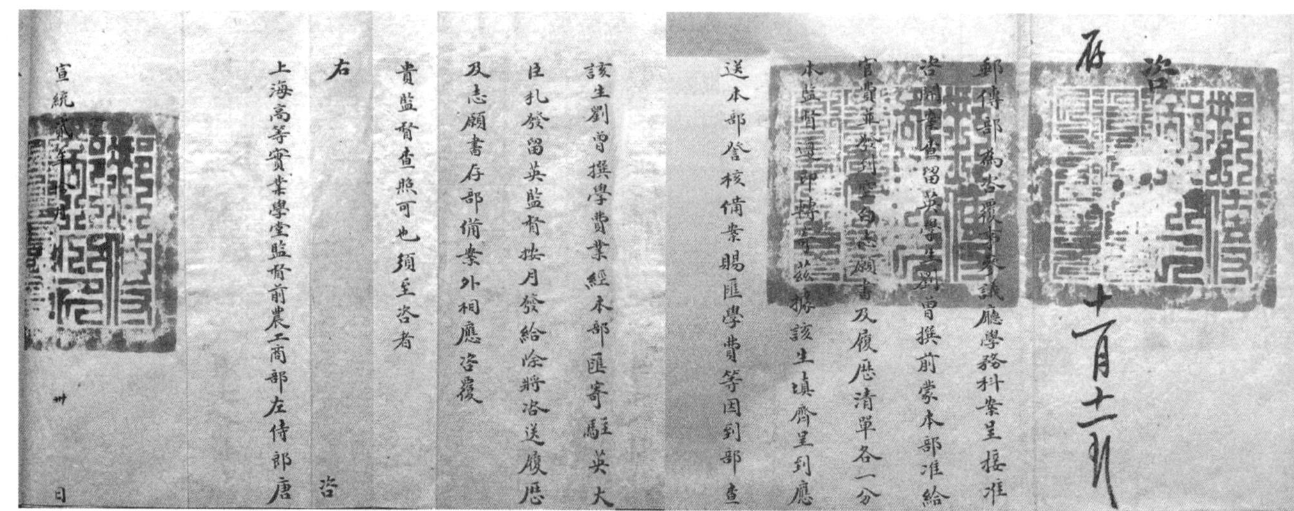

咨 存

十月十二日

郵傳部為咨覆事參議廳學務科案呈接准

咨開案查留英學生劉曾撰前蒙本部准給

官費並發到空白志願書及履歷清單各一分

本監督查照即轉寄茲據該生填齎呈到應

送本部查核備案賜匯學費等因到部查

該生劉曾撰學費業經本部匯寄駐英大

臣札發留英監督按月發給除將咨送履歷

及志願書存部備案外相應咨覆

貴監督查照可也須至咨者

右 咨

上海高等實業學堂監督前農工商部左侍郎唐

宣統貳年[illegible]月 廿 日

1910 年 11 月，邮传部为学生毕业留学事给学校的咨文

数人，然而对于所辖学校始终予以重视，维护不辍。1906 年邮传部成立之初，即重视专门教育及派遣留学生，以为“非预筹专门人才，无以为发达”。邮传部设立后，相继将本校、唐山路矿学堂、上海电报学堂纳入直辖学校，又在 1909 年设立北京铁路管理传习所，1912 年建成吴淞商船学校，以培养该部急需的各项技术人才。民国时期邮传部改称交通部，对交通专门教育仍然十分重视，交通部总长叶恭绰曾称：“交通为专门实业，必须赖有专门技术人才以创造维持之。”[①]交通部继续办理上述直辖学校，积极扩充部辖专门学校，增加经费，提升程度，到 1921 年促成了交通大学的诞生。

学校归属上述实业部门时期，各部划定所属机构，或设立专门管理学务的机构，负责管理学校事务。归属商部管辖时，由商部保惠司专管，该司负责人为时宝璋。保惠司“专司商务局、所、学堂、招商一切保护事宜，赏给专利、文凭、译书、译报、聘请洋工程师及臣部司员升调补缺各项褒奖”，[②]事务可谓繁多，难以起到监管学堂的作用。1907 年 3 月归入邮传部初始，该部未设专门管辖学堂的机构，本校暂归电政司管理。7 月又改归船政司。12 月，邮传部以路、电、邮、轮均须设立专门学堂，谕令将学务隶入承政厅法制科，派章梫、罗惇曧专办学务，程其械随同办理。1909 年 7 月，邮传部重订官制，在参议厅内添设学务

① 叶恭绰：《交通与教育》。《国闻周报》1925 年第 34 期，第 23 页。

② 唐文治：《拟商部章程折》(光绪二十九年九月，1903 年 10 月)。《唐文治文选》，第 73 页。

科，先以罗惇曧、后改派杨允升为科长，专管学堂事务。

辛亥革命时期，因政权更迭，政府机构重组，学校隶属关系出现真空，即1911年11月学校宣布脱离清政府邮传部、改称南洋大学堂后半年多的时间内，学校无所归依。直至1912年8月，学校正式归属交通部，由该部总务厅编制科掌理，该科科长为姚国桢。9月，编制科更为文书科，科长仍为姚国桢。1914年1月，因交通部官制变更，由总务厅机要科管理学校事务；11月机要科改称典籍科，仍旧兼管学校。1916年8月，交通部在总务厅下专设育才科，专理教育事项，本校校友刘成志任科长。[①] 从本校掌理机关的变化过程，可以获知清末与民国时期有着相似的演变轨迹，即起初由某一机关兼管，之后由专门管理教育的机关专管，这一相同过程说明包含本校在内的专门教育日益受到管辖部门的重视。现将这一时期学校管辖部门、分掌机构等情况列表(见表4-1)如下。

表4-1 高等实业学堂—工业专门学校时期管辖部门变迁表

起止时间	主管部门	尚书/总长	分掌机构	负责人	参与管理部门
1905年3月—1907年3月	商 部	载振	保惠司	时宝璋	学 部
1907年3月—1911年10月	邮传部	岑春煊、陈 璧、李殿林、徐世昌、沈云沛、唐绍仪、盛宣怀、杨士琦、梁士诒	承政厅法制科 参议厅学务科	章 梫、罗惇曧 罗惇曧、杨允升	学 部
1912年1月—1921年7月	交通部	施肇基、曹汝霖、许世英、叶恭绰等	总务厅编制科 总务厅文书科 总务厅典籍科 总务厅育才科	姚国桢 姚国桢 姚国桢 刘成志	教育部

主辖部门商部、邮传部、交通部对于学校管理职责主要有：任免监督(校长)、筹拨办学经费、审订学科设置与课程安排、复核毕业生分数与名册、分派毕业生工作、选派留学生，以及与学部、教育部等协调学校事务。1916年交通部育才科订立职责有：筹划交通职员之养成；审订各学校课程；考核各学校经费；毕业生任用；派赴外国留学生；管理图书馆、博物馆；其他学务事宜等。[②] 皆与管理本校有直接关系。

学校归属交通实业部门管辖，在当时的历史条件下，于学校自身发展多有益处。首先，学校的人才培养切合实业部门的实际需求。学校依照管辖部门所需要的各项专门

① 交通部、铁道部交通史编纂委员会：《交通史・总务编》"教育・掌理教育之机关"(1937)。
② 交通部、铁道部交通史编纂委员会：《交通史・总务编》"教育・掌理教育之机关"(1937)。

人才设立学科,安排课程,订立人才培养计划。如学校相继设立铁路、航海、电机、管理等各专科,无一不是按照交通建设实际需要而设。其次,毕业生出路有保障。学校各专科培养的是交通建设所需的专门人才,学生毕业后由邮传部、交通部分配至各铁路、电报、轮船等部门工作,学用一致,工作稳定,待遇较优。是故每年报考本校者众多,在校学生均能安心读书,有利于形成良好的校风学风。再次,学校拥有较多的办学自主权。尽管交通实业部门重视培育专门人才,也曾设立专门管理学务的机构,但终非谙熟教育的行家里手,且学校远离设于北京的主管部门。由于监督(校长)唐文治是德高望重、勤于校务的尊者,因此在实际管理过程中,主管部门放权于学校,并不干涉学校具体事务,使得学校拥有较多的独立自主权。这从前述学校抵制改办船校、停办中小学、裁撤移并专科等事件中可以得到印证。最后,学校经费供给相对稳定。清末民初时期,我国内外交困,国贫民弱,文化教育投入十分有限,大多高等院校经济窘迫,难以为继,停闭者不在少数。尽管同期学校办学经费支绌,曾经出现过数度危机,但相比较而言,邮传部、交通部供给学校的经费尚属稳定,且年有递增,这为学校延续与发展提供了必不可少的物质保障。

凡事利弊相生,归属交通实业部门也给学校发展过程中带来一些不利因素。一是管辖部门对于学校办学具体情形欠深入了解,在学校建制、学科设置等方面与学校常有差异,甚至发生冲突。诚如1917年唐文治在建校20周年纪念祝词中所说:"本校距京较远,大部虽竭力提倡保护,终未免稍有隔阂。鄙人接办此校以后,中央议裁小学者三次,议裁中学者二次,议归并土木科者二次,议裁电机科者一次。"[①]所指"中央",即管辖部门邮传部、交通部。虽然经过唐文治数次"笔舌力争",主管部门撤销各项原议,然而相互之间的隔阂并未消除。二是因属实业部门主管学校,办学过程中与教育文化界直接接触与交流较少,学校对于教育领域新变化的反应和吸收较为缓慢,交通总长叶恭绰后来就说:"教育界之各种运动及研究多不及交通之技术教育。"[②]教育界对于学校办学情况也缺乏理解,甚至存有偏见。当时有人认为,交通部是专司交通实业的国家行政机构,不应办理属教育部管理的学校。还有人称,学校造就专门人才,分派至交通部门工作,逐渐形成特殊势力的群体,指责学校"造成党系"。[③] 上述由于归属关系带来的不利因素,在一定程度上来说制约着学校的发展。

---

① 《唐文治校长在本校廿周纪念会上祝词》。《交通部上海工业专门学校廿周纪念会祝词》(1917)。

② 叶恭绰:《交通与行政》。《国闻周报》1925年第34期,第23页。

③ 《打破特殊的教育》。北京《晨报》1921年3月3日。

作为主管全国学务的清末学部、民国教育部，与学校之间并不构成直接的隶属关系，学部、教育部对学校人事任免、办学经费、学科设置、毕业生任用诸大端并不干涉，但是它们能通过邮传部、交通部对学校施行参与性管理，监督学校施行该部颁行的各项规章制度，复核学校性质、章程制度、学制学科、课程设置、毕业程度等是否符合定章。如 1908 年 7 月 29 日学部审查由邮传部转送的本校课程讲义后，核定本校为高等学堂性质。1909 年学部咨复邮传部，谕令学校办理航海专科时，应遵照奏定高等商船学堂航海科课程、学制办理。每届学校中学、专科毕业考试，邮传部、学部均派人到校监考。试毕将试题试卷分数、各科讲义、学生履历等造册两份，咨送邮传部、学部复核。经过学部复核并调专科生赴京复试合格后，按照学制内高等实业学堂章程予以功名奖励。民国时期，教育部对于学校参与性管理的范围较学部时期有所收缩，对于毕业考试、发给文凭并不干涉，由学校、交通部自行办理。教育部主要是监管学校学制章程建设，遵照部定学制确定本校为国立专门学校性质，训令本校更改学科名称等。学部、教育部参与性管理主要在于规范制度建设方面，对于学校校务管理并不施以实际影响，这有利于学校依据实际校情进行独立自主的办学活动，这也是清末民初时期学校在学制学科、课程设置、教学管理等方面能够保持自身特色的原因所在。

二、行政体制

清末民初时期，唐文治长期担任监督或校长，掌校者一脉相承，因此行政人事少有变更，学校行政体制相对比较稳定。清末时期实行监督—“三长”制，民国时期施行校长—科长制。1905 年 4 月，学校改属商部管辖，开始采用 1904 年《奏定学堂章程》规定的行政管理体制。南洋公学时期称校长为总理或总办，改属后称监督。同时废除提调职务，在监督之下设“三长”，即教务长、斋务长、庶务长，各长之下再设若干职员，分别具体负责教学、学生训导、总务等事，形成校长主管、“三长”分管校务的近代学堂管理体系，改变了南洋公学时期职权界限不清的现象，“校务分任组织自此始。”[①]监督—“三长”制一直沿用至辛亥革命前，1911 年《邮传部上海高等实业学堂章程》“职务通则章”明确规定了全校职员设置：

> 本学堂设监督一员，教务长一员，庶务长一员，斋务长一员，并教员、监学、杂务、会计、文案等各员，分任事件，各有规则，皆当遵守。

① 杨耀文：《本校四十年来之重要变迁》。《交通大学四十周纪念刊》(1936)。

具体说来,监督—“三长”制的行政体制及其从属关系,分为如下三个层次:

表 4-2 高等实业学堂时期学校行政系统(1905—1911)

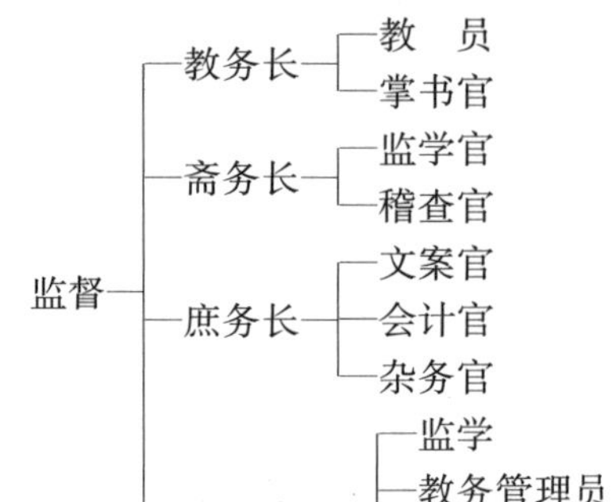

上述“职务通则章”另就监督、教务长、庶务长、斋务长及教职员的责权做出了明细规定。监督是主管全校行政的最高负责人,主要职责是“表率各员,主持全校教育事务……统辖教务长、庶务长、斋务长而稽核其所任职务”。[①] 负责全校道德教育,整顿校风校纪,考核教师、职工是否称职和决定聘任、辞退。“审订学章,稽查学规,务使全堂学科程度一律完备妥善,俾学生均获实益。”此外,还负责学校经费开支和图书、仪器设备的购置,并报邮传部备案,选派留学生,参与新生招生事宜,审批奖罚学生名单等。

清末时期学校监督须经商部、邮传部择定人选,奏准清廷后简任。先后担任监督职务者有杨士琦、王清穆、杨文骏(未到任)、唐文治,以唐文治任职时间最久。1911 年底监督改称校长,唐文治继任校长职,直至 1920 年 10 月辞职。唐离校后,交通部选任土木科教授凌鸿勋代理校长职务直至 1921 年夏交大改组时。学校历任监督及校长任职情况见表 4-3 所示。

表 4-3 上海高等实业学堂—工业专门学校历任负责人概况表(1905—1921)

学校名称	起止时间	主管部门	行政负责人		
			名称	姓名	任期
上海高等实业学堂	1905.3—1907.3	商部	监督	杨士琦	1905.3—1907.3
			代理监督	王清穆	1905 年秋—1906 年春

① 《邮传部上海高等实业学堂章程》(宣统三年,1911)。《交通大学校史资料选编》第 1 卷,第 212 页。

（续表）

<table>
<tr><th rowspan="2">学校名称</th><th rowspan="2">起止时间</th><th rowspan="2">主管部门</th><th colspan="3">行政负责人</th></tr>
<tr><th>名称</th><th>姓名</th><th>任期</th></tr>
<tr><td rowspan="2">上海高等实业学堂</td><td rowspan="2">1907. 3—1911. 10</td><td rowspan="2">邮传部</td><td rowspan="2">监督</td><td>杨文骏</td><td>1907. 4—1907. 9
（未到职）</td></tr>
<tr><td rowspan="3">唐文治</td><td>1907. 10—1911. 10</td></tr>
<tr><td>南洋大学堂</td><td>1911. 11—1912. 12</td><td></td><td rowspan="2">校长</td><td>1911. 11—1912. 12</td></tr>
<tr><td rowspan="2">上海工业专门学校</td><td rowspan="2">1913. 1—1921. 4</td><td rowspan="2">交通部</td><td>1913. 1—1920. 10</td></tr>
<tr><td>代理校长</td><td>凌鸿勋</td><td>1920. 10—1921. 4</td></tr>
</table>

教务长的责权有10条，主要是负责全校的教务工作，厘定学科课程，审查教员讲义，了解教学情况，确定选购试验仪器种类、外文教科书的版本及数量，安排上课日程，每月召开一次教员会议，研讨教学工作。“教员有不胜任者，应随时与监督商明另请。”“考验学生各学科平均分数，陈请监督核定学生品行。”再如协助监督制订有关教学规章并付诸实施，统计学生各科考试分数，参与核定学生品行成绩，并汇集送呈监督审阅。

从1905年到1911年，教务长人选变更频繁。1905年春，伍光建受聘担任首任教务长。伍曾任南洋公学提调兼西文总教习，熟悉学校校务人事，不过是年秋他即辞职离校，由数学兼英文教习冯琦继其任。1908年2月冯琦辞职离校，由数学教习梁业继任教务长。次年7月梁业辞职，专任数学教习，改聘留美学生胡栋朝继任教务长。胡栋朝，广东番禺人，北洋大学堂毕业生，1901年由公学资派留学美国。1910年秋，学校设铁路、电机专科科长，胡栋朝改任铁路专科科长，学校另聘辜鸿铭担任教务长。辜鸿铭担任教务长期间，恪守职责，严格教务，爱护学生。曾有学生回忆说：

教务长兼英文教习辜鸿铭（1910年—1911年在任）

> 辜鸿铭先生于宣统二年受聘来校，担任教务长，并教我们国际公法。……辜先生时常亲到各教室视察，听到教员讲解

> 有错误处,立刻予以指正,不留情面,教员们大都敢怒不敢言。先生对待学生比较宽厚,教课虽很认真,有时还要我们背熟国际公法若干条文,但到考试时,打分数并不太紧,故深为同学们所爱戴。①

1911年10月武昌起义之际,持保皇思想的辜鸿铭因反对革命,引起学生不满,被迫辞职离校。此时,适逢学校经济困难,校务管理重叠,教务长一职遂废止,直到1922年复设教务长。

斋务长的主要职责是负责督促学生的日常生活,考察学生品行,协助监督执行有关规章制度,维护学校秩序,填造学生名册,定时汇集各教师的学生点名册,考核学生请假、旷课情况并报监督和教务长存查,对请假逾期和旷课学生按章惩处,每月会同庶务长召开职员会议一次,检查工作。斋务长之下设监学官若干名,分任具体工作。1905年春,第一任斋务长由庶务长唐浩镇兼任。是年秋,王植善任斋务长。1906年春,改由国文教员储丙鹤兼任。1907年秋,又改由数学教习梁业兼任。1908年春,聘陆规亮(陆瑞清)任斋务长。1911年底,斋务长一职也废去,斋务事宜由学监员若干人分管。②

庶务长负责学校校舍修建、经费预算与开支、购买日常用品、整顿校容环境、管理学生伙食等总务工作,具体事务由下设的杂物、会计、文案各员分管。清末时期唐浩镇、周诠、夏日践、陆起等相继担任庶务长。辛亥革命后,总务事宜由简而繁,庶务长并未如教务长、斋务长废止而得以保留,并有较大扩展,将庶务工作分为文书、会计、庶务、卫生等方面,派员分管。到1919年,庶务长一职暂废,1921年复设庶务主任。民国时期,陆起、王乃昌、阮惟和先后担任庶务长。需要指出的是,上述教务、庶务、斋务“三长”管辖范围是专科及附属中学,附属高等小学堂教务事务由该堂堂长、职员自行管理,学校监督负责督查。综计“三长”及附小负责人任职情况,如表4-4所示。

表4-4　历任教务、斋务、庶务、附小负责人概况表(1905—1921)

<table>
<tr><th colspan="2">教务长</th><th colspan="2">斋务长</th><th colspan="2">庶务长</th><th colspan="2">附小负责人</th></tr>
<tr><th>姓名</th><th>任期</th><th>姓名</th><th>任期</th><th>姓名</th><th>任期</th><th>姓名</th><th>任期</th></tr>
<tr><td rowspan="2">伍光建</td><td rowspan="2">1905.4—1905.9</td><td rowspan="2">唐浩镇</td><td rowspan="2">1905.4—1905.9</td><td>唐浩镇</td><td>1905.3—1905.9</td><td rowspan="2">林康侯</td><td rowspan="2">1905—1911</td></tr>
<tr><td>夏日践</td><td>1905.9—1906.3</td></tr>
</table>

① 朱善培:《交大掌故》。《老交大的故事》,第122页。

② 杨耀文:《本校四十年来之重要变迁》。《交通大学四十周纪念刊》(1936)。

（续表）

教务长		斋务长		庶务长		附小负责人	
姓名	任期	姓名	任期	姓名	任期	姓名	任期
冯 琦	1905.9—1908.2	王植善	1905.9—1906.2	周 诠	1906.3—1908.1	沈庆鸿	1912—1921
梁 业	1908.2—1909.7	储丙鹤	1906.2—1907.9	陆 起	1910.9—1913.8		
胡栋朝	1909.7—1910.9	梁 业	1907.9—1908.2(兼)	王乃昌	1913.8—1916.9		
辜鸿铭	1910.11—1911.11	陆规亮	1908.2—1911.11	阮惟和	1916.9—		

1911年11月，学校在辛亥革命高潮中顺应时变，改称南洋大学堂，改监督为校长，行政管理体制也有较大变更。11月6日，被师生一致推举为校长的唐文治，在南洋大学堂成立大会上宣布推行一系列革新措施，其中第三项涉及变更管理体制："本校仿照泰西大学堂制度，不再设教务、斋务、庶务三长，以免隔阂。教务之事分科由科长担任，斋务事由监学担任，庶务长可改为庶务员。"[①]随后，教务长、斋务长正式废除，庶务长仍予以保留。同时改"官"为"员"，将会计官、杂务官、监学官一律更为会计员、杂务员、学监员；文案官则分设中文、西文书记员。清末设立教务长时，各专科尚在筹建之中，后来随着铁路、电机、航海等专科相继开设，各科科长也相继设立。各科长管辖各科内教务、学生事务，如此则与教务长权限有所重叠，容易造成彼此的隔阂与矛盾，这是废除教务长、斋务长的主要原因。教务长、斋务长废除后，其具体事务由各科长及学监分担，科长地位与权限相应提高。其责权主要有：管理各科教务，核定各科课程，安排教员课程，审订教科书讲义，考核各班学生学业成绩并实施奖惩等。科长负责制的建立，使得"校长—科长"制成为民国时期学校的主要管理体制，其行政体制及其从属关系如表4-5所示。

表4-5 工业专门学校时期学校行政系统(1912—1921)

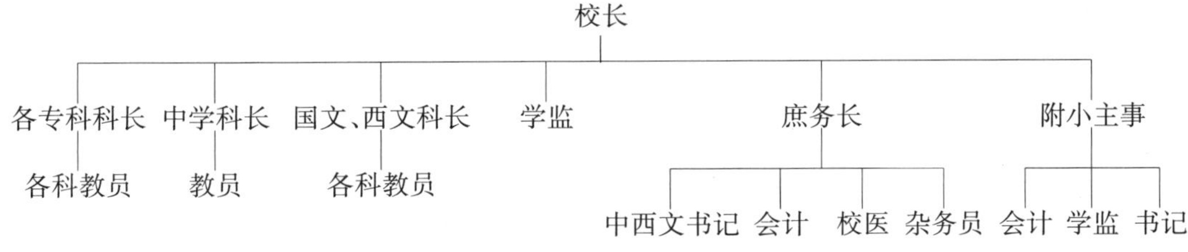

① 《中国南洋大学堂开幕大会记》。《申报》1911年11月8日。

1910 年暑假，监督唐文治与部分教职员合影

清末时期即开始设立各科科长，至民国时科长制得到健全。学校或因专科，或因教学组织不同而设立科长，至 1921 年上半年改组前，设有土木、电气机械、铁路管理、附属中学、国文、西文等 6 科科长，另设附小主事 1 人。至于各科历任科长人选及任职情况，本卷第二章“专科设置及附属组织”已经分别介绍，为便于概览，兹列表 4 - 6 如下。

表 4 - 6　清末民初历任科长、负责人概况表(1905—1911)

科名	姓名	任期	姓名	任期	姓名	任期
铁路科/土木科	胡栋朝	1910. 9—1915. 3	万特克	1915. 3—1921. 7		
电机科/电气机械科	海　腾	1909. 9—1910. 8	谢尔顿	1910. 8—1921. 7		
航海科	吴其藻	1909. 9—1911. 7				
铁路管理科	徐经郛	1918. 3—1921. 2	徐广德	1921. 2—1921. 9		
中学科	胡诒谷	1912. 1—1912. 9	徐经郛	1912. 9—1921. 2	李松涛	1921. 2—1921. 7
国文科	李颂韩	1908. 5—1921				
西文科	徐崇钦	1910. 9—1912. 3	徐经郛	1915. 9—1921. 7		

三、职员概况

清末民国时期，学校依照行政管理体系聘任职员，分别任事。职员人数一般保持在15名至25名之间，历年增减幅度不大。有数据可查的历年职员数，1907年是19人，1908年23名，1910年25名。民国建立后，学校更章改制，又限于经费关系，尽管学校规模、班级数有所增加，职员人数并未随之增加，反而略有减少，1914年有职员16名，1916年21名，1917年25名，1920年24名。为大致了解清末时期职员具体情况，现将1910年25名职员中主要者的职务、姓名、籍贯、年龄、出身、经历、任职时间与月薪等分别介绍如下：

监督：唐文治，46岁，江苏太仓人，进士，前农工商部左侍郎，1907年10月到职，月薪银500两；

教务长兼英文教习：辜鸿铭，53岁，福建闽侯人，文科进士，外务部员外郎，1910年12月到职，月薪银400两；

庶务长：陆起，42岁，江苏太仓人，候选县丞，1910年9月到职，月薪洋100元；

斋务长：陆瑞清（陆规亮），39岁，江苏华亭人，附生，1909年8月到职，月薪洋100元；

监学：王康寿，55岁，江苏太仓人，副贡，1909年8月到职，月薪银30两；

文案：夏日践，55岁，江苏嘉定人，拔贡，候补知县，1910年8月到职，月薪银50两；

会计：叶尔松，40岁，江苏上海人，试用巡检，1908年2月到职，月薪洋60元；

庶务兼帮办会计：钱峻楣，46岁，江苏太仓人，附监，1908年11月到职，月薪银30两；

掌书：王保洗，36岁，江苏镇洋人，附生，1909年2月到职，月薪洋16元；

缮校：吴镜清，43岁，浙江鄞县人，附生，1908年8月到职，月薪洋18元；

附小堂长：林康侯，35岁，江苏上海人，附生，1901年5月到职，月薪洋30元；

附小教务管理员兼教员：沈庆鸿，41岁，江苏上海人，附生，1903年3月到职，月薪洋70元。[①]

综观所有职员情况，可知清末时期学校职员方面具有如下一些特点：年龄较大，25名职员的平均年龄是42岁；职员大都出身旧学，且获得过附生以上的科举功名，其中获进士者

---

① 《邮传部上海高等实业学堂管理员一览表》(1910年下学期)。上交档：ls2-012，卷名《清朝邮传部章程表册及上海高等实业学堂咨送教员管理员一览表》。

2人。这也是清末时期我国教育近代化初期管理人员、师资特点，当时办理新式教育缺乏具有现代教育专业训练的管理员、师资，所以新式学堂的负责者、管理者甚至教员，多由具有传统功名和官衔的人士充任，本校也不例外。职员的年龄及出身上特点，使学校在管理上受古代书院管理方式、传统师生关系影响较大。再从籍贯上来说，江苏籍职员占绝对数，除福建、浙江籍各1名外，其余23人均为江苏籍，尤以太仓、上海、苏州等苏南地区为多。这既与学校所在地上海位于苏南，也与监督唐文治原籍江苏有很大关系。又从到任时间上看，1905年归属商部之前来校的职员仅有3人，且均为附小职员，其余都是归属后到校任职的，说明南洋公学时期职员留任者极少，大都为新任职员。最后，从月薪上看，各职员之间差距极大，最高者监督月薪银500两，最低者掌书官，月薪仅有洋16元。除监督、教务长薪资较高，斋务长、庶务长次高外，其余职员都在洋16至70元(两)之间。

对于民国时期学校职员情况，资料比较翔实者为1917年校庆20周年之际印行的《现任职员姓氏录》，全部职员也是25名，兹列表4-7于下。

表4-7 交通部上海工业专门学校职员姓氏录(1917)①

姓氏	字号	籍贯	职务	任职年月	简　历
唐文治	蔚芝	江苏太仓	校长	1907.10	进士、前农工商部左侍郎
沈炳涛	健生	湖南长沙	学监	1912.2	苏州铁路学堂毕业
陆修瀛	蓬士	江苏太仓	学监	1913.9	廪生、前外交部庶务科
刘天成	汝梅	贵州清溪	学监	1914.12	本校土木专科毕业
周　熙	缉庵	安徽桐城	学监	1916.10	英国伯明翰大学理科学士
阮惟和	子衡	江苏奉贤	庶务长	1916.9	前邮传部路政司司长
陈观杓	剑刚	江苏昆山	庶务	1917.2	本校中学毕业
陆　新	莲史	江苏太仓	庶务	1915.2	
叶尔松	晴峰	江苏上海	会计	1908.2	
俞庆恩	凤宾	江苏太仓	西医	1914.9	宾夕法尼亚大学医学博士
黄锡蕃	女兰	江苏武进	西文文案	1916.10	俄亥俄州立大学电机硕士
柴福沅	芷湘	浙江绍兴	西文文案、图书员	1914.12	本校土木专科毕业
季　丰	孙南	江苏太仓	中文文案	1916.8	南菁中学毕业
陆修诂	景周	江苏太仓	中文文案	1917.2	附生
陆尔康	健侯	江苏松江	物理试验室管理员	1916.9	本校土木专科毕业

①《交通部上海工业专门学校廿周纪念册》(1917)。

（续表）

姓氏	字号	籍贯	职务	任职年月	简　历
郑炳铭	得一	广东顺德	化学试验室管理员	1915.9	本校土木专科毕业
杨启瑞	咏裳	江苏上海	会计、庶务助理	1914.9	
吴镜清	郁卿	浙江鄞县	中文缮校	1908.7	附生
许铭德	叔明	江苏太仓	中文缮校兼图书员	1910.8	监生
徐启瑞	佑人	江苏太仓	中文缮校	1912.3	
杨永庆	永庆	江苏宝山	西医配药员	1915.2	
沈庆鸿	叔逵	江苏上海	附小主事兼教员	1903.2	附生、南洋公学师范生
陆承济	慧刚	江苏吴县	附小庶务、会计	1902.7	附生
张孝申	仲田	江苏金山	附小学监兼教员	1917.2	
王长今	南士	江苏常熟	附小书记	1914.8	

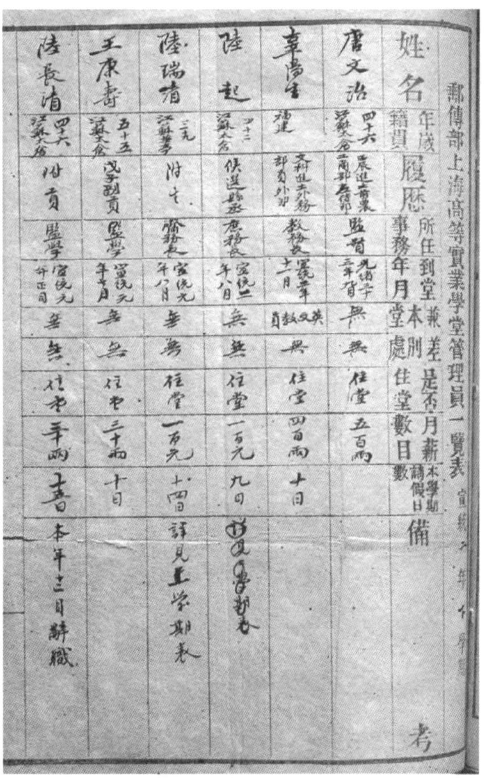
郵傳部上海高等實業學堂管理員一覽表

1910年3月学校职员一览表(部分)

上表职员中未包括各专科及附中、国文、西文科科长5名,各科长实际属于兼职性质,是各科教员中德才兼备者。25名职员中,校长1名,庶务长1名,学监4名,庶务2名,会计1名,会计庶务助理1名,西医1名,配药员1名,中西文案4名,试验室管理员2名,中文缮校及图书管理员3名,附小职员4名。这种职员设置基本上反映了整个工业专门学校时期学校行政管理体系的一般情况。与清末时期职员相比较,一个最重要的变化是,曾经留学或毕业于新式学校的职员明显增多,如有毕业于本校专科、附中,有毕业于欧美大学并获得较高学位者,同时出身旧学的职员日趋减少,职员结构得到优化,有利于学校适应近代化发展趋势。从到校时间来看,民国以后新聘入校者居多,清末时期入校工作以来的职员甚少,反映了职员调整变动性非常大,职员结构处于更替之中,这与清末时期行政职员情况基本相同。

经过20余年的发展,到1917年时学校已有一定规模,学生人数已达700余人,而职员只有25名,办事效率是非常高的。在清末民初时期职员中,忠于职守、任劳任怨,对于学校发展贡献较大者不乏其人,值得深入介绍者有两人。一位是清末民初时期庶务长陆起,字勤之,州廪监生,后入北京法政大学学习,又佐理哈尔滨道台施肇基三年。1910年9月庶务长夏日践辞职,学校急需精干之员。唐文治连发三次电报紧急招揽陆起南下。陆起欣然南归,到校就任庶务长。1912年民国建立,学校无所归属,经费断绝,难以为继。唐文治请陆起同赴北京,会晤时已任交通总长的施肇基,协商解决了办学经费问题。对于陆起的工作,唐文治校长称"余倚之如左右手"。①

另一位积劳病逝的会计叶尔松,他于1908年2月来校,赞襄校务,夙著勤劳。1912年初学校经费危机时,几至解散。在叶尔松的襄助下,唐文治竭力斡旋,渡过难关。此后学校经费年年支绌,叶尔松殚心筹划,精力交瘁,1919年3月某日,叶尔松在办公室忽觉头痛,他不以为然,犹伏案作书,不久渐剧,昏迷不醒。经医生抢救无效,溘然长逝。据医生报告,为用心过度,积劳成疾,血管爆裂所致。全校师生为之伤痛哀悼。②

第二节 教师概况与管理

一、教员概况

前文已就各专科、附中及附小师资作了分类简介,这里综合各级教学单位情况,结合相

① 陆震绅:《唐文治和陆氏三兄弟》。政协太仓市委员会办公室编:《太仓文史》第19辑,2007年。

② 《交通部上海工业专门学校学生杂志》第3卷,第1号"记载",1919年6月。

关资料，对全校的师资结构及变化、待遇管理及特点进行整体性叙述。首先将所能查获的部分年间教员及职员数量列表（见表4-8）如下。

表4-8 高等实业学堂、工业专门学校部分年间教职员数及师生比例统计表

年 份	教员		职员	教职员总数	学生总数	师生比例
	本国	外籍				
1907	23	6	19	48	463	1∶9.6
1908	28	6	23	57	534	1∶9.4
1909	39	6	24	69	536	1∶7.8
1910	41	4	25	70	—	—
1914	33	7	20	60	575	1∶9.6
1916	32	10	24	66	623	1∶9.4
1917	32	10	25	67	638	1∶9.5
1919	42	10	20	72	831	1∶11.5
1920	33	13	24	70	813	1∶11.6

资料来源：《邮传部交通统计表》（1907—1909）；《交通部上海工业专门学校概览》（1914年英文版）；《交通部上海工业专门学校概览》（1919年英文版）；《交通部上海工业专门学校同学录》"教职员通讯录"（1919年12月）；《交通大学校史》"教职员人数统计表"；《交通大学校友录》"离校教员录"（1936）。

上表可知，这一段时期教职员总数保持在50—70名左右，其中职员数基本稳定在20—25名之间，而教员人数略有增加。1907年邮传部接办时教职员共有48名，随着各专科设立，教员人数逐年增加，至1910年时升至70名，增加22名之多。民国初年略有减少，此后又攀升至70名左右。教员中以外籍教员增幅最大，清末时期外籍教员只有4—6名，民国初年增至7名，自1916年以后添聘至10—13名，增加了2倍。外籍教员主要讲授各专科的专业课程，也有少数外籍教员除教授专业课外也兼教中学理化、英文课程，这说明各专科对外籍教员依赖程度至1920年初以前依然没有减弱。

教员、职员人数的比例，最低者是1907年、1908年，均为1.5∶1，最高者为1919年的2.6∶1，各年份平均比值是1.9∶1。同期一般官办新式学堂中管理人员较多，职员几乎与教员相当，甚至超过教员数，导致人浮于事，办学资源浪费。比如，1907年初两江师范学堂学生不过253人，而全堂教职员及工役则多至234人。[①] 又比如同属邮传部直辖之唐山路矿学

① 《江宁学务杂志》第2册"公牍"（光绪三十三年四月，1907年5月），第37-38页。转引自苏云峰：《三（两）江师范学堂——南京大学的前身（1903—1911）》，南京大学出版社2002年版，第102页。

堂、北京铁路管理传习所、上海电报学堂,1909年各堂(所)教员、职员分别是8、10名;19、23名;9、16名,职员都超过教员人数。而同年本校教员、职员分别是45、24名。[①] 相比之下,本校教职员比例是比较合理的,人事组织有序,特别是职员配置合理,管理有效,这与唐文治提倡勤俭治校,提高管理效率的治校理念有着密切联系。再看历年教职员数与学生数比例,1909年师生比是1∶7.8,为历年最低,1920年师生比1∶11.6,为历年最高,师生比例年平均值大致是1∶10,这也是一个比较适当的师生比值。

为了对清末民国时期中西教员年龄、籍贯/国籍、学历经历、任期等信息有一个细微的了解和认识,现分别以1910年、1917年为代表,分别分析清末民国两个发展阶段的师资情况与特征。先将1910年教员全体情况列表4-9于下。

表4-9 邮传部上海高等实业学堂教员一览表(1910年秋)

教学单位	担任学科	姓名	年龄	月薪	每周授课数	籍贯	任教年份	学历经历	备注
专科/中学	铁路科专业课	胡栋朝	38	400两	18	广东番禺	1909	康奈尔大学土木学硕士工科进士、翰林院庶吉士	
		温其濬	36	400两	22	广东鹤山	1908	加利福尼亚大学工学士	
	电机科专业课	麦斗门		280两	24	英国	1908	利物浦大学工科学士	
		谢尔顿		300两	24	美国	1909	威斯康辛大学电机科长	
	航海科专业课	奥斯汀		240两	24	英国	1910	招商局新铭轮大副	
		吴其藻	47	280两	21	广东香山	1909	1875年清政府第四批留美幼童、海军将领	
	算学	梁 业	33	440元	18	广东南海	1905	北洋大学堂毕业	
		史元恺	30	300元	18	广东香山	1909	北洋大学堂毕业	兼物理
		吴佩璋	38	180两	18	广东香山	1903	通判职衔	兼图画
		甘育材	32	100两	18	广东香山	1908	北洋大学堂毕业	
		火学初	30	60元	12	江苏南汇	1909		
	英文	徐崇钦	32	210两	18	江苏昆山	1909	美国耶鲁大学硕士	
		徐 田		360元	21	广东香山	1910	北洋大学堂毕业	兼算学
		李照松	24	250元	22	广东新宁	1909	纽约大学哲学教育学士	
		张世揆	29	60两	12	江苏江浦	1904	南洋公学中院毕业	
		许传音	27	100元	21	安徽贵池	1908	金陵大学硕士	

① 《邮传部直辖各学堂人数及经费比较表》。《邮传部交通统计表》(宣统元年,1909)。

（续表）

教学单位	担任学科	姓名	年龄	月薪	每周授课数	籍贯	任教年份	学历经历	备注
专科/中学	英文	俞庆恩	26	100 两	8	江苏太仓	1908	圣约翰大学医学博士	兼生理
		张　谔	24	60 两	12	江苏吴江	1909	本校高等预科毕业	兼文案
		周　熙	25	30 两	12	安徽桐城	1910	本校铁路专科毕业	
		康时清	21	30 两	12	江苏南汇	1910	本校铁路专科毕业	
	德文	何洛清		330 元	18	广东	1909	加州伯克莱大学	
	法文	佘宾王		60 两	18	德国	1905	在华传教士	兼德文
	几何	李仕元	36	120 两	22	广东南海	1909	北洋大学堂毕业	兼图画
	化学	金绍基	35	240 两	18	浙江归安	1908	分省县丞	兼英文
		邝翰光	38	120 两	16	广东番禺	1908		
		陈辛恒	23	200 两	18	江苏松江	1910	美国芝加哥大学硕士	
	经学	李颂韩	39	80 两	12	江苏太仓	1908	江阴南菁书院、法部主事	兼国文
	国文	许国英	35	60 两	18	江苏武进	1906	廪贡州同职衔	兼历史
		黄世祚	40	60 两	16	江苏嘉定	1906	举人、挑选知县	
		黄宗干	46	60 两	18	江苏江宁	1910	举人、挑选知县	
		徐福墉	38	20 两	6	江苏镇洋	1910	优廪	
	道德	王焘曾	41	40 两	16	江苏嘉定	1910	举人、挑选知县	兼国文
	地理	沈祖绵	33	40 两	12	浙江钱塘	1906	布经历衔	
	博物	程　璋	42	90 元	18	安徽休宁	1910	画家	
	体操	魏廷晖	27	60 两	12	湖南邵阳	1910	南洋武备学堂	
	军乐	唐禅虞		20 两	6	江苏奉贤	1908		
附属小学堂	国文	沈世康	32	20 元	15	江苏宝山	1909	附生	兼历史
	读经	汤存德	46	35 元	18	江苏长洲	1902	附生	兼国文
		汪家栋	29	25 元	15	江苏长洲	1909		兼国文
	地理	吴汉声	28	30 元	18	江苏崇明	1906	附生	
		龚忠淦	24	25 元	15	江苏吴县	1910	上海龙门师范毕业	兼历史
	算学	吴廷璜	35	30 元	18	江苏娄县	1902	监生	
	英文	祝君舜	35	50 元	12	江苏华亭	1907	附生、南洋公学铁路班	
	格致	顾树森	25	30 元	18	江苏嘉定	1908	上海龙门师范毕业	
	体操	许宝铭	30	20 元	18	浙江平湖	1910		

资料来源：《清朝邮传部章程和上海高等实业学堂咨送教员管理员一览表》(1910 年秋)，上交档：ls2－012；《清末民初中国官绅人名录》(1918)，等等。注：清末民初时期，学校专科、中学教员特别是算学、化学、物理等基础课程教员兼课现象较为普遍，难以分清专属，这里合为一处统计。

上表是1910年学校教员的基本情况，实际也可以反映出清末时期学校教员的总体概貌和一般特点。若按照讲授西学、中学(含读经、国文、道德)课程类型来分类，西学教员36名，中学9名，西学教员正好是中学教员的4倍，这是西学课程已占据教学内容主体在师资配置上的反映。西学教员中，外籍教员有4名，其中英国籍2人，美国、德国籍各1人，只占所有西学教员的1/9。4名外籍教员有3名专任专科专业课程，占所有6名专科教员的一半，其余3名都是留美归国人员。这说明1910年各专科初步建立之际，学校在高新聘任外籍教员同时，也敢于重用学成归国的留学生来校任教。

上表45名教员全部为男性，有年龄可统计者38人，最幼者21岁，是当年铁路专科毕业留校的康时清；最长者吴其藻，时年47岁，是1875年清政府派遣的第四批留美学生之一。教员平均年龄33岁，比同期职员平均42岁要小9岁，师资队伍整体上尚属年轻。41名中国籍教员中，以江苏籍22名为最多，其次是广东籍12名，另有浙江、安徽籍各3名，湖南籍1名，教员来源偏于江苏、广东两省的地域性特征非常明显。学校所在省份江苏，特别毗邻上海的苏南地区，无论是传统文化教育还是近代新式教育，都居于全国领先地位，人杰地灵，人才辈出，长期为学校提供了大量生源与师资，江苏籍教员居多自然可以理解。广东远在上海千里之外，而该省籍教员几乎占到教员总数的三分之一，且全部为西学教员，这与广东士民最先崇尚出国留学或进入新式学堂而占西学之先密切相关。

从知识结构上来看，外籍教员大都毕业于利物浦、威斯康辛大学等西方著名工科大学，本国籍西学教员或毕业于国内新式学堂，如北洋大学堂、本校毕业者各有5人，或留学国外获有学士、硕士学历。中学教员大都出身旧学，曾获得举贡生监的科举功名，精通国学、善为诗文者不乏其人，如李颂韩、许国英(许指严)、沈祖绵、吴汉声皆为近代文坛名家，这也是学校重视国学教学在师资上的体现。最后，从入校时间上看，1908年至1910年三年内入校者高达34人，1905年至1907年入校者7人，1905年以前南洋公学时期留任者仅4人。这一方面说明师资更新较大，学校改属商部、邮传部，改办工科教育后，南洋公学时期的师资队伍基本不能胜任新的教学内容；一方面也说明教员的流动性非常大，师资队伍不够稳定。

为继续了解民国时期教员的具体情形，以及与清末时期相比师资队伍的新动态、新特点，兹将1917年教员情况列表4-10于下。

表 4-10　交通部上海工业专门学校教员一览表(1917)

教学单位	担任学科	姓名	年龄	籍贯	任教年月	学历经历	
专科/中学	电机科专业课	谢尔顿		美国	1909	威斯康辛大学电机科长	兼科长
		桑　福		美国	1912	威斯康辛大学 B. S.	
		李松泉	32	江苏上海	1914	哈佛大学电机科硕士	兼物理、土木
		张廷金	31	江苏无锡	1915	本校中学毕业生 哈佛大学电机科硕士	兼算学
	土木科专业课	万特克		美国	1913	康奈尔大学硕士	兼科长
		毕　登		美国	1911	康奈尔大学学士	
		朴尔佛		美国	1915	威斯康辛大学土木学士	
		胡士熙	34	江苏嘉定	1914	本校首届铁路科毕业 英国格拉斯哥大学学士	兼管工厂
	算学	朱文鑫	35	江苏昆山	1915	威斯康辛大学学士	
		甘育材	39	广东香山	1908	北洋大学堂毕业	
		朱鼎元	28	江苏靖江	1914	本校土木专科毕业	
	物理	卢　克		美国	1915	威斯康辛大学助教	
	化学	薛　门		美国	1912	威斯康辛大学 B. S.	
	英文	徐经郛	36	江苏青浦	1911	本校商务科毕业 宾夕法尼亚大学硕士	
		胡　克	42	江苏江宁	1914	美国圣路司大学博士	
		黄添福		福建厦门	1915	密西根大学法学士	兼法制
		戴　粹	30	江苏宝山	1912	本校中学毕业	
		程其达	38	浙江吴兴	1914	美国亚哈亚大学土木学士	
	法文	庄振声	33	江苏吴县	1913	徐汇公学毕业	
		徐绍甲	42	江苏上海	1916	京师同文馆毕业	
	体育	莫礼逊		美国	1915	哥伦布大学博士	
	童子军	裴克士		英国	1916	工部局电气处工科处	
		李思廉		英国	1916	怡和洋行棉花栈经理	
	博物	林　鹏	49	江苏川沙	1913	上海制造局理化馆	兼生理
	历史	陈石英	27	江苏上海	1916	麻省理工学院学士	兼地理
	国文	李颂韩	46	江苏太仓	1908	南菁书院毕业、法部主事	
		黄世祚	40	江苏嘉定	1906	举人、挑选知县	

(续表)

教学单位	担任学科	姓名	年龄	籍贯	任教年月	学历经历	
专科/中学		黄宗干	46	江苏江宁	1910	举人、挑选知县	
		朱文熊	50	江苏太仓	1911	副贡	
		邹登泰		江苏无锡	1917	拔贡	兼修身历史
	体操	魏廷晖	34	湖南邵阳	1910	南洋武备学堂毕业	
	拳术	刘震南	59	山东德平	1912		
附属高等小学	国文	沈世康	39	江苏宝山	1909	附生	兼历史
		汤存德	53	江苏吴县	1902	附生	兼历史
		吴汉声	35	江苏崇明	1906	附生	兼历史地理
		龚忠淦	31	江苏吴县	1910	上海龙门师范毕业	兼地理
	算学	吴廷璜	42	江苏松江	1902	监生	
	图画	张在恭	42	江苏上海	1913	本校	
	英文	许复阳	32	江苏松江	1913	本校中学毕业	
	体操	沈维桢	28	江苏崇明	1911	上海龙门师范学校毕业	兼手工
	拳术	周仁山	25	江苏海门	1914	本校中学毕业	
	音乐	王信齐		江苏上海	1917		

资料来源:《交通部上海工业专门学校廿周纪念刊》(1917)。

1917年教职员情况基本可以反映民国时期教员一般状况与特征。与清末时期相比较，民国时期教员出现了一些显著的变化。

外籍教员人数由1910年的4名增至10名，几乎占教员总数的1/4，占专科、中学教员数的1/3。在土木、电机专科8名专业教员中，外籍教员有5名，且科长也分别由外籍教员兼任，这说明民国时期外籍教员仍然是专业教员的主要来源之一，比之清末时期有增无减。

师资来源地更趋集中，本国教员主要来自江苏一省，外籍教员主要聘自美国。1910年本国籍教员以江苏、广东籍为主，1917年广东籍教员急剧降至1名，而江苏籍教员升至27名，占本国籍教员84%。清末时期外籍教员聘自英国、美国，以英国为多，而1917年10名外籍教员有8名来自美国，2名来自英国，以美国为多。2名英籍教员聘自英国在华机构的职员，担任童子军教练。美籍教员除1名体育教员外，其余7名均担任专业技术、基础理论课程，显然是外籍教员中的主体力量。7名美籍专业教员具有共同的学缘关系，毕业于威斯康辛大学者5名，康奈尔大学2名。

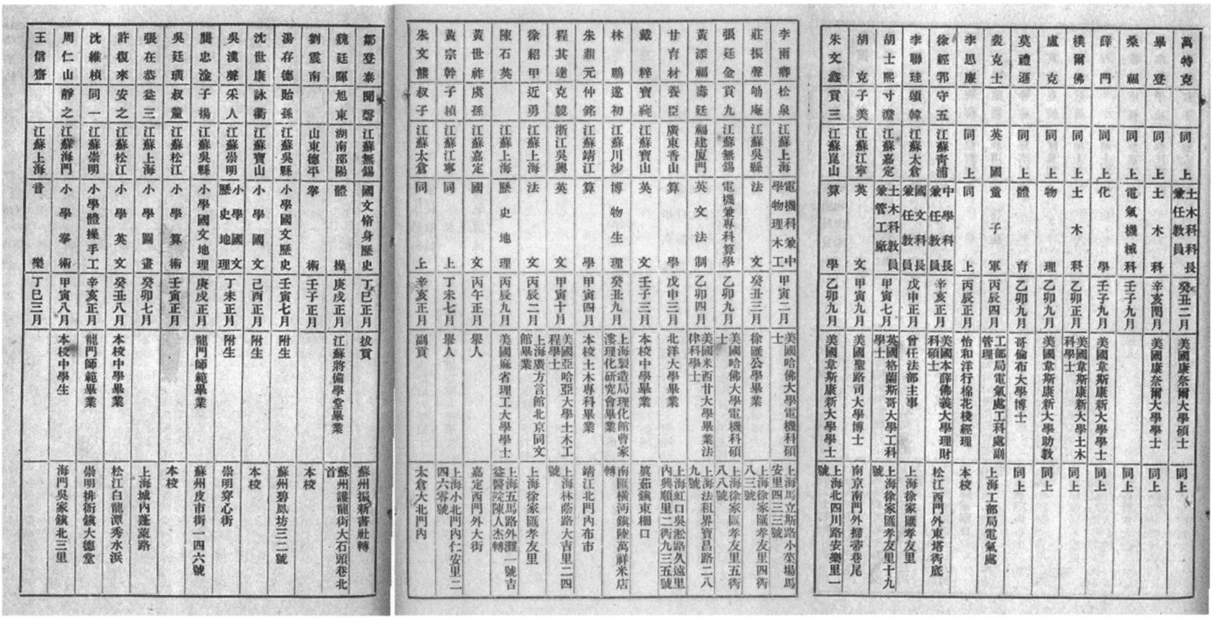

萬特克		同上	土木科科長兼任教員	癸丑二月	美國康奈爾大學碩士	同上
畢登		同上	土木科	辛亥閏月	美國康奈爾大學學士	同上
桑福		同上	電氣機械科	壬子九月		同上
薛門		同上	化學	壬子九月	美國韋斯康新大學學士	同上
樸爾佛		同上	土木科	乙卯正月	美國韋斯康新大學土木科學士	同上
盧克		同上	物理	乙卯九月	美國韋斯康新大學助教	同上
莫禮遜		同上	體育	乙卯九月	哥倫布大學博士	同上
裘克士		英國	童子軍	丙辰四月	工部局電氣處工科處副管理	上海工部局電氣處
李思廉		同上	同上	丙辰正月	怡和洋行棉花棧經理	本校
徐經邦	守五	江蘇青浦	中學科長兼任教員	辛亥正月	美國木薛佛義大學理財科碩士	松江西門外東塔街底
李聯珪	頌韓	江蘇太倉	國文科長兼任教員	戊申正月	曾任法部主事	上海徐家匯孝友里
胡士熙	寸澄	江蘇嘉定	土木科教員兼管工廠	甲寅七月	英國格蘭斯哥大學工科學士	上海徐家匯孝友里十九號
胡克	子美	江蘇江寧	英文	甲寅九月	美國聖路司大學博士	南京南門外掃帚巷尾
朱文鑫	貢三	江蘇崑山	算學	乙卯九月	美國韋斯康新大學學士	上海北四川路安樂里一號
李爾賡	松泉	江蘇上海	電機科兼中學物理木工	甲寅二月	美國哈佛大學電機科碩士	上海馬立斯路小菜場馬安里四三三號
莊振聲	劬庵	江蘇吳縣	法文	癸丑三月	徐匯公學畢業	上海徐家匯孝友里四街八三號
張廷金	貢九	江蘇無錫	電機兼專科算學	乙卯九月	美國哈佛大學電機科碩士	上海徐家匯孝友里五街八八號
黃添福	壽廷	福建廈門	英文法制	乙卯四月	美國米西甘大學畢業法律科學士	上海法租界寶昌路二八九號
甘育材	養臣	廣東香山	算學	戊申三月	北洋大學畢業	上海虹口吳淞路久遠里內興順里二街九三五號
戴粹	寶純	江蘇寶山	英文	壬子三月	本校中學畢業	眞茹鎮東栅口
林鵬	遂初	江蘇川沙	博物生理	癸丑九月	上海製造局理化館曹家渡理化研究會畢業	南匯橫沔鎮陸萬祥米店轉
朱鼎元	仲銘	江蘇靖江	算學	甲寅四月	本校土木專科畢業	靖江北門內布市
程其達	克競	浙江吳興	英文	甲寅十月	美國亞哈亞大學土木工程學士	上海林蔭路大吉里二四號
徐紹甲	近勇	江蘇上海	法文	丙辰二月	上海廣方言館北京同文館畢業	上海徐家匯孝友里
陳石英		江蘇上海	歷史地理	丙辰九月	美國麻省理工大學學士	上海五馬路外灘一號吉益醫院陳人杰轉
黃世祚	廣孫	江蘇嘉定	國文	丙午正月	舉人	嘉定西門外大街
黃宗幹	子楨	江蘇江寧	同上	丁未七月	舉人	上海小北門內仁安里二四六零號
朱文熊	叔子	江蘇太倉	同上	辛亥正月	副貢	太倉大北門內
鄭登泰	聞磬	江蘇無錫	國文脩身歷史	丁巳正月	拔貢	蘇州振新書社轉
魏廷暉	旭東	湖南邵陽	體操	庚戌正月	江蘇將備學堂畢業	蘇州護龍街大石頭巷北首
劉震南		山東德平	拳術	壬子正月		本校
湯存德	貽孫	江蘇吳縣	小學國文歷史	壬寅七月	附生	蘇州碧鳳坊三二號
沈世康	詠衢	江蘇寶山	小學國文	己酉正月	附生	本校
吳漢聲	采人	江蘇崇明	小學國文歷史地理	丁未正月	附生	崇明穿心街
龔忠淦	子揚	江蘇吳縣	小學國文地理	庚戌正月	龍門師範畢業	蘇州皮市街一四六號
吳廷璜	叔黌	江蘇松江	小學算術	壬寅正月		本校
張在恭	益三	江蘇上海	小學圖畫	癸卯七月		上海城內蓬萊路
許復來	安之	江蘇松江	小學英文	癸丑八月	本校中學畢業	松江白龍潭秀水浜
沈維楨	同一	江蘇崇明	小學體操手工	辛亥正月	龍門師範畢業	崇明排衙鎮大德堂
周仁山	靜之	江蘇海門	小學拳術	甲寅八月	本校中學生	海門吳家鎮北三里
王信齋		江蘇上海	音樂	丁巳三月		

1917 年在任教员一览表

师资队伍渐趋稳定。在全部 42 名中外教员中，1910 年留任者有 11 名，1911 年至 1916 年 6 年间入校新教员在 4—6 名之间，比之清末时期教员流动频繁的状况，民国时期教员要相对稳定些，尤其是专科、中学国文教员及附小教员变更不大，这对增强师资的整体实力与提高教学质量都是有利的。随着稳定性的增强，教员平均年龄也随之增大，1917 年有年龄可查者 29 名，平均年龄 38 岁，比 1910 年的 33 岁大出 5 岁之多。另外，民国年间开始出现女性教员，尽管 1917 年所有教员全部是男性，但稍后附属中学、小学便出现了两位女性英文教员：薛门夫人和万特克夫人，她们分别是美籍教员薛门、万特克的妻子，随夫来华，起初几年操持家务，后来担任英文教员。她们应是交大历史上最早的两位女性教员。

除了变化与差异之外，清末民国时期教员也有一些共性特征：专科与中学的专业基础理论课、国文教员相互兼课；本国籍教员中以江苏籍为最多；专科的专业课程教员中一半由留学归国人员充任，一半聘任外籍教员，时有“洋员半边天”之说；外籍教员以美国籍为主体，有留学经历的本国教员又大都留学美国，使得师资知识结构上带有美国大学的文化特征，向美国一边倒的师资特点又深刻影响了学校的教学制度和人才培养模式。上述清末、民国两个时期教员的共同点，实际上构成这一时期教员的主要特点。

二、聘任与待遇

一所学校教学水平的提高，人才培养目标的实现，教员队伍是首要因素。

学校很重视中西学教员的聘任与管理。清朝末年甚至民国初年,国内高等教育刚刚起步,包括工程专门人才在内的各项新式人才极少,能够充任教员者屈指可数,因此外籍教员、留学归国人员成为西学教员的两大主要聘任对象。按学校规定,凡公派出洋留学的学生,学成归国后应充任本校教师至少3年。因此,清末特别是民国时期本校留学归国人员充任教员者逐年增加。国文、本国史地等中学教员主要选聘那些曾经获取过科举功名、国学上有所造诣者担任。于是,外籍教员、留学归国人员、传统士子构成了教员的三大组成部分。这从上述师资概况介绍中可以得到明证。

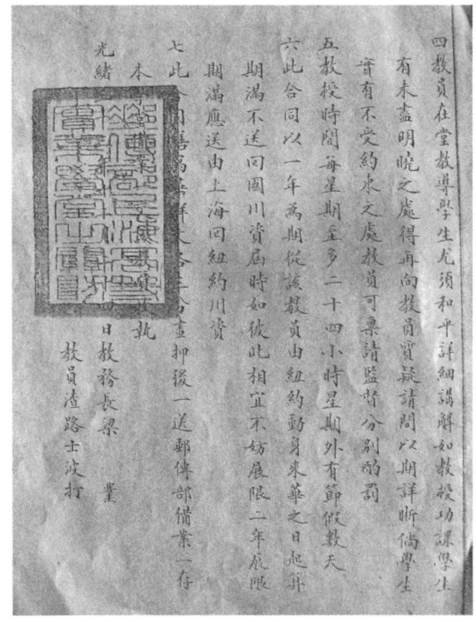
四教員在堂教導學生尤須和平詳細講解如教授功課學生
有未盡明晓之處得再向教員質疑請問以期詳晰倘學生
實有不受約束之處教員可禀請監督分別酌罰
五教授時間每星期至多二十四小時星期外有節假數天
六此合同以一年為期從該教員由紐約動身來華之日起算
期滿不送回國川資屆時如彼此相宜不妨展限二年展限
期滿應送由上海回紐約川資
七此合同繕寫華[illegible]各[illegible]分畫押後一送郵傳部備案一存
本[illegible]執
光緒 [illegible] 日 教務長梁 [illegible] 業
教員渣路士波打

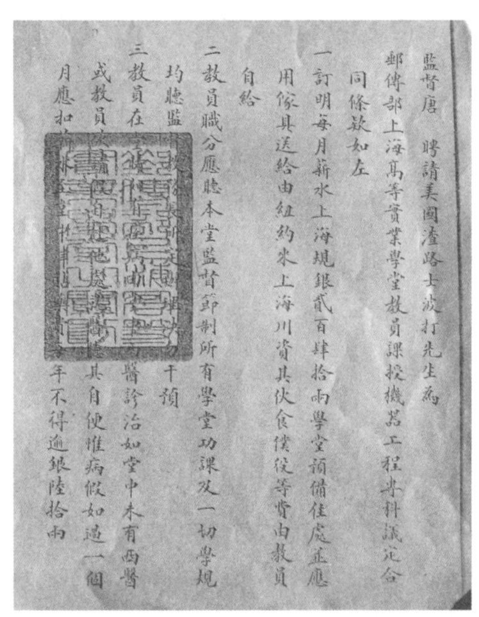
監督唐 聘請美國渣路士波打先生為
郵傳部上海高等實業學堂教員課授機器工程專科議定合
同條款如左
一訂明每月薪水上海規銀貳百肆拾兩學堂預備住處並應
用傢具送給由紐約來上海川資其伙食僕役等費由教員
自給
二教員職分應聽本堂監督節制所有學堂功課及一切學規
均聽監[illegible]干預
三教員在[illegible]醫診治如堂中未有西醫
或教員[illegible]其自便惟病假如過一個
月應扣[illegible]年不得逾銀陸拾兩

清末时期学校聘任外籍教员合同

学校对每一位教员的选聘是慎重的,对教员管理更为严格。学校对外籍教员严行聘任制,双方订立聘任合同,任期以1—2年为限,期满后经双方同意可续聘。清末时期聘期一般为1年,民国时期延至2年。聘任制也在实施中日益完善。1907年底,学校聘任美国教员璞德时,监督唐文治代表学校与其订立合同7条。1908年10月,校方制订《聘订洋教员合同条文》共计19条,录其重要者如下:

第一条 该教员应受监督节制,凡关涉授课事宜,随时与教务长商妥办理,如别有条义,应由教务长传达,经监督采择施行;

第二条 该教员所任功课,应如何分期分类教授,按本堂所定期详分子目,每学期预编授课表,先与教务长商订妥善后,再呈监督核准,按表遵办。至每学期毕,

照所授功课子目编报告书,亦交教务处备核;

第三条 教授学生须尽心指教,不厌其烦,务期学者明白晓畅而后止。如讲堂授课毕,学生尚有未尽明晓之处,得赴教员室质问,以求详尽;

第四条 凡学部颁行学堂章程及本学堂现行、续订各项章程,该教员到堂后一律遵守,不得歧异;

第五条 该教员专任教授堂程,凡学堂内外一切他事不得干预;

第六条 该教员到堂后,一年为限,限满之时,如彼此愿意再行续订;

第七条 该教员每星期授课时刻,以二十五点钟为度,每日出堂入堂,悉依本学堂钟点,不得短少时刻;

第八条 该教员薪水按照中国月份每月支给中国规平银××两,所有住屋、伙食、佣工、养马及其他费用等一切均在其内;

……

第十二条 该教员如有不遵合同,暨违背章程规条等事,或才力不及、行检不饬,监督得即行辞退;

第十七条 该教员在合同限内,不经本堂监督允许,不得营利别图他业,并不得私自授课他处学生,致荒本学堂正课;

第十八条 该教员无论是否教士出身,凡在学堂教授功课,不得借词宣讲涉及宗教之语;①

以上聘任合同为此后学校聘任外籍教员时所沿用。合同一般各缮写中、英文各三份,一份呈邮传部,一份存于学校,一份交该教员收执。另报送外务部(民国时称外交部)备案。从条文可知,学校对外籍教员的行政管理、教学工作、授课时数、薪俸待遇、食宿生活等都作了明确的规定,其中不得干预学堂事务、不得在师生中传教等规定尤其具有时代特色。

对于各教员的岗位职责与授课要求,无论是清末,还是民国时期,学校都作出具体规定,并列入学校章程,以制度形式加以实施。1911 年《邮传部上海高等实业学堂章程》"职务通则章"有 9 项教员规条,其主要内容有:各科教员应按照教学计划施教,授课情况应受监督、教务长稽查;如需更改授课内容及课本讲义,应与教务长商定;每学期开学前须制定授课计划,送教务长审订;自编讲义应于开学前一星期送交教务长审订;授课前须点名,并记录学生

① 《大清国邮传部上海高等实业学堂监督唐聘订洋教习合同条文》(光绪三十四年九月,1908 年 10 月)。《交通大学校史资料选编》第 1 卷,第 175－177 页。

课堂品行表现;每月须将批阅过的月考试卷及学生分数表呈送教务长复核;每学期遇事请假不得超过规定时间,超过者须请人代课。

进入民国时期,1913年《交通部上海工业专门学校章程》第4章订有“各员责任”,与清末时期教员职责大致相同,略有变化。其主要规定如下:

> 教员任实施教育之责,每学期立担任学科及时间表,凡课程及课本应改定者得与科长商定施行;授课时携带出席簿(即点名表),如学生中有任意旷课或不守校规者应随时分别记过;每届试验前温课期内各教员均按照规定授课钟点到教室监课,诸生有不到者应仍以旷课论;……立学业成绩表,分临时成绩、试验成绩二项,评定成绩分甲、乙、丙、丁四等,丙以上为及格,丁为不及格,每学期终止时先行结算学生旷课钟点,定其能否与考,送学监室,俟考试后并结算学生成绩分数送西文书记处,以便汇交校长会同科长审核。立试验问题簿,每学期终止时送校长处汇集备核。教员如有要事缺席,须随时通知学监报告学生。①

清末民国时期教员的教学任务繁重,工作量比较大。学校规定各教员应属专任,一般情况下不兼学校其他事务,更不得在校外兼差,以免分心旁骛,以此来保障教员能够专注教学。1910年45名中西教员中,兼任本校事务者仅2名,兼教南洋中学者2名,其余41名均为专任教员。各教员的教学任务是按照每周授课钟点数来分配的,一般教员每周授课时数都在15小时以上,各专科专业课程的教员难觅,任课时数也最多。如上述外籍教员聘任合同中规定每周授课以25小时为度,实际教学过程中教员的工作量也是如此,表4-9显示,1910年麦斗门等3名外籍教员每周授课时数都是24小时。42名本国教员中,每周授课时数在18小时以上者24人,15—17小时者6人,12—14小时者9人,12小时以下者3人。全部教员人均每周授课时数达16.6小时,整体上来说教员的教学工作量比较大,担任课程门类在一门以上,跨年级任课现象也较为普遍。1920年春,土木专科教员万特克休假,凌鸿勋临时代其授课。凌鸿勋来校后发现:“万先生原来所担任的功课是相当繁重的,由二年级的工程图画起,一直到三年级的应用力学、材料力学,和四年级的结构学、桥梁设计,每周上课至二十四小时之多。”②此外,凌鸿勋兼教电机专科的应用力学、材料力学课程。如此繁重的教学任务,让年富力强的凌鸿勋也感到有些吃不消。

教员待遇依据教学工作量而定,并无职级之分,也无中外教员之分,但专科、附中及附小

---

① 《交通大学校史资料选编》第1卷,第225页。

② 凌鸿勋:《我在沪校毕业四十年》。《友声》第30期,1955年4月8日。

教员的课时薪资标准有较大差别。1911 年学校章程规定:“嗣后各教员薪水,教普通科者,每钟点自一元至二元为率,专科各项工程教师每钟点自三元至四元为率,洋教员薪水亦照此例。”[①]即在课时量相同的情况下,各专科的专业课程教员薪俸标准是普通中学教员的 2—3 倍。附小教员的薪俸标准又要低于中学教员。于是,在教学工作量大致相同的情形下,构成了专科、中学、附小三级由高而低的薪级层次,一直延续至工业专门学校时期。

民国初年学校部分中外教员

美籍电机教员汤姆生(G. Thompson)

美籍土木教员毕登(W. E. Patten)

美籍土木教员朴尔佛(H. E. Puler)

美籍物理教员古德(J K Gold)

美籍化学教员薛门(F. J. Seeman)

① 《邮传部上海高等实业学堂章程》(1911)“职务通则章”。

电机教员李松泉

管理教员李纯圭

数学教员朱文鑫

管理专科教员俞希稷

如表4-9所示，各专科的专业课教员6名，每周授课时数18—24小时，月薪在银240—400两之间。其中最高者是铁路科教员胡栋朝、温其濬，都是银400两，比监督唐文治银500两只少100两，最低者是航海科教员奥斯汀，月薪银240两。中外专业教员薪俸标准一致，甚至本国籍教员高出外籍教员，打破了南洋公学时期及清末时期高等学堂中外教员待遇方面的较大差距，建立起同工同酬的待遇管理制度，有利于调动本国教员的教学积极性。

专业课之外，是专科、中学兼课者，他们的待遇差别较大，算学、英文、化学等专业基础课教员待遇较高，如算学教员梁业每周授课18小时，月薪达洋440元，化学教员金绍基，每周授课18小时，月薪银240两。经学、国文、道德等人文课程的教员月薪相对较低，如经学教员李颂韩每周授课12小时，月薪80两，国文教员黄宗干每周授课18小时，月薪60两。差别还体现在讲授课程、时数相同待遇却不同，如算学教员甘育材每周授课 18 小时，月薪只有银 100 两，比梁业要少得多。这与教员的来校任教时间、资历学历、教学质量等因素大有关系。

大致而言，专科、中学教员待遇较为优厚，且学校为其提供免费的住宿等条件，确保教员有着优裕的生活条件，从而保证师资队伍的稳定，教学水平的提高。薪水最低者是附小教员，1910 年附小教员共有 9 名，每周授课在 12—18 小时之间，月薪在洋 20—50 元之间，与中学、专科教员有十倍之差。这种待遇的巨大差距一直持续到 1920 年代初。1921 年附小成立 20 周年之际，主事沈庆鸿撰文说，附小教员待遇不高，“月俸最大者不满七十元，最小者不满十元”。尽管待遇长期偏低，但附小教员都能勤勤恳恳，视学校如家庭，供职在 10 年以上者不乏其人。淡泊名利、热心育才，被视为附小教员精神上的一大特点。[①]

唐文治等教职员与 1918 届土木科、电气机械科毕业生合影

① 沈庆鸿:《校史述略》。《交通部上海工业专门学校附属高等小学堂廿周纪念刊》(1921)。

除了给予优厚的物质待遇之外,学校还给予教员奖励措施。民国年间,凡敬业勤恳、著有教绩且任职有年的中外教员,学校呈请中央政府、交通部予以表彰。1914年学校呈转交通部,转请大总统授予殚心教务的土木专科谢尔顿等教员五等勋章;1918年又准予晋升四等嘉禾勋章。1920年12月28日,学校呈文交通部禀呈大总统,为徐经郛、张廷金请晋四等嘉禾章,获得批准。呈文称,铁路管理科科长兼教员徐经郛,任职以来辛勤备至,造就良多。奖励措施有利于激励教员的工作热情,在教员中起到榜样示范作用,对于师资队伍建设有着推动作用。

第三节 学生管理、留学与就业

一、学生综述

第二章已就各专科、中小学等教学单位的历年学生情况作了分别介绍,这里就历年来全校学生额度、实际人数、籍贯年龄及其变化作一综述。关于全校学生定额,历年学校章程中有所规定有两次。一是1908年《邮传部上海高等实业学堂章程》规定:"高等专门科连同附属中学全额五百四十名,分为九班,每班六十名",加上同年附属高等小学堂学额140名,合计全校学额应为680名,已超过南洋公学时期最高学额400名的规定。实际上因生源不足,创建需时,各专科在校人数远低于定额;比较而言,附中、附小在校生实际数比较接近定额。因此,1911年《邮传部上海高等实业学堂章程》对全校各级学额作了调整,这是第二次确定学额。该章程"设学总义章"第4条规定:

> 高等专门各科不限名额;附属中学分为十班,每班五十名,共五百名,嗣后逐渐扩充;附属高等小学,额一百二十名,别建校舍,另订详章。①

依此规定,各专科不限定学额,附中学额500名,附小120名,合计全校学额至少在700名以上。然1911年前后实际学生数仍低于所定学额。进入民国后,开始几年因办学经费异常窘迫,代办商船学校离校独立,学生规模有所缩小,实际学生数再次低于学额,使得学额规定流于形式。此后除了另订章程的附小就学额有明确规定外,学校章程对专科、附中学额并无明文规定。依据能查实的各种史料,历年专科、附中、附小在校生数及全校学生数情况如表4-11所示。

---

①《交通大学校史资料选编》第1卷,第29页。

表 4-11 历年全校在学学生人数一览表(1905—1920)

科门/年度	专科部					专门预科	附属中学	附属小学	全校统计
	铁路/土木科	电机/电气机械科	航海科	铁路管理科	共计				
1905							约 150	89	239
1906	19				19		—	77	
1907	29				29		305	116	450
1908	19	33			52		318	137	507
1909	33	54	19		106		335	126	567
1910	59	47	13		119		506	125	750
1911	84	51	9		144		—	123	
1912	104	53			157	61	277	119	614
1913	78	36			114	54	222	129	519
1914	65	28			93	56	297	129	575
1915	64	27			91	55	307	129	582
1916	50	24			74	48	357	144	623
1917	96	71			167	55	368	148	738
1918	84	91		62	237		433	147	817
1919	89	107		70	266		423	142	831
1920	115	102		87	304		364	145	813

资料来源:《邮传部交通统计表》(1907—1909);《民国以来全校在学人数一览表》(1912—1924),赵祖康编:《南洋大学概况》(1926 年 1 月)。1910 年秋《邮传部上海高等实业学堂同学录》,上交档:ls2-006。各年学生人数系指秋季开学时人数,1921 年秋季学校已改组为交通大学上海学校,此处在校生人数不计。

据上表可知,历年全校学生人数最少是 1907 年的 450 名,最多是 1919 年的 831 名,学生规模总体上呈逐年递增趋势。清末时期学生总数在 450—560 名之间;民国初年学生规模增幅较慢,甚至有些年份呈下降趋势,如 1913 年学生数只有 519 名,至 1916 年前学生数保持在 500—600 名。然自 1917 年起,学生数增幅较大,当年增至 738 名,1918 年更增至 817 名,此后 2 年学生总数均在 800 名以上。

从各级教学单位的历年学生数来看,附小学生数最为稳定,维持在 120—150 名之间;附中学生数波动也不大,一般在 300—400 名之间;学生数变动最大的专科,清末专科初办时,学生数只有 19 名,1908 年升至 52 名。到 1911 年各专科开齐,班级数增多,人数增至 144 名;民初专科人数先增后减,1912 年时有 157 名,后逐年递减,至 1916 年时只有 74 名。从专

清末时期师生在上院前合影

科、附中及附小的学生人数可以看出,尽管自1906年开办商务专科以来已历10年,且学校已将发展专科教育作为学校的主要发展方向,但是附中学生仍然是全校学生的主体,其学生数一般超过专科与附小学生数的总和。这既体现了学校创建工科大学过程的艰难曲折,也是我国近代大学初创与形成的真实写照。不过,自1917年开始,专科学生数开始回升,且增长迅猛,当年增至167名,1918年增至237名,1920年更有突破,达到304名,差不多是1917年学生数的2倍。后期专科学生人数增多的原因大致有二:一是1918年增设铁路管理科,开始招收新生;同时专科学制由3年提升为4年,原专门预科学生纳入专科,学生数由此增加;二是这一时期我国民族经济、交通工业发展态势良好,对交通工业专业人才需求量激增,因此本校毕业生供不应求,报考专科者也随之猛增,学校相应扩增新生名额,学生数因此上升。专科学生规模的迅速扩展,反映了学校历经近20年的艰难创建,建成工科大学的愿望逐步实现。

这一时期学校并不招收女生,在校学生全部为男生。从学生籍贯来看,江苏籍学生最多,其次是浙江籍,两省学生几乎占到全校学生80%左右,其余少数学生分别来自广东、安徽、福建、湖南等十余省份。与前一阶段南洋公学相比较,学生省籍结构变化不大,仍以江浙籍为主体;有所变化的是来源地省份范围逐渐扩大,南洋公学时期学生省籍共计9省,而1919年省籍地已增至15省。以1919年在校学生省籍分布为例,具体反映清末民国时期学生来源地的一般情况(见表4-12)。

表 4－12　1919 年上海工业专门学校学生籍贯表

省籍	学生数	百分比(%)	省籍	学生数	百分比(%)
江苏	481	58.59	江西	13	1.58
浙江	171	20.83	湖南	13	1.58
广东	53	6.46	湖北	8	0.97
安徽	33	4.02	河南	5	0.61
福建	20	2.44	直隶	4	0.49
广西	14	1.71	四川	3	0.36
贵州	1	0.12	陕西	1	0.12
奉天	1	0.12		821	100

资料来源:《交通部上海工业专门学校同学录》(1919 年 12 月)。

清末民初由政府颁行的全国性学制,对各级学生就读年龄作了大体上的限定。与本校各级教育层次相对应,1904 年癸卯学制规定高等小学堂由低年级而高年级的学龄是 12—15 岁,中学堂是 16—20 岁,高等实业学堂是 21—23 岁。依照 1912 年至 1913 年颁行"壬子-癸丑学制"规定,高等小学堂在校生学龄是 11—14 岁,中学是 14—17 岁,专门预科及专科是 18—21 岁。实际上,由于各地新式学堂尚未普及,对于学生入学年龄较规定有所放宽,全国各学校在读学生年龄大都超出学制所订学龄。本校此期的各级学生年龄也不例外。如 1909 年本校航海专科招考新生时,规定年龄条件可在 20 岁左右,实际入学者大多在 22 岁以上。再如 1921 年夏季专科毕业生有 34 名,其年龄结构分布如表 4－13。

表 4－13　1921 年夏季工程专科毕业生年龄表

年龄	人数	百分比(%)	年龄	人数	百分比(%)
21	1	2.9	25	4	11.8
22	4	11.8	26	4	11.8
23	11	32.4	27	1	2.9
24	9	26.4	共计	34	100.0

资料来源:交通部上海工业专门学校毕业班发行:《民国十年级纪念册》(1921),第 58 页。

上表 34 名专科生中最小者 21 岁,仅有 1 名,符合学制规定的毕业年龄。其余均超过专科毕业年龄,其中以 23 岁最多,有 11 名,其次是 24 岁,也有 9 名。最大者 27 岁,较最小者相差 6 岁。34 名毕业生的平均年龄约为 23.8 岁。表 4－13 虽然反映的是 1921 年专科毕业生的年龄结构情况,实际上也是清末民初时期本校学生年龄状况的典型代表。

二、管理制度

自1902年“墨水瓶事件”之后，学校历届负责人十分注重加强对学生的管理，采取了种种措施，防止此类事件的重演，以维护学校秩序的稳定。1906年改办高等实业学堂设置专科以后，又厘订各种规章。如学生的饮食起居、课堂学习、业余活动、赏罚等，都有严格的约束。1907年唐文治任监督，住校办公，与师生朝夕相处，十数年间始终抱着“爱生如子”的博爱之心，但在学生日常管理上力主严格，明订规章，一体遵行，并认为这是规范学生行为、稳定教学乃至陶冶学生品行的重要手段。他曾说：

> 窃照学堂为育才要政，必明订规划，公同遵守，始无偭规越矩之虞。自学校广僻，士气骎张，或非分以要求，或任情反对，号召恣肆，习为故常，几以三舍之区，等储一哄共之市。欲清其源，必须参酌情形，严定章程，以道德端其模范，以法律束其身心，庶几教授管理有可措手，学生乃能有志上进，蔚为通材。[①]

为此，唐文治接任监督后即严订学生管理规章，列入1908年、1911年制订施行的学校章程之中，严格施行，不断完善，成为学校章程的重要内容。如1911年制定《邮传部上海高等实业学堂章程》中，有关学生管理方面的规章共达86条。其中学堂规则共有19条，对学生管理原则、外出请假、师生礼仪、举止言行、接人待物、公共活动规则等均有细致规定，另有讲堂、宿舍、食堂、操场、礼堂、图书仪器馆、西书室、阅报房、应接所、门房等各个校园生活场所规条共67条。学堂规则首条规定，“敦崇品行、专心修业”是学生本分，也是所有规则制订的出发点与目标。对此，唐文治也曾专门指出：

> 各学生规条专以敦崇品行为宗旨，务本而勿庸逐末，治表而益以近里，为此实行数年，庶几体用并备之士出乎其中。[②]

清末高等实业学堂时期，学生的管理工作主要由斋务长、监学官负责。1908年在斋务长之下设有监学官3人，分管专科和附中学生的工作。监学官对所管理班级的学生，设有品学分数册、点名册、请假簿，他们和学生同饮食，共起居，若发现学生有越轨行为，就在品学分数册上随时稽察等级。学生因事外出，必须向监学官请假，返校后及时销假。监学官每月汇齐学生点名册、请假簿送交斋务长核阅。斋务长每月则要同监学官核对各班的点名册、请假簿。学生若有违犯校规者，斋务长即根据规章给予记过惩处，记到三大过者，陈明监督办理。斋务长、监学官是实施各项规条，管理学生生活的主要人员。因他们执行规章时一丝不苟，

---

① 唐文治：《咨呈重订章程和宗旨》(光绪三十四年三月，1908年4月)。《交通大学校史资料选编》第1卷，第143页。

② 唐文治：《咨呈重订章程和宗旨》(光绪三十四年三月，1908年4月)。《交通大学校史资料选编》第1卷，第144页。

严厉认真，故当时学生看到监学比看见监督还要敬畏。对此，凌鸿勋后来回忆说：

那时学校管理甚严，全体学生都是住校。如果要到上海市区，必须请假。学校有一位监学（等于现在学校的训导长）陆规亮先生，管理学生甚为认真，对于新来的附中学生不必说更特别严格。我相信我的箱匣和抽屉，必定时常给他检查。①

民国年间在校学生群像

① 凌鸿勋：《交通大学十年忆旧》（节录）（1976）。《交通大学校史资料选编》第1卷，第304－305页。

任课教师在课堂内负有管理学生的责任。每个教师都备有授课班级的品学分数册和点名册。授课时,各教员要负责“察看学生行为,其品学兼优者随时陈明监督奖励。如随意旷课或不守规矩者应告知斋务长记过”。从整个学校来说,监督、斋务长、教务长负责全校学生管理的责任,监督是管理学生的总负责人。“监督、教务长及斋务长均应置品学、功课总分数册,将各教员及监学所呈分数汇总,或监督、教务长及斋务长别有察出应行记入者,亦得记入总册。”这样,上自监督,下至教员和监学官,都参与了学生的管理工作。

辛亥革命胜利后,资产阶级民主思想得到迅速传播,学校中昔日束缚学生的条条框框也受到冲击,学生的思想空前活跃。面对这一新的形势,以唐文治校长为首的学校方面,因为习惯于“师道尊严”,“两耳不闻窗外事,一心只读圣贤书”的书院式教学秩序,对学生中一些激进的言行,提出了“管理严”的主张。同时,扩大了教员管理学生的权限,如果学生中有任意旷课或不守校规者,教员有权“随时分别记过”。对学生出入学校也作了严格的规定。

为了使学生勤奋学习,恪守规章,学校还订了一个奖惩办法。凡“学生于每一学年内学业成绩列甲等,而操行较优者,给以褒奖状,报部奖励”。如一学期内上课没有缺席,“亦得报部奖励”。对违犯校规者,除告诫记过外,犯下列各条之一者,令其退学:

一、沾染习气品格有亏者;

二、声名较劣有累本校名誉者;

三、屡经告诫记过不悛者;

四、学业成绩过差难期造就者;

五、连续留级两次者。①

此外,对学习纪律松弛、成绩较劣者,学校还规定了惩处办法。办法如下:

凡学生有不上课而并未请假者,第一次记过,第二次记大过,第三次退学。

凡记过各生,均扣除修身分数(大过四十分,小过二十分),日后倘能改悔,准予销过给还分数。

凡学生于主要科目学业成绩在六十分以下者,倘兼有别项记大过情事,应令退学。

凡学生于一学期内德育(指修身课)、体育(指普及运动课)各科旷课逾授课钟

---

①《交通部上海工业专门学校章程》(1913)。《交通大学校史资料选编》第1卷,第231页。

点三分之一者，应记大过一次，积至三次者退学。

考试舞弊重者记两大过或令其退学，轻者记过扣分，均一律不得补考，应令补习。[①]

以上实施的管理办法是对专科和附中学生管理的一般情况，至于附小学生的日常管理，另订有一套更为严格的管理办法。南洋公学时期附小就已仿照日本小学教育体制，建立起一套谨严的管理制度。这一时期附小主事者林康侯、沈庆鸿萧规曹随，继续执行“教育惟严”的教学与日常管理办法，谨遵“勤俭敬信”的校训精神，施行封闭式寄宿制管理，并不断加以改进完善，使得附小一直以管理严而闻名遐迩，而成东南一带高等小学教育的模范。严格规范的学生管理制度，也有利于保障附小办学水平与学生培养质量的提高。

三、出国留学生

这一时期学校延续南洋公学时期注重选派学生出国留学的举措，继续择优选派毕业生出洋深造。但在留学生选派、留学管理与任用、留学形式、留学专业等方面，较前出现了新的变化。此期学校发展长达 17 年，校内外形势变化纷繁，又经历清朝、民国两个朝代更替，出国留学生也随之呈现出阶段性特征，大致可以 1911 年为界，分为清末、民国初年两个不同的阶段。

从 1905 年至 1911 年的清末高等实业学堂时期，学校选送高等预科(即中院)或专科毕业生赴外国各大学研求高深学问，以获得更高学位。1905、1906 年两年里学校专科正在筹办，尚无毕业生，选派对象仍然以高等预科毕业生为主。1905 年夏高等预科夏孙鹏、张铸、徐恩元等 10 名毕业，全部由学校出资派至英国留学，分别习驾驶、管轮、电机、商业等。次年，又选派范况、程承迈、张承樾 3 人赴日本习商业，罗鸿年、蔡彬懿 2 人赴美国留学。1907 年以后，学校各专科相继建成，并有专科生陆续毕业，专科毕业生则成为选派出国的主要对象。当年，商务专科停办，首届学生杨锦森、徐经郛等 6 名由农工商部出资，派至美国耶鲁大学等习商业。本校选派专科生出国留学自此始。1909 年春，邮传部专就选派留学学生资格一事咨文本校：“嗣后有出洋学生缺额，应在本部管辖各学堂高等学生内选派，至本部所辖各学堂既设有专科高等班，所有中学毕业生应递升高等毕业时遇有出洋学生缺额方可选派。”[②]当年铁路专科首届学生 5 名毕业，除 1 名另择职业外，其余吴思远等 4 名派至英国留学。

---

① 《交通部上海工业专门学校教务现行规程》(1917 年 9 月)。《交通大学校史资料选编》第 1 卷，第 248 页。

② 《交通大学校史(1896—1949)》，第 109 页。

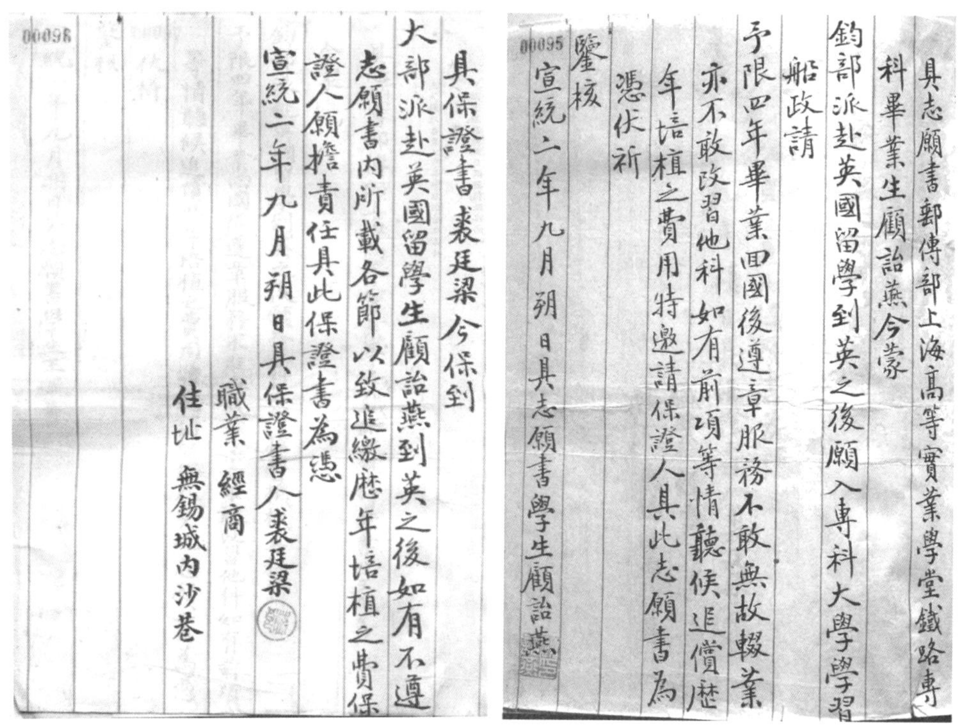

具志願書郵傳部上海高等實業學堂鐵路專科畢業生顧詒燕今蒙
欽部派赴英國留學到英之後願入專科大學學習船政請
予限四年畢業回國後遵章服務不敢無故輟業亦不敢改習他科如有前項等情聽候追償歷年培植之費用特邀請保證人具此志願書為憑伏祈
鑒核
宣統二年九月朔日具志願書學生顧詒燕

具保證書裘廷梁今保到
大部派赴英國留學生顧詒燕到英之後如有不遵志願書內所載各節以致追繳歷年培植之費保證人願擔責任具此保證書為憑
宣統二年九月朔日具保證書人裘廷梁
職業 經商
住址 無錫城內沙巷

清末时期留学生具结与保证书

1910、1911 年专科毕业生大多被派至英、美两国留学。

为了加强对留学生的管理，清末时期学校制定了《出洋留学生章程》，规定对“本学堂考送出洋学生，程度须严加考核，勿以不及格之学生率行资送，致多滥费”。本校留学生的名额定为 30 人，但因限于经费，“必甲班生留学毕业再派乙班，庶经费得以周转。”出国前，要求学生填具留学志愿书及保证人的保证书。在出国留学期间，要求“恪守学规，殚心壹志，专攻实业，不得沾染习气、惑于邪说，违者经监督查有实据，即将官费撤销”。章程还规定：

> 本学堂选派之学生，即系邮传部日后选用之人，留学生毕业回国后应至本学堂谒见监督，呈验文凭，由监督陈报邮传部咨送学部考试，照章程给予出身。若非有邮传部及本学堂特别允许者，不得别就他业。[①]

学校鼓励留学生学成归国后充任本校教习，留学生归国后先充任本校教习至少 3 年，以补充专业师资上的严重不足；对于任教满 5 年的留学人员，学校将咨请邮传部予以奖励。

① 《邮传部上海高等实业学堂出洋留学章程》(光绪三十四年二月，1908 年 3 月)。《交通大学校史资料选编》第 1 卷，第 175 页。

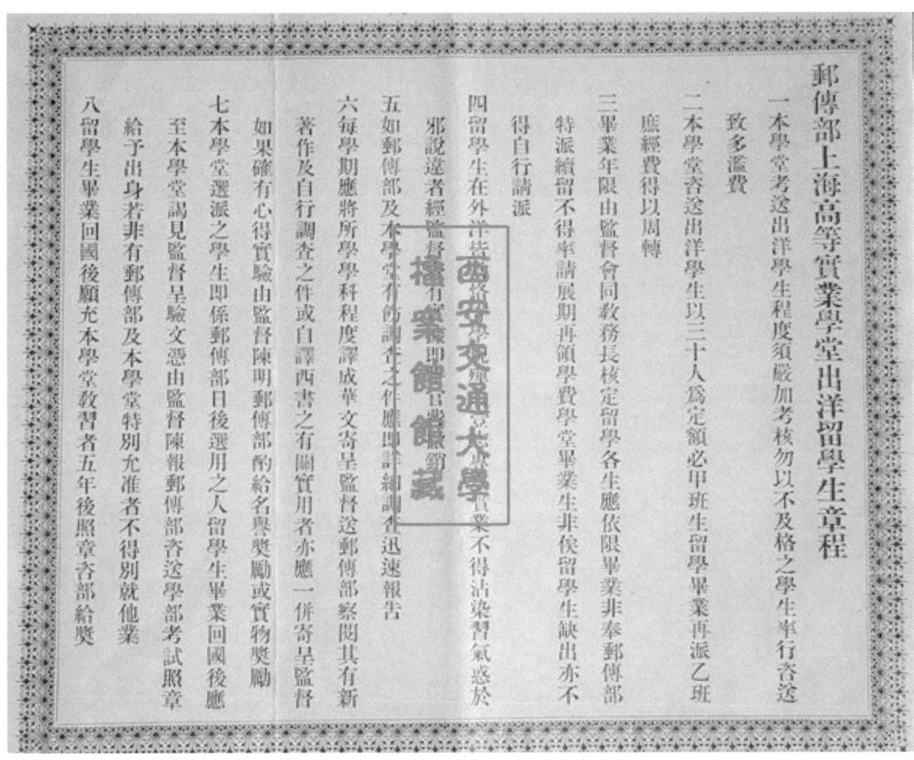

郵傳部上海高等實業學堂出洋留學生章程

一本學堂考送出洋學生程度須嚴加考核勿以不及格之學生率行咨送致多濫費

二本學堂咨送出洋學生以三十人爲定額必甲班生留學畢業再派乙班庶經費得以周轉

三畢業年限由監督會同教務長核定留學各生應依限畢業非奉郵傳部特派續留不得率請展期再領學費學堂畢業生非俟留學生缺出亦不得自行請派

四留學生在外洋皆[illegible]業不得沾染習氣惑於邪說違者經監督[illegible]即[illegible]銷

五如郵傳部及本學堂有飭調查之件應即詳細調查迅速報告

六每學期應將所學科程度譯成華文寄呈監督送郵傳部察閱其有新著作及自行調查之件或自譯西書之有關實用者亦應一併寄呈監督如果確有心得實驗由監督陳明郵傳部酌給名譽獎勵或實物獎勵

七本學堂選派之學生即係郵傳部日後選用之人留學生畢業回國後應至本學堂謁見監督呈驗文憑由監督陳報郵傳部咨送學部考試照章給予出身若非有郵傳部及本學堂特別允准者不得別就他業

八留學生畢業回國後願充本學堂教習者五年後照章咨部給獎

清末时期学校出洋留学生章程

1911年首届电机科学生孙世缵等10人毕业，其中孙世缵3名，经该科科长、美国人谢尔顿联系接洽，派至美国电器总公司实习，钟锷等5名经辜鸿铭、吴桂灵介绍至芝加哥电气公司实习。[①] 本校专科毕业生赴外国工厂实习自此始。工厂实习生由邮传部发给川资津贴，实习厂方给予月薪，费用远低于进入各大学攻读学位的留学生，且能获得工程技术方面的实际经验，回国之后能够直接胜任各路局、厂矿工程师职务，因此受到主管部门和学校的推崇。1913年6月唐文治校长呈请交通部延续邮传部选派留学生旧例，择优派送专科毕业生10名出国留学，以补原定30名留学缺额。呈文未能获得交通部批准，唐文治又呈请仿照1911年电机科毕业生赴美实习之例，选派毕业生赴外国有名之公司或工厂实地练习。此议即获交通部赞同，认为在当前财政竭蹶，专科生已能自行培养，留学生回国后另择他业的情形下，“与其派往外洋留学，不如择尤派赴外国有名之公司或工厂实地练习，庶用费既省而收益宏。”同时发布通令：“此后本部直辖之高等专门学校专科毕业学生应即停止派送游学，果有成绩优

① 唐文治:《致盛宣怀函》(宣统三年六月十三日，1911年7月8日)。盛档:044217。

秀者准予派送出洋练习，其未派出洋练习之毕业学生应由本部通盘筹划。”[①]当年 7 月，电气机械科毕业生朱彭寿、胡端行、黄锡蕃 3 名经谢尔顿介绍赴美国电厂实习，土木科毕业生钮因祥、杨毅、尤乙照 3 名经美籍教员桑福介绍赴美国火车公司实习。赴美实习者以 2 年为期，均由实习公司给予薪资，并由交通部按月计给津贴。自此，选派专科生赴美实习成为惯例，从 1913 年至 1921 年一直没有停止，共计派出 41 名专科毕业生往美国各大电厂、电讯、铁路公司实习，当中不少人实习期满后转入美国各大学深造，并获得学历。派赴实习生取代了清末时期资派学生赴外国大学求学的留学形式，成为民国时期学生出国深造的主要途径。除 1919 年由交通部咨派于润生等 4 人赴法国各大学学习外，民国时期基本上未再派学生直接进入欧美各大学留学。

1916 年学校留美电厂实习学生合影

① 《交通部关于留学生事咨复本校函》(1913 年 6 月)。《上海交通大学纪事(1896—2005)》(上卷)，第78 页。

为规范赴美实习生的管理，1917 年 12 月学校制定并经交通部核准《毕业生赴美实习规则》，就实习生的选拔、年限、经费、管理、实习事项、回国任用等作了明确规定。规则共 13 条，具体内容如下：

一、选派本校专科毕业成绩最优者赴美国，按照呈部指定桥梁、车头、电汽、机械等公司、局、厂分入实习。

二、实习期间定为二年，但因必要情形得呈部酌予延长，其延长期间至多不得过一年。呈请延期须由所在公司、局、厂具书证明。

三、每人赴美川资国币五百元，治装费二百元，期满回国川资美金二百五十元。

四、每月津贴土木工科实习生美金六十元，电机科实习生美金二十元。

五、实习生于入公司、局、厂后一星期内，应将住所及实习事项报告，由本校呈部备案，迁徙时亦同。

六、实习生应备置日记簿，将每日实习所得分别记载，每届三个月并著一详细报告送由本校查阅，呈部考核。

七、实习生遇有疾病，所需医药费按所具诊治凭单，核定发给。

八、实习完毕尚未期满第二条规定之期限，欲再入他公司、局、厂实习者，须先呈部核准。

九、实习期内一切管理事宜得委托留美监督代为经理。

十、实习生如有不守规则，或实习不力，由留美监督或所在公司、局、厂报由本校呈部核办。

十一、实习成绩以所送日记及报告并公司、局、厂所给证书，及每月酬给薪费与其所派职务之等级为凭。

十二、实习生期满回国，由本校送部考验，听候录用。

十三、除本规则外，余照交通部派赴外国修习实务员章程办理。①

上述学生赴外国留学或实习，系指由校方选派、主管部门出资，称为部派公费生。此外，通过考取各类官费生或自费出国也是本校学生留学的重要途径。考取各类官费生主要指各省官费生、清华庚款留美生。因本校办学历史早，教学水平好，学生程度高，在历年各类官费生考试中录取者颇多。1907 年，江苏省举行官费生留学考试，开各省风气之先。这次考试

---

① 《毕业生赴美实习规则》。西交档：1835，卷名《关于学生留学美国向交通部上报批示等文件》(1917)。

1917年交通部派遣学校留美实习生像

共录取本省籍学生10名，本校学生蔡彬懿等2人入选。翌年，浙江仿效江苏之例招考留学生，额定20名，本校高等预科投考者甚多，结果录取徐名材、徐新六等10人，占录取总数一半，东南各省轰动一时，学校办学声誉也因此名闻遐迩。①

在清末民国历届清华庚款留美官费生考试中，本校学生录取者颇多，往往独占鳌头，独领风骚。1909年9月，外务部、学部所属游美学务处在全国范围内招考第一批学生，录取47人直接送美留学，其中本校录取者占15名。此次考试组织之严、科目之多、水平之

① 徐名材:《四十年来之回忆》。《交大三日刊》1936年4月8日。

高、录取之难，在清代留学史上可以说是前所未有的。当年7月，外务部、学部会同奏准《遣派学生赴美办法大纲》后，通电各省选取合格学生咨送来京参加考试。因多数省份新式学堂初办不久，符合报考条件的极少，一般省份选送考生仅数名或十数名，个别边远省份甚至派不出合格考生。因此到开考前，各省送京参考生仅100名左右，但当邮传部将报考电文及条件咨行本校后，唐文治很快复电邮传部，声明选派学生一事已在全校公布，按照办法大纲的要求，学校合格学生颇多，品行均端谨，不染时习，提出是否能由本校咨送、是否有名额限制等问题，请邮传部咨询外务部、学部。8月4日，外务部咨复邮传部，同意本校选送合格学生来京，并不限制人数。学校于是分批选送专科生、高等预科生康时清、金涛等共计50名赴京考试，几乎占到各行省选送考生的一半，约占全部考生600余名（京师报名者400余名）的1/12。[①] 与各省相比较，本校不仅选送的时间最早，而且选送及后来录取学生也是最多的。第一批庚款留学生的选派，不仅是清末留学运动史，同时也是近代中美关系史上的一个重要事件，本校学生以其优异的成绩成为这一重要事件中的重要主角。

1910年游美学务处考选第二批留美学生，录取70人，其中本校12人。1911年第三次录取63人，本校5人。1912年至1915年，清华学堂停止直接留美生考试。1916年起，清华又开始招收国内专门学校毕业的专科生，派赴美国直接进入各大学大学院（Post - Graduate Course）研修高深学问。拟定每年考送10名，留学年限为3年。实际到1921年工业专门学校改组时为止，共招考5届42名，其中本校考取者17名。综计1909年至1921年间，游美学务处、清华学堂在全国范围内选招庚款留美生8届222名，本校录取者共49名，约占总数的22.1%，录取人数之多、录取率之高，位列全国各高等学校之首，从中可以窥见本校毕业生成绩之优良及其在全国各大学、专门学校毕业生中之地位。历年考取清华官费留学生情况见表4-14。

表4-14　本校历年考取清华官费留美学生数比较表(1909—1921)

年份	1909	1910	1911	1916	1917	1918	1919	1920	1921
清华共派人数	47	70	63	10	7	7	8	停派	10
本校考取人数	15	12	5	5	3	2	3		4
百分比	32.0	17.1	7.93	50.0	42.9	28.6	37.5		40

① 中国第一历史档案馆藏外务部档案，转引自李守郡：《第一批庚款留美学生的选派》。《历史档案》1989年第3期。

1909 年唐文治与学校考取首届庚款留美学生合影

另有一部分家境殷实、有志留学的高等预科、专科毕(肄)业生,自备资斧出国留学。自费出国的学生每年均有,此期前后出国留学者计有 144 名,人数略多于各类官费生之和。部分自费生后来得到学校资助,转为官费生或津贴生。如中院生刘曾撰 1905 年自费留学英国,1910 年考入格拉斯哥大学专习造船,学校获悉其学费难筹,即于当年呈准邮传部给予官费待遇。1912 年自费生陈大启、徐恩第曾获得交通部津贴。

1905 年到 1921 年时段,本校学生出国留学的主要途径有三种:一是学校公派,二是考取清华庚款、各省官费出国,三是自费出国。据 1932 年冬交大文书处编《国立交通大学历届留学生名册》,1905 年到 1921 年出国留学的本校学生(含专科及高等预科、中学毕业肄业生)共有 273 名,其中有具体出国年份可考者 250 名,未知出国时间者 23 名。该《名册》对考取清华留美生、各省官费生人数有所遗漏,若将漏载者 16 名算上,合计留学生人数达 289 人。其历年出国留学人数、留学国别如表 4 - 15。

表 4 - 15　历年出国留学人数统计表(1905—1921)

年份	留学国家	学校公费生人数	清华、各省官费	自费生	总人数
1905	英国 法国	7 1		3	11
1906	美国 日本	 3		3	6
1907	英国 美国	 6	 1	1 3	11
1908	英国 美国		6 3	1 6	16
1909	英国 美国	4	 16	1 4	25
1910	英国 美国	6 2	 12	 3	23
1911	英国 美国	5 8		 2	15

(续表)

年份	留学国家	学校公费生人数	清华、各省官费	自费生	总人数
1912	美国	4		12	16
1913	美国	5		14	19
1914	美国	2		9	11
1915	美国	4		7	11
1916	美国		5	12	17
1917	美国	6	3	4	13
1918	美国	7	2	2	11
1919	美国	9	3	4	16
1920	美国 法国	3 4		17	24
1921	美国		4	17	21
年份未详	美国			19	23
其他国家				4	
总计		86	55	148	289

资料来源:交大文书处编《国立交通大学历届留学生名册》(1932 年冬),上交档:ls2-005;《清华大学志》(上),清华大学 2001 年版,第 745-748 页"1909—1948 年出国留学人员"。

1916 年考取清华庚款留美学生合影

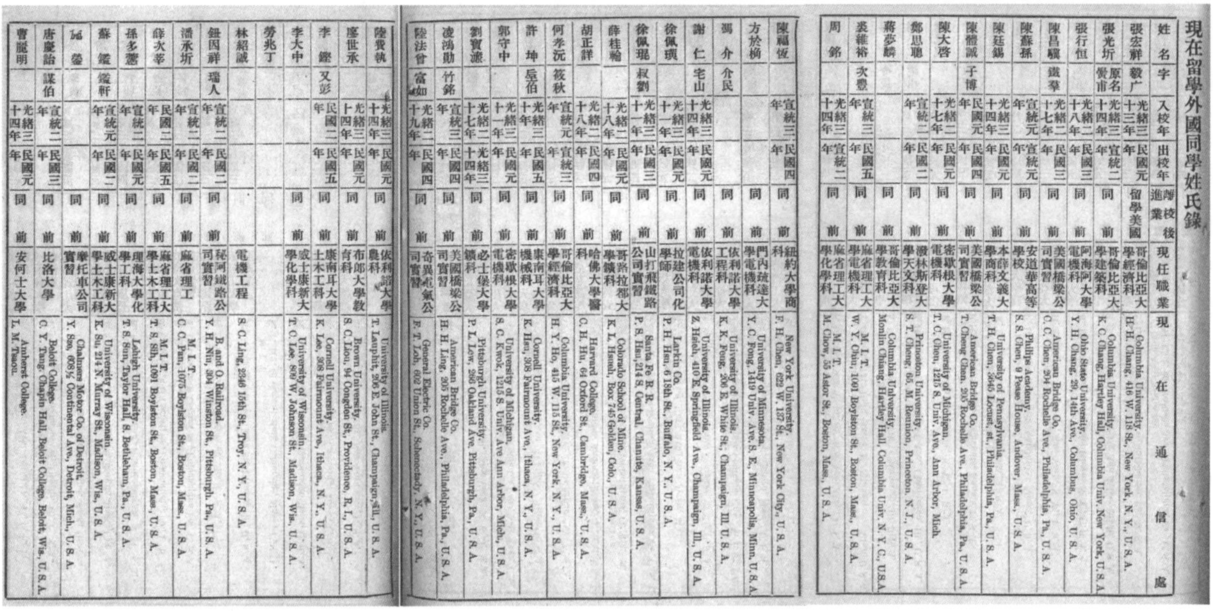

1917 年时学校留学外国学生名册

由上表可知，学生留学国家有美国、英国、法国、日本四国，其中留美者达 243 名，占绝对多数，其次英国 34 名，再次法国 5 名、日本 3 名。1912 年前学校公费生多派往英国各大学攻读学位；此后随着实习生的派遣，留学生几乎全部转向美国。这也是此期留学生的一个阶段性特点。

留学生所习专业，除自费生可任意选择外，各类官费生大都被指定习工程理化。杨耀文撰《本校四十年来之重要变迁》提及此期留学生时说："初期派遣者，选习学科一任学生自择；设立专科后，被派毕业生留学，多选择原习学科，而铁路及电机毕业生，几皆专习工程，而少有择及政法经济等学科者。民国纪元后，多以留美入厂实习为主。"1917 年校庆 20 周年时，学校曾对历年选派留学生所习专业作了一番调查，对了解此期留学专业情况具有一定的代表性，其结果如表 4－16。

表 4－16　历年派送留学生修习学科表

学科	法政	商业	电厂实习	铁路	矿学	财政	银行	法律	造船	铁政
人数	6	14	18	16	10	2	2	2	4	1
学科	船政	机器	铁路机械	农学	冶金	驾驶	电学	火车公司实习	铁路公司实习	钢铁公司实习
人数	2	2	2	1	1	1	2	4	2	2

资料来源：《交通部上海工业专门学校廿周纪念刊》(1917)。

表中留学生人数为 94 名，包括了南洋公学时期选派出国的学生。公学时期遣派留学生所习学科较广，工程、商业、法政、经济等各学科均有，上表中法政、商业、财政、银行、法律大多是公学时期留学生所习专业。其余铁路、矿学、造船、铁路机械、电厂实习等基本属于公学改属之后至1917年间留学生所习专业,很显然偏重于交通领域所需的工程专业。

美国是学校留学生最主要的聚集地。1917年留美本校学生有55人,到1921年夏季,在美国留学的本校学生达89人,他们赴美途径有三:"在校诸教员之介绍;与夫政府之派送;及学生家庭之自资是也。"其中在美国西部25人,东部64人。留学东部的学生都在东方各大城市中,或实习,或进校。"实习之厂,以奇异公司、威斯丁海司公司为主。所进之校,以康奈尔及麻省为主。所操之业,电机科居百分之三十六,机械科居百分之六,土木科居百分之二十三,工程管理科居百分之四,其他实科如理化建筑农业陆军等居百分之十五,普通科、文科、法科、医科、教育等居百分之十六。"①与数以千计中国留美学生相比,本校留美生还具有一些特点:"其中大半在工厂做工,其小半乃在学校读书也;又同学之中,几乎全部属于工业,而仅有少数习文法及商科者也;又全体学生,都是'实心实力求实学,实心实力务实业'者也。"②

此期本校留学生在欧美等国各大学、各厂矿均能勤敏好学,刻苦专研,成绩优异,大多数获得较高学位,或具有丰富的实际工程技术经验与能力。学成回国后,他们服务于交通、厂矿、教育、政治、外交等各个社会领域,为我国近代社会进步,特别是科技进步、工业化发展做出了应有的贡献。归国留学生在各个领域中著有功勋、有所建树者不乏其人,著名者(依出国时间先后)有张铸、徐恩元、周厚坤、徐新六、徐名材、金涛、张廷金、过探先、徐谟、孟宪承、丁西林、淩鸿勋、陈克恢、冯简、于润生等。早在1917年4月,蔡元培就在本校建校20周年的致辞中高度评价留学生的社会成就,他说:"矧自十余年以至今日,同学之负笈异邦,归而出所治以贡献于社会者,在在皆是,其影响所及,不可谓不远。"③

四、毕业生去向

1905年夏至1921年夏前后17年间,学校共计毕业专科生331名,中学生1 081名,高等小学生579名,合计1 991名。历年毕业各级学生人数如表4-17。

---

① 李衷:《亚美利加之南洋》。交通部上海工业专门学校毕业班发行:《民国十年级纪念册》(1921),第122-124页。

② 李衷:《亚美利加之南洋》。《民国十年级纪念册》(1921),第122-124页。

③ 《北京大学蔡校长等祝词》。《交通部上海工业专门学校廿周纪念册》(1917)。

表 4－17　历年毕业生数统计表(1905—1921)

科别 人数 年份	商务科	土木科	电机科	铁路管理科	附属中学	附属小学	总计
1905					10 13①		23
1906					14	20	34
1907	13				27	29	69
1908					44	27	71
1909		5			51	37	93
1910		13			72	40	125
1911			10		77	40	127
1912		12	16		66 72②	34	200
1913		22	8		71	19 24③	144
1914		17	10		58	27	112
1915		16	7		54	28	105
1916		18	8		56	36	118
1917		12	4		68	41	125
1918		12	3		83	41	139
1919		15	11		64	41	131
1920		20	17	30	86	54	207
1921		15	17		95	41	168
总计	13	177	111	30	1 081	579	1 991
	331						

资料来源:赵祖康编《南洋大学概况》(1926 年 1 月)“历年毕业生统计表”。

此期学校先后归属商部、邮传部、交通部管辖,专业设置与人才培养上都面向所属部门的需求,学生毕业后也由直辖部门指派工作。清末高等实业学堂时期,专科毕业生由监督填造毕业生履历表和入学以来各学期考试成绩册,以及学生所采用教科书书目等信息,备文

① 该 13 名学生为 1905 年冬季毕业。

② 该届中学五年级、四年级同时毕业。

③ 该届小学四年级、三年级同时毕业。

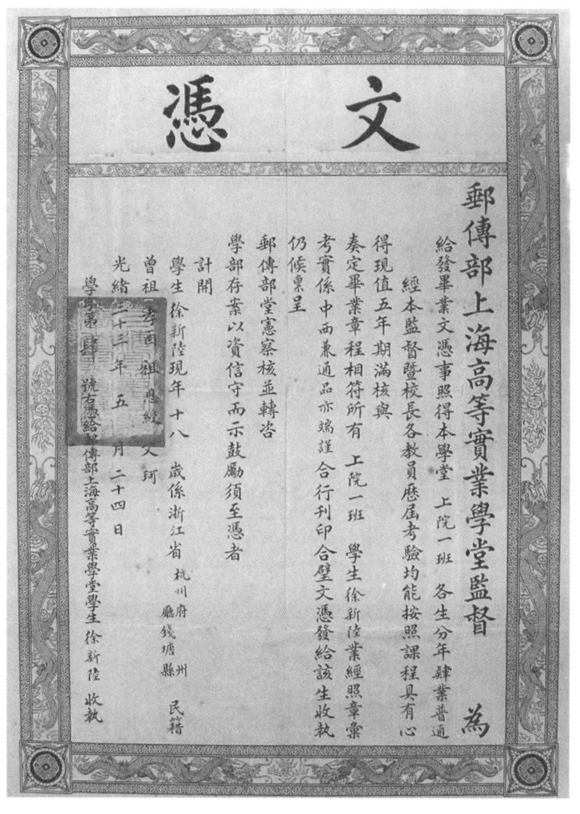

文憑

郵傳部上海高等實業學堂監督　為
給發畢業文憑事照得本學堂　上院一班　各生分年肄業普通
經本監督暨校長各教員歷屆考驗均能按照課程具有心
得現值五年期滿核與
奏定畢業章程相符所有　上院一班　學生徐新陸業經照章稟
考實係中西兼通品亦端謹合行刊印合璧文憑發給該生收執
仍候稟呈
郵傳部堂憲察核並轉咨
學部存案以資信守而示鼓勵須至憑者
計開
學生徐新陸現年十八　歲係浙江省　杭州府廳　錢塘縣州　民籍
曾祖　[illegible]　祖　[illegible]　父　珂
光緒三十三年五月二十四日
學字第肆號右憑給郵傳部上海高等實業學堂學生徐新陸　收執

1907 年学校发给上院毕业生徐新六的毕业文凭

"陈明邮传部，按照所习学科分门考试"。由邮传部会同学部进行一次毕业统考，"合格者咨请学部照章奖给出身，分等录用。不及格者留堂补习一年，续行咨送考试，分别按等办理，若仍不及格，给以修业凭照，令其出学。"[①]只要邮传部、学部举行的毕业统考过关，也就无失业之虞。学校培养人才供主管部门尽先调用也获得学部的认可。1910 年学部在审查本校铁路专科毕业复试后，在向清政府上奏请援照章予以录用的报告中明确表态："此项学堂为邮传部所特设，该班学生既系肄习铁路专科，毕业后自应先尽邮传部调用，俾得急需。"[②]从 1909 年到 1911 年高等实业学堂期间，4 届专科生共毕业 41 人。因邮传部主管路、电、邮、轮交通四政各处需才甚多，而国内各学堂交通技术专才方面的毕业生甚少，留学工程回国者也微乎其微，因此清末时期的毕业生都由学校呈报邮传部安排就业，或派遣出国留学、实习继续深造，以备将来任使。

辛亥革命之后，交通部不再对毕业生进行统考，同时废除清末只要考试合格就分等录用的办法。1912 年以后的毕业生是通过以下各种途径解决就业问题的：①择优送国外留学；②由交通部介绍至各铁路局以实习生名义试用，经过一段时间以后，由路局选充为职工或任工程师。也有路局对介绍去的学生进行一次考试，合格者定为正式职工，不合格者留用实习；③一小部分推荐给

① 《邮传部上海高等实业学堂章程》(1911)"学堂考试章"。

② 《上海交通大学纪事(1896—2005)》(上卷)，第 66 页。

政府有关部门安排；④还有一小部分通过校方、校友或实业界人士介绍相应工作。

民国初年，我国每年工科毕业的大学生寥寥可数，但是由于军阀政权，政局动荡，民生凋敝，即使数量有限的工科大学毕业生也无用武之地。本校隶属交通部领导，专科毕业生就业尚不成问题，但学非所用的现象是较为普遍的。唐文治校长曾数次致函交通部、各铁路局、电务部门，推荐录用本校土木、电机专科毕业生，但最终不能全部录用。学校只得向国内各大厂矿推荐就业，部分缓解了就业压力。在1916年交通部召开的交通会议上，学校曾对就业问题提出了意见："大部培植本校学子为费甚巨，而学成之后未能悉于裁成，致不免纷散四方，自行谋事。甚至楚材晋用，或用违其长，尤为可惜。"[①]为此学校于1918年5月设立学生就业部，为毕业生就业提供信息与指导。与其他学校相比，本校毕业生的就业出路还是比较好的，主要原因是学校声誉好，历史久；校友多，门路广；功课质量高，特别是数理好；学风比较刻苦俭朴。[②] 再加上隶属于交通部，交通实业方面需才首先考虑直辖各校毕业生。特别是1918年第一次世界大战结束前后，国内社会经济获得较大发展，交通事业与民族企业发展尤为迅速，这更为本校学生就业带来机遇，根本改变了民国初年就业形势不佳的局面，甚至出现了供不应求的状况。1919年，面对很多中外工商企业要求聘用本校学生的函件，学校已无毕业生可派，不得不向历届毕业生发布"紧要通告"：

本校工程科毕业同学，年来经本国国立工程局所、华商西商设立实业公司及西洋各大工厂来聘日益加多，任事均甚称职。今年毕业同学不敷分派，而继

1910年首届铁路专科毕业生康时清毕业证书存根

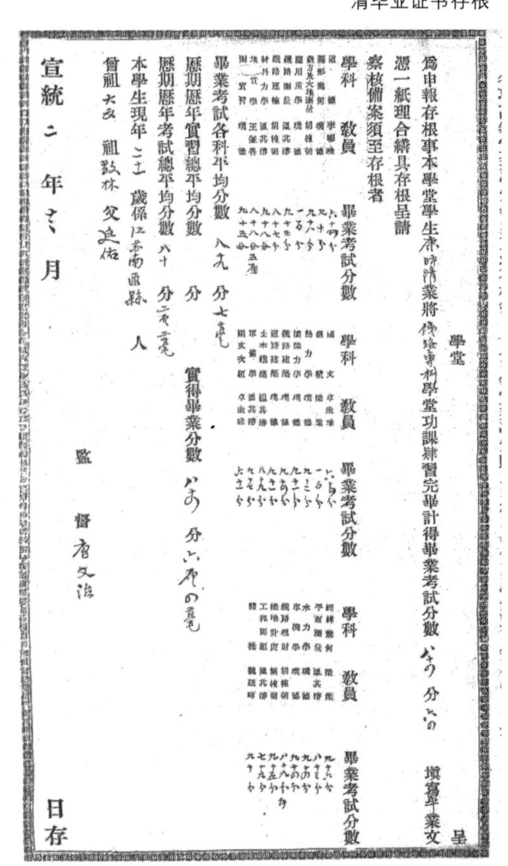

學堂　呈

為申報存根事本學堂學生康時清業將鐵路專科學堂功課肄習完畢計得畢業考試分數[illegible]分[illegible]塡寫畢業文憑一紙理合繕具存根呈請

察核備案須至存根者

學科　教員　畢業考試分數　學科　教員　畢業考試分數　學科　教員　畢業考試分數

畢業考試各科平均分數八十九分七毫

歷期歷年實習總平均分數　分　實得畢業分數八十五分六厘四毫

歷期歷年考試總平均分數八十分[illegible]

本學生現年二十一歲係江蘇南匯縣人

曾祖[illegible]　祖[illegible]　父廷佑

監督唐文治

宣統二年三月　日存

① 《交通部上海工业专门学校交通会议议案》。《交通部上海工业专门学校学生杂志》第1卷，第4号，1916年。

② 周浩泉：《回忆南洋公学十二年》(1979)。《交通大学校史资料选编》第1卷，第297页。

订者函件叠至本校,各处函询多任要职,不能抽调,故特通告,望本校专科毕业同学未任要职者,随时专函来校报告,得以遇缺派送。[①]

到1920年前后,因各厂矿公司等实业界对学校毕业生需求量的增多,且待遇丰厚,吸引了不少学生前往就职。如1920届电机科毕业生支秉渊、于润生等4人经谢尔顿介绍,到上海著名美商机构慎昌洋行工作,开始月薪洋65元,若考绩合格,一年后可加到洋115元,待遇相当优厚。

本校学生就业范围逐渐扩大,已不仅限于交通部派任、留学等途径,就业领域开始出现多元化的趋势。1920届土木科毕业生周浩泉曾忆及该届16名毕业生就业情况:

在我们一届毕业生中,除四人自费留美外,其余十二人,有五人进洋商机构工作,有三人(包括我在内)当上了中学教师,有一人到营造厂做监工,另有三人由政府录用派到工务局当管理员。

出国留学、进中外厂商机构、当中学教师、交通部录用成为该届毕业生的四大就业方向。就业领域的扩大,说明本校毕业生成绩和能力已经获得社会各界的广泛认同,也为学校人才培养方向逐渐突破交通领域提供了现实的机遇,有利于学校发挥更大的社会服务功能。

① 《交通部上海工业专门学校学生杂志》第3卷,第1号"记载",1919年6月。

第五章
经费、图书与设施

第一节　办学经费

一、经费来源

办学经费是学校正常运转，各项事业发展的重要保证，稳定充裕的经费来源对一所学校发展进步至关重要。这一时期，学校先后归属商部、邮传部、交通部直辖，办学经费由管辖部门负责筹措拨付，总体来说尚属稳定，筹拨额数逐年也有所增加。

1905 年初改属商部时，商部奏准清廷“拟仍咨商北洋大臣转饬招商、电报两局，酌拨常年经费。……至此项拨款倘有不敷，臣等当再设法筹措，以济要需”[①]。监督杨士琦与轮船、电报两局订立拨款办法：轮船局原拨银 2 万两，加拨银 2 万 5 千两，共 4 万 5 千两；电报局原拨洋 2 万元，加拨洋 3 万元，共 5 万元。此后至 1908 年，学校经费来源与南洋公学时期一脉相承，继续由轮船、电报两局拨付，但实际上不能如数拨给。1906 年至 1908 年，轮船局每年供款规银仅 2 万两，且时有延宕。1907 年 11 月上旬，监督唐文治向邮传部呈称，当年轮船局

① 《商部呈文改商务学堂为高等实业学堂》（光绪三十一年二月二十一日，1905 年 3 月 16 日）。《交通大学校史资料选编》第 1 卷，第 7 页。

只认解2万两,现解到者仅1万两,屡催未解,致使学校经费困难。[①] 第二年邮传部将学校每年游学费约3万余两改由该部发给,部分缓解了学校的经费压力。学校另筹集到部分经费,加以公学时期节余存款(银103 332两)息银、学生膳费等项,收支大致两抵。

1909年,轮船、电报两局同时停供拨款,结束了自1896年学校创立以来的常年供款关系。当年,邮传部指定沪宁、沪杭甬铁路管理局每月拨付学校经费洋5 500元,1910年8月起增至银6 100余两;另指定广九铁路局月拨经费1 400两,其余不足部分由邮传部拨付。自此,建立起直辖部门邮传部(民国称交通部)及各路局直接供款的关系。辛亥革命以后,交通部每年拨给学校经费8万元,后略增至8万8千元。

与同期其他学校相比,本校经费来源尚比较稳定,额数也较多。但这一时期学校建立各工程专科,扩充规模,学生人数增多,物价逐年见涨,且间受战事关系,部(路)款支绌,经费欠解现象时有发生,致使学校多次陷于经济短缺的状况。为此,学校采取官费生制度、征收学生学杂费、向社会募捐等多种筹资途径,拓展经费来源渠道,以作为管辖部门拨款之外的重要补充。

1909年唐文治呈准在各省设立官费生制度,1911年辛亥革命期间向沪军都督府募集经费1万两,1917年学校向社会各界募捐6万余两建筑图书馆,以补充学校正常办学经费的不足,具体情况下文另有详述,这里仅述及征收学生学杂费这一经费补充来源。学生的学杂费包括学费、膳费、宿费、图书设备费。南洋公学初办时期,学生学费、膳食费均免,且有月奖。1901年附属小学成立时,开始向附小学生收取膳费洋24元。1906年学校经费支绌,又开始向中院生收取膳食费,每生每学期应缴洋15元,学费仍然免缴;专科生免缴一切费用,直至辛亥革命前。1912年学校经费异常紧张,学校只得向各级学生征收膳宿费、学费。具体收费标准是:专科、专门预科生每年收学费洋25元,中学生20元,膳宿费每年40元,预科膳宿费减半,专科膳宿费免缴(各省官费生除外)。[②] 此后收费标准逐年提高,项目也日益增多。1913年学校规定:"无论专科、中学,每名每年均收学膳等费洋99元(改章前入校照旧),分两次征收,暑假、年假开校时各收一半。"[③]当年专科、中学学生数合计276名,全年可收取学膳费共计27 324元。至1919年,学校向专科、中学生每名收取学膳费95元,图书馆费20元(新生),体育、讲义、役费各2元。各项实验或实习者,每科每星期二时,全年收费2元,又收化学存储费4元,少补余还。[④] 合计每生每年应缴学杂费不少于洋110元,新生不少于洋130

---

① 唐文治:《咨邮传部办理学务以筹款为第一要义》(光绪三十三年十月,1907年11月)。《交通大学校史资料选编》第1卷,第310页。
② 唐文治:《致邮传部函请速拨经费》(1912年2月)。《交通大学校史资料选编》第1卷,第312页。
③《交通部上海工业专门学校章程》(1913)。
④《交通部上海工业专门学校招考插班生广告》。《申报》1919年1月1日。

元。附小每年学费新生50元，老生12元(家境殷实者照缴50元)，膳费45元，宿费8元，仆费2元，运动费1元。[①] 合计附小学生新生应缴各费106元，老生应缴各费不少于78元。可见，收取学杂费已经成为民国时期学校经费较为稳定的来源之一。此外，公学时期留存余款的利息及南通、川沙沙田租金也是学校经费的补充来源，然为数甚少。

由上可知，这一时期学校经费来源途径呈多样化，既有直辖部门的指拨常年款项，也有社会各界捐助资金；既有各省呈缴的官费生款项，也有学生缴纳的学杂费，以及固定资产的利息租金收入。其中直辖部门拨款是学校最主要的经费来源，其他来源是办学经费的补充途径。表5-1是学校历年经费各项来源总收入及支出数额情况。

表5-1 高等实业学堂-工业专门学校时期历年经费收支数额表

年份	收入(洋元/两)	支出(洋元/两)
1905	不详	不详
1906	不详	不详
1907	97 354两	96 897两
1908	117 268两	115 295两
1909	125 082两	125 145两
1910	约152 000两	154 489两
1911	约173 500两	约165 000两
1912	121 592元	134 609元
1913	130 575元	128 196元
1914	160 983元	151 779元
1915	165 196元	173 742元
1916	166 377元	159 672元
1917	171 637元	173 275元
1918	195 973元	195 768元
1919	192 375元	189 573元
1920	191 838元	190 405元

资料来源：1907—1909年经费收支见《邮传部交通统计表》(1907—1909)；1910—1911年经费收支依据《交通部上海工业专门学校廿周纪念册》(1917)“历年经费收支比较表”(柱形)估算；1912—1920年经费收支见茅以新：《南洋的历史与环境》，载《南洋大学学生生活》(1923)。

① 《现行章程》。《交通大学上海学校附属高等小学二十周纪念册》(1921)。

据表可知，除 1905、1906 年经费不详外，其余各年办学经费均有实数。1907 年至 1911 年办学经费约计 665 204 两，年均约 13.3 万两；1912 年至 1920 年办学经费合计1 496 546元，年均 16.6 万元。从历年办学经费来看，呈明显的曲折增长势态。1907 年全年经费 97 354 两，此后数年逐年增加，特别是 1910、1911 年分别增至约 152 000、173 500 两，增长幅度较大。民国初年因政权更替经费锐减，1912 年仅 121 592 元，1913 年 130 575 元。1914 年增至 160 983 元，此后数年稳定在 16—17 万元之间，1918 年至 1920 年保持在 19 万元左右，1921 年突增至 31 万余元。办学经费的增减对此期学校发展具有直接影响，同时也是创建工科大学曲折历程的体现。清末时期学校经费持续增长为设立各工程专科、代办商船学校提供了物质保障，也是唐文治主校后，积极宽筹经费，扩大办学规模的体现。辛亥革命后，政局变动频繁，学校经费支绌，发展一时陷入困顿，商船学校独立建校，师生规模缩小。1914 年以后经费回升，学校又步入正常发展轨道，扩充专科，添建设施，师生规模日渐扩增，预示着创建工科大学的道路渐入顺境。

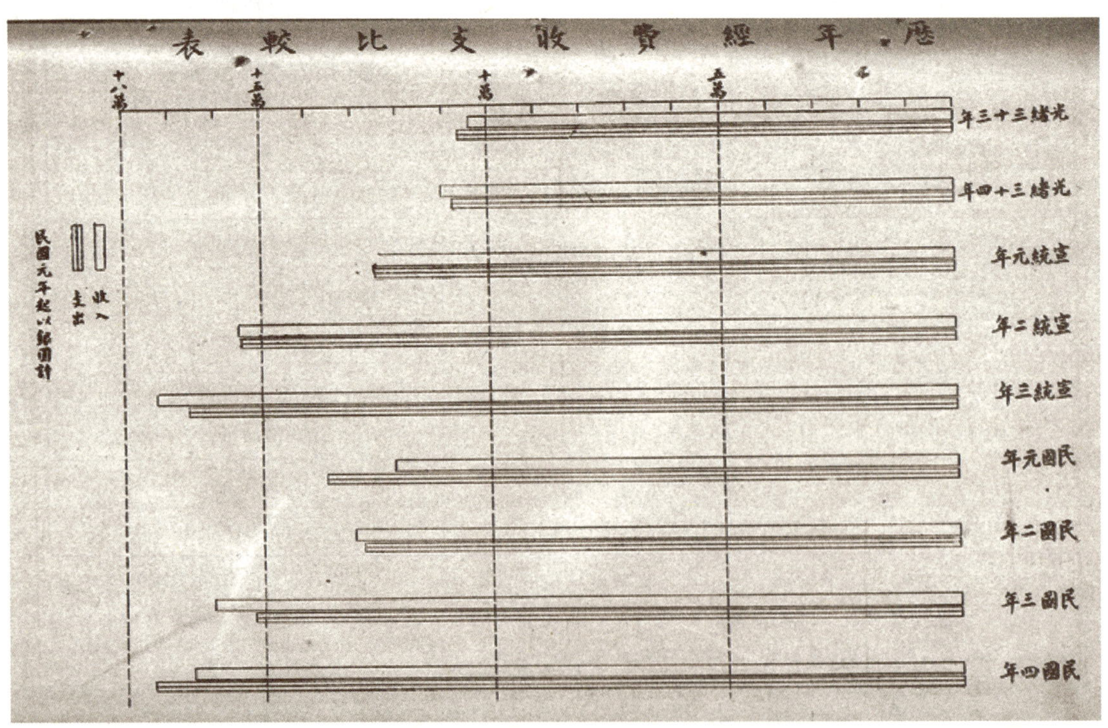

1917 年绘制的学校历年经费收支比较表（1907—1915）

二、经费管理与使用

办学经费实行监督(校长)、庶务长、会计员三级管理制。监督(校长)统辖学校财政管理权,负责筹集各项经费,裁定核查支出款项,审订每年预算决算,察核每月学校开支清册,并按月呈报邮传部(交通部)核销。庶务长需在每学期开学前将额定支出、临时支出、特别支出预算表,及上学期决算表,提交监督(校长)审订。会计是具体管理财务的事务人员,南洋公学时期会计称收支员,实为出纳之别名,因当时公学无所隶属,不需造册报销。归隶商部后,学校应将收支出入款项造册,报送商部、邮传部,于是于1906年春改收支员为会计官,并订有会计官规条8条,内容如下:

一、收支一切银钱出入,宜遵预算表施行之。月杪逐项核算,备造清册,呈请监督察核。

二、立正副账目,副册十日一结,正册一月一结,均送监督暨庶务长查阅。暑假、年假时并将清册印出宣布,以征信实。

三、本堂领到经费,应择殷实银行或商号储存。凡存款支款均须监督签字,加盖图章,以昭慎重。

四、汇寄各国游学费,须如期汇寄,并将镑价访确,随时报告。

五、凡杂物处应领购办款项,或本堂特派采买员所报账目,均须详细复核,存记簿册。

六、银钱账目应亲自经理,不可假手他员,致滋弊端,各项薪工伙食,应按期给发,不得徇情挪借,厨房尤不得减扣。

七、学生所缴学费不得徇情遗漏,宜列册具报监督及庶务长查核。

八、堂中支用款项不在预算表内者,禀知监督许可方准发给。[①]

此后的1911年学校章程、1913年学校章程对于会计官(员)职责均有规定,内容大致相同,其主要职责是管理银钱账房,经管银钱出入和一切报销账籍;管理学校财产,经历出纳款项,登记并保管账册,编制预算决算。

由上述规条可知,学校对于会计员的职责规定相当严格,所定事务也较繁细,体现了学校对于财务管理的重视,它有利于财务管理的规范化运行,为学校发展营造了一个必须具备的物质环境。1912年秋,学校改属交通部管辖,职教员称谓变更,会计官更名为会计员。因交通部定有预算、决算格式,兼之学校规模扩大,会计事务日益繁重。清末民初时期前后担

---

① 《邮传部上海高等实业学堂章程》(1908)。西交档:2456。

任学校会计者,有叶尔松、沈炳涛、杨启瑞等。

学校经费支出大致分为经常费、临时费、特别费三项。经常费支出有教职员薪水、学校日常支出等项目,临时费支出主要指专项建设费,特别费系指实验室建设费、学生奖励、附小经费等。表5-2是1914年学校经费分项支出情况。

表5-2 1914年本校经费支出情况表 (单位:洋元)

支出类别	数额	支出细目
俸给	76 450	内含校长俸薪、教职员薪水
消耗	22 760	内含茶水、电灯、油烛、伙食
购置	19 700	内含器具、机械、图书、杂品
特别	11 860	工厂费、保险费、奖励川资费、小学经费、童子军经费
修缮	9 190	土木修缮、杂项修缮
工资	6 720	大役工资
杂支	2 250	各项杂用
文具	2 240	纸张笔墨、印刷、杂什
邮电	610	电报、邮政、电话
支出总额	151 780	

资料来源:本校会计处1916年报告"本校经费支配表"。载《交通部上海工业专门学校廿周纪念册》(1917)。

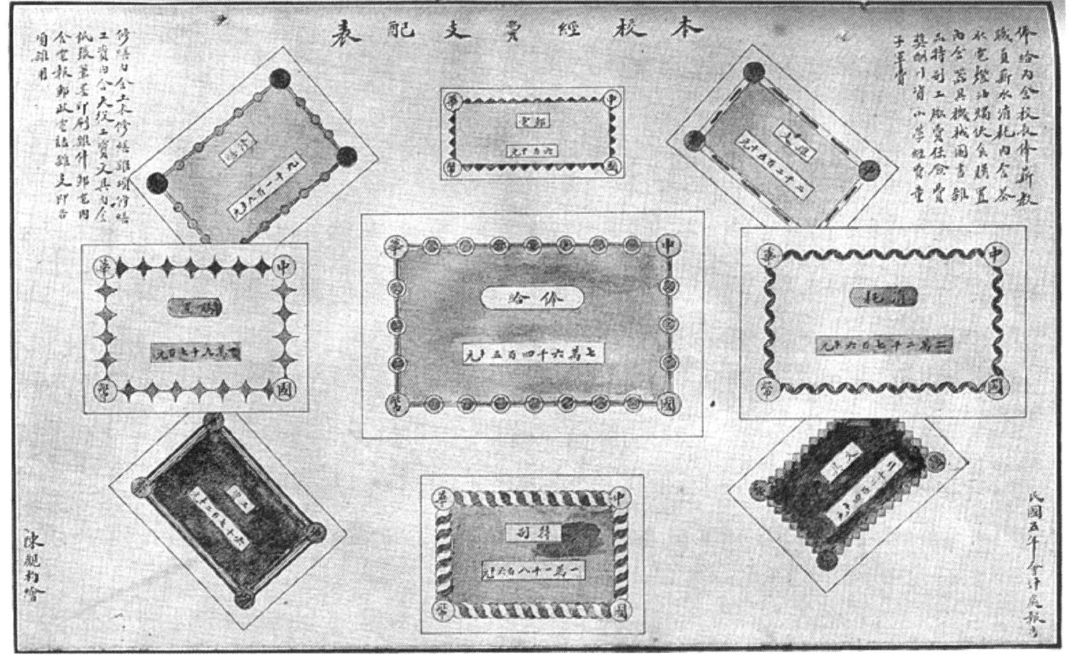

1914年学校经费支出情况表

由表可知，教职员薪水支出 76 450 元，约占全年总支出 151 780 元的 50%，是全年支出最多的款项。其次包含招待、伙食等日常办公“消耗”费 22 760 元，约占 15%；“购置”“特别”两项费用的细目均属教学事务与设施方面的投入，合计 31 560 元，约占总支出的 21%，其余校舍修缮、杂费等约占 14%。1914 年分项经费使用情况大体上可以反映这一时期学校经费使用的配置结构，这样的经费配置体现了学校以教师为重、教务优先的办学理念。

经费管理与使用方面，利用效率尤其重要。如果盲目铺张，再多的经费也不敷运用，何况此期学校办学经费并不充裕。监督唐文治提出了开源节流、量入为出的财务管理方针。唐文治曾说：“维持本校之道，首重经费，经费不外开源节流两法。”[①]开源之法，上文已有表述。节流之法，学校在不同时期根据具体情况开展了比较灵活的措施，主要有：

精简行政，提高效率。职教员薪俸是办学经费支出的大宗，也是学校撙节经费的重要源头。学校不惜高薪聘任高水平的中外教员来校任教，但对于行政办事人员能减则减，人数尽量压缩至最低限制，同时极力提高办事效率。此期职员人数基本控制在 15—25 名之间，唐文治 1907 年就任监督时职员有 19 名，到 1920 年他离任时职员也就 24 名，增加不过 5 人，而此时学校规模、学生人数已大为扩增。

能省则省，杜绝浪费。采购外文原版课本时，先购置一二本，然后按照学生人数印制分发给学生。添置实验设备时，尽量争取中外厂商予以赠送或减价购入；动员教员自行安装实验设备，以节约工本，如 1919 年无线电台即是由电机教员张廷金主持架设。

减薪减膳，共渡难关。每当办学经费入不敷出时，唐文治则自己带头减薪，师生也相率减薪减膳，压缩开支。如 1912 年初学校经费万分困难之际，唐文治自请减薪一半，教职员则“量其多寡，分层递减”。量入为出是财务管理的另一项原则，这从表 5-2 历年学校收入、支出数额基本持平的状况不难看出，当时学校有多少费用，就办理多少事，尽力减少透支，维持收支平衡。正如唐文治所说，在经费使用上“一切概从消极主义”，[②]但其基本精神却是积极的，为办理好学校创造了必要的物质条件。

三、经费数度困难

处于社会转型时期的清末民初，中央统治式微，动乱接连不断，教育横遭摧残，办学经费

---

① 《南洋大学堂开幕仪式》。《申报》1911 年 11 月 6 日。

② 唐文治：《致交通部朱总长函经费支细要求拨款》(1912)。《交通大学校史资料选编》第 1 卷，第 313 页。

极度匮乏。尽管学校隶属交通实业部门,经费来源比较稳定,却不并充裕,又因受拨款单位变更、政权更迭、经济风潮等内外因素的影响,学校经费供给方面出现过数次严重的困难。但在唐文治与师生的苦心经营、多方筹措下,最终得以化解经费危机。

第一次经费困难发生在1907年底、1908年初。时监督唐文治来校就职不久,拟通盘筹划,创建工科专科,急需用款。而供款单位轮船、电报两局拖延应拨费用,依商部、邮传部规定,轮船、电报两局每年应分别拨解学校办学经费银四万五千两、洋五万元,不足部分由邮传部随时增补。然而至1907年底,轮船招商局只认解2万两,实际解到1万两,致使学校经费告急,日常教学难以维持,遑论扩充规模。唐文治在编制1908年收支预算时,"计收入表内,共规元银四万六千九百八十两,支出表内分额支、活支、特支三项,除特支一项应随时咨部请拨外,额支规元共十万零一千九百四十八两,活支规元银约六千五百两。"[①]如此预算,收支两抵后,不敷之数有银61 468两之多,经费异常困难。唐文治一方面呈文邮传部,要求减去本人薪水作为办学之用;一方面请求邮传部重新筹定稳固的经费途径。邮传部对于唐文治自请减薪办学的举动十分感佩,复文称:

> 贵侍郎自到校以来,苦心经营,力图整顿,革除积弊,敷鬯新机,时誉炳然,实深感诵。万不可因公款支绌,议及减薪,应请照旧支领。至于款项奇绌,自应由部立筹的款,以助设施。[②]

邮传部没有同意唐文治减薪的请求,应允筹定经费。此后,邮传部尚书徐世昌亲笔致函唐文治,答应学堂经费每年由轮、电两局合共拨银41 000两作为扩充专科之用,再由铁路局岁拨59 000两,足成10万之数。后来又将供款单位轮、电两局改为沪宁、广九铁路局,使办学经费来源更为稳定。同时,唐文治呈准设立各省官费生制度,扩大了经费来源途径。这些措施不仅使学校顺利渡过了这次经费困难,而且使得清末时期学校的办学经费逐渐增长,为筹建工程专科,发展学校规模提供了难得的物质保障。

第二次经费困难发生于辛亥革命后直至1912年底,持续近一年时间,经费极其拮据,为历次经费危机之最。辛亥革命后,唐文治顺应时代潮流,与曾经授予他功名、要职的清王朝决裂,断辫剪发,宣布学校独立,更校名为南洋大学堂。然而,改朝换代带给学校的不是师生企盼的南洋大学的实现,却是足以让学校关门的经费危机。辛亥革命前的1910年,学校全

---

① 唐文治:《咨邮传部办理学务以筹款为第一要义》(光绪三十三年十月,1907年11月)。《交通大学校史资料选编》第1卷,第311页。

② 邮传部:《咨唐文治文》(光绪三十四年六月十三日,1908年7月11日)。西交档:2363,卷名《清代邮传部、电报、招商局有关拨解经费给高等实业学堂来往文件》(1908)。

年经费支出已达15万余两，其中9万两由沪宁、广九铁路局提供，剩余部分由邮传部拨给。辛亥革命发生后，南北分裂，广九铁路局和邮传部的拨款全部中断，经费来源只有就近的沪宁铁路局每月4千两，入不敷出，杯水车薪，学校难以维持下去。当时学校经济窘迫状况，唐文治后曾描述道：

迨辛亥秋武昌起义，银根骤紧，南北关系几同水火。本校为部辖学堂，岌岌不能自保，爰改名南洋大学。维时非特部款不能接济，即原有沪宁路局解款亦将中止。设或解散生徒，任其停闭，则一停之后，未知何日再能重开。既受诸生父兄之委托，何忍令其骤然废学，且各处民军北伐者，均拟商借房屋，又恐校舍仪器或至损坏，不得不茹苦支持。先商之杨杏城先生，请留沪宁一款解校，蒙其允诺。然每月仅有四千两，而两校之开支每月至少须银一万一千两(维时尚兼办船校)，计九月至十二月短少银二万数千两，而商船学校建筑欠款尚有一万数千两，催付甚急，几有性命关系。是时本校尚有存信成银行之款，既不能提取，又不能划付，每日食指几及千人嗷嗷待哺……①

这一时期，上海其他各大中学校也都因经费困难纷纷停课散学。唐文治不忍青年学子失学，更不忍新生政权的人才培养发生断裂，他致教育总长公函中说，如果解散，“不特千百学子失学堪虑，且方今民国初建需才孔亟之秋，造就人才实为急务”。② 他鼓励师生团结一致，同心协力，克服困难，把学校继续办下去。为此，他采取了一系列应急措施：一是提用南洋公学时期留存款项。1905年公学归属商部时，将历年结余款银10万两用作学校发展的基本金，经历年提用，基本金至1911年尚余7万两，此时迫不得已提用2万两。二是对学生加收学杂费。三是教职员实行减薪，校长减薪50%，教职员则“量其多寡，分层递减”，“职员薪水按照每年10个月计算，教员修金以教学钟点计。校长每月依然减薪50%”。四是各方奔走，争取社会求援。上海新成立的军政府对本校克服经费困难坚持办校的精神深表同情，主动支持本校“协银一万两”。上述措施中，以第一项提用基本金最为得力。唐文治后来曾说，当时“尤赖有盛杏荪先生从前积有基本金，稍可支援，卒能转危为安”。③ 经过多项开源节流的措施，学校“并未一日辍学”，困难局面延续了1年多才有所好转。

此后，学校又在1913年二次革命中发生经费困迫。在唐文治和全体教职员的艰难维持

---

① 唐文治：《辛亥年本校提用存款报告》(1912年10月)。

② 唐文治：《致教育部总次长函屡陈经费艰窘》(1912)。《交通大学校史资料选编》第1卷，第313页。

③ 《唐文治校长在本校廿周纪念会上祝词》。《交通部上海工业专门学校廿周纪念册》(1917)。

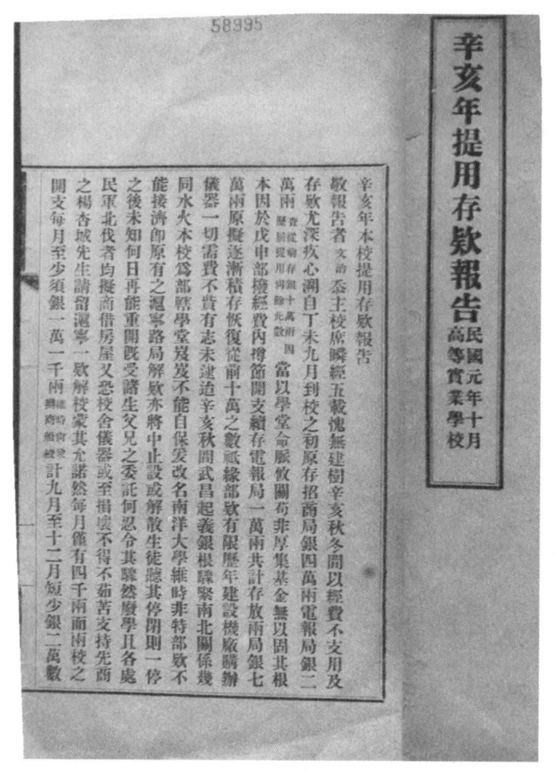

辛亥年提用存款報告

民國元年十月 高等實業學校

辛亥年本校提用存款報告

敬報告者文治忝主校席瞬經五載愧無建樹辛亥秋冬間以經費不支用及存款尤深疚心溯自丁未九月到校之初原存招商局銀四萬兩電報局銀二萬兩（皆從前存銀十萬兩因屢屆提用尚餘此數）當以學堂命脈攸關苟非厚集基金無以固其根本因於戊申部撥經費內撙節開支續存電報局一萬兩共計存放兩局銀七萬兩原擬逐漸積存恢復從前十萬之數祇緣部款有限歷年建設機廠購辦儀器一切需費不貲有志未逮迨辛亥秋間武昌起義銀根驟緊南北關係幾同水火本校爲部轄學堂岌岌不能自保爰改名南洋大學維時非特部款不能接濟即原有之滬寧路局解款亦將中止設或解散生徒聽其停閉則一停之後未知何日再能重開既受諸生父兄之委託何忍令其驟然廢學且各處民軍北伐者均擬商借房屋又恐校舍儀器或至損壞不得不茹苦支持先商之楊杏城先生請留滬寧一款解校稟其允諾然每月僅有四千兩而兩校之開支每月至少須銀一萬一千兩（[illegible]）計九月至十二月短少銀二萬數

1912 年 10 月刊印之《辛亥年提用存款报告》

下，学校并没有一日停课，终于渡过了数次难关。最后一次经费困难是 1916 年夏，当时因段祺瑞、黎元洪之争斗，政局不稳，存款者纷纷提款，交通银行停闭，本应拨给本校的经费停付，学校遇到困难。唐文治校长四处奔走，多方求援，幸得勉强维持。

数度经费困难是此期学校办学过程中经历的一次次磨难，诚如唐文治在建校 20 周年纪念会上所说："最难堪者，改革之际，经济困迫，彼时今日不知明日，本月不知下月，本学期不知下学期，诸生相对凄惶，至今思之犹堪坠泪。"①在历次经费危机中，唐文治与师生一起，以惊人的毅力恒心，惨淡经营，一次次磨难，凝聚了学校全体师生的办学意志，锤炼了学校生存发展的韧性。

第二节　图书

一、图书馆概况

南洋公学时期，学校在上院底层大讲堂一角设立类似于图书馆性质的"藏书楼"，购置中西书籍 3 000 余册，派专人管理，每天开放时间约为 3 小时。藏书楼初成立时，图书经费很少，每年仅银 300 两，后增至 700 两，均不及学校经费的百分之一。自 1905 年改属商部后，学校因添设专科的需要，藏书楼陆续添置专门学科的西文参考书籍，供专科生借阅。1907 年春，藏书楼迁至上院底层西南隅，该处原为物理试验室，经改设修缮而成。1908 年春，清廷颁发《古今图书集成》给学校。这是清代编修最大的一部类书，采集广博，内容丰富，正文 10 000卷，目录 40 卷，共 5 020 册 520 函。因该类书卷帙浩繁，学校另辟中院二

① 《唐文治校长在本校廿周纪念会上祝词》。《交通部上海工业专门学校廿周纪念册》(1917)。

楼东北部为中文藏书室。同年夏电机专科设立，学校增购相关西文书籍达千余册，于是改上院原藏书楼为西文藏书室，由英文教习一人兼管图书管理与借阅事务。中、西文藏书室订立阅书规则，专科生可以借书出室，高等预科生则须室内阅览。[①] 中文、西文藏书室分别设立，使得学校图书馆规模略备。

1912 年之后，学校逐渐增加图书支出，中西文图书藏量也逐年增加，至 1914 年，全校中文图书已有 24 288 册，西文 4 682 册，另有中英文日报、月刊数十种之多。[②] 西文藏书室归西文案柴福沅兼管，中文藏书室归中缮校许铭德兼管，两藏书室每天均对师生开放。1917 年校庆 20 周年前后，学校募捐集资建筑图书馆，1918 年开工，1919 年建成开馆。图书馆大楼落成后，藏书楼正式更名为图书馆，中、西文藏书室全部图书杂志移入新馆，分别称为国文部、外国文部。同时，图书馆组织与管理制度进一步加强，学校制订《图书馆管理章程》，这是学校第一个专门的图书馆管理章程。章程对图书馆组织建制、人员职责、图书报刊的管理与流通均有严格要求和明确规定。依照章程规定，学校成立了由校长、庶务长等 7 人组成的图书馆董事会，聘任胡端行为图书馆首任馆长，馆员若干名，分设阅览室多处，定时对师生开放，学生可以随时在馆借书阅览。经过历年陆续购置，并承各界捐赠，到 1920 年 3 月新图书馆开馆时，馆藏图书近 4 万册，其中中文图书 31 387 册，以经史子集分类；西文图书 3 665 册，以工程类为多；杂志 79 种，内含中文杂志 23 种，英文杂志 56 种；日报 19 种，内含中文报纸 14 种，英文报纸 4 种，法文报纸 1 种。[③] 此外，各专科、附属中小学均自设教学参考书图书室。至此，经过二十多年的积累与发展，图书馆在馆舍建设、馆藏图书数量、日常管理等方面已经初具规模，可以基本满足学校教学与人才培养的需求。

藏书楼、图书馆为适应学校师生需求，在管理经验的日积月累基础上，吸收国内外图书管理方法，逐渐摸索出一些有益做法，这主要体现在图书管理与流通上逐渐规范化、制度化。在图书管理上，藏书楼初设时，国内尚没有完整的目录体系和分类方法，对图书的管理是处于探索阶段。开始时采用书本目录，“书籍分别门类，编总目录一册，凡卷数、本数、撰著朝代、姓名及版本，均须注明，即照目录次序库藏，以便查取。”“书橱编列字号，橱门扁锁，非收发及通风晒书时不开。”[④]书本目录法订于南洋公学时期，一直沿用至清末。辛亥革命后，

---

① 杨耀文:《本校四十年来之重要变迁》。《交通大学四十周纪念刊》(1936)，第 40 页。

②《交通部上海工业专门学校概览》(1914，英文版)，第 9 页。

③《续工业专门学校时期沿革》(1917—1920)。《交通大学校史资料选编》第 1 卷，第 138 页。

④《南洋公学章程》“藏书”(光绪二十三年九月，1897 年 10 月)。《交通大学校史资料选编》第 1 卷，第 101 - 102 页。

一 組織大綱及館員職務

本校校長就本校教職員聘任七人組織委員會並同時聘任館長一人及館員主任若干人其統系如左表

圖書館管理統系表

校長 委員會 館長 國文部主任 外國文部主任 館員甲 館員乙 館員丙 館員丁 館員戊 館員己 館員庚 館員辛

各員職務條列如次 館長總理館中一切事務並受成於校長 國文部主任管理國文部一切事務 外國文部主任管理外國文部一切事務 館員甲除借書發書外兼理雜誌修書通信 館員乙除借書發書外兼理日報 館員丙除借書發書外兼理標本模型陳列 館員丁監務 館員戊監察 館員己除借書發書外兼編國文圖書目錄 館員庚除借書發書外兼理雜務 館員[illegible]除借書發書外兼編外國文圖書目錄 館員[illegible]雜務 招待暫由主任兼任之 統計報告由各員分[illegible]

二 開放時刻及館員輪值

本館開放時刻每逢星期一二三四五等日上午八時開放至十一時三刻止下午十二時二刻開放至五時二刻止晚間六時二刻再開至九時二刻止星期六日上下午同前惟晚間停開星期日上午八時二刻開放至十一時二刻止下午停開晚間六時二刻開放至九時二刻止星期六星期日二日校外人可入內閱書餘時僅供本校師生參考之用來賓有介紹者得入內參觀開放及休息均以鐘聲為號 館員輪值上午每部一人下午及晚間每部二人又晚間雜誌室一人在規定時間內不得遠離如有要事應請本館同人代理其餘任事務以[illegible]時辦理之

三 借書手續及閱書室管理

閱書人入館借書應先從目錄櫃內選得該書號碼取館中所備空白紙填明並註借書人姓名交與管理員然後遞給發書人發書携入閱書室閱畢交還原管理員 圖書館開放前後值班館員均應將閱書室整理一次閱書時館員亦應隨時照料查察以免錯亂 閱書規則另訂

四 目錄編輯及添購新書

本館編輯目錄國文部按照四庫書目外國文部採用杜威分類法並按書名著作家姓氏另編附目均分裝入目錄櫃以便檢查兩部均另編總目錄裝訂成書用作底冊以後逐年添購新書由館員(己)(辛)隨時編入總目錄並寫訂卡片加入目錄櫃 逐年添購新書應由校長酌量情形傳知館長及各科長開單交館員(甲)發信訂購其應隨時添購者得由館長主任或館員具明校長辦理之

五 日報雜誌保存及雜誌室管理

逐期日報雜誌均由館員(甲)(乙)分別保存並隨時用卡片記明以免散失如遇缺漏即行催取或補購 每逢開放前後均由館員(甲)(乙)將雜誌室整理一次每晚有專員管理之其他規則另詳

六 標本模型陳列

本館下層南部外間為古物陳列處北部外間為天然科學標本模型陳列處二層樓南北兩間分列工程科各種圖畫照相標本模型

七 讀經室

本館三層樓北部外間為讀經室藏唐校長所著經書講本並本校歷年出版品亦附入焉

八 參觀及招待

招待事務由主任兼任並得隨時指定館員助理之 參觀規則另詳

九 統計報告

各館員隨時均應記載所辦事務大綱每月底報告館長一次如借書數目閱書人數等尤為主要 本校學生入館應於門首簽名來賓應留名片以便稽查 每年終編輯報告一次本館進步情形詳細載入

十 館役

本館雇用館役分甲乙二種(甲)一人主傳達(乙)二人主清潔(甲)除任傳達外兼管學生簽名來賓引導及按時鳴鈴(乙)除每日掃除並揩抹門窗櫥椅桌外每星期日下午大掃除一次(甲)應帶[illegible]掃除並由館員丁督察之 本館門側另設館役室附設寄物處以便來賓寄物

十一 公守規則

一無論何人不得在館內吸烟 二不得隨地吐痰 三辦事時間不得[illegible]雜談笑 四辦事時間不得招待親友致妨公務

圖書館閱書規則

一凡本館開放時間各種書報雜誌均可借閱 二閱書人來館所携衣帽雜物應交存本館門側寄物處不得携入館內 三本校學生應於門首簽名來賓應交名片以便稽查 四借書人應取本館印就之空白券逐項填明並簽姓名交管理員取書閱後交還原管理員不得携出館外 五日報雜誌閱後仍置原處 六本館三層樓為儲書之所借書人未得館長或主任允許不得入內 七借書人雖經館長或主任特許入三層樓亦不得任意翻檢致亂[illegible]秩 八本館圖畫標本模型借書人不得觸動以免錯亂污損 九閱書人若欲抄錄書中文字應自携筆墨紙張本館概不供給 十書籍若經閱書人污損應責令照價賠償或修訂 十一本館備有夾記閱書人可向管理員索取以便記認頁數但不得携出館外或書字其上 十二閱書人不得吸烟或隨地吐痰 十三閱書時不得閒談或談笑 十四借書人違背本館規則應酌量停止其借書權利自一日至一月不等(附註一) 以上各條對於本校同學及校外來賓均適用之但來賓閱書限於星期六及星期日二日來賓參觀臨時閱書者不在此例但仍須遵守以上各項規則(附註二)俟本館書籍漸次增加應酌提通常書籍若干種另編書目以便借出館外並同時另訂借書規則

圖書館參觀規則

一各界士女均可來館參觀但携童僕應請候於館外 二本館參觀時間除本校例假日期及星期日下午之外每日上午九時至十一時下午一時至四時 三參觀人到門應請先付名片由館役傳達於主任以便招待 四參觀人如欲指引閱覽或討論管理方法須預先函訂時日以便招待 五參觀人不得在館內吸烟及隨地吐痰 六參觀人衣帽零物應交存寄物處勿携入館內 七參觀人如欲閱書應即按照閱書規則辦理 八本館備有留名簿參觀人臨去應請題名如有指教或評論亦請書於簿內

(完)

1920 年 3 月颁行之《南洋公学图书馆管理章程》

随着图书分类及编目的改进，藏书楼将书本目录改为卡片目录，即“西文藏书室立书目单，储存书橱抽屉内，依字母及科学门类循序排入”，[①]这是图书管理上的一大改进。图书馆建成后，中文图书的编目按照四部分类为准，西文图书则采用国际通行的杜威分类法进行编目，同时“按书名、著作家姓氏另编附目，均分装入目录柜，以便检查”。[②] 依照上述两种分类法，所有西文图书另编总目，装订成书，用作底册。添购新书由馆员随时编入总目录，并制成书目卡片，加入目录柜。藏书楼、图书馆对于图书的保护也有严格的规定，除管理人员每日通风、晴日挨橱摊晒、随时查损申明修补外，每季及放假时另行派人照总目录检阅一次，察看有无遗失及虫鼠伤损等情，如有残缺，管理人员须认咎赔偿。

在图书的流通和借阅方面，学校制定有严格的借阅制度。学校改属商部管辖时期，藏书楼沿用南洋公学时图书借阅办法，书库一律实行闭架借阅，即

历年图书馆藏书印章

① 《交通部上海工业专门学校章程》“西文藏书室”(1913)。《交通大学校史资料选编》第1卷，第227页。

② 《南洋公学图书馆管理章程》。《申报》1920年3月17日。

使是教职员也不得进入书库翻阅图书,全由管理人员依据借阅人提供的书目取出图书。改办工科后,学生可以自行借书,借阅期限以两周为限,所借之书不得携带出校,期满后如无他人借阅可以续借,逾期不还罚款。辛亥革命后,学校制订了学生具体借还书手续,借书时"须将书目单所载之书名、卷册及作者姓氏,填入黄色借书券,并将本人姓名签于该券,交掌书员检存,还书时将该券取消"。此期学校增辟教学参考书阅览室,参考书不能借出,只准在室内阅览。[①] 图书馆落成后,借书量有所增长,据1920年底统计,当年图书馆平均每天出借中文书约10本,英文书70本。

唐文治很重视图书馆建设与管理,1917年4月校庆期间,他两次邀请留美归国的沈祖荣莅校,演讲图书馆管理法。又以图书馆管理必须专门人才,而欧美一些大学设有图书馆学专门学科,于1918年6月选派附中毕业生杜定友赴美国属地菲律宾,学习图书馆学,为日后管理图书馆储备专业人才。杜定友不负所望,在取得我国第一张图书馆学学士文凭后,于1925—1927年、1929—1936年两次担任交通大学图书馆主任,为学校图书馆的管理与发展做出了诸多开创性贡献。杜定友还曾任复旦大学、中山大学图书馆主任,中山图书馆馆长,参与创建中华图书馆协会,著有《图书馆学通论》《图书分类法》等,成为我国近代著名的图书馆学家。

二、捐建图书馆

拥有一座功能齐全且藏书量丰富的图书馆,是一所学校不可或缺的教育设施。自南洋公学以来,上院、中院、外院、宿舍、实验场所等陆续建成,初具规模,惟有称之"藏书楼"的图书馆却一直没有独立的大楼,显得名不副实。所谓藏书楼,实际附设在上院校舍的一隅,藏量有限;后在中院校舍专辟中文藏书楼,使得中文图书分设于两处,借阅与管理颇为不便。辛亥革命后,图书逐年增加,藏书楼已无法容纳,筹设图书馆势在必行。唐文治青年时在南菁书院读书,曾于"藏书楼纵览著书,自是于经学、小学亦粗得门径矣"。深谙图书馆之于学生成才的重要性,掌校以来他就有新建图书馆的意愿。然而直辖部门交通部能够照数拨解学校常年经费已是难得,更无余款添建需要耗资数万元的图书馆,学校只得自行筹措款项建筑图书馆。

1916年冬,学校20周年校庆前夕,有学生向学校创议,采用募捐集资的办法,建造一座图书馆大楼,以作为校庆20周年纪念。唐文治校长当即采纳此议,将图书馆募捐事宜列入

---

① 《交通部上海工业专门学校章程》"西文藏书室"(1913)。《交通大学校史资料选编》第1卷,第227页。

交通部工業專門學校原名南洋公學二十周紀念圖書館募捐啟

募捐章程附後

民國六年十月

南洋公學二十周紀念圖書館募捐啓

謹啟者泰西各國自都會以逮鄉鎮莫不有圖書館之設網羅羣籍以便覽觀其裨於人民之智識誠非淺尠而各大學校之藏書樓蓄積尤富就學者得以隨時參究以補教授之所不及故學問益新國家之文化因之而日進其關係豈不鉅哉我國宋時已令州縣學各置稽古閣其後譜之尊經閣相沿至今然率皆庋藏故事無裨學者清之盛世於杭州揚州鎮江立文瀾文匯文宗三閣以貯四庫書供人縱覽然亦無效可睹惟各省著名書院若廣州之廣雅江陰之南菁藏書頗多諸生朝夕披閱類成高材古學賴以不墜我校創於民國前十五年頗有聲於當世開創之初前督辦盛杏蓀先生總理何梅生先生徧徵各省官書局書籍迄於今日續有更加然較之廣雅南菁尚遠不逮以比歐美大學之儲置更有天淵之隔且改為工業專門學校設立專科以來於專門書籍尚未完備同人以本校之立瞬屆二十年而校中尚無圖書館議就校地餘隙集款建築校長唐蔚芝先生欣然贊同惟是建築採購專門書籍之費約需銀六萬圓之多斷非一手一足所能爲力敬乞海內達人同學巨子共扶盛舉鼓抱廉泉庶幾早日觀成永留紀念是則諸君子之大有惠於我國之文化將與斯館共垂無疆之庥豈第同人之感荷無極而已耶是爲啟

發起人

張元濟　胡詒穀　林祖溍
楊士琦　楊廷棟　徐恩元
葉恭綽　尤　桐　傅運森
曹汝霖　陸夢熊　陳錦濤
范源廉　劉成志　穆湘瑤
許世英　李維格　唐文治
蔡元培　章宗元　沈慶鴻
王清穆　黃炎培

謹啟

张元济、蔡元培等发起捐建图书馆的募捐启

20 周年校庆筹备活动的重要内容，组织勤敏精干的职教员，成立了图书馆筹备会，精心设计募捐各个环节，有序开展募捐活动。20 周年校庆前一月，即 1917 年 3 月，学校事先向师生校友及社会各界印发《交通部工业专门学校原名南洋公学二十周纪念图书馆募捐启》，发起人为交通部、教育部负责人，本校历任校长、著名校友等共 23 人，名单如下：

张元济　杨士琦　叶恭绰　曹汝霖　范源濂　许世英　蔡元培
王清穆　胡诒谷　杨廷栋　尤　桐　陆梦熊　刘成志　李维格
章宗元　黄炎培　林康侯　徐恩元　傅运森　陈锦涛　穆湘瑶
唐文治　沈庆鸿

募捐启曰："泰西各国自都会以逮乡镇，莫不有图书馆之设，网罗群籍以便览观，其裨益人民之智识，诚非浅尠。而各大学校之藏书楼，蓄积尤富，就学者得以随时参究，以补教授之所不及。故学问益新，国家之文化因之而日进。"对比我国图书馆事业差距甚大，至于本校，"以比欧美大学之储置更有天渊之隔，且改为工业专门学校设立专科以来，于专门书籍尚未完备。同人以本校之立瞬届二十年，而校中尚无图书馆，议就校地余隙集款建筑。校长唐蔚芝先生欣然赞同，惟是建筑采购专门书籍之费，约需银六万圆之多……敬乞海内达人、同学巨子共扶盛举……”[①]

募捐启附简章 11 条,内容关涉拟建图书馆规模、募集资金的管理办法等,其主要规定:图书馆拟建面积约 7 000 平方尺;储藏中外图书并陈列标本模型;图书馆建筑及管理事宜由本校主持;募捐事宜由图书馆筹备会主持,建筑费由本校职员、学生认捐外,并请社会各界热心公益者资助,所有捐款概存上海中国银行。章程还定有各项奖励措施,其中对捐款满万元者在图书馆中置大铜像一尊,捐款满五千元者馆中置铜像一尊,以表彰捐款者或募捐者的善行,激励他们捐助的热情。

在向校内外印发募捐启的同时,校长唐文治上书总统黎元洪、国务总理段祺瑞,呈请提倡捐款建设图书馆。1917 年 4 月 8 日,学校接黎元洪大总统指令:“该校开办迄今二十载,兹复拟建设图书馆以资纪念,萃琅嬛之册籍,供学子之搜求,洵为切要之图,即由该部督饬妥筹兴办,以成盛举。”[②]交通部于是允拨专款银 30 200 元。图书馆建筑费共需银约 6 万元,政府允拨已逾半之数。其后,黎元洪、段祺瑞、交通总长许国英、江苏省长齐耀林等相率以个人名义捐了款。4 月 26 日至 28 日,学校举行 20 周年盛大校庆活动期间,在校内开办劝工展览会与各项文娱活动,吸引社会各界人士关注学校发展与筹建图书馆事宜。当时学校在上院前竖立一大张广告牌,上载大总统赞助建设图书馆之命令,及大总统、总理、部长、省长等捐款数目,并在其下设图书馆捐款受理处。一时间,来校参加校庆活动的师生校友及社会人士踊跃捐款。同时组织师生成立募捐队,四处劝募,一场声势浩大的募捐活动就此开展,所捐款目一日日增加。无锡巨商荣宗敬、荣宗铨兄弟秉承其父荣熙泰捐款兴学的遗志,捐助洋 1 万元,成为数额最大的一笔私人捐赠。无锡丁彦章捐公债票 1 万元,学校创始人盛宣怀家族捐款 5 000 元,黎元洪、周舜卿、虞洽卿、穆湘瑶及中国银行各捐洋 1 000 元。捐款 500 元以上者有王信斋、段祺瑞、刘垣等;300 元以上有徐恩元、阮子衡等;捐款洋 100 元者有何惠若、徐经郛等 37 人;捐款百元以下者更是数以百计。在校内,唐文治首先认捐 1 000 元,师生随即纷起响应,有数百元者,有数十元者,还有一、二元者,多寡不一,都能量力而行。至校庆结束后不久,捐款共计洋41 496. 478元,合计交通部拨款,已达 7 万余元,超过原定 6 万元之数。学校鉴于募集活动开展顺利,遂决定增募图书设备费 2.5 万元。

5 月,图书馆筹备会聘请建筑师王信斋设计了图书馆建筑图样,并拟定建造章程,决

---

① 《南洋公学二十周年纪念图书馆募捐启》(1917 年 3 月)。西交档:1853,卷名《有关建筑图书馆募捐简章、捐启、建造章及蓝图等文件》(1917)。

② 《奉大总统指令》(1917 年 4 月 8 日)。西交档:1853。

1919 年落成的图书馆

议将图书馆建在大操场东首、大门内左侧空地，此地“适符东壁图书之义”。[①] 是年冬，登报招工投标，上海杨顺卿记以规元 43 178 两签订建筑合同，土木专科教师胡士熙、万特克受学校之聘担任监工。1918 年 2 月 20 日，筹备经年的图书馆正式破土动工。开工后，工程进展甚速，地基工程于 6 月完工。6 月 26 日，学校举行图书馆立础典礼，安置铜制圆筒于墙角内，内装唐文治撰《图书馆立础记》一篇、图书馆图样三种、合同一册。在《图书馆立础记》文中，唐文治对兴建图书馆之于学校人才培养作用寄寓了厚望，他希望“十年而后文运大启，济济人士，博学而多闻，必有圣哲豪杰、奇才异能出于其间，以代天工而维世运”。文中还对筹建图书馆著有功绩者予以记载：

> 至董斯役者，乃疆乃理，缩版直绳，以同学胡君士熙勤劳为最著。辅之者若王君信斋、刘君天成、柴君福沅、张君孝安、陈君观杓、蔡君其标也，周爰执事，劳怨不辞焉。建造者杨顺卿栉风沐雨，其居心也无吝无私，克成此举，洵足嘉也。[②]

1919 年 10 月，一座三层罗马建筑式样的图书馆正式落成。10 月 10 日举行落成典礼。1920 年 3 月 13 日，又举行隆重的开馆仪式，交通部派育才科科长刘成志验收工程，政府代表毛祖模致贺词。来宾云集近两千人，为一时之

① 《图书馆大事记》。《交通部上海工业专门学校学生杂志》第 3 卷，第 2 号“图书馆号”，1919 年 2 月。

② 唐文治：《本校图书馆立础记》(1918 年 6 月)。《交通部上海工业专门学校学生杂志》第 2 卷，第 3、4 号合刊。

图书馆阅览室

荣熙泰铜像落成典礼

盛。新建图书馆占地面积 2 687 平方米，可容纳藏书 10 万余册，内设中文、西文图书室及报刊阅览室、标本模型陈列室、读经室、办公室等。馆额"图书馆"三字，由书法家李梅庵以遒劲的篆隶体题写，图书馆背侧竖立万元捐款者荣宗敬父荣熙泰铜像，铜像底座有碑文，记其慨捐之功，碑文由唐文治亲撰。在运用募捐余款购置和校友捐赠图书后，新建图书馆藏书量猛增，由数千册增至 3 万余册。

第三节　教育设施

一、校园与建筑

南洋公学时期学校先后购地计 140 亩，相继建成中院、上院、教工住宅等校舍，为学校发展提供了相对充足的发展空间和物质条件，使学校能将本已有限的办学资源大部分用于教学器材、图书设备等内部建设方面。尽管基本建设不是此期学校发展的主要内容，然因学校规模的逐年扩大，小规模的校址扩充、校舍建筑仍在不断进行。

这一时期，学校先后购进校园四周民地约 30 余亩，使校园面积扩增至 170 余亩。先是 1909 年秋，学校鉴于上院、中院背后民地与原校址犬牙相错，为整齐校址界线，收购该处民地约三四亩，建造金工厂房。1911 年春，唐文治以校舍业经满额，又"今年招考商船学校学生及本学堂新班，至少亦有二百数十名，恐难位置"，呈请邮传部拨解专款购置学校大门对面屋地。邮传部尚书盛宣怀也以"此处房屋地段既与该堂相近，若经外人购去，且恐轇轕易滋，于管理学生尤多妨碍"，[①]遂批准所请，拨款银 4 万两至校，购进该处通合公司产业及毗连民屋 90 余间，计地 13 亩有奇。当年先用作代办商船学堂的临时校舍及学生宿舍，次年商船学校迁往吴淞新校舍，该处归入本校校产，用于学生、职教员宿舍。1920 年代出售 10 亩，以所售款项添购学校西面民地约 80 亩。这一时期购置校外民屋地产在学校历年购地中规模最大，受益也最多。此后数年因政权变动，经费窘迫，校址未能扩充。1915 年后学校办学经费稍有缓解，师生规模也日渐扩大，于是逐年在校园西北又收购民地约数亩。时校园东南尚有民坟地约三四亩，于学校初办购地时早经圈入，因坟主不愿意迁让，拖延 20 年之久。1917 年 20 周年校庆之际，唐文治校长诚恳劝导，始得购入，该地即用于建筑图书馆。[②] 兹将此期学

① 盛宣怀：《上海实业学堂购置民屋地亩需用银两片》（宣统三年三月，1911 年 4 月）。《愚斋存稿》第 19 卷，第 59 页。

② 杨耀文：《本校四十年来之重要变迁》。《交通大学四十周纪念刊》（1936），第 21 页。

校历年购置民地亩数、费用列如表5-3。

表5-3 高等实业学堂-工业专门学校时期购地概况表(1905—1920)

购地年份	亩数	价格(洋元)	备 注
1908	4.820	1 348.05	
1911	13.513	7 369.93	
1915	0.906	200.00	
1916	0.905	300.00	价格含地价、迁让费、中介费等
1917	4.039	983.80	
1918	4.552	1 897.00	
1919	3.660	1 170.00	
总计	32.395	13 268.78	

资料来源:《国立交通大学上海本部地契清单》(1933年6月31日)。上交档:ls4-181,卷名《上海交大购地土地登记表》(1933—1934)。

在校舍建筑方面,学校根据教学管理、师生生活所需,本着量入为出的经费管理原则,在有限的财政之中挤出部分资金,依照轻重缓急,于十年间陆续兴建了十余幢建筑,基本满足了学校发展所需的基础设施。各项建筑项目、年份、费用及概况列如表5-4。

表5-4 高等实业学堂-工业专门学校时期校舍建筑概况(1905—1920)

名称	建筑年份	建筑费	说 明
雨操场	1905		
附小校舍(南院)	1906	银2万两	凹字形二层楼房,旁设运动场、雨操场、礼堂,四周圈以围栏,相对独立
金工厂	1908		上院之后,两大间
电机厂	1910		上院之后,三大间
木工厂	1910		上院之后,四间
新中院宿舍	1910		二层楼房,围廊式结构,建筑面积1 250平方米,可容百名学生住宿
校外宿舍	1911		五幢数十间
养息所	1915		215平方公尺(米),二层楼房
材料试验室	1915		上院之后,一大间,约1 000平方米
教职员住宅	1917		共建4幢

（续表）

名称	建筑年份	建筑费	说　　明
西宿舍	1918	9 131 两	可住学生 150 人，二层洋房，48 间房间，每间住 2、3 人不等，供大学三、四年级学生住宿
图书馆	1919	65 150 元	建筑面积 2 687 平方米，三层楼房，罗马建筑式样，藏书容量 10 万册
无线电台	1919	3 700 两	校西北部，两层小楼
蒸汽及煤气厂（锅炉间）	1920	3 700 元	上院之后，一大间
水力学实验塔（水塔）	1920	3 680 元	

资料来源：《上海交通大学纪事（1896—2005）》（上卷）（1905—1920 年相关条目）。

1920 年校园平面图

以上建筑大体上可以分为四类:①主要建筑。指教学、办公用途的综合型大楼,建于1906年的附小校舍便是。附小校舍隔大操场与中院、上院相望,位于校园南面,俗称南院。该楼为凹字形二层楼房,有教室、理化仪器室、图书标本室、学生宿舍等,旁设运动场、雨操场、礼堂、膳厅,四周圈以围栏,与学校其他校舍相对独立,使得附小在管理、教学上能够自成一统。②特殊建筑。有图书馆、雨操场、养息所、音乐堂、缮校室等。雨操场建于1905年,位于上院西南面,虽为一座简易的棚子,却能供阴雨天学生出操或体育锻炼之用。养息所即校医院,建成于1915年,位于大门右侧,为两层洋房,设内科室、外科室、看护室、药品室、浴室等。音乐堂、缮校室紧靠上院西北边,规模较小。③专门建筑。指专供学生实习试验用之工厂、试验室等。自学校改办工科以来,急需各项试验场所与设施,从1909年在上院背面设立金工厂开始,学校陆续在上院北面一带建成电机厂、木工厂、材料试验厂、无线电台、水力学试验塔、锅炉室等。材料试验室、木工厂及缮校室、音乐堂连成一排,金工厂、电机厂、锅炉室经逐年建造,遂联合为一所建筑。④宿舍。公学时期的师生规模不大,只有三四百人,建筑宏阔的上院、中院校舍除一、二层用于教学、办公外,三楼可供全部学生及部分教员住宿,另有部分教员住在独立的教员宿舍。此期在校师生增至七八百名,住宿不敷应用,师生宿舍相继建筑。陆续建成的学生宿舍有新中院、校外宿舍、西宿舍三处。新中院建于1910年,位于中院之后,是一座围廊式结构的二

校内花园一角

层楼房，建筑面积 1 250 平方米，可容百名学生住宿，这是学校第一幢独立的学生宿舍，后长期用于附中学生的宿舍。校外宿舍建于 1911 年，供专科低年级学生住宿；1918 年又在上院西面建造西宿舍，两层洋房，共有 48 个房间，供专科高年级学生住宿。教职员宿舍也先后增建 4 幢，连同公学时期 3 幢洋房，合计有 7 幢，散居于校内各处。以上各项建筑经费，除图书馆费用社会募捐外，其余由学校办学经费中支出。

由上可知，主要建筑、特殊建筑除了南院、图书馆外，并无重大建筑项目，专门建筑、宿舍建造工程较多，先后建成的试验工厂共有 8 处，师生宿舍有 7 幢，是此期校舍建筑的重点。以试验工厂、宿舍为重点的校舍建设特点，是此期创建工科、师生规模扩大的表现。这些校舍次第兴建，使得学校教学与生活设施更趋完善，功能更加合理，举凡教学楼、试验工厂、图书馆、师生宿舍、医院、运动场基本齐备。由于学校经费并不充裕，这种基本建设是逐年逐项开展的，这一时期总共 14 年中几乎每年都有建筑项目，体现了基本建设的渐进性方针，是校方妥善处理基本建设与教学发展关系的结果，有利于学校的全面、长期和稳健发展。但从表 5 - 4 中也不难看出，各项建筑工程相对集中于两个时期：一是清末 1909—1911 年，二是民国 1916—1920 年。这两个时段学校发展较为顺利，师生规模有所扩增，经费来源相对稳定，从而促成了校舍建设的“小高潮”。

二、实验室及设备

学校自 1905 年改办实业教育，特别是唐文治 1907 年掌校以后，大力发展高等工程教育，相继建成铁路、电机、航海等专科。工程教育是一门实践性很强的专业，各门课程的教学、学生实际能力的培养都离不开实践性教学环节，而实践教学须有相应的实验室、实习工厂来实施。在创建工科大学的过程中，学校逐渐形成了重视实践教学的办学方针，重视实验实习设施建设与试验设备的添置，十数年间学校尽力投入资金，随着系科设置与教学实践的需要，不断建造各类实验室、实习工厂。清末时期建成化学实验室、物理实验室、金工厂、电机厂、木工厂，民国时期又相继建成材料试验室、无线电实验室、锅炉室、水力学实验塔等，各实验室、工厂的仪器设备经逐年添置，也日渐完善，为学校各工程专科正常教学提供了必要的条件。现将各类实验室、实习工厂的发展概况及设备设施，依照创设时间先后分别介绍如下。

化学实验室、物理试验室。创校初始，学校购置了一些理化实验仪器、博物标本等科学设备，置于中院下层西北部一室，称作格致室。后因理化仪器不断增购，1902 年春将仪器迁至中院下层西南隅一室，称为理化室。1903 年秋季，因规划设立高等预科，开列化学实验

化学试验室

课程,乃将中院理化室更名为化学实验室,是为学校正式建立的第一个实验室。原理化室中物理仪器迁至上院下层西南隅一室,称物理室。1906 年创建专科时开设物理试验课程,因改为物理实验室。1907 年春迁上院二楼东南隅一室。此后数年,物理、化学仪器设备略有增添。民国初年,专科增加高等物理、化学课程,设备也因之改进。1916 年夏,物理、化学实验室分别设煤气装置,并增设储藏室(即仪器室)。[①] 至 1921 年夏改组大学时,物理实验室仍位于上院二楼,有试验室两大间,一间供实验,一间储藏仪器。仪器计有 1 500 余件,重要者有六分仪、吸水器、汽油机、蒸汽机、感光镜、X 光玻璃镜、无线收发机、幻灯机、电表等,力、热、电、光、声学等五大物理学实验均能演示。化学实验室仍设于中院底层,也有仪器室、试验室两大间,有各类化学仪器近万件,标本 300 件,药剂 600 瓶,能满足普通化学、定性定量化学等各种试验;试验室有长桌 7 张,同时可容 50 余人做实验。[②] 物理实验室、化学实验室的设施能够满足附中、专科低年级学生的理化课程基本实验需要。

---

① 杨耀文:《本校四十年来之重要变迁》。《交通大学四十周纪念刊》(1936),第 22 页。

② 沈劭:《土木工科之实习及试验》。交通部上海工业专门学校毕业班发行:《民国十年级纪念册》(1921),第 154 页。

金工厂。建于1908年，供铁路专科学生金工实习之用，是学校最早建立的实习工厂。建成后陆续添置车床、刨床等金工器械。至1920年代初，金工厂有虎钳22具，大小车床11台，钻床4台，刨床3台，电动机2具，锯车2台，解铁床、铰床各1台，其他器具约共200余件，足供专科学生实习打铁、制铁之用。

电机厂。又名电机试验室，初建于1910年春，为新设电机专科相关课程提供必要的实验实习。1913年夏，唐文治筹款数千元购买若干电机设备，请电机科长谢尔顿布置一切，将原设电机厂予以扩充。以后逐年增购蒸汽机、煤油机等机器设备，规模略具，是为这一时期学校最大的实习工厂。至1920年代初，电机厂共分三室，东为学校电灯总开关处，中为直流电室，西为交流电室。直流电室置备发电机两座，分别与50马力及20马力感应发动机相接，其他大小发动机、发电机15座，专供试验之用；交流电室备有大号交流发电机2座（一与煤气机相接），感应调整机、感应发动机、转换电流机、试验变压机、水银更正电流器，以及其他感应式、拒力式发动机等。电机仪器室并备电流表、安培表、电力表、电流调节器、交流电变向表、感应电圈蓄电器，以及防电等器。设备齐全的电机厂足供各项电机课程的教学试验之用，与欧美各大学电机试验室相比也不相上下。

木工厂。设于1910年冬，主要是为铁路专科学生进行木工实习、模型制作

木工厂

的场所。木工厂在电机厂西面,分为东、西二部。西部有两间,外间分置木桌十余张,各附以虎钳,为学生实习手工之地;内间则是木工工作处。东部大小各一室,大室置木车床、踞床、刨床、轧床、钻床及电动机,小室储手工器具千余件。土木、电机专科一年级设有土木厂实习课程,实习基本木工、模型制作,均在木工厂进行。木工厂除为学生提供实习外,兼雇工人,制作简单实习器具,修理学校损坏的桌椅家具等。

材料试验室。建于1915年秋,位于木工厂西侧,由土木专科外籍教员朴尔佛督造。该室置有雷耳普通材料试验机、水力压机、砖形水泥试验机等;仪器室备有气压表、气压真空计、标准量试验器、量热表、高热计、燃料及油类之分析器、量水流口闸、片导管、测伸展性表等及各类材料样本,仪器设备主要购自美国,材料样本征集自国内各铁路厂矿。材料试验室以测试水泥、钢铁金属材料等建筑材料为主。

无线电实验室。又名无线电台,建成于1919年秋,位于校西北隅,是应电机专科新设无线电课程实验而建。1917年秋,电机专科开设无线电课程,由留美主修无线电专业、获得麻省理工学院电机专业硕士的张廷金主讲。因"尔时同学习此门者,以无实地试验,咸感困难,视为畏途",[①]次年,学校决定建造无线电实验室,主要部件从国外进口,由张廷金规划经营一切事宜,1919年秋落成。实验室建筑花费银约3 700两,仪器设备费约2 500两。小楼正南面竖有无线电发射柱,长数丈余,高耸入云。天线为曲尺式,架于两桅杆之上,地线入地之处则为环绕全校之溪河,传电性甚高。楼高两层,上层有三间房,右为无线电信收发室,中为仪器储存室,左为无线电实验室。底层两间,一为教室,一为电话实验室。主要仪器有旋转火花隙发报机、发报兼发电话机、收报机等收发设备,实验设备则有电长计、测波器、电话听筒、真空管、电流电压计、磁感圈、真空管发电器等大小共200余件。仪器设备的安装与调试均由张廷金等教员完成,他们还自行研制了部分仪器。实验室所发电波能与福州、北京及日本长崎相通,亦能接收法国、德国及美国沿太平洋岸各大电台的讯息。这座电台在我国当时的科研机构和高等院校中为独一无二的实验设备,其建成也成为学校当年大事之一。[②] 无线电实验室建成后,修习此课程的学生"实验既多,无线电之学理愈益明了,而愈有兴味"。[③]

锅炉室,又名蒸汽机实验室。1919年秋,美国机器公司赠送本校锅炉两座,1920年春开始装置,5月告竣。两座锅炉一为水管式,有40匹马力,一为火管式,有60匹马力。另有

---

① 沈嗣芳、诸水本:《无线电台述略》。交通部上海工业专门学校毕业班发行:《民国十年级纪念册》(1921),第165页。

② 顾建建:《寂寞小楼与信息"先锋"》。盛懿主编:《老房子 新建筑——上海交大110年校园》,上海交通大学出版社2006年版,第35-38页。

③ 沈嗣芳、诸水本:《无线电台述略》。交通部上海工业专门学校毕业班发行:《民国十年级纪念册》(1921),第165页。

无线电台

抽水机、钢制水池等。该室能满足电机专科蒸汽机和锅炉、热力学、内燃机等课程的各项基本实验。

水力学实验室。简称水塔，建成于1920年，有一高塔、两个大型储水池及各种型号的抽水机等。可供土木、电机专科水力学、水利实验等课程提供基本的实验。

为便于观览，现将上述实验室、实习工厂制成一份简明概况表（见表5-5）。

表5-5　高等实业学堂-工业专门学校时期实验室、实习工厂一览表

（1905—1920）

实验室、实习工厂名称	建立年份	地点	主要仪器设备
化学实验室	1903	中院底层，两大间	标本300件，药剂600瓶，仪器近万件
物理实验室	1906	上院二楼，两大间	有六分仪、吸水器、汽油机、蒸汽机、感光镜、X光玻璃镜、无线收发机、幻灯机、电表等仪器1 500余件
金工厂	1908	上院之后，两大间	大小车床、钻床、刨床、电动机、锯车、解铁床、铰床等
电机厂	1910	上院之后，三大间	电机4座、感应调整机、感应发动机、转换电流机、试验变压机、水银更正电流器等300余件

(续表)

实验室、实习工厂名称	建立年份	地点	主要仪器设备
木工厂	1910	上院之后,四间	木车床、踞床、刨床、轧床、钻床、电动机及手工器具千余件
材料试验室	1915	上院之后,一大间,约1 000平方米	雷耳普通材料试验机、水力压机、砖形水泥试验机、标准量试验器、燃料及油类之分析器等及各类材料样本
无线电实验室(无线电台)	1919	校西北部,两层小楼	天地线、发报机、收报机、电话机、测波器、真空管、电流电压计、磁感圈、真空管发电器等大小共200余件
锅炉室	1920	上院之后,一大间	锅炉两座水管式,有40匹马力,火管式,有60匹马力。另有抽水机、钢制水池等
水力学实验室(水塔)	1920		高塔一座、储水池两间及各种型号抽水机等

各实验室、实习工厂起初由庶务处兼管,金工、木工、电机厂设立后,学校感到管理工厂之需要,始于1911年秋派任工科教员兼管厂务,胡寿颐、胡士熙、张廷金等教员先后兼任实验室、实习工厂的管理事宜。各实验室、实习工厂也相继订立管理与使用细则,1913年《交通部上海工业专门学校章程》"管理细则"始订有"土木工科实习室""电机试验室""物理试验室""化学试验物品室"管理细则。此后建立的实习工厂又相继订有管理细则,至1920年代初,逐渐建立起比较规范的管理制度。

第六章
校园生活与文化

第一节　学生社团活动

一、社团活动概况

学生组织和社团是校园生活的重要组成部分，是学生课外活动的主要内容，也是一所学校校园文化与精神风貌的体现。1906 年学校设置商务专科和铁道工程班后，专科学生组建研究会，这是此期学生团体组织的发端。此后各类学生社团与组织纷纷建立起来，至 1921 年夏交通大学改组前的 10 余年间，先后成立的各类学生社团近 20 个（见表 6－1），成为学校学生社团发展的一个重要起步阶段。

表 6－1　高等实业学堂-工业专门学校时期学生社团一览表

类别	名　称	成立年份	备注
学术类	专科研究会	1906	
	工程学会	1907	1921 年秋重建
	国文研究会	1908	
	英文会	1910. 3	

(续表)

类别	名　称	成立年份	备注
	南洋学会	1915. 1	
	南洋铁路管理协会	1920. 12	
学缘地缘类	南洋公学同学会	1910 年夏	
	级会	1916 年春	
	同乡会		
文体类	体育会	1915	
	技击部	1912	
	童子军		
	音乐社		
	南洋军乐队	1910	
	丝竹队	1916 年春	
	笛鼓队		
	口琴队		
社会活动类	中华革命党	约 1909	
	南洋公学学生分会	1919. 5	

此期学生组织和社团范围广泛，涉及众多领域，特色突出。大体而言，依照社团性质可以分为学术研究、学缘地缘、文化体育、社会活动四大种类。

学术研究类社团是以学业或某一专业为背景成立的社团。如上述专科研究会、工程学会、国文研究会、英文会、南洋学会、南洋铁路管理协会等。专科研究会成立于 1906 年。工程学会成立于 1907 年，由专科研究会改组而成，主要活动是管理西文图书、练习英文和邀请名人演讲。国文研究会成立于 1908 年，以激励学生对国文学习的兴趣，提高写作与表达能力，全校学生均为会员；1909 年 9 月，学校参照国文研究会办法成立英文会，"以增进英文上之知识，以会话演讲为主要。"[①]全体学生为会员，全校设总会，各班设分会，分别推举会长、副会长、书记员等职员。总会每学期开大会一次，会议期间举办全校性英文演讲会和辩论会，分会活动则更加活跃。国文研究会、英文会的相继设立，是学校重视中英文教学的结果。1914 年冬，专科和附中学生发起扩充学会组织，并将工程学会改名为南洋学会，专科生和中学生均可参加，活动内容也有所增加，并创办了会刊，一直到 20 年代才停止活动。该会具体情形，下文列目专述。

① 《邮传部上海高等实业学堂英文会章》(1910)。《交通大学校史资料选编》第 1 卷，第 187 页。

1915年夏南洋学会会员合影

1920年冬，铁路管理科成立3年之际，该科学生“深感于在校时，联络情谊，切磋学问之必要”，[①]筹议成立南洋铁路管理协会。12月11日，铁路管理科全体学生在大礼堂集会，通过《南洋铁路管理协会章程》，选举首届职员，该协会遂正式成立，会务主要有交流学术研究心得、编辑学报、参观各工商机构、邀请名人演讲等工作。交通大学改组成立后，该协会更名为经济学会。

学缘地缘类社团是以母校或同乡关系为背景组成的社团，如南洋公学同学会、各级级会、各地同乡会等。南洋公学同学会成立于1910年，其具体情形下文列有专目。1916年春，土木、电机一年级两个班发起组织级会，定名为戊午级文学会。级会每星期六开会一次，讨论学术，练习中英文演说。不久，中学四年级甲乙两班，宣布成立庚申级级会。其他各级级会也接踵成立。级会以将来毕业之年的干支定为名称，如丁巳级会、戊午级会等。至1919年，各级均有级会。然而至1920年下半年，各级级会因故多半解散。

学生中同乡会组织也较发达，从民国初年在校无锡籍学生成立“上海工业专门学校无锡同学会”后，嘉兴、苏州、太仓、常州、崇明、湖州、广东、湖南、四川、安徽等地学生，纷纷建立地缘性的同学会组织。各地同乡会以茶话会、聚餐会的形式，每年秋季开学时欢迎同籍新生，夏季则举行欢送学生毕业的活动。一

① 《南洋铁路管理协会小史》。《交通大学毕业纪念册》(1922)，第148页。

些人数较多、会务活动频繁的同乡会还编辑发行会刊，如无锡同学会发行《锡秀》、嘉兴同学会印发《槜李》杂志，对联络乡谊起到了很好的纽带作用。

文体类社团是以共同的业余爱好为背景组成的社团，内中又分两小类，一类是体育方面的社团，如技击部、体育会；一类是文娱性社团，如音乐社、军乐队、丝竹队等。两类社团组织健全，会员较众，很有群众基础，活动开展有声有色。技击部另文专述。体育会成立于1915年7月，全体学生均为会员，每年开大会选举产生会长、副会长、书记等，组成职员机构，另设行政执行委员会，由体育会会长、体育教员及学生代表组成，是体育会的最高决策机构。[①] 体育会下设足球、技击、越野赛跑、篮球、棒球、网球、游泳、童子军等8个分部，同时组织了各项运动的校级代表队，实行全校学生参加的晨操，开展级际比赛，并举办一年一度的运动会，其活动经费由学校供给。体育会是组织学生广泛参加课外体育活动与竞赛的社团，对学校体育活动的开展和学生体质锻炼起到了很好的组织作用，得到师生校友们的重视和好评。1916年12月11日蔡元培在来校演讲中曾说："以学问为执业者亦有以调剂身心之快乐，贵校之体育会亦为调剂心理之一种，有勤学太过者则可藉体育以舒散其精神。"[②]对体育会在引导与组织学生参加体育活动以调剂身心方面做出的努力表示赞赏。各类文娱性社团组建于民国初年间，1916年杨左陶撰《本校之音乐》对当时校内中西音乐组织概况作了一番简要描述：

音乐社（Glee Club），由罗克先生教授，队员九名，分主音、中音、

军乐队宣传画

① 茅以新：《南洋的历史与环境》。《南洋大学学生生活》（1923），第20-21页。

② 李熙谋、盛棨东笔述：《蔡孑民先生演说》。《交通部上海工业专门学校学生杂志》第1卷，第4号"记载"，1916年12月。

军乐队队员合影

次中音、基音；

军乐队(Brass Band)，由简拿、王新斋先生教授，有乐器十二种各四十余件，队员合奏戏曲大调，不示弱于海内；

丝竹队，有笛、提琴、笙、月琴、胡琴等，有队员八人，程度相称，成绩斐然可观；

笛鼓队，归小学部组织，有乐笛十六支，外鼓五只；

口琴队，由中学部童子军组织，英国约翰逊先生为教授，队员16人。①

在上述文娱社团中，以军乐队最为知名，乐队分甲、乙两组，指导教师简拿是意大利音乐专家，1915年来校指导军乐队，循循善诱，成绩斐然。1920年简拿病逝，由留美习管乐刚归国的戴逸青继任指导教师。军乐队除了常规练习外，常为学校重大活动演奏助兴，“并海上各团体之请，赞助公众事业，颇受称道。”②各地仿组乐队者，莫不以此为模范。

最后一类是以参与学生自治管理或社会政治活动为主的社团，如“中华革命党”。此类组织为校方明文禁止，1910年学校章程“学堂规则章”第15条规定：“学生在校中非关于研究学问事，不得举行集会，致干厉禁。”1910年校方颁行的英文会章程也规定：“凡关于朝廷得失，个人名誉者一概禁止。”因此，这类组织多处于秘密状态。至1919年五四运动时，学生自由民主思想空前高涨，参

① 杨左陶：《本校之音乐》。《交通部上海工业专门学校学生杂志》第2卷，第2号，1918年3月。

② 《南洋军乐队小史》。《交通大学毕业纪念册》(1922)，第158页。

与校内外社会活动的意识增强,由此组建了南洋公学学生分会(下文专述)。“中华革命党”约建于1909年,是极少数学生参加的以暴力手段推翻清朝统治为目标的校内秘密组织。参加者周贤颂曾对该组织活动情形有一段回忆:

> 我又暗中与同班同学庄肇丰、陈熊、汪长春三人,组织“中华革命党”。汪是蒙古人,是喀喇沁王府派送来上海两位蒙古同学之一,庄、陈皆洞庭山人,懂反切,将一个字折成两个拼音,每一个拼音再分成二音,使每个字变成四个音,目的是革命党谈话勿被他人听懂……每星期,四个人在半夜起床,轻轻地走到雨中操场,每人捧着一根又高又长的芭蕉叶,围着油灯坐谈。①

一般而言,近代学校的学生社团组织产生与兴起是在五四运动之后,此前则显得沉寂。而高等实业学堂-工业专门学校时期的交大社团与学生组织数量多、范围广、影响大,在各地学校中实属少见。此期社团相对发达的一个主要原因,是与唐文治校长提倡与支持分不开。他认为:“学校于运动会、语言会、学术研究会、游艺会种种,应极力提倡。此学生自动之事,莫不乐于赴从,任事之人足以习条理、练交际。同会之人通力合作,皆有练习之机会,异日效用于社会,不致乏应付联络之资。”②正是抱着“集会养成办事之才干”的思想,他于掌校的次年即1908年倡导成立国文研究会,以后支持成立英文会、南洋学会等社团,使得学生社团活动蓬勃开展起来。

这一时期本校成立的学生及校友团体中,参加人数较多、影响较大的是南洋学会、南洋公学学生分会和南洋公学同学会三大组织。

二、南洋学会

1914年冬,专科和附中部分学生“感于本校精神之涣散,情谊之淡薄,舍功课而外无复联络,乃有组织学会之提议”。③ 建议提出之后,得到不少同学的支持,遂于12月30日召开筹备会议。参加人员有傅焕光、沈良骅、周贤颂、张时雨、陆以汉、陈长源、李熙谋、张荫熙等,他们是南洋学会的筹建者。会议决议扩充学会组织,将组织松散的工程学会改组为南洋学会,专科生、中学生均可参加。会后,以与会人员为主草拟了《南洋学会章程》,并开始征集会员。1915年1月13日,南洋学会在上院大礼堂举行成立大会。出席会议百余人,会议推选筹备者张时雨、傅焕光为正、副会长,重要成员有正、副编辑长淩鸿勋、汪夔龙,中、西文编辑主任张荫熙、许坤,中、西文书记陆以汉、王昌社,会计陈长源,干事柴福沅、张孝安、薛代章等人。会议还讨论通过了

---

① 周贤颂:《一个未过河的小卒子》,台北尔雅出版社1981年版,第7-8页。

② 唐文治:《中学校会议答问》(1918年5月)。《交通大学校史资料选编》第1卷,第168页。

③ 徐钟淮:《南洋学会之今昔观》。南洋大学出版部:《南洋季刊》第1卷第1期“创刊号”,1926年1月。

《南洋学会章程》。由此，学会的职员队伍与组织建制大体确定，南洋学会正式诞生。

《南洋学会章程》初定 11 章 33 节，后经修正补充，确定分为定名、宗旨、会员、会费及会证、组织、职员及职员会、评议会、出版部、言语部、游艺部、选举、开会、出会、附则等 14 章，共 49 节。章程规定南洋学会宗旨是"联络感情、交换知识、焕发精神、引起兴趣"。[①] 本校学生均可为会员，每名会员每年应缴会费 1 元；各教员及离校同学为名誉会员，校长唐文治为名誉会长。学会设职员会、评议会，统理全会事务。职员会有正、副会长，中、西文书记，会计、干事及各部正、副部长等职务。评议会设正、副会长及正、副书记各一人，有监督会务，稽查一切文件、账目之责，以及弹劾职员之权。职员会对于学会提议事件，须经评议会通过后始有效。南洋学会首任会长张时雨，山东蓬莱人，1911 年入校，1914 年毕业于土木专科，当年留校担任西文文案。1916 年冬，张时雨辞职，柴福沅继任会长。柴福沅是 1913 年土木专科毕业生，次年留校任西文文案兼西文图书管理员。1920 年秋学会改组，取消会长制，代以干事会，电机专科四年级学生彭昕被推举为干事长。南洋学会初成立时约有会员 120 人，三个月后增至 170 人，到 1916 年会员达 400 余人，至 1921 年改组成立交大前，会员基本维持在 400 人左右，是学校人数最多、影响最大的学生社团之一。

南洋学会下设言语、编辑、游艺三部，具体开展各项会务活动。在唐文治等教职员提倡和学会各职员的热心努力下，各部会务积极进行。言语部主管的活动有：邀请名人或工程技术学者、专家来校作报告，在学生中组织演说竞赛和辩论会等。从 1915 年秋起，言语部先后延请蔡元培、梁启超、黄炎培、俞凤宾、李佳白、周厚坤、李登辉等中外人士来校演说，并举行全校辩论会，组织演说等活动，成绩卓著，学生受益匪浅。1918 年 8 月语言部加以整顿，除了继续延请名人演说外，另订《言语部演说员优待办法》，藉以在国文学习中提倡语言表达，促进学生练习辩论之术。《办法》规定"演说或辩论优胜者绣入彩旗或送赠品"，"确有进步应请校长予以奖励"，"出外比赛获胜应请校长咨部请奖"等。[②] 此举有力地推动了会员对于演说与辩论的重视与参与，各项演说与辩论活动逐渐兴起。在南洋学会各部之中，言语部会务最为发达，成绩最为显著。

编辑部专以编辑杂志为务，另负责印刷发行等事。1915 年 6 月编辑部主办的会刊《交通部上海工业专门学校学生杂志》（简称《学生杂志》）季刊出版发行，至 1920 年共出版 10 期，深受校内师生及社会各界人士的赞誉。1917 年秋，编辑部改为出版部，分编辑、印刷、发行三科，继续以创办《学生杂志》为主要会务。

---

① 《南洋学会章程》。《交通部上海工业专门学校学生杂志》第 1 卷，第 4 号，1916 年 12 月。

② 《交通部上海工业专门学校学生杂志》第 3 卷，第 1 号，1919 年 6 月，第 14 页。

南洋学会职员

游艺部组织会员参加各项文体组织，开展音乐、技击等项文体活动。游艺部在学会成立之初活动较少，1919 年秋受到学会的重视，即将该部进行扩充，分文艺、照相、音乐、弹棋、书画、金石、英文、幻术等七股。至 1921 年改组交大之后，游艺部开展了丰富多彩、形式多样的文娱活动，活跃了校园文化气氛，陶冶了师生情操，成为此期南洋学会最重要的会务活动，南洋学会也由重视演讲辩论、发行刊物的学术性社团转变为文艺性社团。“为代表美术之一种集会，凡关于一切具有美育精神之游艺、技术、言语等，皆属其范围。”①

三、南洋公学学生分会

南洋公学学生分会成立于 1919 年五四运动高潮之中，是学校学生积极响应、参加五四爱国运动的产物，故有“本校学生会实因政治问题而成立”之说。②1919 年 5 月 6 日，北京大学学生联合其他学校成立“北京中等以上学生联合会”，领导全市各校学生的爱国运动，并派代表到南方扩大爱国宣传。上海学生率先响应。5 月 11 日，本校、复旦、南洋中学等 44 所中等以上学校学生代表集会，正式成立上海学生联合会（以下简称“上海学联”），成为组织领导上海学生从事爱国运动的机关。本校学生彭昕、侯绍裘、吴长城、恽震、邵禹襄、邹恩泳

① 《交通大学毕业纪念册》(1922)，第 151 页。

② 《本校学生会小史》。交通部上海工业专门学校毕业班发行：《民国十年级纪念册》(1921)，第 106 页。

等，先后在五四运动时期上海学联担任重要职位，成为上海学联领导层的中坚力量。按照上海学联章程第 4 条“凡加入本会各学校均须各设一分会（其名称即定为上海学生联合会某学校分会）”[①]之规定。本校是发起并最早加入上海学联的学生分会之一，成立时间即上海学联成立后数日间，名称定为“上海南洋公学学生分会”（以下简称学生会）。

学生会是组织本校学生参加校内外社会活动的机构，专科及中学各级学生均为会员。学生会下设四部：义勇团、宣讲团、调查部、出版部，后曾临时增设纠察部、公断处。各部设正、副部长等职员，各职员都受学生会正、副会长领导。会长之下设书记、会计及各班干事，并由以上职员组成执行部，监督执行部者为评议部。评议员由各班选出，每班 1 人，组成评议部，选出评议长 1 人。学生会第一届会长是彭昕，评议长是徐恩曾。6 月，彭昕任上海学联副会长，乃辞去会长，由支秉渊担任会长。时学生会职员情况是：会长支秉渊，副会长方定墀，书记沈嗣芳、恽震，会计武书常，干事长蒋以铎。评议部议长侯绍裘，副议长魏诗墉，书记魏如、许贯三。出版部部长张骏良，副部长吴保丰，编辑主任曹维藩，广告主任朱翘，发行主任张伦，印刷主任徐谢康。大多数职员是以改造中国、挽救危亡为己任的进步学生，此时正逢五四运动高潮，他们在组织学生参加爱国运动中发挥了重要的领导作用。

此后学生会职员多有变动，1919 年暑假期间，学生会改由方定墀主持会务。9 月改肖篪担任会长。因评议长侯绍裘被选为上海学联教育科书记，复由徐恩曾担任，不久又改由魏诗墉任评议长。1920 年春，再改由赵祖康担任评议长，秋又改会长为恽震，赵景沄为评议长。1921 年本校改组，学生会改名交通大学上海学校学生会，会长杨立惠，评议长汤天栋。

南洋公学学生会的主要活动，从 1919 年成立到 1921 年夏改组交大前的三年间，可以分为两个时期。一是 1919 年 5 月至 12 月，领导全校学生从事社会政治运动，侧重于组织学生走上街头，走近社会大众，进行反帝爱国的新文化运动，成为学生参加五四运动的领导机关。此期活动大体如参加者茅以新所述：

> 那时只是随着潮流应运而生，责任宗旨还未十分确定，所有会务大抵是爱国运动，所以那时组织了宣传团，向徐家汇、法华左近的地方宣讲日本的野心，与国家耻辱；又组织调查部，调查校内各学生、教职员所购货物是否日货；又组织出版部，发行《南洋》周刊，从事鼓吹；又创办义务学校，以教养左近贫苦子弟；而最特别是组织义勇队，全校同学皆须加入，每天操练一小时，预备养成军国民；一时大众的热度之高，无以复加，真可佩服！放了暑假，竟有好几百同学留校不回家，认真服务，那时

① 《上海学生联合会章程》。上海南洋公学学生分会刊行：《南洋》第 7 期，1919 年 8 月 26 日。

在下也是其中之一,那种奋斗精神,诚是不可及。[①]

因学生会组织领导上述活动均属社会政治运动,于是"大家对于学生会,以为是一个对外的机关,单讲爱国罢课的"。[②] 到了1919秋开学复课后,学生会响应全国学联、上海学联的号召,继续组织学生进行了几次罢课、演讲等活动。11月2日,学生会派出学生宣讲团100多人至上海西门城隍庙一带宣讲抵制日货,提倡国货。听讲者"前拥后挤,途为之塞",成为暑假之后上海爱国演讲的一大盛况。12月2日,为抗议日军制造福州事件,杀伤我国爱国学生,学生会组织700余名学生参加上海学联组织的游行示威,焚烧日货,并从3日至6日停课4天,外出宣传演讲。但总体而言,因五四运动高潮已退,加上校方竭力劝阻学生参加社会政治活动,学生参加政治活动的热情大不如前,学生会在学生中开展政治运动日益困难。

从1920年春至1921年夏是学生会活动的消沉期,先是1920年4月学生会响应全国学联决议,动员学生罢课数日,要求政府不得与日本直接交涉;学生罢课后未能得到社会各界理解与声援,罢课学生无功而返,对于学生会开始疏离起来。此时宣讲团、调查部、出版部、义勇队基本停止活动,只剩下义务学校仍旧进行。暑假中,学生会核心成员侯绍裘等人被学校开除离校,学生会对外政治活动趋于停止,逐渐将主要活动限于校内学生文体活动及社会赈灾等方面。1921年夏更名交通大学上海学校学生会后,其性质也发生了变化,"本会一变昔日对外之政治运动而从事于校内之学生事业。"[③]

四、南洋公学同学会

南洋公学同学会,即校友会组织,创议于1910年春,当年夏在上海正式成立。发起人有雷奋、杨廷栋、傅运森、吴馨、穆湘瑶、黄炎培、沈庆鸿、张世揆、孟森、吴步云等,他们大都是南洋公学师范院或特班学生,在校友及社会各界中享有声望。师范生孟森撰同学会第一次报告册,记载南洋公学同学会定名、创设缘起与宗旨甚详,录其主要内容如下:

> 南洋公学创始于丁酉(1897)春,厥后校名数易,始成今之邮传部高等实业学堂。然时人仍相称为南洋公学者,从其溯也……十余年来先后学者,殆不下千数百人,其虽离校而去者,或委身于政事、教育、实业,或研究专门学术,或从事于新闻译著之业。内自京师各行省、外暨东西各邦,虽际遇不同,学业各异,要皆不欲汶汶于当世,而求有裨于国家社会,则又吾党之士人人之所同也。求学之心既同,学成之

① 茅以新:《南洋的历史与环境》。《南洋大学学生生活》(1923),第19-20页。

② 茅以新:《南洋的历史与环境》。《南洋大学学生生活》(1923),第20页。

③《南洋学生会略史》。《交通大学毕业纪念册》(1922),第147页。

欲有裨于世也，亦莫不同。夫人同生于一乡一里之中，及散处各地，尚藉同乡之名以互联其情谊。矧吾辈以同志之士、为同学之人所负者，又同求有裨世，又散处于世界，则情谊之宜相联络，学术之宜相研究，实业之宜相发达，夫岂仅藉乡里之名以求诉合者所可比拟其万一哉。则同学会之不可不立也，必矣。往者留学日本诸君曾有南洋公学恳请会之设，既而留学英美诸君亦设同学会，章程完善，会事亦极发达，而国内转无之，是大不可也。庚戌(1910)春，同人爰相聚，谋决意设立，遍告同学，咸承嘉许。乃拟草章，举职员，于是年之夏而会以成立。[①]

同学会沿用创校初期校名南洋公学，定名“南洋公学同学会”，英文名称“The Nanyang Alumni Association Shanghai”。同学会在上海设总会，同时在北京设分会，称“南洋公学旅京同学会”，两地会员共有 338 人。上海总会会所始设于英租界内，多有变迁，初设在西门林荫路正兴里，旋迁望平街朝宗坊；继迁五马路(今广东路)1 号，1915 年又迁交通路通裕里。1916 年 1 月再迁往西门外江苏省教育会。[②] 因临时租用的会所迁移不定，同学会发动会员筹款购地，建筑永久会所，因款巨难酬，会所最终没有建成。为节省同学会租赁会址的费用，1918 年经唐文治同意，由学校拨给房子，将会址设于校内。

南洋公学同学会以“联络情谊、交换智识”为宗旨。会员分会员、名誉会员两种：凡自本校开办以来，已离校或正在母校供职的学生均为会员；凡历任校长、教职员等能赞助同学会者，由董事会推选为名誉会员。会员每年应缴会费 2 元，作为同学会开展各项活动的经费。总会设干事、评议、通讯等职，1912 年改称干事为理事，定 7 人组成理事会，由理事中推选会计、书记等职。1915 年董事会增加理事至 11 人，董事一年一任，由会员大会投票选举。董事会下设会长 1 人、书记员 2 人、会计 1 人、查账员 1 人，由董事会内选举产生。孟森、傅运森、沈庆鸿等人先后担任会长。1921 年时，同学会董事会成员是张元济、沈庆鸿、王永礼、穆湘瑶、张廷金、张美翊、黄炎培、张世鎏、胡敦复、平海澜、柴福沅，其中张元济任会长，沈庆鸿任会场书记，王永礼任通讯书记兼编辑，穆湘瑶任会计，张廷金任查账员。同学会下设交际部、庶务部、杂志部、教育部，各部设部长一名，部员若干名。

同学会成立之后，决定开展的会务，依据同学会章程有 9 项工作：

第一条　传办杂志及教育事业。

第二条　转递会员之书信。

---

① 孟森:《南洋公学同学会缘起》(1910)。《南洋》第 1 期，1915 年。

② 《南洋公学同学会纪闻》。《申报》1916 年 1 月 8 日。

1912 年南洋公学同学会部分会员合影

第三条　招待会员之往来。

第四条　担任会员之委托。

第五条　调查会员之状况。

第六条　会务报告及会计报告每年一次。

第七条　同学录每年刊行一次。

第八条　上列各项外,凡不悖本会宗旨者均得酌量办理。

第九条　凡会员所有建议得以一人以上之附议,由董事会提议表决而执行之。

虽然以后会章屡经修改,基本会务不外乎以上诸端。随着会务的开展,各地校友人数增多,同学会除上海、北京两地外,先在苏州、美国、法国设分会(或称支会)。几年之后,武汉、天津、南京、杭州等地也陆续设立分会。1919 年,在清华学校任职、就读的本校校友成立"南洋公学同学会清华支部",这是第一个以一所学校为单位的交大校友会组织。各地分会组织中,以美国分会会务最为发达,该分会 1915 年曾编印《南洋季刊》。

同学会成立之初,唯一的经费来源是会员缴纳的会费。由于经费困难,主要会务是组织会员进行不定期的聚会,曾编印过同学录,其他会务工作则开展不多。1914 年秋，经前监院福开森等人斡旋，学校创始人盛宣怀同意每月捐助同学会银 50 两，为会务开展提供了费用保障。1914 年 10 月，同学会选举产生董事会，张建斋、吴步云、傅运森等 11 人当选董事，董事会又推选傅运森任会长，指定交际、教育、杂志、庶务各部部长、部员人选。此后定期召开董事会，讨论工作，修订同学会章程，决定由杂志部创办杂志一份，教育部筹建小学一所，并拟募捐建造同学会会所一座。

1917 年留美南洋同学会驻费城会员

1915 年春，杂志部出版了会刊《南洋》，以沟通校友之间、校友与母校之间的联系。主要编辑者有甘永龙、陈容、张世鎏等。会刊刊载内容有“本会之进行，同学之状况，母校之近事，与夫学术道义之切磋，思想言论之发挥”，[①]相应设有言论、本会纪事、同学与母校新闻、文苑、通信、附件等栏目，对联络校友情谊、沟通与母校讯息、交流沟通思想起到很好的作用。《南洋》的创办，标志着“吾会自创立以来，至此遂为全盛时代”。[②] 1916 年盛宣怀病逝后，资助中止，“会费益窘，措施多阻，支持不易，光明璀璨之杂志，不期年而告厥终焉！”[③]会刊《南洋》只出了两期就停止了，其他会务工作也一度消沉。1918 年更名为《友声》的会刊又复刊，以王永礼为主要编辑，每季出版一期，免费分赠各地校友。《友声》续办至 1920 年代中期，其他的会务工作也渐有起色。至 1920 年代初，同学会发展成为“精神最好、势力最大、成绩最著”[④]的一个学生社团。

① 甘永龙：《〈南洋〉发刊词》。《南洋》第 1 期，1915 年。

② 张世鎏：《述南洋公学同学会之经过》。《交通大学校史资料选编》第 1 卷，第 327 页。

③ 王永礼：《南洋同学会》。《民国十年级纪念册》(1921)。

④ 茅以新：《南洋的历史与环境》。《南洋大学学生生活》(1923)，第 19 页。

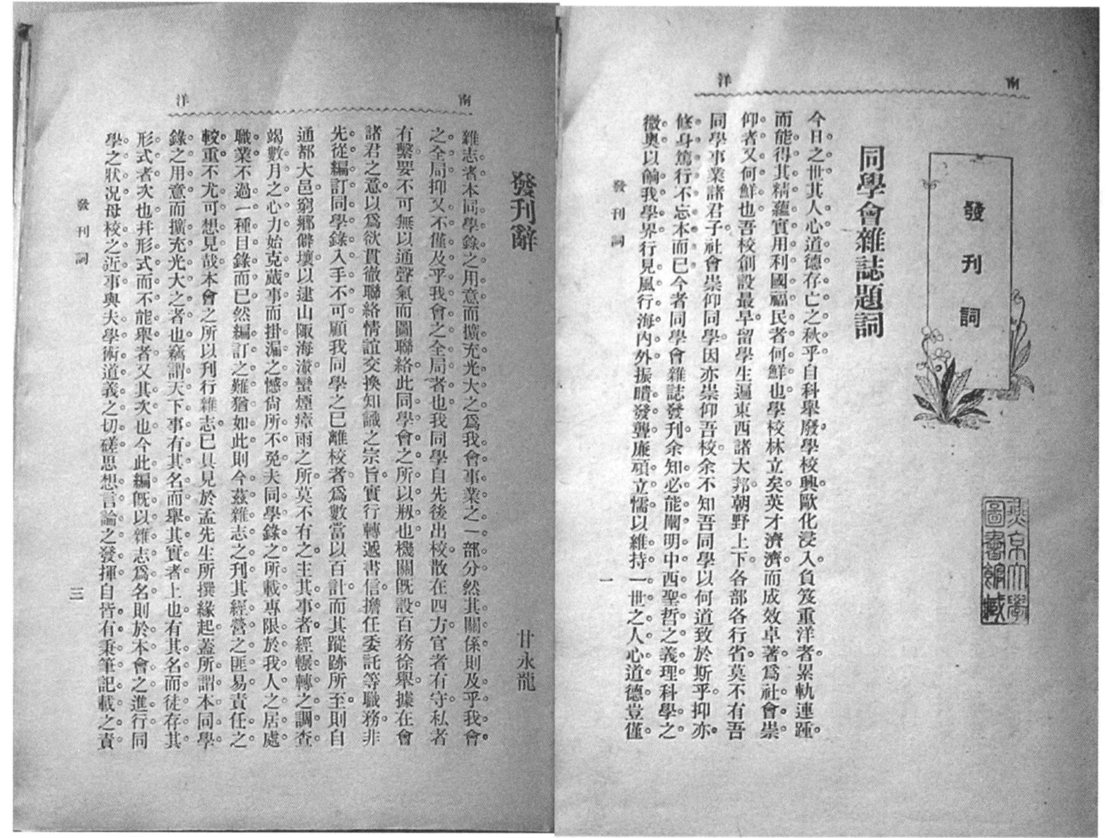

南洋

發刊詞

同學會雜誌題詞

今日之世其人心道德存亡之秋乎自科舉廢學校興歐化浸入負笈重洋者累軌連踵而能得其精蘊實用利國福民者何鮮也學校林立矣英才濟濟而成效卓著爲社會崇仰者又何鮮也吾校創設最早留學生遍東西諸大邦朝野上下各部各行省莫不有吾同學事業諸君子社會崇仰同學因亦崇仰吾校余不知吾同學以何道致於斯乎抑亦修身篤行不忘本而已今者同學會雜誌發刊余知必能闡明中西聖哲之義理科學之微奥以餉我學界行見風行海內外振聵發聾廉頑立懦以維持一世之人心道德豈僅

發刊詞 一

南洋

發刊辭

甘永龍

雜志者本同學錄之用意而擴充光大之爲我會事業之一部分然其關係則及乎我會之全局抑又不僅及乎我會之全局者也我同學自先後出校散在四方官者有守私者有繫要不可無以通聲氣而圖聯絡此同學會之所以刱也機關既設百務徐舉據在會諸君之意以爲欲貫徹聯絡情誼交換知識之宗旨實行轉遞書信擔任委託等職務非先從編訂同學錄入手不可顧我同學之已離校者爲數當以百計而其蹤跡所至則自通都大邑窮鄉僻壤以逮山陬海澨蠻煙瘴雨之所莫不有之主其事者經輾轉之調查竭數月之心力始克蒇事而掛漏之憾尚所不免夫同學錄之所載專限於我人之居處職業不過一種目錄而已然編訂之難猶如此則今茲雜志之刊其經營之匪易責任之較重不尤可想見哉本會之所以刊行雜志已具見於孟先生所撰緣起蓋所謂本同學錄之用意而擴充光大之者也竊謂天下事有其名而舉其實者上也有其名而徒存其形式者次也并形式而不能舉者又其次也今此編既以雜志爲名則於本會之進行同學之狀況母校之近事與夫學術道義之切磋思想言論之發揮自皆有秉筆記載之責

發刊詞 三

南洋公学同学会会刊《南洋》创刊号所载发刊词

南洋公学同学会系离校学生组建的社团组织,属于学缘性校外团体。总体而言,同学会自1910年成立以来,组织有序,会务发达,会员众多,遍布中外各地各领域,对延续与发展离校校友之间情谊,促进校友与母校之间的信息联络,推动校友对母校发展了解与支持,起到很重要的桥梁作用。南洋公学同学会是我国近代学校中最早的校友会之一。1910年成立时,"国内各学校离校学生,组织同学会者,不数数觏,虽谓吾同学会为先河之导,非夸也。"[①]南洋公学同学会的创建与发展,对国内各学校校友会组织兴起起到了示范作用。

第二节 体育活动

一、体育活动的开展

学校对体育历来很重视。进入高等实业学堂时期,监督唐文治对学校体

① 张世鎏:《述南洋公学同学会之经过》。《交通大学校史资料选编》第1卷,第326页。

育教学与活动更是大力倡导。他认为体育运动“不仅足以发展学生之体力，并足以引起热心，增进智能”，能够起到强身健体、磨练意志，养成尚武精神的作用，“故当竭力鼓励之”。[①]在担任学校负责人十余年里，他始终重视体育，将体育列为专科、附中、附小正课教学，延请国内外著名体育人士来校任教，购置大量体育器材，完善各项体育设施，热心支持学生成立体育性社团与运动队，积极鼓励学生参加各项课外体育项目与校内外竞赛活动，为学校体育运动的开展提供了良好的条件，营造了浓厚的氛围，推动着学校体育运动的蓬勃开展。对唐文治倡导之下全校学生热心体育运动的情形，1920届电机专科学生于润生曾有一段精彩形象的描述：

> 唐校长在经史文学方面，固然不断的鼓舞倡导，可是他老人家对于运动和武术，不但未曾忽视，甚且提倡更力。中学部门各级同学，均须接受魏旭东先生之严格兵式体操。赤日当空，荷枪跑步，队形变换无定，步伐整齐一致，此系中学部门之体操基本训练。至于全校同学课外运动，有各种球类活动、田径运动，更延聘技击权威教练国术，体育专家教授健身体

参加1910年在南京举行的第一次全国运动会的学校运动员合影

① 唐文治：《中学校会议答问》（1918年5月）。《交通大学校史资料选编》第1卷，第167－168页。

1918 年东方六大学运动会学校夺标运动员合影

操。每日晨曦初上及散课余暇,恒见大操场上、健身房里,若干同学健儿,或奔驰追逐,争先恐后;或拳打脚踢,刀来枪往。此种风气,诚足以使弱者强,懦夫有壮志。更有足述者,当时京沪杭六大学:南洋、圣约翰、沪江、东吴、金陵、之江,运动竞赛之风甚盛,事前固有长时间之准备,届期复有极周密之部署,故各种比赛,母校多列冠军。[①]

校友陈容在论及本校校风时,将“注重体育以矫文弱之弊”列为三大校风之首。[②] 正是在良好的体育运动氛围影响之下,学校从改办高等实业学堂之后,学校各项体育活动逐步兴起。辛亥革命后,则进入蓬勃发展时期。到 1920 年代初,除体育课外,体育运动项目,包括田径、足球、武术、篮球、网球、棒球、游泳、越野赛跑、童子军等成绩斐然,在上海乃至全国院校中声名显赫。

体育课当时称体操,内容也以操为主,包括普通操和兵式操。附属小学、中学开设体操课程,每周开课 2 小时。清末时期专科一度也开设体操课,后因课程较重取消。1915 年后附小又增开拳术课,专科也复设体育课,每周 3 小时,贯穿整个三年学程。民国时期,教育部把“军国民教育”定为教育宗旨的内容之一,体操内容也改以兵操为主,并轮流去苏州的打靶场进行实弹演习。当时传统的思想仍把学生看成文弱书生,而本校学生却荷枪实弹列队往返苏沪

---

① 于润生:《追忆交大崇文尚武的精神》。《老交大的故事》,第 92 页。

② 陈容:《南洋公学之精神》。南洋公学同学会:《南洋》第 1 期,1915 年 3 月。

之间，校外人士见了有大开风气之感。

学校开展田径运动较早，根据个人爱好与秉性，平时任意锻炼，到了开运动会时，则是田径爱好者大显身手的好时机。1898 年学校举行第一次田径运动会之后，又与圣约翰大学开展过校际田径比赛。1904 年 4 月又与东吴大学、中西书院、圣约翰大学组成"中华大学联合运动会"，举行校际田径及足球、网球竞赛。此后每年春秋两季，在各校轮流举行，直至 1908 年因故停止。1910 年我国第一次全国性的运动会在南京举行，本校代表队荣获团体总分第二名，学生黄灏则夺得个人总分第一名。清末时期学校运动会并无定期，进入民国后运动会每年春季举行一次，并举行级际、班级之间的比赛。1914 年冬，上海的圣约翰、沪江及本校，苏州的东吴大学，南京的金陵大学，杭州的之江大学，联合成立校际六大学体育联合会，定期组织六大学联合田径运动会及各种球类比赛。次年，学校新辟一个田径赛场，为学生从事锻炼与田径比赛创造条件。从 1915 年到 1920 年，先后举行了 5 次六大学联合运动会，本校成绩次次优异，1917—1919 年连续 3 次夺得锦标，受到交通部的传令嘉奖。① 这一期间，本校还为我国参加远东运动会输送了多名"国手"，在历届运动会领奖台上，常常可见南洋学子的身影。他们当中有：参加 1915 年第二届远东运动会（上海）的李大星、张孝安、梁振民；参加 1917 年第三届远东运动会（东京）的张信孚；参加 1919 年第四届远东运动会（马尼拉）的张纶、李大星、李庭三、俞梅圣、邵鹏、陈文瑗等；参加 1921 年第五届远东运动会（上海）的杜荣堂等。李大星和张信孚分别获得了 10 项运动亚军和高栏亚军，杜荣堂一举夺得了铁饼和五项全能冠军。

1915 年夏，学校聘美籍体育教员莫礼逊（V. R. Morrison）来校任教。莫礼逊来校不久即组织棒球队，与沪江大学进行了首次比赛，旗开得胜，棒球爱好者信心大增。1916 年再胜沪江和圣约翰。1917 年六大学棒球锦标赛中，本校连胜沪江、圣约翰、金陵各大学。在 1920 年举行的远东运动会上，本校黄文建、梁建业、宁树藩、陈锦荣、蔡灏、徐承焕等学生被选为我国棒球队代表。此后，本校棒球运动久盛不衰，人才辈出。

学校的越野赛跑在上海开展较早。起初，学校对于这项运动没有引起重视，每逢校际比赛时常常落在他校运动员之后。1916 年学校决定把这项运动开展起来，校体育会组织了越野赛跑队，经常练习，报名入队的学生也相当踊跃。同年秋，本校举行越野赛跑邀请赛，与赛者有 10 多所学校的长跑选手，结果本校夺得个人第二、第三名，并获团体总分第一名，一改过去落后的局面。1917 年，在六大学联合运动会上，半英里和一英里赛跑的锦标均被本校长跑选手夺得。此后，在学校举行的多次越野赛跑邀请赛中，均获团体总分第一的好成绩。

① 施家俊：《本校历年田径赛略史》。《交通大学校史资料选编》第 1 卷，第 265－269 页。

棒球队员合影

1919 年春，上海举行了一次规模盛大的中西越野赛跑大竞赛，本校郑鸣球等 4 名学生夺得锦标。

篮球运动开展也较早，1916 年篮球队组建成立。同年 12 月与青年会首次比赛，以 17 比 21 受挫。此后，队员勤学苦练，球艺渐见进步。翌年，六大学体育联合会举行篮球锦标赛时，学校篮球队即战胜实力较强的圣约翰、东吴大学队，夺得锦标。青年会闻讯，前来挑战，本校球队奋勇迎战，比赛中连连得分，以 51 比 10 大胜青年会球队。1918 年学校聘美国人菊克(C. D. Giauque)兼任球队教练，队员的球艺不断提高。同年 3 月，三战青年会篮球队，再次告捷，从此篮球队扬名海上。

1916 年学校成立了网球部，体育教员李思廉(A. H. Leslie)担任教练，组队开展网球运动。唐文治校长认为“网球游戏乃中国学生最宜习练之一种”，[①] 劝勉学生多参加网球运动，拨款建成网球场一座。成立当年，网球队即在六大学运动会上获网球单打第二名。1918 年又连胜南洋俱乐部、精武体育会及沪

---

① 唐文治:《中学校会议答问》(1918 年 5 月)。《交通大学校史资料选编》第 1 卷，第 168 页。

江、圣约翰、东吴各大学。同年12月，在六大学网球比赛中夺得冠军，称雄于上海。

游泳、骑马、自行车也是学生喜爱的运动。游泳运动开始于1916年，当时校内没有游泳池设施，参加者人数不多，每星期由教练率学生赴校外游泳池练习。直到1920年代体育馆落成后，建有室内游泳池，游泳才成为本校群众性的运动项目之一。

此外，学校附属小学发起成立的童子军也办得有声有色。童子军为Boy Scout的译名，1907年由英国将军贝登堡创立。它是一个国际性的少年儿童组织，训练少年儿童具有独立的生活能力和社会工作能力。1915年秋，在附小主事沈叔逵支持下，体操教员沈维桢试办童子军四小队，每队八人；同年冬，中学亦举办。当年童子军被学校列为附中、附小学生必修运动之一。旋又得中华童子军协会上海支会认可，附中各级童子军为上海支会第九团，附小各级童子军列为第十团，学校童子军正式成立，是为我国中小学中最早建团的学校之一。[①] 上海支会先后委派英国人李思廉、培克司来校担任童子军团长，1919年

训练中的童子军

① 陈润桑供稿，何颰绵整理：《记南洋童子军团活动点滴》。《徐汇文史资料选辑》第3辑，1989年。

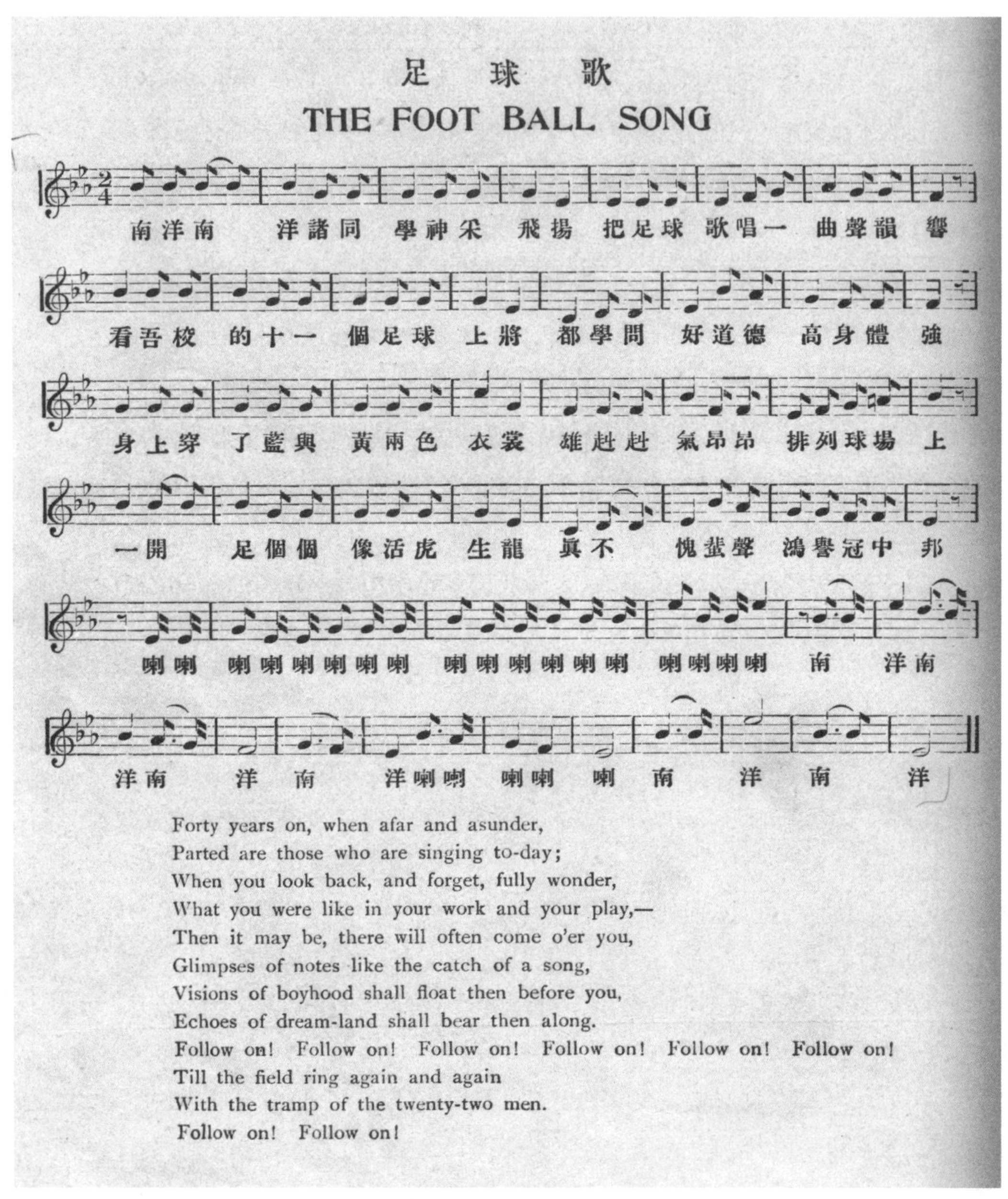

足球歌

改任沈维桢为团长，徐谢康、盛毓维、沈葆琦等校友主动来校义务协助训练学生。[①]在上述人员的悉心筹办和严格训练下，童子军依照国际规定，订有统一的标志和服饰，开展了诸如纪律、礼节、操法、结绳、旗语、救护、露营等专项训练，并定期举行考核比赛。每逢运动会或足

① 沈庆鸿：《校史述略》“童子军”。《交通大学上海学校附属高等小学二十周纪念册》(1921)，第 6 页。

球队比赛期间，童子军均到场维护秩序，并担当救护之责。1919 年 5 月，参加上海支会各校童子军大赛，本校童子军名列第一。此后，童子军逐步成长为一支组织健全、团容整齐、活动内容丰富的学生队伍，得到国内外人士的赞赏。

为了增强全体学生体质，学校从 1915 年开始实行普及运动。当时普及运动称作"强迫运动"或"必修的运动课"，要求学生在课外活动时间必须参加技击、童子军、体操三项活动之一项，但如果"学生愿练习每项比赛运动或别种相当之游戏者"，则必修运动项目可以免习。强迫运动的主要对象是附中和小学学生。

这一时期学生最喜爱、成绩也最突出的体育运动是足球、技击两项，这里值得专门一提。

二、足球运动

南洋、南洋，诸同学神采飞扬，把足球歌唱一曲，声韵响。看！吾校的十一个足球上将，都学问好，道德高，身体强，身上穿了蓝与黄两色衣裳，雄赳赳，气昂昂，排列球场上。一开足，个个像活虎生龙，真不愧蜚声鸿誉冠中邦。喇喇喇……南洋、南洋……喇喇喇……南洋、

足球啦啦队

南洋。[①]

这是当年学校足球啦啦队《足球歌》,几乎每个学生都能熟唱。每当学校足球健儿与他校比赛时,这首曲调欢快、催人奋进的足球歌响彻球场,嘹亮的"南洋、南洋"歌声伴随着南洋足球健儿一次次取得佳绩。

足球是学校最早开展的运动之一,也是最受师生喜爱与重视的体育运动。早在1901年学校即组织了足球队,在与上海劲旅圣约翰大学足球队对抗中成长,开始崭露头角。进入高等实业学堂时期,爱好足球运动的学生大有增加,球队水平提高很快。1907年与圣约翰大学战成平局,1908年足球队和老对手圣约翰再次进行交锋,本校球队攻势凌厉,连进六球,获得大胜。此后,爱好足球运动学生越来越多,足球部组建甲、乙两支球队。对外比赛中甲队对抗强者,乙队对付弱者。至辛亥革命前,甲组足球队已蜚声江南,队中人才济济,中锋唐容炳、中坚古荣彪、左右翼陆品琳、席德懋及守门张椿龄,堪称校中"五虎上将",闻名遐迩。其他如左右锋唐容赓、席德柄,前卫高文蔚、程鹏翥,后卫郑鼎锡、唐容敬,球艺亦皆超群,课余常与英美海军足球队比赛,互有胜负。每年必与圣约翰足球队来往交战各一次,竞争之激烈,"不亚于美国之哈佛与耶鲁,英国之牛津与剑桥也。"[②]南洋、圣约翰海上双雄争霸赛对江浙一带球迷很有吸引力,"故每遇本校与约翰比赛足球,万人空巷,莫不争先作壁上观,沿两路一带,至有不惮远道跋涉,专乘火车来沪,而以一饱眼福为快者,盛极一时,可以概见。"[③]

民国以后,足球运动进入全盛时期,学校聘请精于足球的英国人李思廉(A. H. Leslie)担任足球教练,足球队水平大有进步,战无不胜,所向披靡。1914年华东六大学体育联合会发起足球联赛,各校之间各赛三场。本校先胜他校,继与圣约翰争夺锦标,前两场一胜一和,第三场终以4∶1挫败对手,荣获首届六大学足球赛锦标。此后一年一度的六大学足球联赛延至1919年,在以后的5次比赛中,本校又夺得1915、1916年的锦标,蝉联三次冠军。在1918年第五届六大学足球联赛中,再次夺魁。六次联赛,本校总共四夺锦标,这是本校足球史上的光荣一页。

夺得六大学锦标前后,本校足球队声名大振,先后应邀出征武汉、北京、天津等地。武汉的足球队以西人跑马会的外国足球队为最强,自诩为常胜军。本校队员决心为华人足球队雪耻,1914年冬赴武汉,首战即以4∶1获胜,跑马会足球队惨败不服,又在武汉的外国人中挑选精于足球者,组成以海关队为名的外国人联队,与本校再战,结果本校又以3∶1取胜。

---

① 《足球歌》。《交通部上海工业专门学校民国十年级纪念册》(1921),第137页。

② 朱善培:《交大掌故》。《老交大的故事》,第121页。

③ 杨耀文:《本校四十年来之重要变迁》。《交通大学四十周纪念刊》(1936),第42页。

1909 年足球队合影

1917 年 1 月中旬，应京、津体育团体约请，足球队第二次出征，在和北京的西人联合会足球队较量中，本校以 4∶1 告捷。在天津，又以 3∶2 胜天津新学书院足球队。1917 年学校 20 周年校庆时，曾对 1914—1915 年度、1915—1916 年度、1916—1917 年度学校足球队比赛成绩进行了统计，结果如表 6-2 所示。

表 6-2　1914—1917 年足球成绩表

	与赛者	胜	负	与赛者	胜	负
1914—1915 年度	上海新关西人	4	0	上海工务局西警察	2	1
	英美烟公司西人	5	2	上海大杂会	0	0
	×浸会大学	4	1	×约翰大学	4	1
	上海西人足球队	1	1	×东吴大学	2	1
	×约翰大学	2	1	×同上	2	0
	×浸会大学	12	0	* 上海商业足球队	2	2
	* 上海救火会	3	1	南洋旧同学	6	1
	×约翰大学	1	2	汉口西人跑马队	4	1
	震旦大学	2	1	汉口新关西人足球队	3	1
	同上	1	0	上海万国足球队	4	1
	复旦公学	3	0	上海西人联合足球队	2	3
共计	胜　69			负　21		

(续表)

	与赛者	胜	负	与赛者	胜	负
1915—1916年度	上海西人足球队	2	2	东吴大学	3	1
	沪江大学	9	1	清华学校	1	3
	约翰大学	2	1	汇文大学	3	1
	之江大学	9	1	北京西人联合队	4	1
	沪江大学	11	0	天津西人联合选队	2	4
	约翰大学	1	0	天津新学书院	3	2
	东吴大学	9	2			
总计	胜 59			负 19		
1916—1917年度	与赛者	胜	负	与赛者	胜	负
	上海西人公学	3	0	×浸会大学	8	1
	上海工务局西警察	1	1	×同上	1	0
	×约翰大学	0	2	×金陵大学	4	2
	上海西人足球队	2	2	×同上	5	2
	×浸会大学	7	0	*震旦大学	3	0
	东吴大学	2	2	*同济大学	2	1
	×约翰大学	1	0			
总计	胜 39			负 13		

资料来源:《交通部上海工业专门学校廿周纪念册》(1917年);表中×记号为东方大学联合比赛,*记号者为本校乙部足球队所比赛。

据表统计,1914年至1915年度(大致时间是1914年9月至1915年8月)学校甲乙两组足球队与校外球队比赛22场,17胜3平2负;1915年至1916年度与校外球队赛13场,9胜2平2负;1916年至1917年度与校外赛13场,10胜1平2负。总体来说胜多负少,战绩斐然,名扬全国,不仅"执了华东的牛耳",[①]也可以说是我国近代足球界一支名副其实的劲旅。

足球运动的成绩是此期学校体育运动进入全盛时期的反映,也是学校长期重视体育运动取得的成效之一。校长唐文治对于足球非常热心,他认为足球运动更能养成奋发向上的意志和尚武精神,故每逢球队出征,必亲自督战,战罢归来,不论胜负,皆要训话一番,激励队员及全校师生,始终要保持战无不胜的斗志,使学校出现了延续多年的足球热。于润生后来曾有一段生动的描述:

① 茅以新:《南洋的历史与环境》。《南洋大学学生生活》(1923),第17页。

1914 年冬，学校赴武汉足球队员（前排坐者）与武汉同学合影

遇有足球决赛，如对方适为劲敌，则于严密戒备应战之外，并于比赛前夕，集合与赛及助阵同学于大礼堂，会商应战策略。唐校长必亲临致词，予以鼓励，名之曰誓师。次日比赛获胜而归，当晚更集会于大礼堂举行庆贺，唐校长亦必亲来大会，对与赛同学致慰劳之词，名之曰庆功。如果不幸失败而返，当晚仍须在大礼堂集合，检讨失败原因，唐校长仍必到会致词，于勉励之外，更表惋惜之意。有时声泪俱下，认为此一失败，系属学校耻辱，大有非予昭雪，决不罢休之慨，此一集会可名之曰雪耻。与会同学聆听校长激昂慷慨之词，莫不动容。而与赛各同学，听到校长训话，更感伤心不安。于是不断努力，不断练习，卒至恢复胜利而后已。母校此一行动，表面上虽为激励同学运动场上争取冠军，而此中精神，实培养了同学们有敌无我、有胜无败之战斗意志和尚武精神，以之作战，可胜敌人；以之治学，克困难。非然者，我们学养深厚、德隆望重的唐校长，岂尚斤斤于一球两球之得失，而必亲临誓师庆功或雪耻大会吗？[①]

足球运动的开展与兴盛，不仅锤炼了学生的体质与精神，而且历练出我国早期足球史上一批“国脚”。如上述“五虎上将”之一陆品琳，因其球艺高超，被公认为全国球坛“一百零八将”之首。《球王本纪》更称其为“我国之第一任球王”[②]。

---

① 于润生：《追忆交大崇文尚武的精神》。《老交大的故事》，第 92－93 页。

② 上海市松江县地方史志编纂委员会：《松江县志》第 31 卷“人物”，上海人民出版社 1991 年版。

此外还有曾任解放军八一队足球首任总教练、前国家足球队主教练戴麟经,中国首次参加奥运会代表队成员之一申国权,都是当时学校驰骋足球场上的健将。他们为我国早期足球事业的发展与人才培养做出了贡献。

三、技击运动

技击,即武术,是中华民族传统体育项目之一。本校的技击运动发起于1910年,是我国开展技击运动最早的学校。1910年春,一位外籍教师在试验机器机车时,轮转如飞,这时,附中学生向绍洪以臂一挡,车轮立即停止,一时间惊动校内外。后来得知向绍洪精熟南拳,臂力过人,能运气,气到处刀剑不能入。[①] 监督唐文治闻后十分高兴,就聘向绍洪担任技击教练。初期,跟他练习的有数十人,这是本校有组织的技击运动的开端。

唐文治对于我国传统体育项目的技击推崇备至,积极鼓励更多的学生习练技击。在为技击部成立10周年纪念册所撰跋文中,他申明了当年倡导技击的深意:"提倡技击者,则正欲以吾国固有之体育良法,以使吾民族有发扬蹈厉之精神,勇敢振奋之气概,以求达其国内之安全,俾世界日臻和平者也。"又说:"发奋有为之精神,必寄于发奋有为之体魄,是余昔年所以提倡技击之意也。"[②]技击运动开展起来后,参加人数愈多,向绍洪因功课学习繁重,辞去技击教练兼职。唐文治决意扩展技击运动,另延请武术界名师、寺院高僧来校掌教,先是聘上海精武体育会著名拳师刘振声、张富有、赵连和三人轮流来校担任拳术教练。刘振声等皆是武术大师霍元甲的高足,武艺精湛,精于北拳,他们来校后推动了学校技击运动的开展。

1912年春,刘振声等离职,学校聘请温州某寺高僧仓演、肃谦两人教授蛤蟆功。9月,本校代办商船学校迁往吴淞,唐文治拨出所余校舍一间,作为学生练习拳术的专门场所。是年秋,学校正式成立技击部,确定以"发扬国粹、强健身体"[③]为宗旨,推举附中学生黄照临、李鸿儒担任首任正、副部长,订立规则,购备器械,订制服装,当年会员即达百余人。1913年春,仓演、肃谦两僧离校,由黄照临介绍精武体育会刘震南传授心意六合拳法,同时王芝祥将军介绍深州李存义来校授形意功。数月后,两拳师离校,唐文治复聘湖南刘世杰传授白水功。1914年春,刘世杰得军界要职离校,唐文治复请刘震南来校执教。

刘震南(1860—1934),曾用名刘同岭,字寿山,人称"震南天",山东德州德平县(今临邑县)人。少习武术,谙熟武当太行拳、心意六合拳、形意拳等,曾中武举。中年在张家口一带

---

① 唐庆诒:《忆往录》(1948),第5页。

② 《前唐校长跋》。南洋大学技击部编:《南洋大学技击部十周纪念册》(1922),第138-139页。

③ 《技击部章程》。《南洋大学技击部十周纪念册》(1922),第40页。

设镖行，辛亥革命前夕来沪加入精武体育会，另创办中华国技传习所，广收门徒，从学者甚众，武术名家顾留馨、唐豪、任志傲皆出其门。刘震南第二次来校后，在唐文治及后来主校者的礼遇下，长期担任技击部教练，任职直至1930年，先后长达14年之久（其中1926—1929年间离校）。任职期间，刘震南始终勤于职守，热心教授，不计名利，深为学生所尊敬。当时美国人体育教授莫礼逊，月薪高达数百元，而刘震南薪俸只有30元，又不供住宿。他每天乘人力包车，准时来校，从不迟到早退。他曾说："唐校长知我为人正派，不以我为江湖卖技之流，而付我以消除'东亚病夫'之称的重任，因此薪金虽薄，非所计也。"[①]

在唐文治的大力提倡，刘震南的循循善诱之下，技击运动在校园内日渐发达，取得显著成果，技击能与当时上海闻名的精武体育会及体操学校相媲美。1914年，会员周仁山从中学毕业后，留校专任附小拳术教练，使技击运动扩展至全校学生。10月，技击部拍摄了会员搏击照片6张，送至美国巴拿马世博会陈列，颇得外国人赞赏。从1915年起，学校将技击列为校运动会比赛项目，另每年召开全校性技击大会，专来观看技击表演者甚众。唐文治进而认为，技击为我国固有国粹，在1915年实行强迫运动时将技击列入必修项目之一，规定以25人为限，每学期小考一次以分优劣，每学年大考一次以定升降，练习四年成绩优良者发给毕业证书。[②] 到1922年技击部成立10周年纪念时止，毕业者有黄照临、鲍国宝、伍渊、叶舒瑶、王寅清、张令采、张孝友、李果能、吴维翰、汤辅成、华寿奎、费福焘、高谓初、陆定一、朱麟五等18人。[③]

参加技击部队员的学生，以附中学生为主，也有少数附小、专科学生，当中有凭着兴趣自愿报名参加的，也有选作必修运动的。附属小学学生是自愿报名参加的。到了附属中学时，则必须从童子军、技击或体操三者之中选习其一。从中学三年级起，在打好基础而又认识到技击对健康和自卫的益处，则可以继续深造，就能成为技击部主要队员。技击部以健身自卫为目标，教学步骤一般分基本功、动作、实战三步，练习内容有南拳、北拳及各类冷兵器，技击部毕业生朱麟五曾忆及当年所学内容：

> 我在小学从周仁山老师学南拳，中学一年级从刘师学北拳，如练潭腿、二郎拳、六合拳、长拳、行拳、燕青手等。二年级加练简单器械如青天棍、六合枪、昆仑刀等。第三年始，再提高到较难的武器如三节棍、七节钢鞭（又称九节鞭）等，以及从二人到四人的对打，如"三英战吕布"之类。[④]

---

① 朱麟五：《南洋公学技击简史》。朱隆泉主编：《思源湖——上海交通大学百年故事撷英》，上海交通大学出版社2006年版，第370页。

② 周仁山、费福焘等合述：《吾校技击部十年沿革史》。《南洋大学技击部十周纪念册》(1922)，第37页。

③《历届毕业生题名录》。《南洋大学技击部十周纪念册》(1922)，第42页。

④ 朱麟五：《南洋公学技击简史》。《思源湖——上海交通大学百年故事撷英》，第371页。

民国初年技击部队员合影,中立者右为校长唐文治,左为技击教练刘震南

1916 年夏,技击部长黄照临毕业,改由张孝友任部长,后鲍国宝、张令彩、叶舒瑶、金泳、朱维铨先后任部长。次年春,在学校举行的 20 周年校庆纪念大会期间,表演节目中首为技击,十分精彩,观看者人山人海,技击部声名鹊起。此后相继应邀赴上海青年会、沪江大学、无锡等处表演,屡屡得到各界人士赞许,从而吸引着更多的学生加入技击运动。至 1921 年春,参加技击部队员增至 200 余人,成为校内会务最发达、影响最大的体育组织之一。1922 年技击部编辑《南洋大学技击部十周纪念册》,1925 年组织编辑出版《技击丛刊》;1930 年在上海召开的武术大会上技击部表现出色。此后技击运动在交大一直延续至抗日战争时期,先后长达 30 余年,是一项很有群众基础的文体项目。技击运动对活跃校园文体生活,以及对中华武术运动的普及与传承,都起到了一定的推动促进作用。

第三节 期刊出版物

一、期刊出版物概况

一个学校的期刊杂志、纪念刊等出版物,最能反映一校学生之风貌,代表一校之精神。学校学生层面的出版物最早可以追溯至南洋公学时期，当时译书院、师范院曾翻译、编撰出版了大量新学书籍与教科书，师范院学生曾参与其事。1903 年 4 月，南洋公学退学学生在校外创办《童子世界》，这是一份面向广大青少年宣传科学知识和民主革命思想的刊物，标志着学生创办的第一份杂志正式诞生。1904 年春，学校将历年学生的中学课业汇编成册，刊行两册四卷本《南洋公学课文汇选》，开启了学校刊印优秀学生课业的良好传统。

高等实业学堂时期，学生期刊出版物基本处于停滞状态，1910 年南洋公学同学会成立后，曾发行第一次报告册，1911 年又发行月刊单张，报告会务进行状况及校友活动消息。进入民国时期，特别是随着新文化运动兴起后国内期刊出版物的兴盛，以及校内各类学生社团组织的相继建立，学生创办期刊、发行书刊出现了新的转机，至五四运动时期，校内甚至形成了一股“杂志热”，“自民国八年，新思潮勃兴，各种出版物如春花怒放，各以讨论研究新学说为职志，彼时学生，几于人人具有杂志热。”[①]综计 1906 年至 1921 年，学校学生创办的期刊共计 14 种，其他诸如课业成绩、纪念册、同学录等出版物 7 种，其大概情况分别列表(见表 6－3)如下。

部分学生期刊

表 6－3　高等实业学堂-工业专门学校时期学生期刊一览(1905—1921)

刊名	刊期	主　办　者	创刊时间	终刊时间	说明
少年杂志		周贤颂等	民国初年		油印 4 期
南洋公学同学会月刊	月刊	南洋公学同学会	1911		单张

① 《九人书报贩卖处》。《民国十年级纪念册》(1921)。

(续表)

刊名	刊期	主　办　者	创刊时间	终刊时间	说明
南洋	季刊	南洋公学同学会	1915.3	1915.6	发行2期
上海工业专门学校学生杂志	季刊	南洋学会	1915.6	1920	发行14期,中华书局代印
壬戌级刊		壬戌级(1922级)级会甲组、乙组	1917		甲、乙两组各发行1期
科学杂志		南洋学会	1917		发行3期
锡秀	半年刊	无锡同学会	1916	1920	发行6期
槜李		嘉兴同学会	1917	1920	
友声	季刊	南洋公学同学会	1918	1926	至1921.3共发行10期
劳动界	二日刊	南洋公学学生分会十人团	1919.6	1919.8	
南洋日刊	日刊	南洋公学学生分会	1919		
南洋周刊	周刊	南洋公学学生分会	1919		至1919年底发行15期
科学世界		科学世界社	1920		发行3期
南洋学报	半年刊	南洋学会	1921.1	1922.1	

表6-4　高等实业学堂-工业专门学校时期其他学生出版物情况(1905—1921)

类别	出版物名称	编　述　者	出版机构/印本	册/卷数	出版时间
课业成绩	旅杭测量日记	土木科	铅印本	1	1914
	南洋公学新国文初编	李颂韩辑录 唐文治审订	苏州振新书社	4卷4册	1914
	南洋公学新国文二编	李颂韩辑录 唐文治审订	苏州振新书社	8卷8册	1917
纪念册	交通部上海工业专门学校廿周图画纪念册	南洋学会		1	1917
	铁路管理科头班纪念册	铁路管理科毕业生		1	1920
	民国十年级纪念册	民国十年级毕业班		1	1921
	附属高等小学二十周纪念册	附属高等小学			
同学录	交通部上海工业专门学校同学录	南洋学会		1	1919

上述期刊中，除《少年杂志》由个人创办外，其余均由学生社团主持创办，属同学会主办者有《南洋公学同学会月刊》《南洋》《友声》3 种，同学会是离校学生组织；属校内学生社团主办者有南洋学会的《上海工业专门学校学生杂志》《科学杂志》《南洋学报》3 种，同学会的《锡秀》《槜李》2 种，南洋公学学生分会的《劳动界》《南洋日刊》《南洋周刊》3 种，壬戌级会的《壬戌》，科学世界社的《科学世界》。主办者几乎覆盖了除文体类之外所有的学生社团。因主办期刊的学生社团宗旨各异，各类期刊办刊宗旨及内容也显然有所不同，同学会期刊重在联谊，南洋学会期刊重在学术；相同社团在不同时期所办期刊之间存在内在联系与传承性，如同学会所办《南洋公学同学会月刊》《南洋》《友声》是相互延续的。

《少年杂志》由周贤颂在校就读期间（1908—1915）创办，具体创刊年份不详。他自编自印，共发行 4 期，其中 1 期为英文版。其缘起经过诚如周贤颂回忆：

> 因为我在学校受了唐校长的鼓励，勇气十足，发起出版《少年杂志》。我又发行英文版，那是受了英文老师 Thomas Wu 先生的影响，出了一期，难以为继。……《少年杂志》出了四期，里面文字，都由我一人起稿，还要自己油印，相当自得其乐。杂志内容除评论之外，还有小说一栏，写的是俄皇尼古拉二世被虚无党暗杀的故事。那时期，鸳鸯蝴蝶派小品文章，盛极一时，我亦依样画葫芦，凑了一阵子。①

尽管《少年杂志》存在时间很短，范围很小，影响不大，但是它却反映了部分学生对于创设期刊发表言论的热忱以及为之付出的努力。

1915 年 3 月，南洋公学同学会出版会刊《南洋》季刊，该刊继承《南洋公学同学会月刊》，内容上大有扩充。同年 6 月，出版第二期后因经费原因停刊。1918 年复刊，更名《友声》，至 1921 年交大改组，共发行 10 期，在各届校友当中影响颇大。

《锡秀》是学校无锡同学会会刊，1916 年创刊，初名《无锡同学会报告书》，翌年校长唐文治定其名为《锡秀》，每半年刊印一期，至 1920 年停刊，共发行 6 期。该刊除载无锡同学会会务活动外，“对于文艺、科学尽量刊载”。② 该刊曾于 1927 年、1935 年两度复刊。嘉兴同学会所办《槜李》创刊于 1917 年，也于 1920 年停刊。

《壬戌》由壬戌级会创办，1917 年 4 月校庆 20 周年时发行。壬戌级应为 1922 年毕业的学生，发行《壬戌》时该级学生就读中学三年级。壬戌级有甲、乙两班学生，分别称为壬戌级会甲组、乙组，两组同时刊出级刊，分别称为《壬戌丛刊》《壬戌》（第 1 期），栏目内容基本一

---

① 周贤颂：《一个未过河的小卒子》，台北尔雅出版社 1981 年版，第 6 页。

② 《秦冕钧先生序》。交通大学无锡同学会：《锡秀》，1935 年 7 月。

致,设有论著、文课、科学、艺苑、译丛、杂俎、体育、记载、附录等栏目,范围较广,内容颇丰,部分文章用英文写作。编辑者之一盛启东述及该刊宗旨有二:一留作本级永久之纪念,“作他日雪泥鸿爪观亦可也”;一为切磋学艺,共促进步。[①] 首期《壬戌》刊出后即停刊。

《南洋日刊》《劳动界》创办于1919年五四运动高潮期间。《南洋日刊》为南洋公学学生分会编辑发行,日出一张,约为一般报纸一半大小,旨在“唤醒同胞,以扶危局”,内容“皆近于品评国家政治及社会状况,以振萎靡之民族,以尽我学生界扶助同胞之责”。[②] 日刊发行时间不长。《劳动界》系学生分会“十人团”所办,内容反映城市工人、乡村农民等劳动人民生活状态、调查报告等,唤起学生对于劳动人民的关注,刊印后颇受校内外人士欢迎。该刊办至暑假中,因办刊经费及学生课业原因,与《南洋日刊》合并,组成《南洋周刊》。1919年7月16日,《南洋周刊》第1期出版,该期注明“续南洋日刊第16号”。[③] 周刊的内容仍是以政治和社会问题为主,开设栏目有言论、时评、译述、纪事、调查、劳动界、演说词、小说、余录等,是研究当时学生思想和活动的重要资料。从1919年7到11月,周刊共发行15期。后经费不敷,难以为继,遂暂停办理。1921年改组成立交通大学时,学校出面复办《南洋周刊》,刊行6期后又因经费原因停办。从第7期开始归学生会办理,后成为南洋大学时期最主要的学生言论阵地,直至1927年停刊。《南洋周刊》水平较高,在校生黎东方后来曾评道:“提起南洋周刊,它的水准实在很高,决不是其他大学学生们所办的刊物所可比拟。这一点事实,反映了一般同学的国文程度之高,也就是唐文治先生在南洋公学及上海工专时代所奠下的基础。”[④]

除学生期刊外,学生出版物还有课业成绩汇编、纪念册、同学录等,其中以课业成绩汇编最主要。民国时期学校发行《南洋公学新国文》,该书分初编、二编,均由苏州振新书社出版,商务印书馆代售。初编1914年出版,由校长唐文治、国文教习李颂韩选录自1908年以来举办国文大会的菁华文章240篇,内分原、释、说、读、书后、合论、论、问及杂文等类,并选印校门、校舍及校长照片,共4卷4册。所选文章“无题不新,有美必录”“理想高超,文笔奇逸,多子史气息”,[⑤]体现了学校历年学生国文成绩的最好水平,也是唐文治长期重视国学教育所取得的成果。初编出版后,曾呈交通部、各学校及社会贤达鉴别,又送至美国巴拿马世博会陈列,深受中外人士好评。学校创始人盛宣怀在病中阅后,亲函唐文治,赞曰:“奉手书,承惠

① 盛启东:《缘起》。壬戌级会甲组编:《壬戌丛刊》,1917年4月。
② 陈体荣:《本刊略史及新年之希望》。《南洋周刊》第11期,1922年1月1日。
③ 中共中央马克思列宁恩格斯斯大林著作编译局研究室:《五四时期期刊介绍》第3集上册,三联出版社1958年版,第110页。
④ 黎东方:《有意思的四个年头》。《老交大的故事》,第326页。
⑤《上海南洋公学新国文之内容》。南洋公学同学会:《南洋》第1期,1915年3月。

其他出版物

《南洋公学新国文》八册，门分类别，浓淡清奇，无美不备，直可当一部子史菁华录读，洋洋大文，叹为观止！”[①]1917 年，《南洋公学新国文》二编出版，共 8 卷 8 册，收录 1914 年以来国文大会菁华文章 351 篇，分类较初编更细，有原、释、读、经说、史论、性理论、杂论、合论、辩、说、议、书后、问、拟、杂文、诗、词等 17 类。《南洋公学新国文》初、二编发行后，得到社会各界赞誉，一时被奉为中小学学生的作文范本。1914 年印行的《旅杭测量日记》也是学生课业汇编，详细记载该年春土木专科学生赴杭州西湖一带实地测量的情况，曾得到教育部嘉奖。

二、《学生杂志》

1915 年 1 月，南洋学会成立，分言语、编辑、游艺三部。6 月，编辑部主持创办了会刊《交通部上海工业专门学校学生杂志》(简称《学生杂志》)，时编辑部总编辑凌鸿勋、中文编辑主任张荫熙、西文编辑主任许坤，他们三人是该刊的主要创办者。该刊初定名《南洋学报》，出版时为避免与同学会的《南洋》混淆而改名《学生杂志》。杂志为中英文合版，前大部分为中文版，后小部分为英文版，英文名称为 The Nanyang Students' Quarterly。

校长唐文治支持南洋学会创办《学生杂志》，对该刊期望甚高。他在创刊号序言中指出：“盖徒知文明之足以治天下，而不知甲胄戈兵之已随其后，悲夫！近代学子稍稍研求科学，徐

① 盛宣怀:《致唐文治函》(1914 年 9 月 19 日)。盛档:045003－2。实际《南洋公学新国文》初编应为四册。

而究其实，乃徒知物质之文明……我知中国必将有圣人者出，先以无形之竞争，趋于有形之竞争，乃复以有形之竞争，归于无形之竞争……我校诸生讲求工业，谋印杂志，公诸当世，余特发挥文明之学说以勖勉之，益将以振起我国民也。”①

中文编辑主任张荫熙在“发刊宣言”中指出：“铁道、电报、船舶、电话，有形之交通也；方言、国语、报章、杂志，无形之交通也。吾国进步之滞在有形之交通，尤在无形之交通。本校造就之材，在有形之交通，亦在无形之交通。……本杂志发轫伊始，倚重科学，意在实艺，不务修辞，文旨谫陋，顾形自惭。博雅君子，宏垂教诲，所欣慕焉。”②《学生杂志》在注重学术研究的同时，还大力宣传爱国主义思想，如张荫熙在《发刊宣言》中，饱含忧国忧民、爱校爱国情愫地说：

> 吾以吾之心度天下千万人之心，吾以吾之性测天下千万人之性，心必不尽一，性必不尽同。然睹国徽而致敬，瞻校帜而生爱，油然而自发者，此天下千万人之性皆同、心皆一也。推此心，达此性，虽以之救国，可也。同人不揣绵薄，上欲以一二人爱校爱国之心，为天下千万人爱国之心；下欲以一二人好察好问之性，起天下千万人好学之性。此本杂志之所以刊也。③

《学生杂志》中英文封面

① 唐文治:《序言》。《上海工业专门学校学生杂志》第1卷，第1号1915年6月。
② 张荫熙:《发刊宣言》。《上海工业专门学校学生杂志》第1卷，第1号1915年6月。
③ 张荫熙:《发刊宣言》。《上海工业专门学校学生杂志》第1卷，第1号1915年6月。

他由国旗联想到校旗，由爱校联想到爱国，由少许人爱校爱国唤起千万人爱国，由少许人好学好问谋求千万人爱好学术，极富哲理地点明了办刊宗旨，由此也反映出该刊的特点，表现出学校学生愿当爱国好学的启蒙者、引路人的重任。

《学生杂志》宣传爱校爱国主义思想与宣扬科学实业救国主张，从编辑部 1915 年 6 月中英文征文题目可以体现。中文征文题目有三：国性保存论；爱校心之培养；欲兴实业宜先引起社会热心其道何由。英文征文题目也有三：The Duties of an Engineering Student；How to Celebrate the Twentieth Anniversary of Nanyang College；How to Improve the Later Issnes of the Nanyang Students' Quarterly。①

《学生杂志》为季刊，由中华书局代印，商务印书馆、文明书局代售，至 1920 年初停刊，共出版 14 期，先后发表学术性文章 62 篇。该刊内容广泛丰富，涉及论著、工艺、科学、文苑、记载、说部、杂俎、体育等，内封插入大量师生生活、校景图片，并附录各类厂商广告。在工艺和科学两个栏目中，每期都发表学术性文章若干篇，涉及数学、物理、天文、生物、地质、化工、电机、机械、土木等基础科学与实用科学的各个领域。张荫熙在述及杂志栏目时，用颇具文采的词句和独特的文体概括出杂志的层次性和丰富内容：

第一，论著类——贤良对策，下帷功勤，神龙嘘气，上薄为云，翻江泻海，写我云云，倒倾三峡，辟易千军。

第二，工艺类——郢人垩墁，运斤成风，秦台毕午，缘木腾空，昆明大匠，蕉蒻纤工，广参玄化，判白批红。

第三，科学类——铁凝金石，辨析元霜，立杆求影，法出圜方，铜山西响，斗柄北芒，潮流往复，海换沧桑。

第四，体育类——射御书数，干戈翰墨，入室生徒，拔山气力，起陆龙蛟，眈吞四国，乾乾天行，自强不息。

第五，文苑类——词追回波，诗宗皮陆，屈宋文章，芙蓉初沐，西子效颦，强效捧腹，春华秋实，贵称厥服。

第六，杂俎类——解人颐旨，妙语连环，凤麟毛角，文豹一斑，竹头木屑，如叶满山，包罗天地，收纳尘寰。

第七，说部类——山海鬼神，寓言所论，出入齐谐，东方北郭，芸芸众生，沉溺一壑，觉世觉人，亦天之铎。

① 《南洋学会编辑部第一次征文》。《南洋》第 2 期，1915 年 6 月。

第八,记载类——羲皇结绳,周人削漆,杌梼春秋,谨严一笔,三百六旬,尘事一一,纸上爪鳞,驹影何疾。

第九,欧文类——春蚕食叶,秋螯行粳,分王海国,贝叶千行,不龟手药,洴澼洸方,因人设用,作我渡航。

《学生杂志》发行后,立即受到校内外师生及社会人士的关注和推崇。创刊号出版后,同学会《南洋》随即刊出《敬祝姊妹杂志之出版》,赞其曰:"第觉其宏博详赡,美不胜收,而尤以研究实学之论为多,是诚母校精神之所寄。我同学会对之,其欢迎之情出自至诚,自不待言。"①

总的来看,《学生杂志》仍属自然科学和工程技术为主,兼顾人文艺术、学校新闻的综合性科技学术期刊。它不仅有规范的英文刊名等外文版权标识,而且有当时尚不多见的英文目录和英文前言等。在英文目录中,其栏目被分为 Engineering(工程技术)和 Science(科学)两部分。在科学技术与社会研究方面,创刊号发表有蓝兆乾的《科学救国》(续至第 3 期),林若履的《论本国工业不发达之故及其将来之推测》(续至第 2 期);第 3 期发表有蓝兆乾的《欲兴实业宜先引起社会热心其道何由》;第 2 卷第 1 期发表有鲍国宝的《说学会》和蔡其标《以国文治科学平议》等。在自然科学基础理论研究方面,创刊号发表有李石林的《化学上之心得》,陈长源的《炮术与落体抛射体之相互关系》(续至第 2 期),金云的《论多次方》,金汤的《肥皂泡及其膜之张力》等。第 2 期发表有裘维裕的《几何三题》,林若履遗稿《空气杀人论》,心塞的《摄影谈》(续至第 3 期)等;第 3 卷第 1 期发表有戴芳澜的《裂殖菌》等。在工程技术方面,内容较自然科学基础论文更为丰富和扎实,包括电气工业、铁路建筑、电车运营技术、水利工程、无线电技术、海底电报技术、探海灯、双翼飞机制造、道路工程、房屋建筑、安源煤矿调查等诸多方面。这真实地反映了早期学校由多科性高等教育向工程高等教育转化的过程。②

《学生杂志》停刊后,南洋学会和学校学生数次力图恢复。1920 年 4 月,专科部数名同学发起科学世界社,该社继承《学生杂志》重在科学技术的特色,创办《科学世界》月刊,销行极广,然出版 3 期后便不能支持下去。此时,南洋学会接办《科学世界》,将其与《学生杂志》合并,改称《南洋学报》,于 1921 年 1 月刊行,至 1922 年 1 月停刊,共发行 3 期。

---

① 《敬祝姊妹杂志之出版》。《南洋》第 2 期,1915 年 6 月。

② 参考姚远:《中国大学科技期刊史》,陕西师范大学出版社 1997 年版,第 175 - 177 页。

第四节　学生社会政治活动

一、辛亥革命中的学生军

交通大学是一所具有爱国主义革命传统的学校，早在南洋公学时期，学校就爆发了被称为中国学生运动史上“一声霹雷”的“墨水瓶事件”。在随后的辛亥革命、新文化运动、五四运动中，学生们都追随时代潮流，高举起爱国主义大旗，为救国拯民，一次次投入到反帝、反封建斗争的洪流之中。

1911 年 10 月 10 日，辛亥革命在武昌爆发，全国各地纷起响应，形成声势浩大的反清革命浪潮，清王朝处于风雨飘摇之中。11 月 3 日，上海起义开始，各路革命军攻打清政府在沪的堡垒——江南制造局。消息飞至学校，师生奔走相告，热血沸腾，许多学生跃跃欲试，待机而动。那时的学校师生中，很多是革命志士，据称同盟会领导人黄兴来沪，曾在一个秘密地点向革命师生演讲，当众血书“驱除鞑虏”四字，鼓励大家投身反清革命，师生深为感动，决心参加革命。[①] 体操助教许奇松是同盟会员，周贤颂等学生组织“中华革命党”便是一个从事反清活动的秘密组织。当闻听领导学生军攻打制造局的是前师范院学生钮永建，许奇松、陈熊等革命师生遂加入其中，参加了围攻江南制造局的战斗。

当日晚，上海光复。革命师生胜利回校，第一件事情便是在上院钟楼插上白旗，以示脱离清政府，拥护革命。校长唐文治赞成革命，对于师生的行动予以暗中支持，率先剪去辫子，并劝师生一律剪辫，宣布学校改名为南洋大学堂。接着，学生们在校内发起一场驱逐教务长辜鸿铭的“驱辜事件”。

武昌起义爆发后，身为保皇党的辜鸿铭很是气愤，在英文报纸《字林西报》(North China Daily News)发表文章，把革命军喻为身体上的毒血，必须立即开刀，把脓血挤出来，否则蔓延全身不可救药。校内学生大都倾向革命，对辜鸿铭的反革命言论表示愤慨。据亲历其事的学生朱善培后来撰文称，学生们乃于某日早上趁辜鸿铭来校时，围拢而上群起诘问。顽固的辜鸿铭坚持己见，面见校长唐文治，要求惩办“造反”学生，结果碰了一鼻子灰，唐文治表示“这是潮流所趋，我也无法阻止”，默许了学生的行为。[②] 上海光复后，学生再次对辜鸿铭说：“你污蔑

---

① 陈梦渔：《辛亥革命时上海南洋公学的学生军》。《上海文史资料选辑》第 42 辑，1983 年，第 115 页。

② 朱善培：《交大掌故》。《老交大的故事》，第 122 页。

革命为毒血,要开刀挤出消毒;现在全校已升起白旗投降革命军,你挤出毒血,还是革命挤出你?”辜闻言大骇,犹大声抗辩:“言论本可自由,汝等不佩服我,我辞职。”[①]言毕,立即乘坐马车出校。学生早已预备好鞭炮,挂在马车后面,马突然听到鞭炮声响,惊得乱跑,学生们在马路两旁拍手欢呼,辜鸿铭就这样狼狈地逃出校门,学校保皇党人于是偃旗息鼓,校内“和平光复”。

高等实业学堂时期,学校实行兵式体操,曾领得步枪400支,进行实弹演习。上海光复后,革命学生决定以校中原有枪支为基础,加上从制造局领得的军械,成立学生军,约有200余人。公推足球健将张松龄为队长,参加革命军,并开往上海附近的江苏各县,做光复工作。学生军认为不应只在校内,于是荷枪实弹冲出校园,一举攻占学校附近的李鸿章祠堂——李公祠,把李鸿章铜像头部用白被单包起来,又用竹竿挂上白旗,缚在铜像身旁,以此象征李鸿章已“投降”学生军。学生军接管李公祠后,将其作为学生军的司令部,直至南北议和停战后,学生军解散,学生才回校继续学业。[②] 1913年孙中山发起第二次革命,部分参加学生军的成员又加入其中。交大师生在辛亥革命史上写下了光荣的一页。

二、孙中山勉励师生

“交通为实业之母,铁路为交通之母。”孙中山先生的实业救国思想深深地影响了一代中国人。作为长期隶属于交通实业部门管辖,以培养交通建设高级人才为己任的交大,更是一直将实现孙中山的建设蓝图和实业思想作为座右铭。在校师生为实现孙中山手订《实业计划》而安教乐读时,有幸两次聆听了他在学校讲坛上的讲演和教诲。

孙中山先生第一次莅临交大演说是1912年底,[③]这是交大人永志不忘的。孙中山先生在1912年4月辞去临时大总统后,全力着手中国实业建设和铁路交通事业。他认为,振兴实业的首要条件是发展水陆交通,尤其是铁路建设,西方实现工业化过程实际上就是“铁路立国”的结果。于是,孙中山弃政后一心从事经济建设,不仅担任全国铁道协会名誉会长,更一度出任全国铁路督办,开始视察全国铁路,规划新路建设,足迹遍及大半个中国。所到之处,筹集筑路经费,发表演说,宣讲铁路建设的重大意义,态度真挚诚恳,在全国掀起了讨论修建铁路的热潮。

---

① 上海通社编:《旧上海史料汇编(下)》,北京图书馆出版社1998年版,第660页。

② 陈梦渔:《辛亥革命时上海南洋公学的学生军》。《上海文史资料选辑》第42辑,1983年,第116页。

③ 关于孙中山先生此次来校演说一事,多名聆听过演说的在校学生后来均有回忆,然而对于演讲时间记述不一:唐庆诒在《忆往录》(1948)称孙中山来校演讲时间是1912年春,凌鸿勋在《凌鸿勋先生访问记录》(1982)中称是“民国建立后不久”,朱善培回忆是“中华民国元年元旦就临时大总统”的前两天,此说被1986年版《交通大学校史》所沿用,称来校时间是“1911年12月底在他将赴南京就任前夕”。本文结合《孙中山年谱》等资料,认为演说时间应为1912年底。

唐文治校长鉴于学校设置均为振兴交通实业的机、电、铁路工程等专业，与孙中山主张的实业建设一致，故于1912年12月底孙中山视察全国铁路返沪时盛邀其来校演说，使全校师生员工了解孙中山振兴实业的宏伟蓝图，鼓舞和激发师生们学习和工作的热情。孙中山为振兴实业实现中国工业化，面临百废待兴、千头万绪的繁忙工作，却欣然接受唐文治的邀请，莅校时受到学校师生的隆重欢迎。孙中山随行人员中有早期同盟会员、临时政府实业部长马君武等人。

孙中山在上院文治堂发表演说，首先讲了他正在筹办的交通建设规划，表示要在10年内为中国建筑20万里铁路，以振兴实业、巩固国防；还向师生们介绍新近拟议的贯穿全国的南、中、北三大铁路干线；殷切希望青年学子学成后投身铁路交通建设，建成一个遍布全国、连通周边国家的现代化交通网络。全场学生听到这里大受鼓舞，情绪高涨，倍感自己所学专业正是国家所需。孙中山在演讲中还讲到纸币政策，主张由中央政府统一发行纸币，用作建设基金，不敷之数还可以利用外国资本作为补充。之后，他又讲到对日本、对俄国的外交方针，指出对强占我国领土、侵犯我国主权的帝国主义要坚决抵抗，因此必须建设我国强大的国防力量。

孙中山最后勉励师生，立志终生为发展实业、振兴中华而服务。他说，我

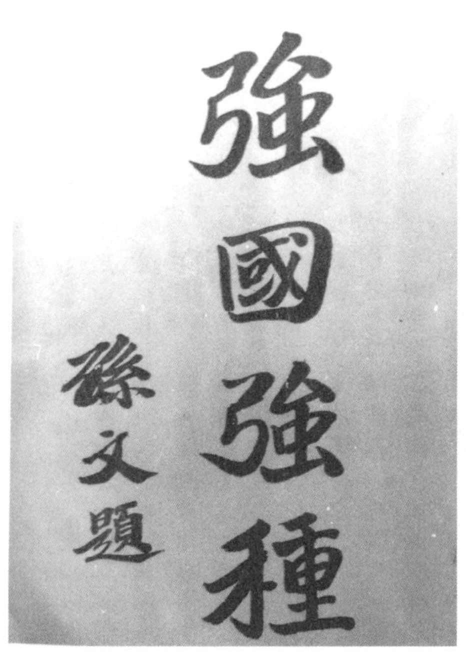

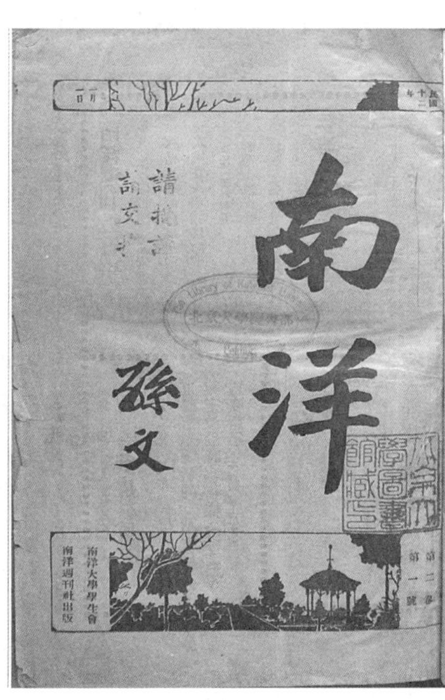

孙中山先生为学校技击部题词“强国强种”和为本校学生会编《南洋周刊》题写的刊名

国虽然建立起了共和体制,但是目前百废待兴,需才殷切。同时,世界强国科学技术日新月异,我国远远落后。他希望学生们今日在校要倍加努力,发奋学习,掌握科学技术,它日才能迎头赶上,使我国与欧美发达国家并驾齐驱。

孙中山先生足足演说了两个小时。讲毕,他对校长唐文治说,各位师生对铁路建设计划如果有意见和建议,可随时和马君武先生联系。这时已经是中午时分,唐文治以西餐款待孙中山一行。

一代伟人的殷切期望和真诚信赖,是交大莘莘学子无穷尽的动力源泉,激发着他们成为实施孙中山实业计划的排头兵。当时正在土木科一年级就读的凌鸿勋后来回忆说:"由于听了国父演讲,我毕业后长期从事铁路工作,未始不是受了这一伟大启示。"凌鸿勋毕业后赴美国留学深造,回国后致力于交通教育和铁路建设事业,历任交大南洋大学时期的校长,陇海铁路、天成铁路、宝天铁路、甘新公路局长,交通部常务次长等职。1948年被中央研究院聘为第一届评议会评议员并当选为首届院士,成为继詹天佑之后铁路工程界的又一杰出人物,被美国《纽约时报》称为"中国铁路先驱者",为我国交通教育和铁路、公路交通建设事业贡献力量。1925年春孙中山先生病逝时,时任南洋大学校长的凌鸿勋怀着无比崇敬和爱戴的深情,在校内主持了由全校师生900余人参加的大型追悼会,沉痛悼念这位伟大的民主革命先驱。

1919年五四风云过后,孙中山先生再次应邀到交大发表演说。他介绍了自己新近完成的《实业计划》一书,提出了自己的铁路建设思想和规划全国铁路建设的庞大计划,向师生们描绘了一幅从交通建设方面实现中国现代化的宏伟蓝图。孙中山还介绍了利用三峡水力发电、改善长江航运的设想。伟人的感召力总是深刻绵长的,特别对像交大这些受"交通救国"思想影响深刻的青年学生来说更是如此。当时的学生会骨干成员、电机科三年级学生恽震,在孙中山演说时专司记录整理。① 恽震和凌鸿勋一样,对孙中山的演说感受极深,从此立志从事交通工程技术,后成为我国电机工业的先驱。1932年,血气方刚的恽震萌发了勘察长江三峡水力资源、择地建筑发电大坝的想法,于是他联络几位志同道合的技术人员,经过数月的实地考察,于1933年在《工程》杂志上联名发表了《扬子江上游水力发电勘测报告》,首次将孙中山开发三峡水利的设想付诸实际调查,为新中国建立后三峡"高峡出平湖"提供了弥足珍贵的参考资料。

20年代初,孙中山先生还分别为交大《南洋周刊》题写刊名"南洋",为《技击部成立十周

① 《电力电工专家恽震自述》(一)。《中国科技史料》第21卷,第3期(2000),第190页。

纪念册》题词“强国强种”，这位伟大的民主革命先驱，从辛亥革命起直至他逝世，始终对交大寄予高度信赖和殷切期望。

三、在五四运动中觉醒

辛亥革命虽然推翻了帝制，建立的却是徒有虚名的中华民国，军阀当道，民主遭践踏。政治革命之外，中国更需要的是一次思想文化层面的“革命”。第一次世界大战结束以后，英、美、法等列强在巴黎召开“和平”分赃会议，中国作为战胜国参会。会议竟然将战败国德国在我国山东的一切权利让给日本。巴黎和会中国外交的失败，激起全国人民的莫大屈辱与极大愤怒。5 月 4 日，北京学生三千多人举行盛大的示威游行，全国各地纷起响应，掀起了震撼海内外的五四爱国运动。

交大学生这一次不是拿起了枪，而是高举起反帝反封建的爱国主义旗帜，奋身投入到五四运动的洪流当中。5 月 6 日，全校学生集会声援北京爱国学生，开除前师范班学生、亲日派章宗祥的校籍。翌日，600 余学生参加了上海国民大会，高呼“争还青岛”“挽回国权”“誓死力争”等口号，走在游行队伍的最前列。11 日，交大历史上第一个学生会组织——南洋公学学生分会，在蓬勃开展的爱国运动中诞生，学生会下设义勇队、宣讲团、调查部、编辑印刷部，组织全校学生参加五四运动和负责校外联络。26 日，交大学生参加了上海 52 所学校约 25 000 人的罢课宣誓典礼和游行示威，要求严惩卖国贼，外争国权。罢课后，学生抱着“对社会着实做一番有益的事业”和“使得人民都有觉悟”的信念，以毫不妥协的姿态投入到五四运动中。在学生会的组织下，有的学生组成宣讲团，在街头巷尾进行演说，唤起市民的爱国热情；有的深入工厂、农村进行社会调查，了解各阶层人民的生活境况，又创办南洋义务学校，与工农大众相结合；有的组成“救国十人团”，约言抵制日货；有的编辑出版《南洋周刊》，评议国内外时政，探讨救亡之路，推进新文化运动，传播新思想。交大的学生队伍成为五四运动当中我国学生界一支活跃的骨干力量。

对青年学生来说，五四运动不仅是一次爱国运动，更是一次思想启蒙运动。爱国青年的行动有力地推动了五四运动的开展，同时，经过爱国运动洗礼的交大学生，接受新文化新思想，成为时代的先进青年，走上了为劳苦大众利益而战斗的革命道路。侯绍裘便是其中的杰出代表。侯绍裘（1896—1927），松江人，1918 年以优异成绩考入交大土木专业。五四运动中，他毅然抛开书本，“从爆发的时候起，直到烟消云散的时候止”，始终参与爱国运动。他组织参与游行示威，宣传演说，发起编辑小报《劳动界》，开办义务学校，推广进步书刊。出色的组织才能，炽热的爱国情怀，赢得了同学的信任，被学生推选为学生会评议长，后又推举到上海学联及全国学联工作。侯绍裘在运动中接受洗礼,从一个爱国主义者转变为反对军阀政府的民主主义者,再到一个具有共产主义思想的新青年。五四运动后不久,被开除出校的侯绍裘信念没有动摇,开始了革命生涯。1923 年加入中国共产党。1925 年领导上海学界投入五卅反帝运动。1926 年主持江苏省党部工作,担任省党部中共党团书记。1927 年四一二反革命政变前夕,侯绍裘在南京发动群众与国民党右派势力作坚决斗争,英勇不屈,被国民党杀害,成为事变中首批殉难的烈士。

交大青年学生在投身五四爱国运动的切身体验中思想也觉醒起来,他们不满足于五四运动所取得的直接成果,继续苦苦追求和探索改造中国的道路,开始寻求真正实现民族独立、自由民主之路。

南洋义务学校就是交大青年学生逐渐摸索出来的一条唤醒民众的途径,它诞生于五四运动的实践过程中。五四运动时,各地爱国学生连日罢课游行,非但要求政府改变外交方针办不到,连罢免曹汝霖、陆宗舆、章宗祥的最低要求也办不到。而三罢(罢课、罢工、罢商)一实现,工人起来了,仅仅一周时间北京政府就慌了手脚,赶忙罢免了三个卖国贼。在并肩斗争取得胜利的过程中,青年学生看到了工人阶级英勇顽强的精神和无坚不摧的伟大力量,懂得要救国就非要依靠工农大众不可。同时他们也感到大多数工人群众不识字,缺乏基本的常识,影响了运动的深入开展。于是,他们深感"唤醒民众,使大家一齐起来爱国"的必要性。起初,学生们组成演讲团,上街宣传,开始的时候有些效果,很吸引人,渐渐地听众就少了。于是,学生们改变方法,把无固定地点、无主题的演讲,改为有一定地点、有系统的演讲,选择离学校比较近的法华乡和徐汇镇作为演讲地点,差不多把这两处变成了露天学校,而建立为工农服务的义务学校想法已经在学生的思想中萌发。

1919 年 7 月,上海学生联合会成立国民义务教育团,指导各大中学校开办义务学校。南洋公学学生首先热烈响应,他们放弃暑假休息,不畏炎热,组成暑假留校服务演讲部,接连创办了 5 所义务学校。其中,影响较大是上海学联工界第一义务学校,侯绍裘任主任,教职员 14 人,初办时学生 38 人,多半是徐家汇一带的工人、店员、小手工业者及农民子弟。这所学校不久改称南洋义务学校,是上海学联在全市创办的 8 所义校中创办最早、办得最好的一所。

五四运动后,南洋义务学校与南洋大学校役夜校合并,规模逐年扩大。1922 年学生有 60 人,1923 年春达 120 人,到 1925 年底,学生数 175 人,分儿童、成人、女子、专修 4 部,学生教员达 48 人。学校组织完备,设立董事会、训育部、事务部等行政机构和"去任教职员会"。据 1924 年至 1925 年不完全统计,毕业学生 60 余人,这些为数不多的毕业生,却是一支雄厚的力量，成为“劳动运动中的中坚人物”。

五四运动积极分子、南洋义务学校创建人之一侯绍裘

创办人侯绍裘对学校性质和办学宗旨有着明确的认识，正确把握服务工农斗争需要的发展方向，当时全国的义务学校处于初级阶段，宗旨大多比较模糊。一部分同学抱着平民教育思想，认为义务教育不过是普及教育的补充，是提高文化的一种方式；有的认为着重帮助学生解决谋生的技能。侯绍裘与众不同，独树一帜，开办之初他就主张，义务学校既然是五四运动的产物，办学目的“自然在宣传爱国思想和输灌常识”，性质上和普通义务教育有所不同，“总重在输灌做人的基本知识和宣传一种主张，而不重在养成一种技能”。1922 年 12 月，已成为共产主义信仰者的侯绍裘，根据高涨的工人运动形势，明确指出，义务学校所输灌的主义和常识，已不应当限于五四运动时那样的爱国主义和国民常识，他旗帜鲜明地主张：所宣传的主义，应当是社会主义；所输灌的常识，应当是科学常识、人生常识和种种社会新思想。

南洋义务学校 1927 年一度停办，1928 年又恢复，改名为平民夜校，一直到抗战时期。它是五四运动中知识分子与工农阶层相结合的产物，使不少知识分子日后走上解放工农的新民主主义革命道路，成为新民主义革命时期学生

1921 年南洋义务学校教职员学生合影

界开展工农运动和教育的成功典范之一。

五四运动之后,马克思主义在我国得以广泛传播。1921 年,在俄国十月革命和五四运动的影响下,中国共产党在上海宣告成立,党始终开展工人运动和青年运动,马克思主义思想开始进入交大校园,给已经过五四运动唤醒的知识青年们带来思想的指南,校园里兴起谈论社会主义和研究劳工问题的热潮。

交大学生会主办的《南洋周刊》是五四运动中学生界最早发行的刊物,在评论社会政治问题的同时,还宣传社会上流行的各种主义,其中以传播社会主义和劳动问题的文章为多。如《废除阶级主义的理由》《社会主义与劳工问题之关系》《废除阶级主义的方法》《社会改革与劳工酬报》《社会主义之一斑》,等等。在谈到马克思主义思想和社会主义理论时,上述文章的基本观点是正确的。如 1920 年 1 月,徐植仁发表的《社会主义之一斑》,详细介绍了马克思主义基本观点和经济学说,认为其根本学理是唯物历史观、"阶级竞争"与社会革命。文章最后认为,"打破资本,实行社会主义来普及教育、发展实业,使经济上自由平等,实在是现在很要紧的问题了"。在当时能写出这样的文章,应当说其思想觉悟是比较高的。《南洋周刊》还曾开辟"劳动界"专栏,刊载调查工人状况和研究劳工问题的文章,第一期发表的《劳工世界》写道:"现在的世界,差不多可以说是劳工世界"和"斧头凿子","斧凿的文明,比笔墨的文明,更是可贵"。

在五四运动的实际斗争中,在新思潮的激荡下,一部分交大先进青年开始从原先的"实业救国""科学救国"思想中跳出来,逐步走出书斋,关心政治运动,

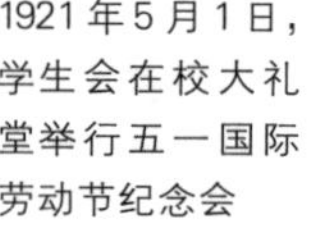

1921 年 5 月 1 日,学生会在校大礼堂举行五一国际劳动节纪念会

认识到只有通过革命才能打倒帝国主义和封建主义，毅然走上了“革命救国”道路，投身于轰轰烈烈的国民革命运动当中。一些进步青年知识分子，如侯绍裘、沈志远、高尔松、张永和、陆定一、费振东等人，在马克思主义思想的影响下，参加中国共产党，最后走上了共产主义道路。

第七章
唐文治与交通大学

第一节　掌校十四年

一、唐文治生平活动

任职交大期间（1907—1920）的唐文治

从1905年春学校改称商部上海高等学堂到1921年夏交通大学改组成立，前后共计17年，杨士琦、王清穆、唐文治、淩鸿勋四人先后担任学校负责人，其中以唐文治担任校长时间最长。唐文治从1907年秋至1920年冬，执掌校务达14年之久，对于学校发展进步、学风校风的形成、人才培养等各方面影响极大，是交大发展史上的重要人物。

唐文治，字新民、颖侯，号蔚芝，又号儒极，晚号茹经。1865年12月3日生于江苏太仓。父唐若钦是候选教谕，以课徒教书为业，颇为清寒。唐文治自幼在父母教育下，发奋攻读经书，甚至晚上借月光苦学不已。17岁从太仓理学名家王紫翔学习，王谆谆告诫曰："文章一道，人品学问皆在其中。……汝学作文，先从立品始，不患不为天下第一等人，亦不患不为天下第一等文。”唐文治于是潜心修炼品德，研治性理学和文学，初识为学门径，并对其后来为人作文、办学育人产生了重要影响。18 岁考中举人。1885 年至 1888 年，在江阴南菁书院受业于东南经学大师黄元同、王先谦门下。期间，他博览群籍，学问日益精进，对经学、小学钻研尤深。

1892 年，唐文治考中进士，分派在户部江西司任主事，开始了十数年的仕途生涯。又拜翁同龢、沈曾植等为师，精研经学。中日甲午战败后，唐文治蒿目时艰，义愤填膺，上万言书《请挽大局以维国运折》，针砭时弊，提出挽救危局之策，深为京中士大夫叹赏。1898 年 6 月，唐文治就任总理衙门章京，并任户部云南司正主稿行走，身兼二职，事务极忙。在总理衙门任事时，“阅各国条约事务各书，并评点万国公法，及曾惠敏、黎纯斋诸家文集，自是于经济之学粗得门径。”[①]又在闲暇之时学习俄文，用眼过度，目力受伤。1901 年清政府与各国议和，唐文治参与其事，并随户部侍郎那桐出使日本。是年冬，总理衙门改为外务部，唐文治专任外务部榷算司主事，管理通商、关税等事务，坚决抵制住了葡萄牙将澳门附近岛屿划入其租界范围的无理要求。1902 年 5 月，英皇爱德华七世在伦敦行加冕礼，清廷派载振为专使前往道贺，唐文治以参赞衔随同前往。历时半年，行程八万，除访问英国外，归途中还顺访比、法、德、美、日诸国，回国后撰《英轺日记》12 卷，详载出访欧美经过。两次出国经历，唐文治更加注意总结欧美诸国的富强之道，对于国际情势与新政措施增加不少识见。

1903 年 8 月，清廷设商部，以载振为尚书，唐文治任商部右丞，旋即升左丞。1905 年调任商部左侍郎，主持颁布铁路简明章程，成为后来铁路法规之蓝本；令各铁路主管者按期填送表册资料，国家自始有初步的铁路统计；厘定全国铁路规制，明定以 4.85 英尺为标准铁轨，制定颁布路务议员章程等，擘划了我国早期铁路交通建设蓝图。又设立京师高等实业学堂，培植商业经济专才；筹组商会，促进商人联合；筹设勘矿总公司，保护国家矿产主权。唐文治在商部主持实施的商业政策以及一切具体措施，对促进我国近代工商业经济发展发挥了重要作用。

1906 年 9 月，商部改为农工商部，唐文治署理农工商部尚书。12 月，丁母忧回籍，从此脱离宦海，专心致力于办学育人、学术研究及社会公益事业。

1907 年 9 月，唐文治应邮传部尚书陈璧之邀，就任邮传部上海高等实业学堂监督，任内积极整顿校务，励精图治，锐意改革，至 1920 年冬离校时，学校面貌已焕然一新，工科大学的

① 凌鸿勋：《唐前校长蔚芝先生九十志庆》。《友声》第 25 期，1954 年 10 月 8 日。

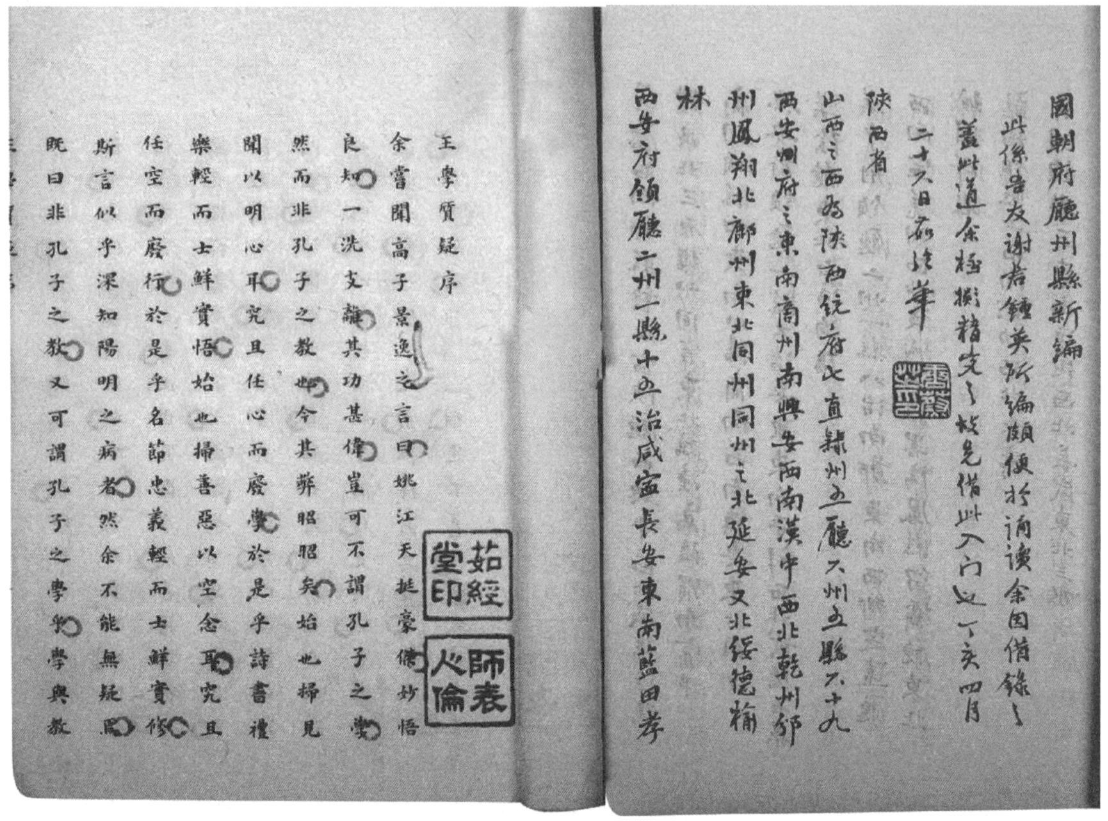
王學質疑序
余嘗聞高子景逸之言曰姚江天挺豪傑妙悟良知一洗支離其功甚偉豈可不謂孔子之學然而非孔子之教也今其弊昭昭矣始也掃見聞以明心耳究且任心而廢學於是乎詩書禮樂輕而士鮮實悟始也掃善惡以空念耳究且任空而廢行於是乎名節忠義輕而士鮮實修斯言似乎深知陽明之病者然余不能無疑焉既曰非孔子之教又可謂孔子之學乎學與教

茹經堂印
師表人倫

國朝府廳州縣新編
此係吾友謝君鍾英所編頗便於誦讀余因借錄之蓋此道余極擬精究之故先借此入門
陝西省
山西之西為陝西統府七直隸州五廳八州五縣七十九西安州府之東南商州南興安西南漢中西北乾州邠州鳳翔北鄜州東北同州同州之北延安又北綏德榆林
西安府領廳二州一縣十五治咸寧長安東南藍田孝

唐文治稿本

目标初步建成。唐文治掌校期间,心系国运,热心地方自治、慈善、文教等社会事务。1908年选为江苏教育总会会长,积极推进江苏教育的发展,并联络全国学界共谋进步。1909年被同乡士绅聘为太仓中学监督,在太仓设立艺徒学校,分土木、纺织两科。1910年被推选为江苏地方自治总理,每月赴苏州一次,领导苏省实行地方自治运动。1911年辛亥革命爆发,列名伍廷芳所拟请求清帝退位通电,赞成共和。同年,在无锡西溪购地筑屋,此后往来于沪锡之间。1912年夏,太仓等处水患成灾,唐文治发起赈灾活动,自捐米一千石,募洋一千元。此后热衷参与赈灾事宜,1916年曾远赴长沙赈灾,事后被聘为中国红十字会名誉会员。如此种种,唐文治遂成为江南一带乃至全国知名的社会活动人士。

1920年夏,无锡人高阳捐献家产,创办私立无锡中学,聘唐文治为校长。唐文治感于高阳兴学热忱,欣然就任,手订办学章程,经常赴校讲课和处理校务,且不受薪金。是年冬,唐文治辞去上海工业专门学校校长职务,回到无锡。时逢施肇曾发起开办无锡国学专修馆,请唐文治任馆长。唐以"救民命、正人心”为己任，慨然允诺。于是在无锡、上海、南京三处招得学生30名，于1921年春开馆授课。此时唐文治双目失明，仍坚持编撰读本，亲自授课，上课时先由秘书诵读课文，然后他逐段讲解。以后随学生日增，校舍亦逐年添建，专修馆改名为无锡国学专门学院，1929年又更名无锡国学专修学校。抗战时期，唐文治随师生内迁广西桂林。1938年夏，因病返沪，不久在上海设立无锡国专分校，亲自主持分校校务。抗战胜利后，内迁广西的无锡国专返回无锡复校，分校仍设于上海。新中国建立后，无锡国专更名为中国文学院，唐文治任院长。1950年5月，中国文学院并入苏南文教学院（苏州大学前身之一）。唐文治执掌无锡国专长达30年，于该校发展关系极大，影响极深，是该校的灵魂。在他的主持下，该校先后聘请海内名流陈衍、钱基博、顾实、冯振为教授，学术空气非常浓厚，培养造就了唐兰、吴其昌、王遽常、钱仲联等大批国学人才，成为民国时期著名的国学高等专门学校。

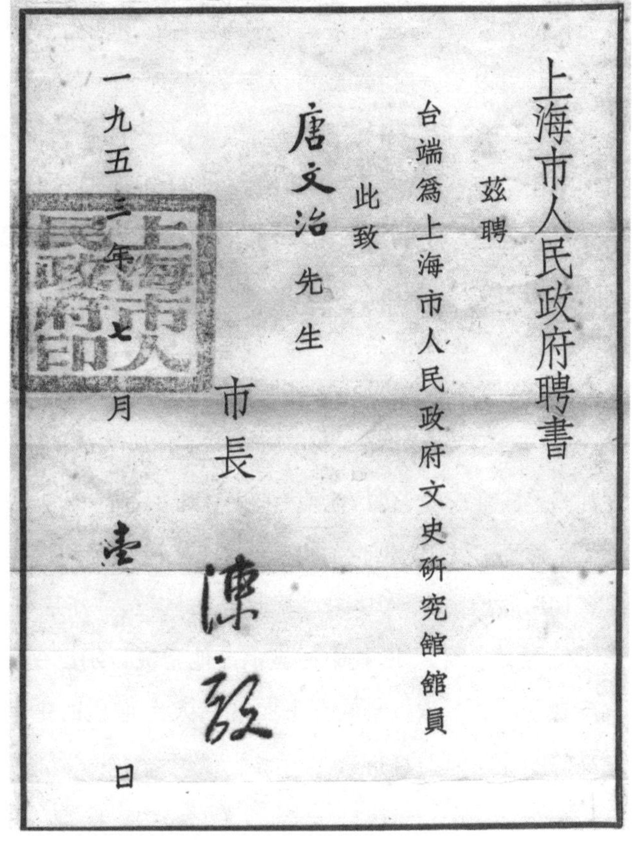
上海市人民政府聘書

茲聘

台端為上海市人民政府文史研究館館員

此致

唐文治先生

市長 陳毅

一九五三年七月壹日

上海市人民政府印

1953年7月，上海市市长陈毅聘唐文治为文史馆馆员，图为聘书

随着新中国的成立，唐文治也进入了人生的暮年。他热爱新中国，殷殷赤子之情，常溢于言表。他曾受到上海市长陈毅的礼遇，被尊为“上海十老”之一。1953年7月，陈毅市长聘请唐文治担任市文史馆馆员。1954年4月，唐文治在上海病逝，享年90岁。交通大学全体师生敬献挽联一幅，曰：

有三达尊，兼三不朽；

晋百年寿，为百世师。

唐文治学识渊博，造诣精深，著述宏富，有《茹经堂文集》《十三经读本》《国文经纬贯通大义》《唐蔚芝先生演讲集》等数十种著述存世。

二、执掌交大十四年

1906年底,唐文治丁母忧,照例开缺守制。1907年春商部改组为农工商部,载振仍担任农工商部尚书。载振十分倚重唐文治,视其为臂膀,“再三挽留侍郎,不必到部,请在府内办事,以便咨询而资助。”[①]唐文治感于载振慰留情殷,应允留京办事。6月,载振因事被参劾,被迫辞职。正是年富力强、励精图治之时的唐文治,在经历十数年宦海生涯后,对腐朽不堪的清政府认识亦愈发深刻。清政府经历甲午战争惨败、八国联军入侵之后,不图雪耻,不思进取,更加衰败不堪。唐文治多次上奏,希望从政治、人事等方面实施改革,希冀清末新政的实行能够整饬政纪、挽救危亡,却屡屡得不到结果。在商部和农工商部任职时,他订商律,奖实业,大力推行发展工商业的政策,却受到多方掣肘,特别在铁路管理权上与北洋大臣袁世凯发生冲突,难以有所作为。

唐文治深受儒家文化重教思想的熏陶,加上两次出国经历的影响,对兴学育才产生了浓厚的兴趣。在早年的仕途生涯中,唐文治便重视学校教育,提倡实行重教政策,将教育视为社会长治久安、挽救民族危局的一项举措。他把国家比作一所大学校,认为善教远胜于善政,“善政可以定一时,善教可以淑数世。行其教者治,不行其教者乱”,[②]从而认为“立国之要,以教育为命根”,振兴国家的希望所在。他在停科举、兴宪政之时便预言:“天下之人才,将尽出于学校。……天下所仰赖者,非学生而谁赖?”[③]这里所言的学校,意在按照西方模式培养具备近代学识的新式学校,并非阐扬“三纲五常”、重义轻利、以科举为旨归的旧式学校;这里所指的学生,是以政治学术、外交法律、农工商诸业为知识对象的专业人才,并非仅仅讲求“修齐治平”的儒生。

对新政的幻想破灭和清廷腐败无能的绝望,对新式教育的重视与追求,促使他决心选择“不为良相,即为良师”的弃官从教之路。1907年8月,农工商部新任尚书溥颋亲自邀他担任京师高等实业学堂监督,他婉言谢绝;陆军部尚书铁良也曾请他接掌京师贵胄学校,他坚决不受。然而,9月邮传部尚书陈璧邀他接任上海高等实业学堂监督时,他“因念吾父年高,思乡急切”,欣然同意。其实,一样是弃政从教,一样是实业学堂监督,他选择了前往上海,除了南下侍奉父亲因素外,其中还显示出他坚决告别已令其心灰意冷的官场与离开京城的决心,也反映了唐文治欲投身教育来实现其人生抱负的主动追求。10月,陈璧专奏《拟聘大员接充高等实业学堂监督折》:

---

① 《申报》1907年2月21日。

② 唐文治:《表论》(1923)。《唐文治文选》,第225页。

③ 唐文治:《学校培养人才论》(1909)。《唐文治文选》,第99页。

> 窃查上海高等实业学堂原归农工商部管理，由会办电政大臣就近兼充监督，嗣于本年二月间奏准划归臣部管理。当经臣部查照成案，奏派办理电政存记道杨文骏接充。本为节省经费起见，现在电政事务殷繁，杨文骏力难兼顾。该学堂系南洋公学改设，规模宏大，现当培植人才之际，尤在讲明实学，勿涉歧趋，须有名望素著、品学兼优之员常川驻堂，督率办理，方足以收实效，而杜流弊。查有丁尤前农工商部左侍郎唐文治，学术纯正，任事悬诚，堪以聘请接充监督，如蒙谕允，即由臣部咨行，钦遵办理，所有拟聘大员接充高等实业学堂监督缘由，理合恭折具陈，伏乞皇太后、皇上圣鉴训示。谨奏。①

依照政府规定，凡正额官员一遇丁忧，必须开缺守制，但能担任差事，而学堂监督便是差事性质。10月14日，该奏折奉旨依议。10月28日，唐文治到校视事，正式接掌监督职务。从此，唐文治与本校结缘，一直到1920年冬辞职，掌理校务14年之久。掌校期间，唐文治推行"求实学、务实业"的尚实教育思想，强调道德品行教育，以培养一等人才为己任，广揽名师，首创工科，厚植基础，

唐文治与电机专科师生合影

① 陈璧：《拟聘大员接充高等实业学堂监督折》(光绪三十三年，1907)。沈云龙主编：《近代中国史料丛刊》第14辑《邮传部奏议类编·续编》，第133页。

严谨治校，为交大建成全国著名的理工科大学奠定了坚实的基础，形成了交通大学优良的教学传统和良好的学风校风，培养了大量优秀科学技术和人文社科领域的人才，为我国近代工科教育的创建与发展做出了诸多开创性贡献。

唐文治担任监督、校长期间，在国家正是从专制走向共和，在学校则由普通教育进入专门教育，学校发展面临着主管部门干涉、政变学潮冲击、经费严重短缺、师资难聘等重重困难，使学校多次陷入发展停滞甚至停闭的危境之中。唐文治抱定培育英才是救国救民大计的坚定信念，惨淡经营，乐育不倦，一次次克服常人难以想象的困难，艰辛备至，极力维持，其中的甘苦艰辛，当事人唐文治最能体味。1917 年 4 月，学校建校 20 周年，任职已 10 年的唐文治在纪念会上发表了一篇感情深沉的祝辞，叙述了建校历史，更谈了学校经历的艰难曲折。他说：

> 回溯廿年来飘摇风雨，屡濒于危；最难堪者，改革之际，经济困迫，彼时今日不知明日，本月不知下月，本学期不知下学期，诸生相对凄惶，至今思之犹堪坠泪。加以本校距京较远，大部虽竭力提倡保护，终未免稍有隔阂。鄙人接办此校以后，中央议裁小学者三次，议裁中学者二次，议归并土木科者二次，议裁电机科者一次。每当议裁议并之时，鄙人之心摇摇如悬旌，每念及诸生被裁后未知往何处读书，各父兄家属更不知若何忧虑，对于诸生未便宣布，而笔舌力争之余，亦几经下泪，故今日对于诸君子不觉喜极而悲。幸赖大部始终维护，并赖社会诸君子及旧同学互相辅助，尤赖有盛杏荪先生从前积有基本金，稍可支援，卒能转危为安。目下详加考核，追溯从前，以功课而言，则一日未尝停课；以工厂器械而言，则屡有扩充；以学生额数而言，则历年累有加增。费几许心血，历无限艰辛，乃得稍稍有此成绩，故今日对于诸君子更不觉悲极而喜。①

在几度处于风雨飘摇、屡濒于危的境况之下，学校往往“本月不知下月，本学期不知下学期”，数次议裁专科及附属中小学，几遭经费危机。然而，校长唐文治以其独到的眼光和胆识，惊人的恒心和毅力，在师生及校友的辅助下，呕心沥血，使学校不仅化解历劫，转危为安，并且能够在困境中有所发展。1917 年 20 周年校庆典礼上，黎元洪总统的书面致辞中说：“海内俶扰，万事沧桑，此校独历劫不坏，愈震撼而愈巩固。”十分恰当地概括了唐文治主校以来的几多艰辛，几多收获。

在新文化运动和五四运动的推动下，被传统文化浸润已久的校园变得不安起来，各种思

---

①《交通大学校史资料选编》第 1 卷，第 130 - 131 页。

潮从四面八方涌进校园，学生民主思想空前活跃，由唐文治苦心经营的校园文化受到了很大的冲击。五四运动期间，学生不顾唐文治的劝阻两次罢课，这是唐文治不愿见到的，他先后五次呈请辞职，均被交通部和教职员挽留。1920年10月孔子诞辰前的一个周末，照历年惯例，应举行阐发孔孟之道为主的国文大会，一些深受“打倒孔家店”影响的学生抵制了这次国文大会。一心以国学为学生道德根基的唐文治深感痛苦，以“目疾日深、学风不靖”为由，第六次也是最后一次坚决辞去了校长职务。离开交大后不久，唐文治受聘无锡国学专修馆，并主持该校长达30年，为保存民族传统文化，培养国学专才独立支撑起一片天地。

自1920年底辞去校长至1954年逝世的30余年间，唐文治对倾注了其心血的交通大学一直予以深切的关注，对交大学子的学行修养寄予真切的厚爱。1922年5月，改组不及一年的交通大学爆发了董事会风波，交大学生实行罢课，驱逐未经董事会推选而由交通部直接任命的校长陆梦熊，而交通部执意不允。6月11日，身为董事会董事的唐文治、张謇等吁请交通部尽快恢复董事会制度，以平息学潮。第二天，交通部接受意见，撤换了校长，应允重组董事会，学

1926年30周年校庆时，学校为纪念唐文治的办学事功，特将大礼堂命名为“文治堂”。图为文治堂内景

潮得以解决。1923年,唐文治欣然为《南洋大学年刊》作序,对交大学子谆谆告诫,以自己正在无锡国学馆倡行的"正人心、救民命"训勉学生明辨是非,求真学问,成真人才。1925年与蔡元培、张元济等11人发起募捐建筑工业馆,募集3.5万元。后得铁道部拨款,于1933年建成,更名为工程馆。落成之际,唐文治特撰《上海交通大学工程馆记》,希冀交大后学勤究物之质,更培养性之灵,成为提用兼备之人才。1934年唐文治、蔡元培、孙科等又发起募捐,建成图书馆书库,使图书馆功能大为扩增。

抗战爆发后,年逾七秩的唐文治接受交通大学校长黎照寰的邀请,为迁入上海租界的交通大学师生特开国学讲座,每周莅临授课一小时,以道德文学为主,诫勉师生在特殊环境下韬光养晦,提倡人格,保持气节,再造中国。学生们甚感兴趣,校外人士来听者亦甚踊跃。交通大学将唐文治讲授内容整理成册,编印《唐蔚芝先生演讲集》1—6集存世。1941年底太平洋战争爆发后,日军进占租界,交大安全更加不保。学校当局积极寻求保存学校良策,更校名为"私立南洋大学",设立董事会。唐文治不顾个人安危,受聘就任董事会主席,为维持交大命脉竭尽全力。1942年9月交大被汪伪教育部接管,唐文治离职隐居沪上。

抗战胜利后,已定居沪上的唐文治对于交大的爱护之心与日俱增,举凡交大的校庆、典礼或纪念活动,他或摸索着前来,亲临演说,或嘱秘书援笔,代为致辞。1947年4月8日,学校在文治堂隆重举行51周年校庆大会,老校长唐文治为校庆发表"训辞",勉励学生做人要"立心、立身、立家、立国","惟以立气节而后可以擎天柱地,作中流之砥柱,挽既倒之狂澜"。8月4日,他应邀来校参加第46届毕业典礼,在致辞中,以"敦人品,励气节,为中国领袖人才勖勉诸生"。[①]每当交大学子在争民主、反独裁运动中遭到殴打逮捕时,唐文治总是同情爱护他们。1947年6月3日,唐文治、张元济、陈叔通等10位沪上名人联名致函政府当局,反对军警殴打逮捕学生,并要求释放他们。1948年6月21日,唐文治、张元济发表致吴国桢市长公开信,针对其要求交大学生自治会答复有关参加"反美扶日游行"一事提出的质问,和"若回答不满意,即令警局传讯"的威胁,严正指出:"学生以纯清爱国之心,欲籍游行为表示……请勿再传讯。"[②]值上海解放前夕,唐文治借交通大学学生自治会新旧换届之际,以"训辞"方式对交大学子再次耳提面命,寄语他们从养成"善心"出发,救民命而立新中国。

---

① 唐文治著、唐庆诒补:《茹经先生自订年谱正续篇》,第139页。

② 《唐张两前校长联名致吴市长公开信》。《交通大学校史资料选编》第2卷,第723页。

第二节　唐文治的办学理念

一、尚实教育观

唐文治不仅在困难重重中维持并发展了学校，更重要的是他倡导和实践了以服务国家为己任的求实学、务实业的办学理念。清末民初，崇尚实业及实业教育成为国内各种进步社会力量普遍认同的一种观念，唐文治便是其中一位持尚实观念并身体力行的教育家。这与他为官时两次出国考察有着密切的关系。1901、1902年两度出国的经历，使他有了与日本和欧美各国的政治经济、文化教育进行近距离接触的机会。对比我国落后的现状，唐文治思想上起了很大的变化。他认为，日本是由于师法英国和德国，竭力整理海陆军及工商事宜，出现了国富民强的中兴时期。考察了英国的教育之后，他非常赞赏牛津大学，认为“名儒名相都出其中，洵大雅宏达之薮也”。[①] 由此，他深感中国要振兴，必须走实业救国的道路，要大办自己的民族工业，培养自己的科技人才，而培养专才就要大兴新式教育事业。在商部任职期间，他极力推崇“中体西用”的教育思想，倡导广设西式学堂，学习西方科技以富国强兵，大力倡导在各地设立实业学堂，培养实业建设专才。1903年商部成立伊始，唐文治便考虑到实业专才是振兴工商的根本，首先主持创办了京师高等实业学堂，后成为各地设立实业学堂的模范学校。

推崇实业救国，主张教育须尚实的教育思想，在唐文治为官期间就已开始萌发，真正付之于实践是在任职上海高等实业学堂期间。就任监督的第二年即1908年，他为学校制定的教育宗旨中提出：“本学堂分设高等学科，造就专门人才，尤以学成致用，振兴中国实业为宗旨。”[②]明确要培养造就学以致用的实业人才。

唐文治任职校长之际，正是清末新政引进新学制、废除科举取士的新旧教育转型之时，教育的功能开始从科举选官转为培养振兴社会经济、国计民生的实业人才，清政府也将“尚实”列为五大教育宗旨之一。[③] 然而，由于新旧转型不可能一蹴而就，加上清廷实施新式教育的目的是加强专制统治，新学堂不可避免地带有浓厚的封建色彩。清政府对高等小学直至通儒院的毕业生，给予与科举无异的进士、举人、生员等出身，还授予相应的官职。这种不彻

---

① 唐文治：《茹经先生自订年谱》，1935年初版，第43页。

② 《邮传部上海高等实业学堂章程》(1908)。《交通大学校史资料选编》第1卷，第201页。

③ 1906年3月15日，清政府颁布教育宗旨五大纲，即忠君、尊孔、尚公、尚武、尚实。

底的学校改制,使青年学生依旧沉醉于“学而优则仕”的虚荣仕途之中,损害了近代教育精神,违背了“尚实”的教育宗旨。

对科举制度的残余,唐文治深恶痛绝,认为变革后的学堂制度,并未真正做到清政府学部制订的“以西学淹其知识,练其艺能”教育目标。1911 年 4 月,唐文治呈文学部,明确主张教育应进一步进行实质性的改革,废除给出身、奖实官的科举弊端,要求在办学之中贯彻尚实思想。他说:“学堂异于科举,要以尚实为宗旨,使人人趋重于实学,俾得自谋其生计,而不宜锢之以虚荣。现在科举既废,而举贡生员之名目不废,京外实官之奖励不废,则人人各挟一科举之旧念,犹将赖仕进以为生活之路。”[①]唐文治认为这种旧制度残余与尚实的教育宗旨背道而驰,如此人才将消磨至尽,学生在校时忙于应付考试而不重视实学,毕业后对农工商等实业不屑从事。他强烈要求彻底铲除给名授官的科举弊端,建议对毕业生的名目和任用,都应向西方的教育制度学习,中学堂、高等小学以上毕业者称某学堂毕业生,高等学堂毕业者称某科学士,大学堂毕业者称某科博士,这样才能与西方学堂一致,而又与尚实之义相符。唐文治的尚实教育思想,中心内容是“求实学、务实业”,求实学的目的是为了务实业,即造就“学成致用,振兴中国实业”的专才。而要达到务实业,前提必先求实学,学校要教育学生趋重实学,踏实刻苦,一丝不苟地学习科技知识,学用结合,掌握务实的本领。1911 年 7 月,学部召开由全国教育界官绅代表参加的中央教育会,唐文治向该会发去说帖,重申自己的尚实教育主张,要求迅速停止实官奖励,变通考试章程,提倡军国民教育,以造就具有真才实学的新国民。[②]

唐文治要求在校生学习期间,踏实刻苦地学习科学知识,掌握科学技能,走上社会以后,仍然要以同样的精神去务实业,发展民族工业,做实际的工作。在当时的校园内,一面催人奋进的校旗飘扬在学校上空,一首令人激昂向上的校歌时时回荡在学生心田,影响着一代又一代交大学子以求实务实的精神努力拼搏,为中华崛起而发奋读书。校旗上,一只雄姿焕发的猛狮,前脚踏着地球,目光炯炯,傲视远方。这幅雄狮脚踏地球图,象征着中华民族的实业必将振兴,国力终会由衰转强,到那时中国犹如睡狮醒来,崛起于世界之林。校旗时刻召唤着青年学子要树立振兴中华的宏大志向,配合校旗的是一首振奋人心的校歌,歌词写道:

五色备,如虹霓,美哉吾国徽。醒狮起,搏大地,壮哉吾校旗。愿吾师生全体明白旗中意,既醒勿睡,既明勿昧,精神常提起。实心实力求实学,实心实力务实业。

---

① 唐文治:《咨邮传部转咨学部文》(宣统三年三月,1911 年 4 月)。《交通大学校史资料选编》第 1 卷,第 148 页。

②《唐蔚芝侍郎致中央教育会说帖》。《申报》1911 年 7 月 18 日、19 日连载。

光辉吾国徽，便是光辉吾校旗。[①]

“实心实力求实学，实心实力务实业”，集中体现了唐文治的尚实办学思想，也成为历代交大人孜孜以求的座右铭。

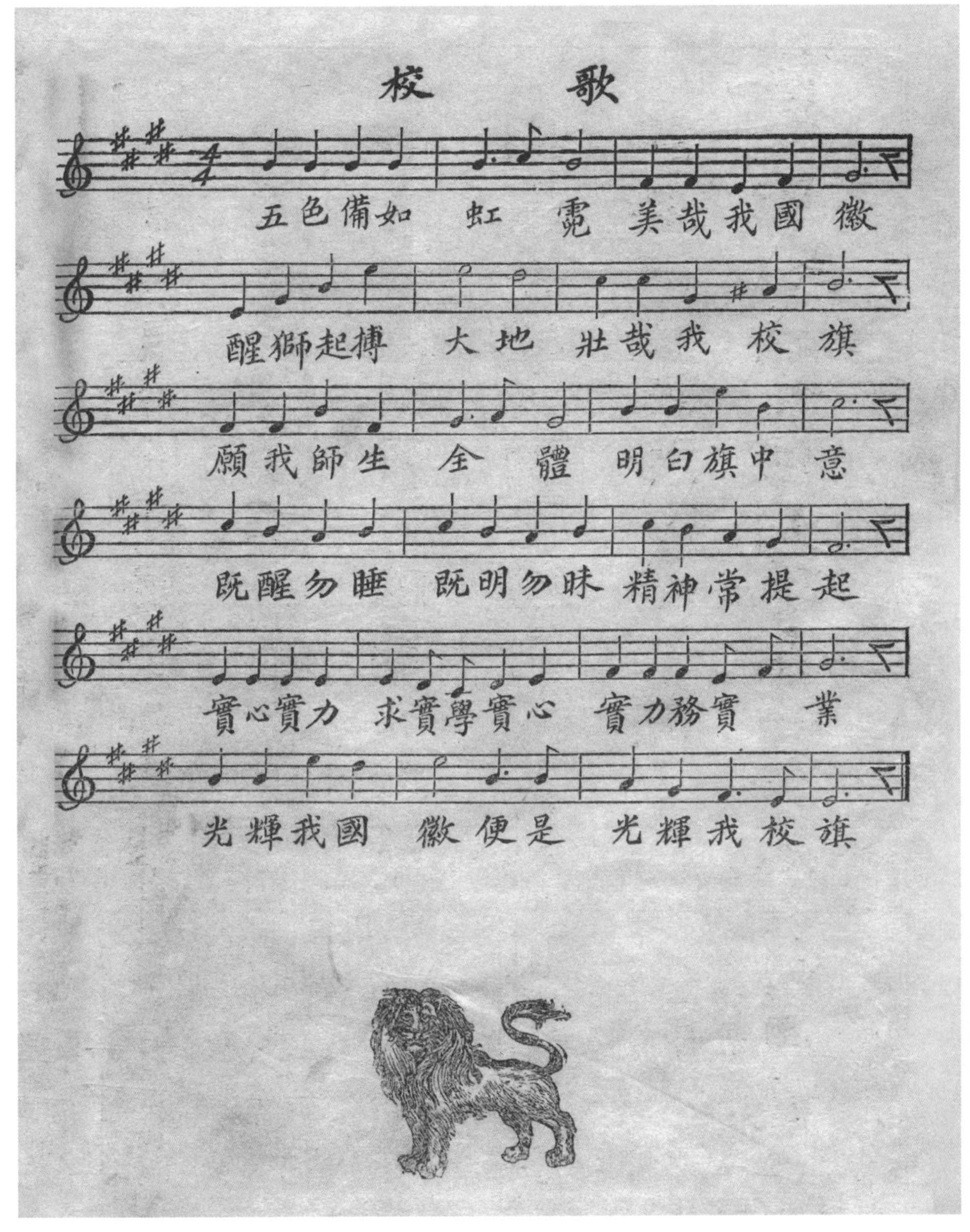

校歌

① 《校歌》。《邮传部高等实业学堂附属高等小学堂十周纪念册》(1910 年 9 月)。

校旗

二、工程教育观

唐文治在担任学校监督、校长期间,始终贯彻尚实教育观念,大胆借鉴、吸收国外办理高等工程教育的有益经验,根据主管建设部门和国家社会对于工程技术人才的需求,结合学校发展实际和办学条件,广泛采纳学校专业教员的意见,在办理铁路、电机、土木、航海工程专业,创建工科大学的过程中,形成了一些卓有成效的高等工程教育思想与实践。

厚实理化基础。唐文治重视基础学科建设,强调学生只有学好数学、物理、化学等工科基础课程,工程技术知识方才容易学得深、学得透。从学校设置铁路专科开始,数学、物理课程学时就占总学时的22.7%。此后在专科3年的总学时中,数学课一般学习两年半,物理课学习两年。民国初年改革课程设置后,增开了许多技术基础课和专业课,但是数学、物理的课时数仍占总学时的19%以上,为学生毕业后从事工程技术工作和适应交通工业发展需要打下了坚实的理论基础,使学生日后在科学研究上保持着较强的创造性和适应性。

务必切合实用,摒弃空谈理论。唐文治接任监督后,特别重视实验实习为主的教学实践环节,把添置实验设备、建造实习工厂,视为造就求实务实专门人才,实施尚实办学思想的重要措施之一。1909年1月,他呈文邮传部称:“讲求实业,不能不资试验;欲资实验,不能不建

敘

民國三年四月土木科生實習測量既畢述課程爲日記而問序於余余惟工程一科理論與實踐相輔而行者也能致其用而不能言其理所用必不達能明其理而不能致其用所學亦不成書也者言其理者也工程問題在在不同非得之經驗無以喻其旨趣即就測量一事言之譬如平面之測等高線非慣歷山川何以能定必要之方鐵路之立斜面樁非熟於觀察何以能得比例之度恒過而後能改斷非朝執卷而夕可以言施工也故學者必期學理暢明試之實踐以資經驗而輔其學理之未通夫然後工程問題之來可以迎刃而解我國科學幼稚承學之士取資於西國載籍其間地力民能異勢廣谷大川異形善於彼者未必適於此其所以爲利者或所以爲患也是則更非慣歷其間善於會變不爲功今諸生實習各項測勘當亦稍知其握要日後於計畫飭材建築各事庶幾知有把握而無僨事之患今觀日記所述雖屬經驗之初步然於學習及經營各道余知其無大謬矣校長唐文治序

旅杭測量日記　一

1914 年唐文治撰《旅杭测量日记叙》

工场。嗣后学堂如果发达,则路、轮、电三科必须设立机器工厂。”[①]民国初年,经过数年的工科办学实践,唐文治更加认识到实验、实习的至关重要。在给土木科《旅杭测量日记》所作序言中,他明确指出:

> 余惟工程一科,理论与实践相辅而行者也。能致其用而不能言其理,所用必不达;能明其理而不能致其用,所学亦不成。书也者,言其理者也。工程问题在在不同,非得之经验无以喻其旨趣。……故学者必期学理畅明,试之实践,以资经验而辅助学理之未逋,夫然后工程问题之来,可以迎刃而解。[②]

在唐文治重视和主持之下,学校在十数年间相继建成了电机厂、金工厂、木工厂等,以供学生实验、实习之用,同时把实验和实习列入正课,使之逐步走上正轨,形成一套严格的制度,同时选派学生赴各厂矿进行实地实习。这样就把“求实学,务实业”寓于整个教学过程中,大大提高了学生动手能力和独立工作能力,使学生毕业后走向社会能胜任实际工程技术方面的工作,深受用人单位的欢迎。

试行工文并重的教学风格和工管结合的工科办学模式。唐文治认为:“盖无论何种科学,均须熟娴文法,方能窥其精奥。”[③]于是唐文治在任内不遗余力地提倡学习外文、国文,以厚植专业和品德根底,促进学生知识智能的全面发展,使得工文并重成为学校办学模式之一。1917 年,唐文治采纳教职员的建议,适应国内工业经济快速发展对于管理人才的需求,创建了铁路管理科。管理科的成立与原设土木、电机工程科,构成了以工程为主、管理为辅的学科框架,这是唐文治在工程教育中注重工管结合的开端,也标志着学校从单一的工程教育发展到工管结合的办学途径,这在当时是教育体制上的一个先例,对以后学校学科格局、办学模式影响深远。

借鉴西方工程教育经验。清朝末年,我国高等工程教育处于初创阶段,国内几乎没有办学经验能供参考,唯有结合我国教育的实际条件,大胆借鉴欧美工程类大学办学经验。唐文治认为“欲士之应世变,则不可不习西法”,在实现学校转办高等工程教育的过程中,他注意吸收西方高等工程教育经验,博采各工程院校教育所长,为我所用。来校后,他闻听教务长胡栋朝说美国大学均订有办学章程,免费向校内外分发。唐文治立即呈请邮传部,要求分函清政府驻欧美各国使馆,请代为向所驻国的大学索取高校办学章程,以资参考。后来,驻各

---

① 唐文治:《条陈本学堂办法》(光绪三十四年十二月,1909 年 1 月)。《交通大学校史资料选编》第 1 卷,第 118 页。

② 唐文治:《旅杭测量日记·叙》。上海工业专门学校土木科:《旅杭测量日记》(1914)。

③ 唐文治:《正课以外拟添设西文补习课》(1910 年 2 月)。刘露茜、王桐荪编注:《唐文治教育文选》,西安交通大学出版社 1995 年版,第 34 页。

国使馆陆续寄来一些国外大学章程等资料。唐文治非常认真进行研究，认为“美国大学林立，所有各校章程及所授课程，均足资参考”，[①]主张学习美国工科大学办学经验，以麻省理工学院、康奈尔大学同类工程专业为蓝本，教科书直接购自美国各大学，并结合本校实际，参照吸收这些高校经验，不断完善和提高学校各教学环节。又聘任万特克、谢尔顿等美籍教员主持专业教学。基础课、专业课一律用英文讲授，学生作业、考试也一律使用英文，努力使学校专科所培养的学生达到美国本科大学毕业生水平。就连附中也逐渐采用西方原版教材，教师课堂讲授也用英语，为他们进入专科学习打下扎实基础。学校专科学生毕业后成绩斐然，能够直接入读欧美各大学研究院。欧美各大学研究院也承认本校学历，凡是本校毕业生，可以免试直读研究院。

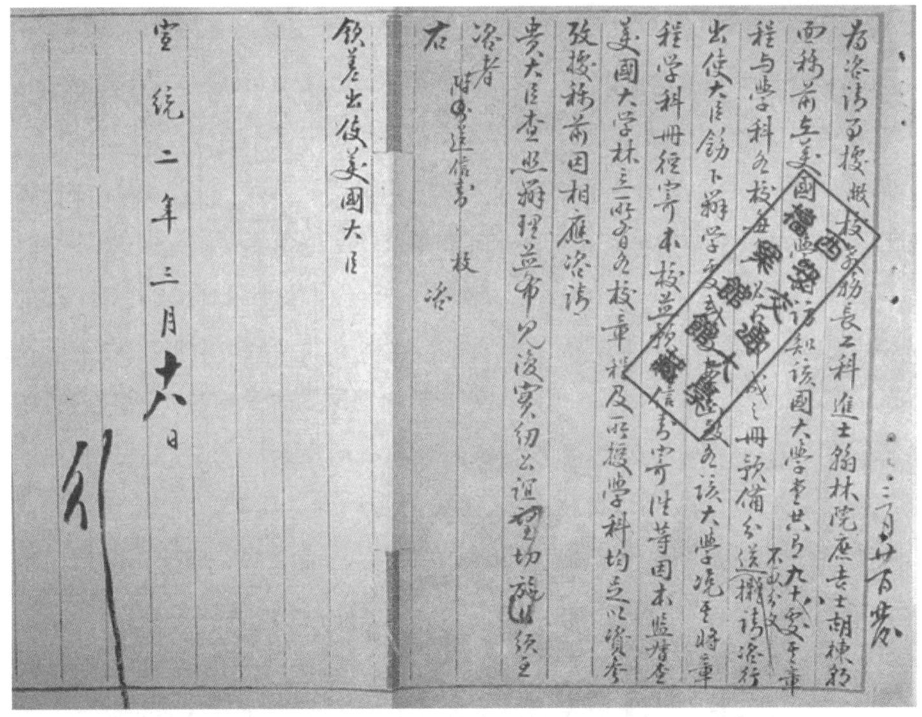

1910年唐文治函请驻美大使索取美国各大学办学章程

① 唐文治：《咨出使美国大臣请检寄各大学章程》(1910)。《唐文治教育文选》，第37页。

三、“第一等人才”观

培养“第一等人才”“领袖人才”是唐文治办学生涯中孜孜以求的目标,也是唐文治人才观的最高理想。早在商部为官时,唐文治感于世界科技不断进步,“举凡农业工艺机器制造等事,靡不进步甚速,收效甚巨”,而我国拘守成法,绝少有发明创造之人,因于 1904 年 2 月奏呈《订立商勋折》并附奖给商勋章程五条,对“凡制造轮船行驶速率能与外洋轮船相埒者,能造火车汽机及造铁路长桥在数十丈以上者,能出新法造生电机及电机器者”,[①]予以相应一至五等的商勋奖励,鼓励社会各界精英从事发明创见活动,推动我国涌现出更多具有发明创造力的奇才异能之士。1906 年又在商部设立储才馆,调取曾经留学欧美毕业,或精通外国文字、谙熟交涉,或肄习法政经济,且年方富强者入馆历练,以期养成折冲樽俎的外交大员。

任职学校监督、校长期间,唐文治希望将学校建成牛津大学那样的著名大学,使得中国的“名儒名相都出其中”。受此影响,民国初年唐文治曾豪迈地预言:

> 夫继自今者,笃信殚精,锲而不舍,当阴消剥极之会,系硕果之爻,际晦明风雨之交,抱鸡鸣之谊,将见宏意渺旨,钩深致远。我校必有进于道德家者;总撙万变,网罗典章,我校必有进于政治家者;方墨经之旁行,象画记之刻画,我校必将有通译宏材者;研道学之奥窔,发良知之实诠,我校必将有绍述师传者。[②]

他要培养的人才是品学兼优的第一等人才,是要能成为道德家、政治家、科学家、思想家之类的领袖人才,愿以救国救民为志向的第一等人才。他敦勉学生须志存高远:“学者立志,必须为天下第一等人。以第一等人自命,且不免为第二、第三等人。若立志不高,则不知为何等人矣。”[③]后来,他回忆办理学校时说:“维余平日之志愿,在造就中国之奇材异能,冀与欧美各国颉颃争胜。”[④]五四运动之后,他曾与同道来华讲学的美国教育家孟禄、塞娄面晤,两人均谓中国最需要造就的是领袖人才,以开各个领域新风气。后来唐文治再拜访其他国家的教育名家,他们也都持这个观点。受此影响,唐文治在办理学校时,专注于培育与欧美争胜的领袖人才,特别是养成精研科学、谙熟工程技术的实业建设界精英。正如他后来所说:

> 故鄙人办学时,不自量力,常欲造就领袖人才,分播吾国,作为模范,区区宏愿。尝欲兴办实业,自东三省起点,迤北环内外蒙古至天山南北路,迤西迄青海以达西

---

① 唐文治:《订立商勋折》(光绪三十年正月,1904 年 2 月)。《茹经堂奏疏》第 2 卷,第 39 页。

② 唐文治:《工业专门学校国文成绩录序》(1914)。《茹经堂文集》第 2 编第 5 卷。

③ 唐文治:《学生格》(1912 年 6 月)。《交通大学校史资料选编》第 1 卷,第 155 页。

④ 唐文治:《上海交通大学工程馆记》(1932)。《茹经堂文集》第 3 编第 6 卷。

藏，藉作十八省一大椅背。而南方商业，则拟推广至南洋各岛，固我门户屏藩。故三十余年前，曾在北平创办高等实业学堂，迨回沪后办理本校，并在吴淞创办商船学校，此志未尝稍懈。①

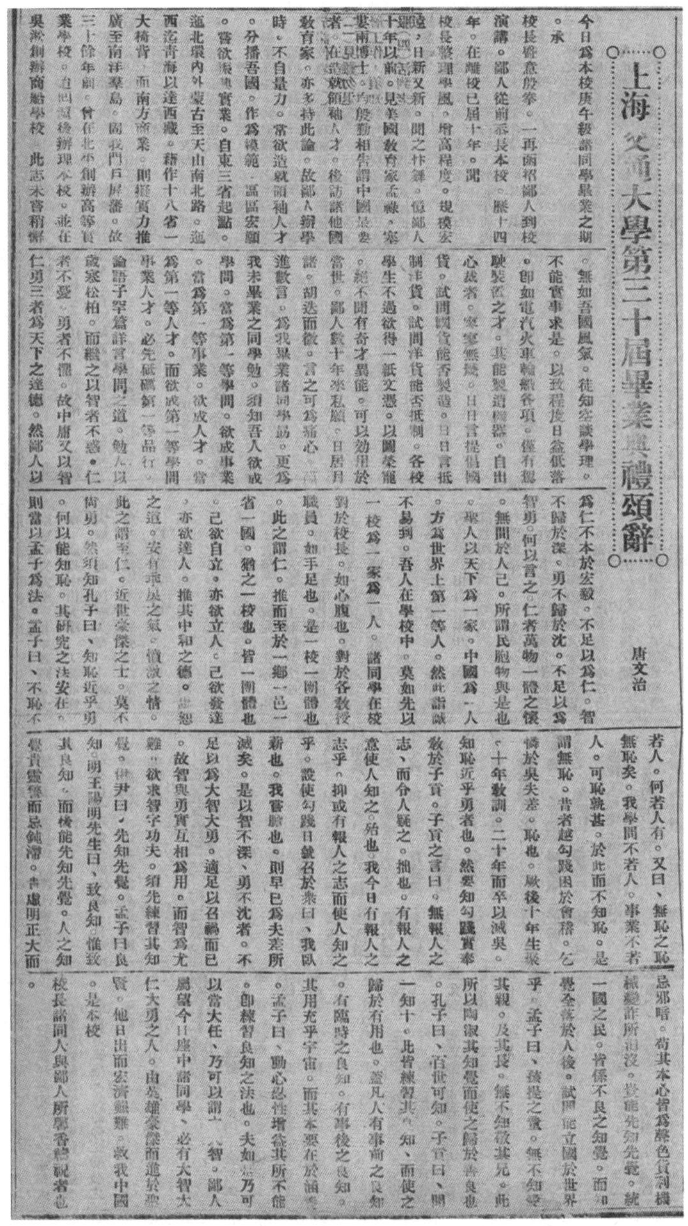

上海交通大學第三十屆畢業典禮頌辭

唐文治

今日爲本校庚午級諸同學畢業之期。承校長發意殷拳。一再函招鄙人到校演講。鄙人從前忝長本校。歷十四年。在離校已屆十年。聞校長整理學風。增高程度。規模宏遠，日新又新。聞之忭舞。憶鄙人十年以前。見美國教育家孟祿。塞斐[illegible]南博士。[illegible]殷勤相告謂中國最要者。在[illegible]就領袖人才。後訪諸他國教育家。亦多持此論。故鄙人辦學時。不自量力。嘗欲造就領袖人才。分播吾國。作爲模範。區區宏願。嘗欲振興實業。自東三省起點。迤北環內外蒙古至天山南北路。迤西迄青海以達西藏。藉作十八省一大椅背。而南方商業。則擬竭力推廣至南洋群島。固我門戶屏藩。故三十餘年前。曾在北平創辦高等實業學校。迨回滬後辦理本校。並在吳淞創辦商船學校。此志未嘗稍懈。無如吾國風氣。徒知空談學理。不能實事求是。以致程度日益低落。即如電汽火車輪船各項。僅有駕駛裝置之才。其能製造機器。自出心裁者。寥寥無幾。日日言提倡國貨。試問國貨能否製造。日日言抵制洋貨。試問洋貨能否抵制。各校學生不過欲得一紙文憑。以圖榮寵。絕不聞有奇才異能。可以効用於當世。鄙人數十年來私願。日居月諸。胡迭而微。言之可爲痛心。[illegible]進數言。爲我畢業諸同學勗。更爲我未畢業之同學勉。須知吾人欲成學問。當爲第一等學問。欲成事業。當爲第一等事業。欲成人才。當爲第一等人才。而欲成第一等學問事業人才。必先砥礪第一等品行。論語子罕篇詳言學問之道。勉人以歲寒松柏。而繼之以智者不惑。仁者不憂。勇者不懼。故中庸又以智仁勇三者爲天下之達德。然鄙人以爲仁不本於宏毅。不足以爲仁。智不歸於深。勇不歸於沈。不足以爲智勇。何以言之。仁者萬物一體之懷。無間於人己。所謂民胞物與是也。舉人以天下爲一家。中國爲一人。方爲世界上第一等人。然此諸誠不易到。吾人在學校中。莫如先以一校爲一家爲一人。諸同學在校對於校長。如心腹也。對於各教授職員。如手足也。是一校一團體也。此之謂仁。推而至於一鄉一邑一省一國。猶之一校也。皆一團體也。己欲自立。亦欲立人。己欲發達。亦欲達人。推其中和之德。忠恕之道。安有乖戾之氣。憤激之情。此之謂至仁。近世豪傑之士。莫不尙勇。然須知孔子曰、知恥近乎勇。何以能知恥。其研究之法安在。則當以孟子爲法。孟子曰、不恥不若人。何若人有。又曰、無恥之恥無恥矣。我學問不若人。事業不若人。可恥孰甚。於此而不知恥。是謂無恥。昔者越勾踐困於會稽。乞憐於吳夫差。恥也。厥後十年生聚、十年教訓。二十年而卒以滅吳。知恥近乎勇者也。然要知勾踐實奉教於子貢。子貢之言曰。無報人之志、而令人疑之。拙也。有報人之意使人知之。殆也。我今日有報人之志乎。抑或有報人之志而使人知之乎。設使勾踐日號召於衆曰、我臥薪也。我嘗膽也。則早已爲夫差所滅矣。是以智不深、勇不沈者。不足以爲大智大勇。適足以召禍而已。故智與勇實互相爲用。而智爲尤難。欲求智字功夫。須先練習其知覺。伊尹曰、先知先覺。孟子曰良知。明王陽明先生曰、致良知。惟致其良知。而後能先知先覺。人之知覺貴靈警而忌鈍滯。貴虛明正大而忌邪暗。苟其本心皆爲聲色貨利機械變詐所汨沒。豈能先知先覺。試一國之民。皆係不良之知覺。而知覺全落於人後。試問能立國於世界乎。孟子曰、孩提之童。無不知愛其親。及其長。無不知敬其兄。此所以陶淑其知覺而使之歸於善良也。孔子曰、百世可知。子貢曰、聞一知十。此皆練習其知、而使之歸於有用也。蓋凡人有事前之良知。有臨時之良知。有事後之良知。其用充乎宇宙。而其本要在於涵養。孟子曰、動心忍性增益其所不能。即練習良知之法也。夫如是乃可以當大任、乃可以謂之大智。鄙人屬望今日座中諸同學、必有大智大仁大勇之人。由英雄豪傑而進於聖賢。他日出而宏濟艱難。救我中國。是本校校長諸同人與鄙人所馨香禱祝者也。

唐文治《上海交通大学第三十届毕业典礼颂辞》（1930 年 7 月 16 日）

① 唐文治：《上海交通大学第三十届毕业典礼颂辞》。《交大三日刊》第 95 号，1930 年 7 月 16 日。

任职商部、农工商部期间,唐文治为发展全国实业不辞劳苦,鞠躬尽瘁,形成了实业救国思想;执掌实业学堂之后,又以造就实业建设专才为己任,数十年如一日,矢志不移,希冀他们能成为实业建设的“领袖人才”,在全国范围内实施其实业救国的思想。1930 年,唐文治应邀参加交通大学第三十届毕业典礼,在致辞中,他有一段关于培养“第一等人才”的精辟论述:

> 须知吾人欲成学问,当为第一等学问;欲成事业,当为第一等事业;欲成人才,当为第一等人才。而欲成第一等学问、事业、人才,必先砥砺第一等品行。[①]

总之,唐文治要培养的“第一等人才”是砥砺品德,擎天柱地,能与欧美争胜的人才;是既要“勤研物之质”,更应“培养性之灵”的品学兼优的第一等人才;是要成就第一等学问、第一等事业的领袖人才。只有如此,才能“他日出而宏济艰难,救我中国”。

“第一等人才”观的提出,是唐文治吸取继承传统文化教育有益思想的结果。他精通经学,深谙古圣贤为学之道,他说:“盖古圣贤之学,体用兼赅,是以大学之道,明德必推极于新民,致知必肇端于格物,可见学者必尽穷天下之理,而后能完我万物皆备之原。”古人尚且如此,当世学生更应躬行格物致知、居敬穷理的古训,在学习过程中,“宜为其通,勿为其塞;宜为其全,勿为其偏;宜包涵乎万汇,而不宜拘墟乎一隅;宜以开物成务为极功,而不宜以蔽聪塞明为得计。”[②]然后真才实学之士蔚起,内维士风,外弭边患。同时,他在为官办学过程中,形成了实业兴邦、教育救国的思想,认为我国贫弱在于实业不振,实业不振又因缺乏人才所致,故处处受制于外人。于是倡导广设西式学堂,学习西方科技以富国强兵。他指出:“人才者,国家之命根也;学堂者,又人才之命根也。”[③]执掌实业学堂不久,他进而论证说:“今者科举停,宪政举,天下之人才,将尽出于学校;天下之言政治,言学术,言外交法律,为农工商诸实业者,将尽出于学生。天下之所仰赖者,非学生而谁赖?”[④]将学校与人才视为救国兴邦的根基。尽管各类新式学堂广设,但是大多数办学者徒知空谈学理,不能实事求是,以致程度日益低落。“言科学者,曰求浅求浅;言国学者,曰求浅求浅。不问材质,不论智愚,国民惮于深造,阻于进修。”[⑤]“各校学生不过欲得一纸文凭,以图荣宠,绝不闻有奇才异能可以效用于当世。”[⑥]针对只求掌握一技一艺、惮于深造的教育界时弊,唐文治旗帜鲜明地倡导“第一等人

① 唐文治:《上海交通大学第三十届毕业典礼颂辞》。《交大三日刊》第 95 号,1930 年 7 月 16 日。
② 唐文治:《与友人书》(1899)。《唐文治教育文选》,第 2 - 5 页。
③ 唐文治:《蓄艾编 · 论整理学部》。《唐文治文选》,第 96 页。
④ 唐文治:《学校培养人才论》(1909)。《唐文治文选》,第 98 页。
⑤ 唐文治:《论语新读本序》。《交通部上海工业专门学校学生杂志》第 1 卷,第 2 号,1915 年 10 月。
⑥ 唐文治:《上海交通大学第三十届毕业典礼颂辞》。《交大三日刊》第 95 号,1930 年 7 月 16 日。

才”的育人准则，对于本校工程类学生而言，他主张“科学之宜重而专，程度之宜高而深”，[①]希冀培养能够发明创造、品学兼优的高端人才，为国家储备“将来为救我中国之用”的人才。唐文治“第一等人才”的育人观，是对南洋公学时期培养“政治家”“出使大臣、总署大臣”诸类人才思想的继承与发展，也是立足于本校传统与实际而抒发的一种责任与使命，表达了他爱国爱民的高尚情怀。

四、融合道德与科学教育

唐文治是长期执掌实业部门要津的经世之士，怀着实业兴邦、教育救国的憧憬，以求实学、务实业为办学宗旨，对现代科学教育不遗余力，成为我国高等工程教育的先驱。同时，作为精研孔孟之学的国学大家，他是“中体西用”文化方针的崇信者，极其注重运用中华传统文化教育资源，躬行道德育人，强调品行学识合一，品德为先，造就中西并重而又“体用兼备”之才。

在中国文化大变革的清末民初，唐文治以学校为舞台，以学生为载体，致力于传统儒学在科学教育之中的现代生存，秉承儒家“修齐治平”的理想，极力渗入道德教育，甚至把道德教育凌驾于科学教育之上。他说：

> 道德，基础也；科学，屋宇垣墉也。彼淹贯科学，当世宁无其人。然或忘身徇利，一旦名誉扫地，譬诸基础未筑，则屋宇垣墉势必为风雨飘摇而不久固，如此则由道德之不明也。[②]

一句“道德，基础也；科学，屋宇垣墉也”，精辟地道出了他对道德教育重要性的深刻认识。他认为，无论教授还是管理学生，都要“参酌情形，严定章程，以道德端其模范，以法律束其身心”，[③]学生才能有志上进，蔚为通才。他再三告诫学生：“凡人求学，所以学人也，若求学者而不修道德，虽博学多能，何益？”他认为道德是做人的根本，如果品行不好，就谈不上学问，即使学贯中西，满腹经纶，对社会国家也不会有什么好处，只能是为着一己私利的饭碗求学，甚至会对社会造成危害，还不如不去培养他。他针对当时人心披靡，公德不明，学风不正的社会通病，提出教育宗旨应以民德为先，然后于民智、民生、民力次第注意，要有先有后，不可紊乱。1913 年唐文治在修改学校章程时，将“极意注重道德，保存国粹，启发民智，振作民

---

① 《茹经堂文集》第 3 编第 2 卷。

② 唐文治：《学校培养人才论》(1909)。《唐文治文选》，第 99 页。

③ 唐文治：《咨呈重订章程和宗旨》(1908 年 4 月)。《交通大学校史资料选编》第 1 卷，第 143 页。

唐文治与校足球队合影

气以全校蔚成高尚人格”列入教育宗旨，并强调“无论风气若何，决不变更迁就”。[①]

诚然，道德有新旧之分、虚实之辨，为适应近代社会的要求，不可能、也不应该把旧道德原封不动地予以继承，把一些流于空谈的玄理当作信条。这一点唐文治也是很清楚的，他强调：“道德并非空谈，唯以人格核之而后事事乃归于实。”[②]他所要求是继承优良传统，“以至新之心理，发明至古之道德。”[③]就是说，要发扬中华民族优良的道德传统，树立一代新的道德规范。

唐文治发挥传统文化资源进行道德育人的内容相当丰富，包括致良知、立诚信、辨是非、养气节等四个方面。他推崇宋明理学，对“致良知”学说尤有心得，在道德教育中注重培养学生的良知并知行合一，使良知转化为行动。他又认为，学生在校修业以“立诚”为要，人格的养成亦始于“立诚”，开宗明义地将“诚”作为学生身心修养的根本，“今为我学生开宗明义先讲一诚字，以为身心性命之根本”。[④] 辨明是非在唐文治道德教育中占据重要地位，他认为一个国家的兴废在于民心，而民心则看是非之心的存亡，如果是非之心不存，天下就

① 唐文治：《致交通部公函商讨教育宗旨》(1913 年 3 月)。《交通大学校史资料选编》第 1 卷，第 162 页。

② 唐文治：《致交通部公函商讨教育宗旨》(1913 年 3 月)。《交通大学校史资料选编》第 1 卷，第 162 页。

③ 唐文治：《学校培养人才论》(1909)。《唐文治文选》，第 100 页。

④ 唐文治：《学生格》。《交通大学校史资料选编》第 1 卷，第 152 页。

会大乱，国家也会消亡。唐文治还提倡气节教育。他要求学生养成如周敦颐《通书》上所说的气节——“为义，为直，为断，为严毅，为干固”来作为做人的根本，将来进入社会后，不为社会恶劣风气所同化，这样才能担当起国家大任。在民族危亡之际，他还特别重视对学生进行爱国家、爱民族的气节教育，经常向学生介绍古代志士的爱国言行，特别推崇岳飞、文天祥的诗文和他们的英雄气概。除了上述内容外，唐文治在1912年所著《学生格》中，阐述了作为学生应具备的基本品格，包括立诚、尚志、有恒、知耻、取友、爱敬、尊师、公德、勤俭等方面。

尽管唐文治充分吸收传统文化资源中的有益部分，并尝试与科学教育结合以求实用，谋求儒家精神的现代生存，但由于受到个人思想的制约和历史条件的局限，唐文治将儒家思想的三纲五常、封建人伦等道德观念也包含进去，作为对学生进行德育教育的重要内容，当然是不足为训的。

唐文治对学生的科学教育是不遗余力的，而对道德教育更是躬行其事，煞费苦心。他将学校日常具体的教务庶务都交给教务长、庶务长、各科长去办，自己较多专注于学生的道德教育。国学是传承中国数千年优良文化的载体，唐文治将其国学作为道德教育的一个主要载体，他注重国文的目的名为保存国粹，实际是在渗透道德教育。正如1906年入学的朱善培校友深情地回忆说：“唐校长之讲国文，不独要传授我们作文的方法，还随时教导我们做人和做事的道理，如唐校长者，真不愧人师矣！”他又在校内大力倡导体育文化活动，磨练学生的坚强意志和毅力，陶冶学生道德情操（详见第六章相关内容）。除了通过国文教育、文体活动以达到道德教育的目的外，唐文治主张严定学校规章，教职员规章的制定主要以“本身作则”为宗旨，学生规章则专以“敦崇品行”为宗旨。1910年8月，他还亲自制订了“勤、俭、敬、信”的校训，并向学生逐一解释其中要意：

勤：陶侃运甓，千载传为美谈，唯其勤也。吾辈生于今世，聪明不如人，智慧不如人，武力不如人，以致国势更不如人。高丽之所以亡，惰而已矣。诸生今日宜昼夜为之，若不能勤，将无以生存于世界之间。

俭：伊尹之能任天下，在一介不取，所以能一介不取者，由其自奉俭也。凡人之丧其操守，失其气节，大半由于妄取膏粱，文绣，御之以为故常，出而问世，安得不妄取？自是而名誉扫地，气骨无存，岂不哀哉？小子识之，俭以养廉，立品之始基也。

敬：汤曰“圣敬日跻”，文王曰“缉熙敬止”。敬者，历圣相传之心法也，敬天、敬祖、敬亲、敬长。同是一敬，而日用行习尤莫要于敬事。处事而不敬，不能成事，即不能成人。吾国人向以惬意为高品，要知惬意两字，亡身破家而有余。敬之敬之，神明鉴之，圣贤豪杰不外乎是。

聖相傳之心法也敬天敬祖敬親敬長同是
一敬而日用行習尤莫要於敬事處事而不
敬不能成事即不能成人吾國人向以寫意
為高品要知寫意二字亡身破家而有餘敬
之敬之神明鑒之聖賢豪傑不外乎是
信　吾人置身社會無時無地而非交際交際
之道信用為第一義信用一失此身不可立
於社會即不可立於天地之間西人最重信
用即小至鐘點時刻之細亦無不兢兢注意
吾國而求自強吾輩而求自立要以信用為
主慎爾出話謹爾然諾小子勉旃必踐必復
右校訓四則

唐文治所拟校训及其释义

> 信：吾人置身于社会，无时无地而非交际。交际之道，信用为第一义，信用一失，此身不可立于社会，即不可立于天地之间。西人最重信用，即小至钟点时刻之细，也无不兢兢注意。吾国而求自强，吾辈而求自主，要以信用为主，慎尔出话，谨尔然诺，小子勉旃，必践必复。

此外，唐文治注意通过营造校园文化氛围来渗透道德教育。他在上院大礼堂悬挂了摘自儒家经典的联幅："好学近乎智，力行近乎仁，知耻近乎勇；虽愚必明，虽柔必刚。富贵不能淫，贫贱不能移，威武不能屈；所存者仁，所过者化。"给学生以启迪，将其作为学生砥砺道德品质的座右铭，营造道德修养的浓厚氛围。

在西学东渐的大背景下，唐文治提出"中学囊括乎西学"、[①]"盖理学、经济

① 唐文治：《与友人书》(光绪二十五年，1899)。《唐文治教育文选》，第2－5页。

勤　陶侃運甓千載傳為美談惟其勤也吾輩
生於今世聰明不如人智慧不如人武力不
如人以致國勢更不如人高麗之所以亡惰
而已矣諸生今日務宜晝夜為之若不能勤
將無以生存於世界之間

儉　伊尹之能任天下在一介不取所以能一
介不取者由其自奉儉也凡人之喪其操守
失其氣節大半由於妄取膏粱文繡御之以
為故常出而問世安得不妄取自是而名譽
掃地氣骨無存豈不哀哉小子識之儉以養
廉立品之始基也

相须而成，理学为体，经济为用”①的观念，实际是以近代大多数知识分子的共同观念——“中体西用”观来处理中西学之间的关系，使中西学能够达到融合为一。本着这种思想，唐文治在主持校务期间，借鉴、学习西方教育经验不遗余力，同时主张结合我国文化传统和国情，使外来的西方教育中国化、民族化，能在我国特有的环境立足发展。他说：“我国科学幼稚，承学之士取资于西国载籍，其间地力民能异势，广谷大川异形，善于彼者，未必适于此，其所以为利者，或所以为患也。是则更非惯历其间，善于会变不为功。”②“夫吾辈为中国之人，办中国之事，自当有中国之常识”。③ 他反对脱离我国实际，盲目照搬照套外国经验的做法，强调在处理外来教育时，应掌握“会变”的教育原则。为探索

① 唐文治：《上沈子培先生书》（光绪二十二年，1896 年）。《唐文治文选》，第 33 页。

② 唐文治：《旅杭测量日记·叙》。上海工业专门学校土木科：《旅杭测量日记》（1914）。

③ 唐文治：《学校当研究水利议》（1931）。《茹经堂文集》第 3 编，第 1 卷。

外来的工程教育本土化，创建富有本国特色的高等工程教育，唐文治在掌校期间进行了各种富有创见性的尝试。

他强调道德教育、科学教育之间“基础”与“屋宇垣墉”的关系，着力进行传统文化和道德教育，并不要求学生做道学先生，并非割裂中西文化，而是在科技精英身上融入道德教育，在近代大学教育中结合传统文化教育，将两者有机结合起来。他说：“常人之所谓学问，分学问、品行二者也。吾之所谓学问，合品行、学问为一者也。”要求学生在“勤研物之质”之外，更加注重“培养性之灵”。[①] 唐文治以为，在功利思想横行，传统文化失落的近代中国，急需造就德才兼备的“第一等人才”。高尚品行是人才、学问、事业的基础，只有具备高尚品行才能称得上真正的“第一等人才”“领袖人才”。他还鼓励学生求学期间，“科学精益求精，务期加人一等，而于心术品行更复尽心修养，蔚为救国人才”，勖勉诸生“以科学为用，而以道德礼义为本，物格而知至，知至而意诚，学道爱人”。[②] 集中概括出他对科学教育与道德品行教育相结合的追求。

唐文治十分重视国文教育，其用意一方面以此为载体进行道德教育，另一方面努力运用本国语言文字来表述西方近代科学知识，引导科学教育走上本土化发展的方向。近代自然科学、工程等在我国传统知识体系中内容极少，或者基本没有，它们都是以西方语言文字为存在载体，作为传统知识系统基本载体的国文与现代知识系统显然出现了分裂和对立。对此，唐文治主张应熟练掌握外文以能精研西学，同时，更应加强本国语言文字的学习，在精通外文、国文的基础上，实现西学知识载体的转换。他指出，美国、日本等后起发达国家在学习人类先进文化和科学知识的过程中，都是使用本国语言文字来表述与传播，他说：“夫日(本)之师德(国)也，艺成而立，不以德言授其徒也。美(国)之学于意(大利)、法(国)也，程功而返，恒以美语教其国也。吾国国学之精者，倘师其意，则所谓普及，所谓通俗，庶几其有济。”[③] 由此，他认为我国在学习西方时，应师其意而遗其体，习工程的学生如能精通国文，则“能令各种科学皆腾跃而出其腕下，则尽乎才之能事矣”。[④]

遵照唐文治的“会变”原则，学校在安排专业课程时，删减一些不切我国实际的课程或内容，增加适应我国工业经济现状的课程或内容；在采用西方工科大学原版教材的同时，鼓励专业教员编撰切合我国学生实际的教科书或讲义；尽量聘任归国留学生担任专业教员，以逐

① 唐文治：《国立交通大学工程馆记》(1933 年 7 月)。《交大季刊》1933 年，第 12 期“工程号”。
② 《唐蔚芝先生序》。交通大学无锡同学会：《锡秀》(1935 年 7 月)。
③ 唐文治：《工业专门学校国文成绩录序》(1914)。《茹经堂文集》第 2 编第 5 卷。
④ 唐文治：《函交通部送高等国文讲义》(1913)。《国文大义》上卷。

唐文治为学校出版物题写的刊名

渐代替外籍教员；创造各种实验实习条件，加强实践性教学环节。诸多措施，都是努力使源自于西方的工程教育与本国国情相融合，走出一条具有本国特色的工程教育办学之路，创建一所中国人自己的工科大学。

唐文治注重在科技教育的同时融入道德教育，在各个教学环节注重工程教育本土化的努力是值得肯定的，效果也是明显的，它为工文并重的教学模式，为工程教育的本土化进行了可贵的尝试，为学校赢得了“科学好、中学好”的名声，造就了一批文理兼通的中国早期科技人才，如凌鸿勋、丁西林、杨荫溥、周厚坤、支秉渊、冯简、张廷金等。同时，浓厚的人文教育环境还影响了一些学子成为民主革命家、文化界大家，如无产阶级革命家陆定一、侯绍裘，著名新闻工作者、文化斗士邹韬奋，图书馆学家杜定友，戏剧家洪深，画家朱屺瞻，文史专家朱东润，教育家孟宪承、廖世承，等等。

作为一所工科院校的校长，唐文治注重先进科学技术教育，力图养成“与欧美各国颉颃争胜”的科学技术专才，实现富国强民的宏愿。但是作为国学家，他又着意于儒家精神的当代生存，灌输中国传统文化的优秀成分，培养具有高尚道德品行的体用兼备之才，成为儒家文化与近代科学教育相结合的早期教育家之一。

第三节 唐文治的贡献

一、我国高等工程教育先驱

唐文治是交通大学发展史上确定以工科为主要办学方向的奠基者和实施者。他接掌校务时,学校刚由商部改属邮传部,办学方向几经变更,游移不定。南洋公学初创时,以培养内政外交专才为主,后期拟培养以商务为主的实业人才。唐文治根据隶属部门的特点和人才急需,果断地将发展交通实业所需的工程专业作为办学方向,停办商务专科,集中有限的经费、师资,充实铁路工程班,将之建成规制齐备的铁路专科。又因势利导,于1908、1909年建成电机专科、航海专科。这三个专科的设置,正式确立了学校培养工程技术人才的办学方向,学校性质也完全转换为高等工业专门学校。然而,唐文治并不满足于现状,在办学方向确定后谋划提升办学层次。1909年1月,唐文治即向邮传部提议:"至高等专科,如果日后教授精良,人数发达,届时应否改作工科大学,当由大部体察情形,会商学部办理。"[①]首次提出建成工科大学的办学定位。

坚定发展工科的办学方向,实现工科大学的建学目标,成为唐文治此后十多年任期内的首要任务,为此他坚持不懈,并未因政权更迭、国家学制变更及经费窘迫而有须臾懈怠。至清末覆亡的数年间,学校增聘良师,添建设备,着力于夯实各专科基础,提高教学水平,学校已具工科大学的雏形。1911底在辛亥革命浪潮中,唐文治顺应时变,将学校更名为中国南洋大学堂,宣称"本校将来须成为中国第一大学"。[②] 民国成立后,唐文治努力使升格大学获得教育部门的认可,终因与国家新颁学制不符,更名上海工业专门学校,是为高等专门学校性质。升格受挫,唐文治并未气馁,而是一方面对原来专科进行调整充实,以国内外工科大学的课程设置为蓝本,努力使教学质量达到工科大学的一般要求;一方面以国外工科大学都设三个专科以上为依据,要求增设机械科、航海科,扩充学校专科规模,为及早建成工科大学作准备。扩充学科未能如愿,唐文治又集思广益,独辟蹊径,于1917年创建铁路管理科,形成了工科为主、管理为辅,工管结合的工程教育模式。翌年,又呈准教育部、交通部,将专科三年学制提升为四年。其他图书设备、校舍建筑也都得到了相应的发展。经过十多年的奋

---

① 唐文治:《条陈本学堂办法》(光绪三十四年十二月,1909年1月)。《交通大学校史资料选编》第1卷,第119页。

②《中国南洋大学堂开幕大会记》。《申报》1911年11月8日。

唐文治与铁路专科师生合影

斗不息，至唐文治离职前后，学校的教学水平、学生程度、校舍设备等均可与国内外高等工程学府齐步。学校虽名为专门学校，实际具备了一所工科大学的规模和条件，工科大学的建学目标指日可待。1921 年 5 月，也就是距唐文治离职不到半年，交通总长叶恭绰因南洋“路(土木)、电(电机)两项稍有基础”，遂以“南洋为其中坚”，[①]并唐山工业专门学校、北京铁路管理与邮电学校，正式合组成立交通大学。

就整个交通大学发展史而言，唐文治主校 14 年期间属于创建工科大学时期。它对此后交通大学办学方向、学科演变、办学模式等关键问题产生了深远的影响。唐文治始终坚持以办理工科为主的办学方向，此后一直为学校所传承。在工程专业上，唐文治时期侧重土木、电机、机械等工程技术，成为此后学校重点发展的学科，1930 年代更扩充为土木、电机、机械三大工程学院，分门设类，成为学校主干学科。唐文治开创的工管结合办学模式，重视理化工程基础的教学传统，也为后来所遵循和发扬，得到发展巩固完善，演变成理、工、管相结合的学科建制，至新中国成立一直未变。总之，唐文治开创的工科教育局

① 叶恭绰:《交通大学之回顾》。徐名材等编:《南洋大学卅周纪念征文集》(1926)。

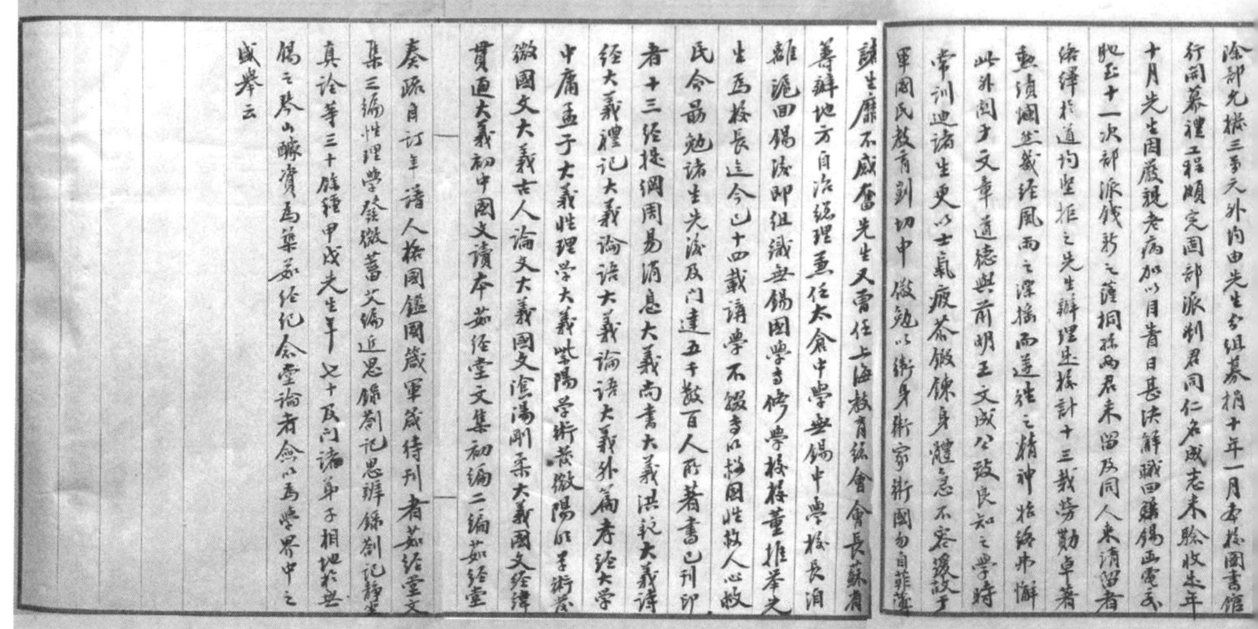

1935 年，交通大学所撰《唐蔚芝先生工业教育传略》

面，积累起来的办学经验，在此后学校发展史上绵延不辍，为交通大学在 20 世纪二三十年代即能成为国内外著名理工科大学打下了坚实的基础，在交通大学发展史上具有基石和先导作用。

清末民初，我国高等工程教育发展缓慢。洋务运动时期设立的各类技术学堂，规模狭小，学科单一，且大多属中等层次的工程教育，是我国高等工程教育的萌芽期。直至 1895 年盛宣怀创建北洋大学堂，高等工程本科教育的雏形才逐渐形成。1904 年癸卯学制颁布，其关于工科大学与高等工业学堂的各项规定，为我国高等工程教育订立了全国性的标准。由于我国工业经济发展相对落后，缺乏师资、生源及设备等办学条件，相比较法政等其他学科而言，高等工程教育进展甚缓，至 1911 年仅有北洋大学堂一所专办工科，山西大学堂、京师大学堂设有工程专业，另有高等工业专门学校若干所，三所大学所设学科只有土木、矿冶两种，毕业生总计不足百人。民国成立后的近十年间，高等工程教育进展迟缓，仍然处于创建阶段。唐文治创建工科大学的实践和办学成绩，为我国早期现代化进程中高等工程教育的艰难起步，做了许多开创性的工作，积累了丰富的办理经验。唐文治主持建立铁路、电机、航海、铁路管理等专科，都为近代高等工程教育领域最早设置的学科之一，电机专科、航海专科被公认为我国工程教育史上最早设立的工程专业，其开创性意义得到了工程界、教育

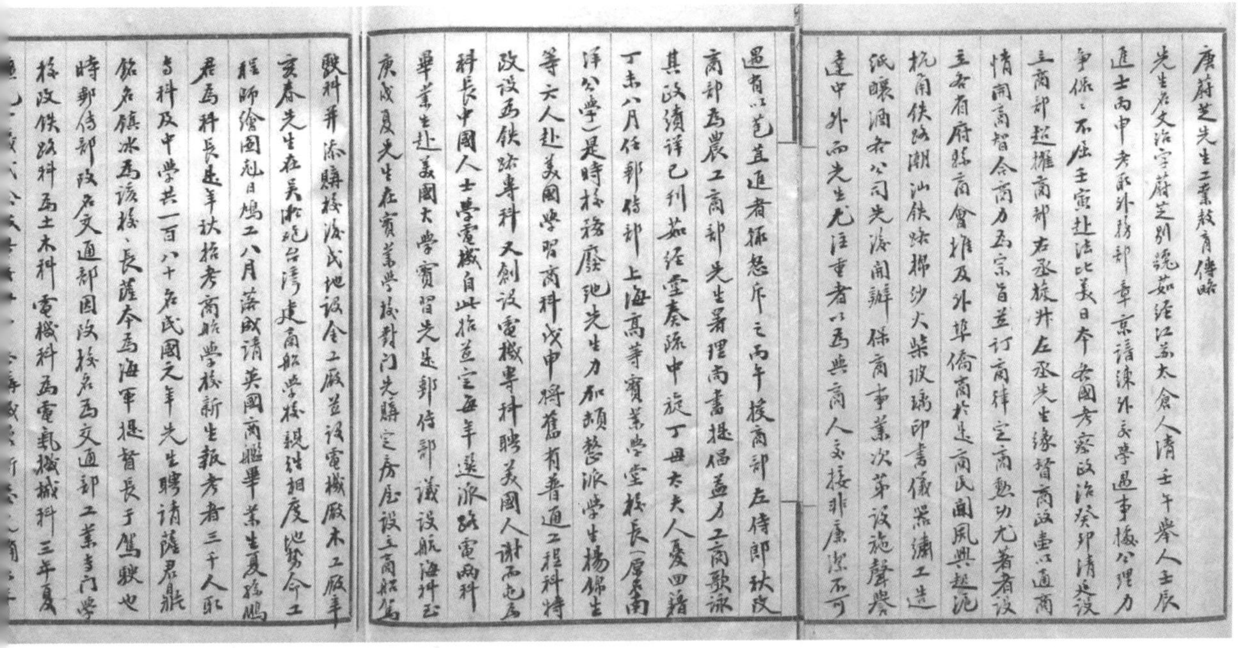
唐蔚芝先生工業教育傳略
先生名文治字蔚芝別號茹經江蘇太倉人清壬午舉人壬辰
進士丙申考取外務部章京諳諫外交學遇事條理力
爭侃侃不屈壬寅赴法比義日本英國考察政治癸卯清廷設
立商部超擢商部右丞旋升左丞先生綜督商政專以通商
情開商智合商力為宗旨並訂商律定商勳功尤著者設
立各省府縣商會推及外埠僑商於是商民風興起泥
杭甬鐵路潮汕鐵路揚沙大柴玻璃印書儀器織工造
紙釀酒各公司先後開辦保商事業次第設施聲譽
達中外而先生尤注重者以為興商人才接非廣深不可
遇有以苞苴進者輒怒斥之丙午授商部左侍郎秋改
商部為農工商部先生署理尚書提倡益力工商欽詠
其政績詳已刊茹經堂奏疏中旋丁母太夫人憂回籍
丁未八月任郵傳部上海高等實業學堂校長（原南
洋公學）是時校務廢弛先生力加整頓派學生楊錦生
等六人赴美國學習商科戊申將舊有普通工程科特
改設為鐵路專科又創設電機專科聘美國人謝爾屯為
科長中國人士學電機自此校並定每年選派該電兩科
畢業生赴美國大學實習先是郵傳部議設航海科至
庚戌夏先生在實業學校對門先購定房屋設立商船學
機科并添購校後民地設金工廠並設電機廠木工廠辛
亥春先生在吳淞炮台灣建商船學校親往相度地勢命工
程師繪圖剋日鳩工八月落成請英國商船畢業生夏橋鵬
君為科長是年秋招考商船學校新生報考者三千人取
專科及中學共一百八十名民國元年先生聘請薩君鼎
銘名鎮冰為該校校長薩今為海軍提督長于駕駛也
時郵傳部改名交通部因改校名為交通部工業專門學
校改鐵路科為土木科電機科為電氣機械科三年夏

史研究界的高度评价。中国电机工程界认为，成立于 1908 年的电机专科，“标志着我国开始自己培养电气工程人才，掀开了中国电气工程教育事业的新篇章。”[1]王杰等著《中国高等航海教育史略》认为：“上海高等实业学堂船政科的设立，标志着中国近代高等航海教育的正式产生。”并称该科创始人唐文治是“我国的高等航海教育事业早期发展的重要人物之一”。[2] 唐文治由此成为我国电机、航海工程高等教育的开创者和奠基人。

由于设置工科专业早，办学成绩优异，教育部早就认为学校办学在高等以上，具备工科大学教学水准；在清华举行的庚款留学考试中，最初几年工程一科所录取者，几乎全为本校学生；但凡持有“交通部上海工业专门学校”毕业证书的学生，可与美国学生一样享受直接报考大学研究院的待遇。学校由此声誉鹊起，获得中外人士的广泛认可与交口赞誉。1917 年学校建校 20 周年，政府大员、教育名流纷纷前来或致电道贺。他们在致辞中对学校办学成绩、人才造就予以高度褒扬。副总统冯国璋称学校建校以来，“科学精研，人材蔚起，实足为全国之矜式，后起之楷模。”交通总长许国英称学校“造就专门人才已逾

① 中国电机工程学会：《百年积淀 再铸辉煌——热烈祝贺电气工程教育学科成立 100 年》。《百年回眸——中国电气工程高等教育 100 周年》，西安交通大学出版社 2008 年版，第 1 页。

② 《中国高等航海教育史略》(1909—1953)，第 49 页。

1996 年 3 月，全国人大副委员长雷洁琼为纪念唐文治诞辰 130 周年题词“国学大师，工科先驱”

千，开风气之先河，放工艺之异彩”；北京大学校长蔡元培称学校“名称屡易，而科目亦日趋于专门，迄今办理之妥善，成绩之优美，为举国学校所仰慕”。还有来宾特别提及学校工程教育在全国教育界的开创性作用与重要影响。北京政府驻江苏特派交涉员朱兆莘在致辞中说：“我国兴学肇于戊戌，其时学风丕变，士知弃帖括求新学，公立私立诸校相瞩目，然大半率为普通学科而设，而工业专门未之及也。有之，则惟贵校。”南京教育科科长卢殿虎称学校“专以养成工业人才为目的，是贵校于中国实业教育界其地位则中枢也”。[①] 上述致辞，大致反映了学校在社会各界人士心目中已具有较高地位。同年，学校外籍教员万特克发表《论中国工程教育》一文，称“今日堪称有工业教育而合乎工业教育之制者”，唯有北洋大学堂、上海工业专门学校、唐山工业专门学校三校，三校毕业生可直进美国著名大学就读研究院。[②] 1918 年入校的陆定一后来也曾说：“我国旧社会里，由中国人自己办的，设备、师资等各方面条件好的理工大学，只有很少几个，交通大学算是凤毛麟角。我记得我在学校时，华东有“六大学”，其中五个是外国人办的。”[③]教育史专著也称，经过唐文治励精图治，当时交大已建成“一所学科齐备、具有较高学术水平的现代工科大学”。[④]

唐文治怀着教育救国的信念，始终以创建工科大学为目标，任职期间除旧布新，锐意改革，勇于开拓，至 1920 年离任时，已将学校初步建成一所较为完善的工科大学，为学校日后发展成为国内外知名的理工大学奠定了厚实的基础，为我国近代高等工程教育体制的创建，和我国早期科技人才的培养作出较大

① 《交通部上海工业专门学校廿周纪念册》(1917)。

② 南洋学会编：《交通部上海工业专门学校学生杂志》第 2 卷，第 2 号，1918 年 3 月。

③ 陆定一：《〈交通大学校史〉序》。《交通大学校史》，上海教育出版社 1986 年版，第 2 页。

④ 杨东平主撰：《艰难的日出——中国现代教育的 20 世纪》，文汇出版社 2003 年版，第 77 页。

的贡献，成为我国近代高等工程教育的开拓者之一。1936 年杨耀文在《本校四十年来之重要变迁》中说：“唐校长任职本校，历十三年，熏陶涵泳，人才辈起，本校以工科著称，而得社会上之信用者，实基于是。”1996 年 3 月，全国人大常务委员会副委员长雷洁琼为纪念唐文治诞辰 130 周年题词“国学大师，工科先驱”，可谓名至而实归。

唐文治晚年照

二、教风校风的奠基者

唐文治主校期间，尽管国家政权更迭，时局变化不定，教育制度几经变更，但他精心设计了学校发展的目标与规划，制订管理规章和教学方针，注意营造校园文化氛围，并一以贯之，持之以恒，使这段时期教学上出现了一个稳定发展的时期，逐渐形成了学校教学特色和良好的校风学风。

这一时期，学校非常重视招生质量，坚持高标准，严把入学考试关，无论专科、预科，还是附属中学、小学，招考新生时，唐文治都亲自主持考务，参与拟定、批阅国文试卷。各级考试科目多，题量大，难度高。依照考分择优录取，宁缺毋滥，即使名额未能招满也不降低要求。历年来入校新生成绩优异，为学校整体教学水平和人才培养质量提供了保障。唐文治勤于办学，更严于治校，力主课程安排要重，管理考核要严，如此才能培养学生勤奋向学的良好习惯。在他的主持下，学校对学生日常学习与生活管理抓得很紧，注重考核考试，严订考试规章制度并严格施行，厉行补习补考及淘汰制度，成为近代学校严格管理制度上的一个典范。唐文治主张学用结合，学以致用，重视实践性教学环节，努力筹集经费建成各类实验室，联络中外厂商作为见习单位，积极开展校内外实验实习活动，形成一套比较规范的实验和实习制度。经过唐文治长期的倡导培育，教职员的认真执行，这一时期重视新生质量、严格教学要求、注重教学与实践相结合，遂成为学校良好教学传统的一个开端。此后，张铸、淩鸿勋、黎照寰、吴保丰等后任校长都能继续推行并发扬光大，经过几代交大人的努力，逐渐形成交通大学“起点高、基础厚、要求严、重实践”的教学特色与传统。

此外，唐文治在任内十分重视中英文教育，特别为国文教育而躬行实践，

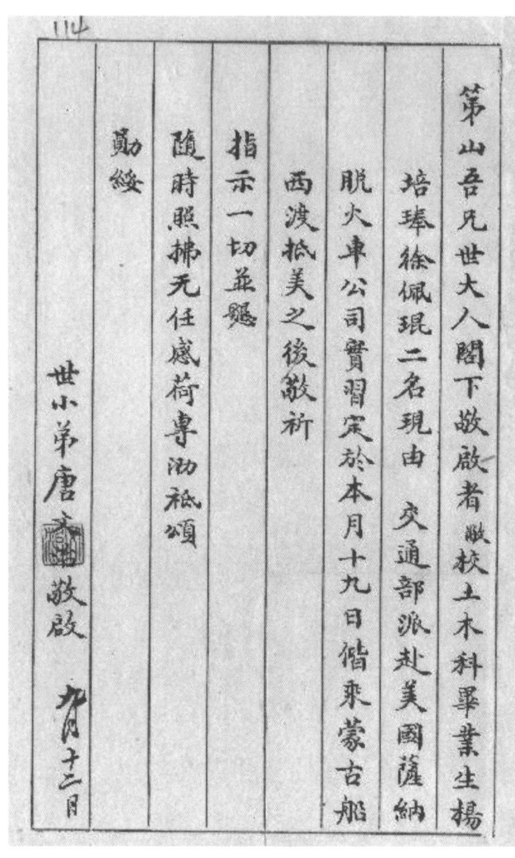
114

第山吾兄世大人閣下敬啟者敝校土木科畢業生楊
培琫徐佩璜二名現由 交通部派赴美國薩納
脫火車公司實習定於本月十九日偕乘蒙古船
西渡抵美之後敬祈
指示一切並賜
隨時照拂无任感荷專泐祗頌
勛綏
世小弟唐文治敬啟 九月十二日

1914 年 9 月，唐文治为学生赴美实习事致外交部函

十数年如一日，亲上讲坛为全校学生讲授古文经典，增强学生语言文字表达能力，渗透人格品性教育，养成品学兼优、文理兼通的科技人才。在唐文治的大力倡行下，学校国文教学水平较高，形成重视研习国文的浓厚风气，学生中善为文者比比皆是，毕业学生都具备比较厚实的国文基础，后来成为文学家、艺术家也不乏其人。重视中英文教育为后来学校传承，国文大会、英文大会皆得以延续。唐文治的高足陈柱、王蘧常长期主持学校国文教育。抗战期间，唐文治被学校请来为学生演讲国学，使得学校国文教育弦歌不辍，成为学校教学上的一大传统。1940 年代的学校国文教授钱用和曾说："交大传统思想，很重视国文，因为唐蔚芝校长倡导于前，所以毕业生在社会服务，除专门学科发展所长外，对于国文方面的运用也都优裕。"①

这一时期唐文治重视校园文化建设和学生的精神品德教育，营造了积极向上的校园文化氛围，形成了稳定优良的校风学风。唐文治时刻不忘利用各种途径向学生灌输爱国家、爱民族的气节教育，又认为在校学生须具备爱校之情，出校后方能热爱社会和国家。他说："学生之对于学校，爱情而已矣，有爱情于学校，乃能有爱情于社会，有爱情于社会，乃能有爱情于国家。"②又说："吾人在学校中，莫如先以一校为一家，为一人。诸同学在校，对于校长，如心腹也，对于各教授、职员，如手足也。"③他抱着儒家仁爱观念，由近及远，由小及大，有机地将爱校与爱国结合起来。在唐文治的培育下，学校学生深怀着强烈的爱国主义精神，从辛亥革命到五四运动，师生们以关心国家和民族为己任，勇敢地投身其中，并思考探索救国救民之路，提出实业救国、科学救国、读书救国等主

① 钱用和：《忝作儒师意不安——交大任教回忆》。《友声》第 20 期，1954 年 4 月 8 日。
② 唐文治：《学生格》(1912 年 2 月)。《交通大学校史资料选编》第 1 卷，第 158 页。
③ 唐文治：《上海交通大学第三十届毕业典礼颂辞》。《交大三日刊》第 95 号，1930 年 7 月 16 日。

张。早在1915年校友陈容就指出:“母校精神所汇集之点,则爱国救民也。”①同时,他们对于学校的荣誉极其爱护,特别是学生出校后无论身在何处,身居何位,他们都能饮水思源,对母校教育始终不能忘怀,极力呵护母校的发展,经过数代交大人的传承与发展,形成爱国荣校、饮水思源的精神文化。

唐文治很重视对学生进行勤俭教育,把勤俭列入校训之中。他对于社会上奢侈之风盛行影响至校园的现象深恶痛绝。他说:

> 前数年学校之中,亦不免讲居处,精饮食,借卫生之名,譬若奉骄子。风气所成,几几乎糜费愈多,愈可擅文明之美号,而于勤俭茹苦,身亲工作之要务,绝不闻有所提倡。迨至学生归家不能习惯,一遇劳苦之境,则一步不可行,一事不能办。此与西人学校事必躬亲者适成一反比例,所谓爱之而实以害之。呜呼!戒之戒之。②

于是唐文治对学生再三训以勤俭之道,学校对于学生日常生活管理力求体现俭朴,诸如衣着、饮食等方面都有许多规定,要求学生一律着制服,夏天为白色,冬天为黑色,严禁学生吸烟饮酒,用膳时,“每席肴菜均有定数,各生不得添菜换菜及自行带菜入席。……倘有任意挑剔者,由学监陈明校长严惩”。这些规定,看似生活小事,但对培养学生注意俭朴,不染奢侈之习气是起到了作用,形成了一个培

1917年邹韬奋发表《对吾校二十周纪念之感想》(部分)

第二卷第一期

論著 二

盛必慮惟哲克從既開篳路宜肆故封匪教曷用匪國曷容恩斯舊搆我室我工邦家有侮我衆偕攻苞桑有繫我本其崇萬千斯載永峙華嵩

對於吾校二十週紀念之感想

鄒恩潤

美哉吾工業專門學校!美哉吾工業專門學校!

吾工業專門學校者吾中華新學之先鋒而優秀人才之淵源也樹東南之風氣震聲譽於環球有政治家出於吾校者乎曰有有實業家出於吾校者乎曰有有教育家出於吾校者乎曰有有文學家出於吾校者乎曰有有發明家出於吾校者乎曰有有運動家出於吾校者乎曰有有名畫家出於吾校者乎曰有有小說家出於吾校者乎曰有乃至有震古鑠今之名將苦戰疆場百折不回不惜以身殉而爲吾國民爭回臨危之共和爭回已亡之人格出於吾校者乎曰亦有猗與盛哉吾工業專門學校

雖然距今二十載前吾校呱呱墮地之日爲吾中華學界生一寧馨兒而當時科舉之習未盡國人風氣未開有若歐陽母之言曰汝孤而幼吾不能知汝之必有立也今夫父母之劬勞以訓育其子也含辛茹苦以長以教俾至於成人一旦行冠禮聚宗族親戚歡呼慶祝爲親者回顧其子必有喜極而涕者矣今也吾新學先鋒人才淵源之工業專門學校亦行冠禮矣亦將聚吾國中父老兄弟姊妹歡呼慶祝矣恩潤無上榮幸得躬與厥盛而回顧吾校萬感咸集不禁喜極而涕也吾知吾師友吾國民亦以爲無上榮幸得共覩厥盛而回顧吾校亦萬感咸集不禁喜極而涕也

夫人行冠禮何爲也曰示成人也成人之責任與未成人者較不可同日語矣行冠禮者使子弟有所自覺而警醒也故吾以爲吾校行冠禮矣而吾同學亦當有所自覺而警醒也吾於是欲言吾感想以自覺而警醒焉且望吾同學亦以自

① 陈容:《南洋公学之精神》。南洋公学同学会编:《南洋》第1期,1915年3月。

② 唐文治:《学生格》(1912年2月)。《交通大学校史资料选编》第1卷,第159页。

植俭朴学风的良好环境,树立了朴素无华的优良风气,影响深远。1917 年在校生邹韬奋以切身体会称,学校校风有他校所三不可及者:一是"吾同学皆知自尊其人格,而同时且知力尊他人之人格";二是"吾同学皆知勤奋学问,而同时且极敬重他人之勤奋学问者";三是"吾同学毫无奢侈恶习,而同时且知敬重他人俭朴"。并谓三项学风"可为吾国学校中之最可钦仰、最可爱慕者"。[①] 后来交通大学吴保丰校长在 1947 年校庆会上说:"本校敦厚朴实之校风,奠定于唐文治校长所倡导的道德气节和人格教育。"以后凌鸿勋撰文称,唐文治"在校以求实学、务实业为训,聘请中外专家任教授,暇则讲求国学,提倡体育,实行军训,风气为之一新,学校基础,实奠于此时"。[②] 唐文治于交大教风校风的奠基者地位,得到后人的认可。

三、师德风范

唐文治是交通大学创建后早期发展史上的重要人物,不仅办学理念、治校方略关系着学校的发展走向,而且其一言一行所体现的品格作风,一朝一夕所展现的人格魅力,也悄然无声地对众多师生员工产生深刻的影响。唐文治学养深厚,具有儒雅风范,任职期间处处躬行实践,以身作则,"身教更重于言传"是他奉行的育人准则。他主张师道之本,但求实际,不务高论,时时处处予学生以师范。他强调"培养之道,累千万言不能罄",关键"实在于行而不在于言"。[③] 他一改过去监督不住堂任事的成规,常年生活在校园之内,以利于对学校的管理和学生教育。同时要求教师都住在校内宿舍,不得在外兼职,使其能专习致力于教学育人工作。学生如有学习疑难和生活困难,可随时往自己的办公室、教师住处求教解难。凡是要求教职员、学生做到的,他自己首先做到。他提倡勤俭,自己生活简朴,粗衣布履,和学生同餐共食。学校规定教职员和学生一律着制服,唐文治同样穿制服。辛亥期间,学校召开剪发大会,他率先剪去辫子,师生则一呼而百应。民国初年,经费窘迫万分,学校决定教职员暂时减薪,以共渡难关,唐文治带头减薪一半。后经费恢复,他仍然坚持减半支薪。唐文治克己奉公、率先垂范的行为对学生的成长、学风的形成起到了良好的榜样作用。

作为校长,唐文治不仅对学生要求十分严格,同时对学生生活、身心健康、经济负担等方面关心备至,爱生如子。他在办公室里贴着"唯天生才皆有用,他人爱子莫如予",时刻提醒自己关心爱护学生,并要求教职员也这样做。他说:"师长对于学生,朝夕相见,礼仪无失,于

---

① 邹韬奋:《对吾校二十周纪念之感言》。《交通部上海工业专门学校学生杂志》第 2 卷,第 1 号,1917 年 4 月。

② 《友声》第 15 期,1953 年 10 月 8 日。

③ 唐文治:《学校培养人才论》(1909)。《交通大学校史资料选编》第 1 卷,第 145 - 146 页。

其疾病缓急，加以调护扶持，学生自能感化于无形，而为仁厚之君子。”[①]他和悦近人，挚爱学生，每当新生来校，他必分批接见，借以了解学生情况，勉励大家敦品励学，做世间第一等人。他经常在晚上让人提着灯笼到学生宿舍去看望学生，平时常到膳厅与学生同桌用膳，即使任职后期目疾加深，双眼几近失明时也是照行不误。学生考试期间，上级或外界请他去开会，他答复说，学校正值考试，校长不便远行。

唐文治视学生如己子，竭力爱护提携学生，师生关系相当融洽。润物于无声，学生感同身受，激奋不已，终成大器者不乏其人。他们对于唐文治的教诲与呵护，终生难忘，陈汝闳曾有一段题为“打了校长得声谢”的回忆：

> 母校校长室在上院底层，门之左侧悬有公告牌，某日我立牌前注神阅览，忽有人自后猛撞我背，我以为同学与我开玩笑，不及回头即报以一拳，迨至回头一看，始发现吃我老拳者，乃校长唐文治老先生，盖唐老先生高度近视，几近失明，摩挲回室，误撞我背。我当时骇得目瞪口呆，急忙双手搀扶送入校长室，而唐老先生反频频颔首言谢，并连说“对弗住”。

从中我们看到了一位气度旷达、可敬可爱的校长形象。1910 年夏学校附小毕

1935 年，交大校友集资在无锡太湖琴山北麓兴筑茹经堂，以祝唐文治七十华诞。图为建成初期的茹经堂，现为唐文治先生纪念馆

① 唐文治：《中学校会议答问》(1918)。《交通大学校史资料选编》第 1 卷，第 169 页。

业生、后成为现代文学家的朱东润在其自传中回忆说,他当年毕业后因家境贫困,辍学在家。秋季开学后,"唐老师的儿子庆诒给我一封信,要我去上海,他说办法一定有的。唐庆诒比我小两岁,本来不认识,这封信当然是老师示意的。"当他来校后,唐文治接见了他,对他说:"唔,你老弟就在中学好好读书吧,学费在我这里。"说完,就把学杂费交给学校会计。朱东润于是进入附中继续求学。对于唐文治慨然相助,朱东润感激不已地说:"唐老师居处的朴素,态度的严肃,对于学生的关心,我这一生是学不完的。"[①]诸如此类的事例还有不少。

即使是学生毕业后,唐文治也十分关心学生前途出路。1915 年土木科毕业生中第一名凌鸿勋,毕业后回广东故里,准备在当地谋一差事,在家乡奉养双亲。这时交通部有一公派到美国留学的名额,唐文治考虑到凌鸿勋品学兼优,很有培养前途,决定派他出国。第一次电报发到凌鸿勋家里,凌鸿勋以在家谋事奉养父母婉言谢绝。唐文治接到凌鸿勋回电后,再次发出电报,说这是一次深造自己的很宝贵的机会,希望凌鸿勋不要轻易放弃。收到第二次电报后,凌鸿勋和全家都很感动,于是返沪报到,赴美留学,从此改变了他的命运和人生道路。他留美回国后,两度任交大校长、教授,并长期从事我国铁路、公路建设方面的领导工作,被选为第一届中央研究院院士,对国家教育事业和交通

1947 年交大动工建筑大礼堂,命名"新文治堂"

① 《朱东润传记作品全集》第 4 卷,上海东方出版中心 1999 年版,第 45 页。

建设事业作出了重要贡献。

位于新文治堂内的唐文治塑像

凌鸿勋曾说："一个大学学府的建立，在过程上必定有几个中心的领导人物。现在谈起北京大学，大家总记得有位校长蔡元培，谈到南开大学，也会举出张伯苓先生。谈到交通大学，自然又必定会举出唐蔚芝先生。"[①]唐文治在近代中国历史新旧制度更替，思想文化逐步多元化的时期兴办工程教育，当时科举初废，新式教育草创，学制尚未真正建立，实业教育风气未开，而学校又存在着设备简陋，师资短缺，经费无保障的状况，他却抱着为国培养"领袖人才"的愿望，以坚忍不拔的意志，克服重重困难，既为交大成为全国著名的理工科大学奠定了坚实的基础，又为科学教育融入优良传统文化做了十数年身体力行的尝试，为探讨近代高等工程教育的发展提供了有益的实践。

人师风范长存，师生永志不忘。无论是在唐文治校长生前还是生后，交通大学历届师生校友对唐文治的兴学育才功绩和高尚的品德风范心存崇敬和敬仰。早在1926年交通大学建校30周年之际，学校将唐文治掌校期间登坛为全校学生讲授国文的上院大礼堂命名为"文治堂"。1935年，交通大学师生校友共同集资，在无锡太湖琴山北麓兴筑一座纪念性别墅"茹经堂"，以庆祝唐文治老校长七秩华诞。1947年交通大学51周年校庆时，茅以升、赵曾珏等校友发起筹建新的大礼堂——"新文治堂"，新中国成立后又在大礼堂大厅内竖立唐文治半身铜像，以永远纪念唐文治校长的事功与精神。

---

① 凌鸿勋：《唐前校长蔚芝先生九十志庆》。《友声》第25期，1954年10月8日。

附录一
大事年表(1905—1921)

1905 年

4 月 学校改属商部,定名商部上海高等实业学堂,以杨士琦担任监督,设教务、庶务、斋务三长。

夏 中院(即高等预科)第五届毕业生 10 名,均派赴英国留学。

秋 杨士琦调京工作,由王清穆代理监督职务半年。

1906 年

春 制订《商部上海高等实业学堂章程》,分设学总义、学科程度、学堂考试等 7 章,共计 189 则。另订《附属高等小学总章》。

春 设商务专科,上年冬中院第六届毕业生 13 名全部升入。学校正式开始设立专科。

9 月 设立铁路工程班,是为学校设立工科之始。

冬 附属高等小学堂在校南落成,称作南院,小学迁入新校舍。

1907 年

3 月 学校划归邮传部管理,校名相应改为邮传部上海高等实业学堂。

春 校内发生猩红热传染病,患者达到百人,一时停课。

4 月 监督杨士琦辞职,由督办电政大臣杨文骏兼任,未到任。

10月　邮传部奏派前农工商部侍郎唐文治专任学堂监督,驻校办公。

冬　停办商务专科,首届学生遣派出洋留学。又将铁路工程班扩为铁路专科,定学制三年,是为学校设立的第一个工程专科。

1908年

3月　制订《邮传部上海高等实业学堂出洋留学章程》八条。

5月　重订《邮传部上海高等实业学堂章程》,计25章,并附高等小学堂章程21章105条,极为周详。

5月　增设国文科,聘李颂韩为科长,同时设国文研究会。秋,举行首次全校国文大会,此后,每年秋季举行国文大会。

8月　设立电机专科,是为我国高等电气工程教育之始。

1909年

1月　唐文治为筹措办学经费拟《条陈本学堂办法》呈送邮传部,得到允准。

2月　制订《邮传部上海高等实业学堂教员所有合同》,共18条。

春　邮传部令将本校"改为商船学校",唐文治坚持不改变工科方向,于当年秋增设航海专科,此科为我国高等航海教育之滥觞。

6月　制定校歌。

7月　铁路专科首届学生5名毕业。

10月　铁路专科赴杭州进行首次校外测量实习。

1910年

春　制定《邮传部上海高等实业学堂英文会章》并成立英文会。

夏　离校师生组织"南洋公学同学会",设总会于上海,北京分会同时成立。

8月　唐文治制定"勤、俭、敬、信"四字为校训。

秋　成立西文科,聘徐崇钦为科长。

11月　选派学生赴南京参加首次全国运动会,荣获团体总分第二,学生黄灏夺得个人总分第一。

本年　建成电机、土木实验工厂。

1911 年

春 修订《邮传部上海高等实业学堂章程》,增加“各省官费生章”和“校外通学生章”。

3 月 购校外东南之民地房屋 13 亩。9 月航海专科迁设于此,更名为“邮传部高等商船学堂”。

4 月 参加意大利都灵世博会,获最优等奖。

7 月 电机专科首届学生 10 名毕业,由电机科长、美国人谢尔顿介绍赴美国电厂实习。

11 月 辛亥革命爆发后,学校师生响应,将校名更为“南洋大学堂”,监督改称校长,唐文治任校长。

1912 年

3 月 商船学堂脱离本校独立建校,9 月迁吴淞新校舍,交通部派萨镇冰为校长。

春 成立技击部。

10 月 遵教育部新章,改中学五年为四年毕业,改小学四年为三年毕业,中学增设为升入专科预备之一年制专门预科。

年底 孙中山来校演讲实业建设。

1913 年

1 月 本校归交通部直辖,改校名为“交通部上海工业专门学校”。改铁路专科为土木专科,电机专科为电气机械科,课程也作了相应调整。

3 月 制订《交通部上海工业专门学校章程》,共 14 章,首先以“注重道德,蔚成高尚人格为宗旨”,其次强调“功课密、管理严”为治学精神。

夏 在校园东南面树立前师范生白毓昆(雅雨)烈士纪念碑。

9 月 唐文治向交通部呈送自编本校国文教材《高等国文讲义》8 册。

1914 年

春 学校规定教职员、学生一律着制服。

7 月 唐文治选编七年来国文大会上学生发表的优秀文章 240 篇,定名《南洋公学新国文》,共 4 册,出版后成为风行一时的课本。

7 月 建立材料试验室,并征集我国各铁路有关材料作试验研究用。

冬 与圣约翰大学等共同成立华东六大学体育联合会。

1915 年

1 月　学生社团组织——南洋学会成立,出版季刊《学生杂志》。

2 月　施行"强迫运动",学生须报名参加技击、童子军、乐队中一项运动。

3 月　南洋公学同学会发行季刊《南洋》。

冬　学校参加美国旧金山巴拿马世博会,获大奖章;唐文治被授予荣誉奖章。

本年　附属中小学成立童子军。

1916 年

春　参加教育部在北京举行的全国专科以上学校成绩展览会,获得一等奖。

夏　交通银行停闭,汇兑不通,校费万分支绌,唐文治竭力挪垫,渡过困难。

秋　学生裘维裕等 5 人考取清华庚款特班公费生,赴美留学。特班名额全国仅 10 名,本校占其半。

11 月　举行本校创始人盛宣怀追悼会。

12 月　学校向交通部会议提交议案 7 则,要求拨款增设机械、航海专科。

年底　南洋学会先后邀请黄炎培、蔡元培、梁启超等来校演讲。

1917 年

3 月　唐文治校长以其办学功绩获得北京政府总统授予的二等嘉禾章。

4 月底　隆重举行建校 20 周年庆典活动,大总统特颁祝词,各政要闻人来校祝贺。期间学校举行"劝工展览会"。

4 月　发起建校 20 周年纪念之图书馆募捐,除部分经费由交通部拨给外,不足部分向各界募集。

12 月　制订《毕业生赴美实习规则》,共 13 条。

冬　出版《南洋公学新国文二编》,共 8 卷。

1918 年

3 月　增设铁路管理专科,标志着本校专业设置走向工管结合。

4 月　教育部同意学校专门预科改为专科一年级,专科毕业年限升为 4 年。

6 月　图书馆开工建筑。

1919 年

1 月 交通部奖给教员顾惟精、胡端行、陈石英等 10 人一等二级及三级奖章。

5 月 五四运动爆发,学生积极响应,成立"南洋公学学生分会",领导学生参加运动。

7 月 学生会成立南洋义务学校,并创办《南洋》周刊杂志。

10 月 图书馆竣工,10 日举行落成典礼。

冬 建造西宿舍。

1920 年

7 月 铁路管理科首届学生 20 名毕业。

8 月 学校以所谓"举动激烈、志不在学"为由,将学生运动领袖侯绍裘秘密开除出校。

10 月 唐文治以"学风不靖""目疾日深"数次辞职。交通部及全校师生竭力挽留。唐文治坚拒,交通部派凌鸿勋代理校长。

12 月 交通总长叶恭绰为统一学制、提高程度起见,呈请北洋政府将部属上海工业专门学校等四校合并,改称"交通大学"。月底,交通大学筹备处成立。

本年 无线电实验室、水塔、锅炉间等试验设施相继落成。

1921 年

2 月 北洋政府批准交通大学筹备处所拟《交通大学组织大纲》。

6 月 附属小学举行 20 周年校庆。

8 月 交通大学合组成立,学校定名"交通大学上海学校",叶恭绰任校长,张铸任上海学校主任,凌鸿勋任副主任。

附录二
主要规章制度(1905—1921)

邮传部上海高等实业学堂章程(1911)(节录)

一、设学总义章

1. 本学堂隶属邮传部,故名邮传部上海高等实业学堂。

2. 实业学堂有百利而无一弊,本学堂分设高等科学,造就专门人才,尤以学成致用、振兴中国实业为宗旨,并极意注重中文,以保国粹。

3. 本学堂实业之科凡四,一铁路科,二电机科,三航海科,四邮政科,以上各为专门。其附属中学堂则为普通学,所有各学科目均遵照奏定章程,按年匀配,务期赅洽,蔚成全材。

4. 高等专门各科不限名额。附属中学分十班,每班五十名,共五百名,嗣后逐渐扩充。附属高等小学学额一百二十名,别建校舍,另订详章。

5. 附属高等小学四年毕业,考验合格升入中学;中学五年毕业,考验合格升入专科。其专科之已经开设者,铁路科、电机科均三年毕业;航海科四年毕业。毕业后按照所习科学,造具分数履历等册,送部考试。应得奖励,遵照奏定章程给予出身,或派赴东西洋专门学校,以资实验。

6. 专科缺额以中学毕业者升补,中学缺额以高等小学毕业者升补。其有年限虽满而功课不及格者仍不准升班。如升班额数不敷,可由相当之学堂选派已毕业者咨送考试,择优充补。惟非奉邮传部允准,不得任便考试插班。高等小学缺额随时招考充补,除考验中文、科学外,尤以品行端谨、气质驯良者为合格。

7. 本学堂各项章程,系遵照奏定章程及参酌本学堂现办情形陈报邮传部核定施行,凡堂中管理员、教员、办事员、学生以及司役人等均一律遵守。

8. 此项章程以后如有应行变通之处,可随时提议由监督会同各员妥商酌改,并陈报邮传部查核。

二、学科程度章(略)

三、职务通则章

1. 本学堂设监督一员,教务长一员,庶务长一员,斋务长一员,并教员、监学、杂务、会计、文案等各员,分任事件,各有规则,皆当遵守。

2. 各员按照所定职务,划清权限,分别任事,其有与他职守相关者,仍当协同商酌办理。

3. 凡学堂中教员及管理员应遵照定章,切实尽职。除办理不能合法者,应由监督随时辞退外,其有确能实心任事,不辞劳怨,学生均能循理守法,安分用功,毫无流弊者,应遵照奏定章程,由监督择优咨部褒奖。其无成效者,不给奖。

4. 中外风俗,政教各有不同,所有学堂教员及管理员诐辞谬说显违名教者,应由监督严行撤惩,以示戒儆。

5. 凡学生中之敦品力学,才堪造就者,即系邮传部日后选用之人。十年树木,百年树人,各教员、管理员当知此义,随时申儆诰诫,俾底大成。

6. 学堂原为教育学生而设,各教员、管理员于学生饮食起居上之关系,务须格外爱护。于学生品行功课上之关系,不妨格外从严,如学生中有不守学规,甚至惑于邪说者,应告知监督,分别斥退惩办,不得敷衍迁就,致坏风气。

监督规条

甲、表率各员主持全学教育事务,有整饬全堂秩序之责任,宜讲明道德,本身作则,务使各学生品行端方,宗旨纯正,以端士习。

乙、统辖教务长、庶务长、斋务长而稽核其所任职务。

丙、考察教员、办事员之称职与否而时其进退。

丁、审订学章,稽查学规,务使全堂学科程度一律,完备妥善,俾学生均获实益。

戊、每学期考验学生,由教务长汇送功课分数册,由斋务长汇送行检分数册,照章赏罚之。

己、裁定经费,由庶务长开送额支、活支、特支、预算表及每学期决算表而查核之,并按月饬造详细清册,陈报邮传部核销。

庚、综核职员表、学籍表、校具表及图书仪器各表，每年假时陈报邮传部一次。

辛、凡派遣学生出洋留学及招考新班学生各项事宜，均随时躬亲其事，并陈明邮传部查核备案。

壬、本科学生毕业奖励，遵奏定高等学堂章程办理，备各学生履历分数各册，陈明邮传部照章考试。

教务长规条

甲、整饬全堂教务，稽核各学科课程，各教员教法及各学生品行优劣勤惰，有襄助监督厘订学章、学科并实施，教育约束学生之责任。

乙、每学期与各教员商定功课时刻表，督率学生上课，毋使参差。教员有不胜任者，应随时与监督商明另请。

丙、各教员交来讲义一经审定，即由教员发交缮校写印。

丁、西文课程，学生如何程度，应用何种课本，无论专门、普通，自第一年起至毕业期，所用各书，均须精心采择，预算开单，请监督核定购备。

戊、堂中应用仪器标本，随时考查，应添置者开单，陈请监督酌核。

己、考验学生各学科平均分数，陈请监督核定学生品行，尤宜格外注意，考验前并应将学生功过簿详细核对，抵销存记。

庚、学生功课成绩及行检分数册，考验后一并送呈监督察核。

辛、各教员告长假，或自请代，或由教务长代为请代，应陈明监督商酌办理。

壬、各教员或有事暂假，即知会监学传知学生。

癸、每月下旬定一日，约中西各教员集会一次，讨论研究教课事宜，定期后告知监督亲到主席。

庶务长规条

甲、整饬全堂庶务，有襄助监督稽查款项、工程、函牍诸事之责任。

乙、编立校具表，凡堂中所用品物，应逐一登载，分别门类，送呈监督查阅，并随时通饬检点，慎防遗失。

丙、备齐额支、活之、特支、预算表及每学期决算表，送呈监督查核。

丁、每学期前定预算表，凡支用之不在额内者，应随时陈明监督商办，并严戒滥费，以期撙节。

戊、督率堂中办事员役，一律认真勤奋，务须住堂，以专责成。

其司事人等有惰慢旷职者得纠察之。

己、堂中执役人等应严行约束,有偷懒及不守规矩者即行斥退。

庚、每日调查学堂卫生事宜,当注意整顿改良,务期一律整洁。

辛、堂中饮食宜随时饬厨房留心清洁,夏日尤须注意。

壬、学生上课钟点宜逐日核准毋误。

癸、每月下旬会同斋务长定一日,约监学、会计、杂务各职员集会一次,研究饮食起居、卫生清洁事宜。定期后告知监督。

斋务长规条

甲、整饬斋舍事务,考验学生品行,有襄助监督稽查学规之责任。

乙、定学籍表,详志学生名籍及通信处,以备稽查,并于每月立旷课簿、请假总簿、行检分数册,送监督及教务长处查阅。

丙、每月同监学核对各教员讲堂点名簿,其请假旷课者记旷课簿,不请假旷课者记过。学生旷课逾格及请假逾限有犯条规者均记过。

丁、学生记至三大过者,陈明监督办理。

戊、学生中遇有疾病,即行延医诊治,若属传染之症,宜派人妥送医局设法疗治,其病重者迅即函告家属来堂,或派妥人送回,均随时告知监督。

己、管理学生之起居,宜常川住堂,一切行礼仪节应指挥整肃。

庚、每月下旬会同庶务长定期约各职员集会一次。

教员规条

甲、分任学科按程讲授,有实施教育之责,凡关于授课事件,应受监督暨教务长之稽查。

乙、凡课程及课本讲义之应改定者,得与教务长商定施行。

丙、每学期开课前,须作该学期授业预定书,送教务长审定。

丁、凡编纂讲义,应于一星期前编成,送教务长审定,并须注明月日,以免紊乱次序。每届学年期应将各讲义送呈监督,一面咨部,一面选择精要者刊印。

戊、授课时各教员须随带点名册,并察学生行为,其品学兼优者随时陈明监督奖励,如随意旷课或不守规矩,应告知斋务长记过。

己、上课时以堂内钟表为定,鸣钟后即须上堂,不可逾五分钟。

庚、各教员于月考考毕后,须将衡定试卷及学生分数表一并送呈教务长复核。

辛、各教员以热心教育为第一要义,遇事请假应有定限,每学期不得过十时,如请假逾十时者,须请人代理或由教务长派人代理,以免旷课,其假内薪水应按钟点扣算,归权代之人领取。

壬、嗣后各教员薪水,教普通科者,每钟点自一元至二元为率,专科各项工程师每钟点自三元至四元为率,洋教员薪水亦照此例。本校学生及出洋回国充当者,应尽半义务三年。

监学员规条

甲、稽察学生出入,考察学生功课勤惰及一切起居动作等事,应受监督及斋务长之稽查。

乙、每日核准钟点,督饬学生上课下课以及寝兴食息,各有定刻,毋得致误。

丙、每月汇齐学生点名册、请假簿,送斋务长核阅。

丁、教习请假得教务长知照后,应即传知该班学生在课堂照常自修。

戊、每学期功课时刻表,由教务长订定后,即交缮校写印,分贴各课堂。

己、立请假簿,凡学生请假外出者,应给予假条,填写出堂时刻,归时交还假条,亦填写时刻于其簿上。

庚、学生课毕后,宜勉励其恪守学规,有违犯者告知斋务长,分别记过。

辛、随时调查关于堂内卫生之事,应修理变通者,告知庶务长及斋务长妥商办理。

会计员规条(略)

文案员规条(略)

杂务员规条(略)

四、学堂规则章

1. 学生以敦崇品行,专心修业,确守规则为主,凡不干己事一概不准与闻。

2. 学生如有故外出,应陈明监学领取假单,交门房验明而后出外,归时将假单送至监学处缴销。

3. 学生如有事故或疾病不到讲堂及操场者,务须告假,告假册每日由监学呈送监督查核。

4. 本学堂示期开学,学生须即日到堂,不得参差。如有故缓到,应先期预行告知,以二十天为限,逾期开除。

5. 学生品行、功课分数,由堂中裁定,呈明监督稽核办理,学生不得与闻。

6. 学生在堂中有事,须告知监学转达施行,不得向庶务、文案、会计、杂务各员直接,以清界限。

7. 学生随时随地遇堂中教员、管理员,在五步内必正立致敬。

8. 学生无论在堂在外,与诸同学宜互相爱敬,不得轻侮嘲笑,分立党派,各存意见,有犯此者,轻则记过,重则退学。

9. 学生除在运动场外，举止必安详恭敬，不得狂奔疾趋及大声喧嚷，违者记过，记过三次退学。

10. 学生宜束身自爱，不得轻狂佻达，为荡检逾闲之事，凡衣服冠履，均以朴质整洁为贵。

11. 学生宜立志向学，坚苦耐劳，不得习惯舒服，希图安逸。校役如有过失，应达知监学告庶务员惩戒。

12. 学生散课以后，准其运动，惟须规定时刻，应以下午四点半钟以后、六点钟以前为运动之时。

13. 校具公同保护，勿易常处，如无心毁损，亦须认赔。

14. 勿污墙壁，勿损花木，勿任意吐痰。

15. 学生在校中非关于研究学问事，不得举行集会，致干厉禁，若有所陈说，须由班长或舍长代表，亦不得聚众喧扰。

16. 专科、中学各生应交学费膳费者，须于到学时预交一学期之费，交清方准归班上课。

17. 学生在堂，如中途有故退学，或因品行、名誉、学业上之缺失，由学堂命令退学，所交之费概不给还；其无端不到及有意犯规者，应追交历年培植之费，除应交外每月以十元计算。

18. 本学堂未经毕业学生，于假期内概不准投考他处学堂及私往他省就事，违者应照奏定章程向保人追交在堂时一切费用，其旷期不到、来往无常及托病规避期考年考者，除退学外亦一并追交在堂时各费用。

19. 学生认明本堂规则遵守外，凡堂中临时布告之件，均须随时遵守。

讲堂规条(略) 宿舍规条(略) 食堂规条(略) 操场规条(略) 礼堂规条(略) 图书仪器馆、西书室、阅报房规条(略) 应接所规条(略) 门房规条(略)

五、考试规条章

1. 本学堂考试学生及奖励学生，教员管理员章程均遵照奏定章程办理。

2. 凡学生每月临时考试，由各教员主之，无定期。教员自以所讲授之科学验学生记诵解悟之等差，各定明分数，汇呈教务长及监督，将均分名次榜示于堂。

3. 学生功课除临时考试外，有三项考试以定其学级程度及出身录用之阶，一曰学期考试，二曰年假考试，三曰毕业考试。

4. 学期考试每半年一次，由监督、教务长会同教员于暑假前考试，汇集全班学生，详加甄别，以分数之多寡榜示名次之高下，如不及五十分者，分别降班退学。

5. 年终考试每一年由监督、教务长会同各教员于年假前考试，分数及格者来岁开学升学年一级,不及格者分别降班退学。

6. 毕业考试由监督备文,汇造学生履历册、功课分数册、请假旷课册、各教员科学讲义、学生日课本及所用教科书,陈明邮传部,按照所习学科分门考试,合格者咨请学部照章奖给出身,分等录用;不及格者留堂补习一年,续行咨送考试,分别按等办理;若仍不及格,给以修业凭照,令其出学。

7. 学生以整饬品行为第一要义,勤学次之。监督、教务长、斋务长、监学、教员皆当随时稽察学生品学,每次考试除专门及普通学外,即将所记学生品行分数与修身科或人伦道德科之分数平均计算。

8. 凡考试评定分数,以百分为满格,满八十分以上者谓之最优等,满七十分以上者谓优等,六十分以上者为中等,五十分以上者为下等谓之及格,五十分以下者为最下等不及格。若全学堂无八十分以上者,则无最优等。全学堂皆八十分以上者则皆最优等。若全堂皆五十分以下则皆最下等,不限以额。

9. 平日旷课过多者,除父母之丧例准给假无庸扣算外,每旷课百小时减本期总平均分数五分。其一学期或一年未请假者,特别给以勤学奖券。

10. 凡学期年假考试分数计算之法,统合各门功课以共分数为实,再计共分若干门,即以本人所学各门之数分之,应得若干分,仍与平日功课积分平均计算,为所得之分数。若毕业考试统历年功课积分,与毕业考试总平均分数相加而均分之,为该生毕业分数,以定其等差。毕业分数中,如有两科不满六十分或一科不满五十分者,不得列最优等。有两科不满六十分或一科不满四十分者,不得列优等。每学年考试平均不满五十分者留班。

11. 凡品学分数册,各教员及监学皆一人置一本,随时稽查登记。

12. 凡监督、教务长及斋务长,均应置品学功课总分数册,将各教员及监学所呈分数汇总,或监督、教务长及斋务长别有察出应行记入者,亦得记入总册。

13. 凡学期及年终考试,不得规避,惟届时若实系患病,经本堂医生验明,或遇不得已事故有家书作证者,准于下学期开学后两星期前并科补考,严核分数,不及格者即行退学,其逾期不来补考者亦即开除。

14. 考试时学生除自携笔墨稿纸外,不得携带书籍、讲义,违者分别严惩,其有抄袭枪替者,并分别记过退学不贷。

15. 凡考试学生未经交卷,无论何事不准出堂,亦不准互相谈话、传递纸笔、随意走动,违者扶出课堂。

16. 凡期考、年考阅卷,由各教习详定分数,列写一册,呈教务长,再由教务长总定各科分数，核定名次，送呈监督阅定，榜示学生。

六、赏罚规条章(略)

七、放假规条章(略)

八、各省官费生章(略)

九、校外通学生章(略)

十、出洋留学生规条章(略)

交通部上海工业专门学校章程(1913)(节录)

第一章 宗旨

本校隶属交通部为国立专门学校，教授高等工业专门学科，养成工业人才，并极意注重道德，保存国粹，启发民智，振作民气，以全校蔚成高尚人格为宗旨。

第二章 学级程度

本校专科现分两类，一土木科，一电气机械科，每科修业期以三年为限；附设预科为专门之预备，修业期以一年为限；又附属中学，修业期以四年为限。以次递升，由普通入专门，以期学有根柢，渐成通材(附属高等小学章程另定)。

第三章 学科课程(略)

第四章 各员责任

校长主持全校教育管理事务，讲明道德，以身作则。统辖教职各员，稽核其称职与否而掌其进退。每学期会同各科科长及教员、学监员，审察学生学业成绩表、操行考查簿，照章严定赏罚去留，整肃校规。每年每月裁定经费出入，督饬会计员随时造送概算、预算、计算、决算册，逐项稽查，报部核销。每年春假后起至十一月三十日止，率同各教职员、各学生一律穿著制服。

科长整饬各科教务，核定各科课程，每学期定课程表，教科用图书分配表，得先期开教员会，会同各教员商用各种课本，开单请校长购备。每学期终止时考验各班学业成绩表，其不及格之学生应即降班或退学，成绩优美者应行给奖，均陈明校长办理。

教员任实施教育之责，每学期立担任学科及时间表，凡课程及课本应改定者，得与科长商定施行。授课时携带出席簿(即点名表)，如学生中有任意旷课或不守校规者，应随时分别记过。每届试验前温课期内,各教员均按照规定授课钟点到教室监课,诸生有不到者应仍以旷课论。凡温课期内所温之课,应依照每学期或每学年所授之功课完全温习,倘学生有减少温课之请求,教员应严拒之,其拒之而仍复要求者应记大过一次。试验定期后,诸生有要求提前或延期者亦应严拒之。立学业成绩表,分临时成绩、试验成绩二项,评定成绩分甲、乙、丙、丁四等,丙以上为及格,丁为不及格,每学期终止时先行结算学生旷课钟点,定其能否与考,送学监室,俟考试后并结算学生成绩分数送西文书记处,以便汇交校长会同科长审核。立试验问题簿,每学期终止时送校长处汇集备核。教员如有要事缺席,须随时通知学监报告学生。

学监员考察学生功课勤惰及品行优劣,每学期立学生考勤簿、请假簿、操行考查簿。倘学生有任意旷课及不守校规者,陈明校长申罚。每学年开校后,造学籍表送校长处复核报部。每届暑假年假开校时催收学膳等费,勿令学生延欠,一面将收到各费随时送交会计处掣取收条转给学生。随时调查关于校内卫生之事,学生中遇有疾病即行通知校医诊治或派妥人送回,务须慎重注意。

会计员(略)

第五章　管理细则(略)

第六章　礼仪

凡国庆日、纪念日、圣诞日及开学放学日,各生均排班到礼堂,随校长及教职员行礼。行礼时务依先后次序出入,恪恭将事,毋得规避不到,查出处罚。新学生初入校,见校长及各教职员,行一鞠躬礼。学生无论在校内校外,凡遇各教职员时,皆须鞠躬致敬,称教职员曰先生,自称曰学生。教职员至学生寝室及自习室时,学生宜起立致敬,校长、科长进教室察课及有特别来宾参观时,均宜起立。

第七章　开校及放假日期(略)

第八章　告假

学生亲病亲丧及本人患病或在家完姻不能来校与在校时应行回里者,须由家属亲笔信寄至学监室,方准给假。学生缺席在一学年内至四十小时者,应减学业成绩总平均一分;多于四十小时者,每逾二十小时递减半分。学生因事出校,由学监询明事由,登薄准给假单,至大门时应行查验,俟回校后将原单仍送学监室销假。遇星期日学生出外游散,也须向学监告假方准出校。学生在校因病不能上课者，须先时告假，如不告明，经查出者记过。

第九章　招考日期及入学试验

每年定八月二十五日招考新生，年假前遇有缺额招考一次，此外不得随时插班，以期功课一律。凡学生有志来学者，须经入学试验，试验成绩及格分别录取。投考时，须将从前肄业之学校及已经读过各书一一详载，并自注明愿入何科及第几年级。携带毕业或修业证书，由校长、科长面试，考验品格，有习气者概不录取。招考时，先试中文，修身一科欠缺者不取。学生入校后须住宿校内，不得请求通学，以免逐日往返荒废学业，或致生他项流弊。学生入学，以有恒为第一要义，凡在校诸生，非由父兄或保证人先期具函，陈明不得已之事故须入他校者，不得率请转学，凡本校未准转学学生，不给转学证书；已准转学学生欲再入本校者，在离校后一年以内继续有效，否则仍须于招考时受入学试验。

第十章　各省咨送官费生

凡各省咨送官费生欲入本校专科者，须中学毕业学行均优者为合格，并须经入学试验，倘试验时或有科学尚浅者，分别插入预科及中学补习。程度不合、品行欠循谨者不录。各省咨送生，务须每年在八月二十四日以前携带本省公文到校报名，预备考试，逾期概不补考。已在本校之学生，遇有官费缺额请补者，须操行列入乙等以上，又于学期学年试验列入八十分以上者，方可准补，否则即使本省指名请补，亦未便核准。各省咨送生学膳费应迳解本校，扣清应缴各费，余款发给该生。每届学期学年试验后，将诸生操行及学业成绩报告本省一次。官费生学业成绩如有总平均不满六十分者，或无故旷课致扣除试验者，或试验各科不及格满三科者，照章均须降级，即咨明本省，将其官费另补学行兼优之各该省自费学生，或暂行扣除一年，俟该生升级后仍行补给。

第十一章　学费

本校改定新章，无论专科、中学，每名均收学膳等费洋九十九元(改章前入校者，暂照旧章收费)，分两次征收。暑假年假开校时各收一半，暑假年假后开校时，均加收中西文讲义费一元(如讲义仅有中文或西文一种者，减收半费)。新生入校时，应缴图书观览费二十元，亦分两次缴纳。凡有各工厂及测量实习或理化试验者，每科每星期二时，每半年收费一元，多则依次递增。开校后逾两月不缴清各费者，即令退学并责成保证人缴清欠费，各费缴纳后，无论何故何时，概不退还。

第十二章　试验升级毕业

试验分学期试验、学年试验、毕业试验。学期试验，凡有一科目学生缺席时间过该课授课时间三分之一者，不得与该科之试验。凡学生各科缺席时间之总数过各科授课时间总数三分之一者，各科目一律不得与试。毕业及学年试验，学生旷课过三分之一在二科以内者，应于暑假内自行补习，至开校后补试；若满三科者应即留级。学生因有特别事故临时不能与各项试验者，准其于下学期开课后定期补试。评定成绩分甲、乙、丙、丁四等，丙以上为及格，丁为不及格，及格者升级或毕业，不及格者留级。预科及中学所习学科分为主科、附科，凡毕业或学年试验主科分数不及六十分在二科内者，应于暑期内自行温习，至开校后再行补试；若不及格满三科者应即留级(附科两科抵主科一科)。专科各班所习学科均为主科，试验有不及格者，办法与预科及中学同，惟分数有不满四十分者，应将该学科另行补习。补试以一次为限。学期试验有三分之二之科学不及格者应即降级。降级及留级学生，其原级成绩应即取销。毕业证书各项均遵教育部规程办理。

第十三章　试验法规

学期学年及毕业时之试验，学生座位由监试员临时指定，学生应依指定座位入坐。试验日期时间及课堂一经规定之后，概不得更换，致紊秩序。学生临试时，除吸墨纸、墨水、笔砚等应用诸品外，余皆不得携带。试验时，如有枪替抄袭夹带传递种种通同舞弊情事，第一次犯者扣除分数，宣布记大过一次，第二次犯者立即退学。试验时不得谈话或窃窥他人试卷，违者无分。

第十四章　劝惩

本校劝惩由校长于每届暑假、年假时开教职员会议甄别办理，或由校长临时核定施行。学生于每半年内学业成绩列甲等而操行较优者，给以褒奖状，报部奖励。学生于年假开校后至暑假时，或暑假开校后至年假时，功课全然无缺者，亦得报部奖励。学生有违犯校章，应分别告诫记过，其犯下列各条之一者，应即令其退学。一、沾染习气品格有亏者；二、声名较劣有累本校名誉者；三、屡经告诫记过不悛者；四、学业成绩过差难期造就者；五、连续留级两次者。以上退学学生概不再行收录。

此外如本章有未尽之处，由校长随时酌定，宣布施行。

交通部上海工业专门学校教务现行规程(1917)

一、学科区别规程

专科所有学科皆作为主科。中学各科分主科、附科。修身、国文、英文(练习作为附科)、算学、物理、化学、体操均为主科，其余各科皆为附科。附科二科作一主科计算。

化学讲义及试验合为一科，物理讲义及试验合为一科，测量讲义及实习合为一科，此外各科有讲义兼实习或试验者分作两科计算。

二、考试规程

每学期各科考试均以六十分为及格。

考试时所有扣考及暂行免考各生分列如下：

甲、凡学生有一学科积分在四十分以下者，应扣大考并不准补考，应行补习。

乙、凡学生临考时患病领有校医证据者，得暂免考试，但仍须补考。

丙、凡学生于一学科旷课虽未逾限，而有功课不足之记号者，应与该科大考，并与补足考试，如果及格方得注销其功课不足之记号。

丁、工厂实习、图画等考试，应由该管教员酌定之。

三、补考规程

凡各课考试不满四十分者，不得补考，主附科一律办理。

凡应补考之学生，除得校医证据及校长特许准其暂免补考外，余皆一律补考。

凡讲义试验同时分授之各科，如物理、化学、正电溜试验、更电溜试验、机械画等，倘有学生于讲义考试满四十分者，准其补考，倘补考不及格，所有该科试验成绩一并取销。

补足考试，在大考时补试，或在补考时补试，或由各科长临时会同酌定。

四、补习规程

凡应行补习之学生分列如下：

学生有一学科积分在四十分以下不准大考及补考者；

每科积分考分平均在四十分以下者；

学生有一学科大考及补考均在六十分以下者；

凡但有积分而无考分之学科(如图画、试验、工厂实习等)其积分在四十分以下者；

学生补考不到，并未得校医证据或校长特许给假者；

凡但有积分而无考分之学科，因旷课太多致功课欠缺者，给以功课不足之记号，应于下学期或下学年补足或补习；

凡学生于毕业前间有一、二主科应行补习者，须入原班补习完足，方准毕业；

凡毕业考试不及格之学生，补习以一年为限，其应补习半年者，以半年为限；

凡各科补习考试只许一次。

凡应行补习之学生当恪守下列之规则：

是项学生在补习前，应报告学监记录补习时期方准补习；

补习时，其本班旷课钟点每星期不得逾四小时；

补习时，于本班各科旷课之钟点每星期不得逾一小时；

各科补习钟点须满该科授课钟点十分之六；

是项学生，遇有本班每星期授课钟点不满三小时之各科，一律不得旷课。

各级学科间或有移动之处，学生所有不及格之学科，不得借词推诿请免补习。

五、实习规程

凡土木科学生于毕业前须随时由教员督率往他省实地测量，并赴各铁路考察。

凡专科生须随时由教员督率，赴就近各工厂考察，并赴他省著名工厂考察，以资实习。

凡各科中有讲义先授、试验后授者，如物理、化学、测量、桥梁计划、混合土建筑学、房屋建筑学等，其讲义考试满四十分者，准其补考，倘补考不及格，不得与该科实习或试验。

六、留级规程

凡专科生试验间有一、二科不及丙等者，准其升级补习。若有三科不及丙等者留班。中学学生照此办理。

凡留级各生，应与本班生一律全行上课，其上学年内所习各科之成绩，当然一并取销。

七、取缔旷课规程

学生旷课每学期不得逾授课钟点三分之一。

每学期旷课钟点逾该学期所有各科授课钟点总数三分之一者，寒假后退班，暑假后留班。

图画及各科实习试验，倘遇有一学期内旷课钟点逾三分之一，虽有图画或札记完全呈缴，作为无效，应令补习。

八、学生应试规程

各生坐位预先编定，应各照本名就座，不得凌乱。

试卷内附有草稿纸，学生试验时，除吸墨纸、墨水、笔砚等应用诸品外，余皆不得携带，学生于试验时带讲义及课本，应由监试员扣留，携入者无分。

取用第二册试卷时，应显明第一册确已缮完，若因添注涂改而欲换卷者，一概不准。试验时不得出外。

试验时如有谈话、窥伺、枪替、抄袭、夹带、传递种种舞弊者,按照惩戒规程严行办理。功课应在平时注意,考验时如有疑问教员概不作答。

监试员除本科教员外,另有协助监试员,诸生应服从管理。

凡草稿纸无教员钤记者无分。

九、惩戒规程

凡学生有不上课而并未请假者,第一次记过,第二次记大过,第三次退学。

凡记过各生均扣除修身分数(大过四十分,小过二十分),日后倘能改悔,准予销过给还分数。

凡学生于主要科目学业成绩在六十分以下者,倘兼有别项记大过情事,应令退学。

凡学生于一学期内德育(指修身课)、体育(指普及运动课)各科旷课逾授课钟点三分之一者,应记大过一次,积至三次者退学。

考试舞弊,重者记两大过或令其退学,轻者记过扣分,均一律不得补考,应令补习。

十、核算分数规程

每学期各科成绩以六十分为及格,不得与他学期之本科成绩平均计算。

考分以四成计算,积分以六成计算。

补足考试以六成计算,其分数由该管教员以平时积分参入之。

凡学生因大考不及格而补考者,其考分以六十分为及格,不以积分参入之。

物理、化学两科均有试验札记,其试验札记之分数视该科讲义考分之多寡以评定之;凡讲义考试及格,其试验札记分数为有效,否则无效。

临时逃考各生,学业成绩分数应扣去二成。

十一、给予证书规程

凡学生于各主科均得及格之分数者,给予正式证书。

凡普及运动,旷课逾三分之一或考验不及格者,毕业时应暂行扣留证书。

十二、转学规程

凡入他校无出洋之希望者,不得呈请转学。

凡不准转学之学生,本校不给修业证书。

附本规程内名词解释

功课不足:凡学生有一学科积分欠缺者,应给予功课不足之记号。

未及格:凡学生有一科分数满四十分及四十分以上至五十九分有奇者,应给以未及格之记号。

不及格:凡学生有一学科分数在四十分以下者,应给以不及格之记号。

补足考试:凡学生有一学科积分欠缺者,应由教员督饬令其补足,并以补足考试。

后　记

在学校党政的领导下，在校史编纂委员会和校史编写团队十多年的精心编研、反复打磨下，《上海交通大学史》八卷本，在校庆 120 周年来临之际，正式推出了。其中 1—4 卷，于 2011 年校庆 115 周年时问世，并荣获中国高等教育学会“第八次优秀高等教育科学研究成果”著作类一等奖。

《上海交通大学史》是由十余位老中青结合的研究人员参与编著而成的学术著作，是集体智慧的结晶。编纂的指导思想、体例原则、结构框架、重大问题的把握等都经过集体讨论研究，比较全面地记录了上海交通大学从 1896 年到 2006 年 110 年的办学历程和发展轨迹。在编纂中，努力将 110 年的交大发展历史置于中国近现代社会经济、政治、文化的巨大背景中进行研究。全书采用纵横交叉、点面结合、宏观与微观统一的方法，紧扣学校发展的主要内涵，全方位、多角度、有侧重地展示学校不同时期的发展历程。从浩瀚的文书档案等第一手资料和召开有关专题座谈会、组织个别访谈交流中，深入挖掘和研究校长办学理念、教师敬业教学、学生勤奋学习、校友爱校情结等生动事例与精神品格；同时，也不忘长年在基层守护交大一草一木的普通员工，多角度展现交大历史长河中的个人魅力与人生智慧，尽可能做到见物、见人、见情。全书图文并茂，力求既具学术性，又有可读性。

《上海交通大学史》第二卷由欧七斤同志执笔。在编著过程中，王宗光、叶敦平、毛杏云、潘鋐、范祖德等同志对大纲的确定、初稿讨论、书稿审阅付出了艰辛的劳动。

华东师范大学金林祥教授对书稿进行了认真审读。吕成冬同志作了资料搜集与整理工作。朱积川同志提供了部分照片。学校党史校史研究室、档案馆、出版社鼎力支持。写作过程中使用了西安交通大学档案馆所藏的档案资料。在此谨表示诚挚的谢意!

由于学校历史悠久,文献史料丰富,编纂任务艰巨,编写水平和编纂时间有限,书中难免有疏漏和失当之处,敬请广大读者、同行、专家、校友批评指正。

《上海交通大学史》编写组

2011 年 2 月第一稿

2016 年 2 月修订